E-BOOK INSIDE + ARBEITSMATERIAL

Eckert • Tarnowski: Stress- und Emotionsregulation
Mit dem untenstehenden Download-Code erhalten Sie die PDF-Version dieses Buches.

So laden Sie Ihr E-Book inside herunter:

1. Öffnen Sie die Website: http://www.beltz.de/ebookinside
2. Geben Sie den untenstehenden Download-Code ein und füllen Sie das Formular aus.
3. Mit dem Klick auf den Button am Ende des Formulars erhalten Sie Ihren persönlichen Download-Link. [Für den Einsatz des E-Books in einer Institution fragen Sie bitte nach einem individuellen Angebot unseres Vertriebs: vertrieb@beltz.de. Nennen Sie uns dazu die Zahl der Nutzer, für die das E-Book zur Verfügung gestellt werden soll.]
4. Beachten Sie bitte, dass der Code nur einmal gültig ist. Bitte speichern Sie die Datei auf Ihrem Computer.

Download-Code

VCX2J-AASWL-6ZXVZ

Eckert • Tarnowski

Stress- und Emotionsregulation

Marcus Eckert • Torsten Tarnowski

Stress- und Emotionsregulation

Trainingsmanual zum Programm Stark im Stress

Mit E-Book inside und Arbeitsmaterial

BELTZ

Anschriften der Autoren:
Dr. Marcus Eckert
Institut LernGesundheit GbR
Magdeburger Str. 40
21339 Lüneburg
E-Mail: eckert@lg-institut.de

Dr. Torsten Tarnowski
Institut LernGesundheit GbR
Magdeburger Str. 40
21339 Lüneburg
E-Mail: tarnowski@lg-institut.de

MIX
Papier aus verantwortungsvollen Quellen
FSC® C089473

Dieses Buch ist erhältlich als:
ISBN 978-3-621-28451-6 Print
ISBN 978-3-621-28457-8 E-Book (PDF)

1. Auflage 2017

Lektorat: Anne-Marie Grätz
Bildnachweis: Hardy Hinrichs
Einbandtypografie: Lelia Rehm
Illustrationen: Hardy Hinrichs

Herstellung: Lelia Rehm
Gesamtherstellung: Beltz Bad Langensalza GmbH, Bad Langensalza
Printed in Germany

Weitere Informationen zu unseren Autoren und Titeln finden Sie unter: www.beltz.de

Inhaltsübersicht

Inhalt

Geleitwort

Engagierte Personen erleben täglich bei sich selbst oder ihren Interaktionspartnern, im Berufs-, Privat- oder Familienleben Gefühlsschwankungen und Stress, wenn sie sich für wichtige und schwierige Anliegen einsetzen. Das ist gut und gesund – und hört erst auf, wenn einem alles egal ist. Denn wir können Gefühle wie Freude, Ärger, Sorgen, Angst und Stress nicht einfach ignorieren, aber auch nicht bedingungslos ausleben. Davon abgesehen müssen oder wollen wir oft Gefühle überzeugend zeigen, die spontan nicht vorhanden sind: Zum Beispiel stellen wir manchmal an uns den Anspruch, uns für einen anderen Menschen zu freuen, obwohl wir diese Freude gar nicht spüren. Dann wieder verbergen wir Gefühle, die uns bewegen. Oft wollen wir eigene Gefühlslagen auch möglichst schnell zum Besseren wenden.

Darüber hinaus herrscht innerhalb der eigenen Person und in Interaktionen mit anderen eine »emotionale Ansteckungsgefahr«. *Intrapersonal* kann ein intensives Gefühl oder eine Erregungssteigerung die Wahrnehmung, das Denken und Handeln belasten. Man lernt ungewollt, durch Grübeln die Wolken von gestern oder morgen über die Sonne von heute zu ziehen, oder durch riskante Bewältigungsstrategien wie etwa durch Aufschieben, »Entspannungstrinken« oder Impulshandlungen selbst- und fremdschädigend zu reagieren. Wenn die Kraftressourcen zur Neige gehen, gelingt es immer weniger, sich gegen solche intrapersonalen Risiken zur Wehr zu setzen und die emotionale Selbstverantwortung aufrechtzuerhalten. In *Interaktionen* kann die emotionale Betroffenheit von einem zum anderen überspringen, aus Meinungsverschiedenheiten werden vielleicht Probleme, Konflikte oder Krisen mit riskanten Bewältigungsstrategien. Ab einer bestimmten Intensität und Dauer wirken sich Gefühlsschwankungen oder Stress negativ auf die Gesundheit, die Interaktions- und Arbeitsqualität im beruflichen wie im privaten Bereich aus.

Effektive Emotions- und Stressregulation ist eine Kunst, vorhandene Gefühle innerlich zu kontrollieren und sie so auszudrücken, dass sie den Interaktionszielen sowie der eigenen Gesundheit dienen. Die WHO zählt die konstruktive Emotionsregulation und Stressbewältigung sogar zu den Lebenskompetenzen, die lebenslänglich vom Kindergarten an bis zur beruflichen Weiterbildung vermittelt werden sollten. Denn diese Fähigkeiten und Ressourcen nutzen sich im Alltag ab und müssen fast täglich durch spezifische Maßnahmen aufgefrischt werden. Das gilt besonders dann, wenn am Arbeitsplatz oder in der privaten Lebenswelt chronische psychosoziale Risikofaktoren in bestimmten Situationen nicht reduziert werden können und die Person daher laufend gegenregulieren muss.

Das vorliegende Handbuch für Multiplikatoren bietet ein evaluiertes zur Förderung der intrapersonalen und interaktionsbezogenen Emotions- und Stressregulation an. Der Titel *Stark im Stress* adressiert besonders Personen, denen tägliches Engagement und laufende Interaktionskompetenz abverlangt wird. Dazu gehören Personen mit

Führungsaufgaben sowie Arbeitnehmer*innen in Dienstleistungsberufen. Diese Menschen sind stark im Stress, wenn sie ihre Aufgaben ernst nehmen, und sie sollen im Stress und bei Gefühlsschwankungen die Kontrolle behalten sowie wirkungsvoll und nebenwirkungsbewusst handeln, zum Schutz der eigenen Gesundheit und zum Schutz ihrer Handlungs- und Interaktionsqualität. Vielleicht müssen sie auch als Führungspersonen effektive Strategien der Stressbewältigung und Gefühlsregulation vorleben und ihren Mitarbeiter*innen vermitteln.

Dieses Manual richtet sich an Moderatoren, die solche Trainings leiten. In Verbindung mit dem Online-Training ist es eine wertvolle Hilfe für die Trainingsteilnehmer*innen, die einige Schritte auch ihren Mitmenschen vermitteln könnten. Trainingsziel ist es, täglich Emotionsregulationskompetenzen im beruflichen wie privaten Alltag anzuwenden und sich möglichst gemeinsam mit Peers zu beraten. Das gewählte Lernformat begnügt sich nicht mit Erwerbslernen im Training, sondern fördert das Anwendungslernen der Teilnehmer*innen in beruflichen wie privaten Alltagssituationen.

Die Autoren sind ein promovierter Psychologe und Lehrer sowie ein promovierter Sozialpädagoge. Beide sind seit langem Trainer für emotionale Kompetenzen und Stressbewältigung sowie Coaches für die Ausbildung von Stresstrainern und bringen ihre Erfahrungen aus vielen Trainings in der Personal- und Organisationsentwicklung mit unterschiedlichen Zielgruppen und Institutionen ein. Das Training in der vorliegenden Form wurde bisher mehr als 100 Mal als Präsenz- oder blended-learning Format mit großem Erfolg aus Sicht der Teilnehmer*innen angewendet. Es hat sich als Förderung von Veränderungslernen unter Alltagsdruck sehr bewährt und wurde 2016 als Präventionsangebot der gesetzlichen Krankenkassen zertifiziert.

Das Training besteht aus drei Modulen mit je drei Sitzungen. Die Hintergründe sind verständlich erläutert und jede Sitzung Schritt für Schritt beschrieben. Der detailliert beschriebene Kompetenzaufbau kann nicht nur von Kursleitern zur Stressprävention, sondern auch von Psychotherapeuten, Heilpraktikern, in freier Praxis oder z.B. in Reha-Einrichtungen und nicht zuletzt von Lehrpersonen, Aus- und Weiterbildnern in (Berufs-)Schulen ganz oder in Teilen genutzt werden. Einerseits kann das Material die Diagnosen und Gespräche über den Entwicklungsbedarf zwischen den Multiplikatoren und ihren Trainingsteilnehmer*innen befruchten. Andererseits können die verschiedenen Berufsgruppen nicht nur das Training als Ganzes übernehmen und anbieten, sondern auch mit ausgewählten Modulen oder Sitzungen die eigene bewährte Praxis anreichern. Für Neustarter auf diesem Gebiet empfehlen sich die Teilnahme an einem Kurs für Moderatorinnen und der Austausch mit anderen, die ebenfalls das Programm erproben.

Aufgrund der sehr positiven Erfahrungen mit ca. 100 Kursen für Endverbraucher wünsche ich dem Handbuch und seinen Nutzern und Nutzerinnen gutes Gelingen.

Lüneburg, im August 2016 *Prof. Dr. (em.) Bernhard Sieland*

Vorwort

Stress und Emotionen sind Phänomene, die in unserem Leben allgegenwärtig sind. In diesem Buch geht es um die Regulation von Stress und Emotionen. Es gibt gute Gründe für diese gemeinsame Betrachtung. Erstens legen Forschungsarbeiten nahe, dass Stress und Emotionen viele gemeinsame Komponenten haben. An ihrer Entstehung und Aufrechterhaltung sind teilweise die gleichen physiologischen, kognitiven und verhaltensbezogenen Prozesse beteiligt. Zweitens sind die gesundheitsschädigenden Auswirkungen von chronischem Stress und von langanhaltenden aversiven Emotionen sehr ähnlich. Drittens wirken sich viele Maßnahmen, die klassischerweise bei der Stressbewältigung eingesetzt werden, positiv auf die Stärkung emotionaler Kompetenzen aus und umgekehrt.

Im Alltag sind Stress und Emotionen wichtig, weil erst sie uns handlungsfähig machen: Sie geben uns sehr schnell Orientierung und Handlungssicherheit, sie motivieren und aktivieren uns, und sie sind ein wesentliches Element zwischenmenschlicher Interaktion. Etwas verkürzt gesagt sind sie schnelle Informationsverarbeitungs-, Selbstregulations- und Kommunikationsprogramme, ohne welche die Menschheit nicht überlebt hätte. Allerdings bergen ihre Geschwindigkeit und ihr evolutionäres Alter zahlreiche Gefahren. Die Geschwindigkeit der Informationsverarbeitung und der Handlungssteuerung geht auf Kosten der Genauigkeit: Fehleinschätzungen und schlecht angepasste Reaktionen können die Folgen sein. Zudem sind Stress- und Emotionsprogramme auf eine Umwelt ausgelegt, die sehr, sehr alt ist. Das kann heute zu erheblichen Schwierigkeiten führen. Stress und Emotionen können sich aus diesen Gründen problematisch auf die Gesundheit sowie auf die eigene Interaktions- und Handlungsqualität auswirken. Ein adaptiver Umgang mit Stress und Emotionen ist daher wünschenswert und notwendig.

Mit diesem Buch liegt ein Manual für das Training *Stark im Stress (SIS)* vor, einem Training zum guten und gesunden Umgang mit Stress und Emotionen. Die Wirksamkeit dieses Trainings wurde mehrfach in randomisiert-kontrollierten Studien belegt. In der vorliegenden Version besteht das Training aus drei Modulen, die jeweils aus drei 90-minütigen Einheiten bestehen. Idealerweise werden die Einheiten im Abstand von jeweils einer Woche durchgeführt. Inzwischen ist das Training nach §§ 20 (SGB V) als multimodale Stressprävention zertifiziert. Die Teilnahme kann über die gesetzlichen Krankenkassen abgerechnet werden.

Das vorliegende Buch richtet sich an Personen, die als Trainer*innen das Training *Stark im Stress* vermitteln wollen. Dazu werden im ersten Teil die wissenschaftlichen sowie die methodisch-didaktischen Grundlagen verständlich beschrieben. Aus diesen Grundlagen wird der Aufbau des Trainings hergeleitet. Der zweite Teil des Buchs ist das eigentliche Manual, in dem die Durchführung jeder der neun Einheiten Schritt für Schritt in jeweils einem Kapitel erläutert wird. Auf mögliche Schwierigkeiten oder

Besonderheiten, die erfahrungsgemäß während des Trainings auftreten können, wird eingegangen und es werden Strategien zu deren Überwindung aufgezeigt. Im dritten Teil des Buches werden Aspekte der Qualitätssicherung angesprochen, da sichergestellt werden sollte, dass das Training qualitativ hochwertig durchgeführt wird. Alle Arbeitsmaterialien, die zur Durchführung des Trainings nötig sind oder dieses unterstützen, werden im Onlinebereich zur Verfügung gestellt. Die Trainer*innen sind ebenfalls eingeladen, die offizielle Webseite des Trainings http://www.training-sis.com/ begleitend einzubinden.

Dieses Manual basiert auf den Erfahrungen, die wir in den inzwischen mehr als 100 Trainings und den Kursleiter-Fortbildungen für *SIS-Trainer* gesammelt haben. Für die Durchführung dieses Trainings im Auftrag der gesetzlichen Krankenkassen (nach §§ 20 SGB V) gilt die Teilnahme an einer der Kursleiter-Fortbildungen, die regelmäßig vom *Institut LernGesundheit* durchgeführt werden, als obligate Voraussetzung.

Wir erhoffen uns, dass dieses Buch Vielen Anleitung, Anregung und vor allem Bereicherung für die eigene Praxis sein kann. In diesem Sinne wünschen wir Ihnen, dass Sie von den zahlreichen praktischen Übungen, Strategien und Ansätzen profitieren – ganz gleich, ob Sie das Training nun als Ganzes oder nur Elemente daraus anwenden wollen. Und vor allem wünschen wir Ihnen, dass Sie bei der Durchführung genau so viel Freude haben wie wir.

Abschließend wollen wir uns noch zur Gender-Sprachregelung in diesem Manual äußern: Im weiteren Verlauf wird aus Gründen der Lesbarkeit nur die männliche Form benutzt. Wenn nicht explizit darauf hingewiesen wird, sind immer beide Geschlechter gemeint.

Danksagung

Zu allererst danken wir unseren Freunden und Familien, die uns den Rücken freigehalten, uns unterstützt, inspiriert, kritisiert und ermutigt haben. Allen voran gebührt unseren Frauen Lotta und Lena außerordentlicher Dank.

Ohne unseren gemeinsamen Doktorvater Prof. (em.) Dr. Bernhard Sieland mit seinem unerschöpflichen Optimismus und Ideenreichtum, seiner väterlich-unterstützenden Art und seinem Glauben an uns und unsere Projekte würde es weder dieses Buch noch das Training *Stark im Stress* geben. Dafür ist sicher an dieser Stelle ein geeigneter Platz, um Danke zu sagen.

Die Korrektur eines solchen Buches braucht Menschen, die sich mit viel Hartnäckigkeit, Beharrlichkeit, Sorgfalt und Elan ans Werk machen. Es braucht Personen, die nicht nur auf Rechtschreibung und Grammatik schauen, sondern sich auch noch in die Inhalte hineindenken. In unserem Fall waren das Hartmut Pech und Laura Jordaan, denen wir für die unendliche Arbeit und für ihre unendliche Geduld zu tiefst dankbar sind.

Um die Wirksamkeit eines solchen Trainings zu ermitteln müssen methodisch sehr aufwendige Studien durchgeführt werden. Diese Aufgebe wurden mit viel Sorgfalt,

Engagement und Herzblut von Melanie Schwarzbach, Agnes Gruner und Susanne Kreft verfolgt. Sie verdienen unseren Dank.

Die Unterstützung, die Ideen und Anregungen von Prof. Dr. Dirk Lehr, Prof. Dr. Matthias Berking und Dr. David Ebert in der gemeinsamen wissenschaftlichen Arbeit haben bunte und vielseitige Mosaiksteine für das Training *Stark im Stress* geliefert, ohne die das Gesamtbild sicherlich anders aussähe. Dafür wollen wir uns bedanken.

Zu guter Letzt sind da noch die Kolleginnen und Kollegen, die Trainerinnen und Trainer, die maßgeblich dazu beigetragen haben, dass das Training *Stark im Stress* viele Menschen erreicht hat. Auch wenn wir sie hier nicht alle namentlich nennen, gelten ihnen doch unser Dank und unsere Anerkennung dafür, dass sie mit uns Pionierarbeit geleistet haben.

Lüneburg, im August 2016 *Marcus Eckert & Torsten Tarnowski*

I Grundlagen

1 Stress und Emotionen – alltägliche Phänomene

Wird von Stress gesprochen, denken viele vor allem an gesundheitliche Gefährdung, Überlastung und Burnout. Tatsächlich zeigt eine Vielzahl von Studien auf, dass chronischer Stress zu gesundheitlichen Beeinträchtigungen führen kann. Neben körperlichen Beschwerden wie Herz-Kreislauf-Erkrankungen, Beeinträchtigungen des Immunsystems oder Diabetes steigt das Risiko mentaler Störungen, wie zum Beispiel an einer Depression zu erkranken (Berking, 2010; De Steno et al., 2013; 2012; Nater et al., 2011; Rensing et al., 2006). Doch Stress hat auch gute Seiten: Stress aktiviert Personen, stellt ihnen Energie bereit und motiviert sie, sich oder ihre Umgebung zu verändern. Für einen guten und gesunden Umgang mit Stress, auf den das Training *Stark im Stress* abzielt, ist es wichtig, beide Seiten im Blick zu behalten.

Stress kann als psychische und physische Anpassungsreaktion auf Bedrohungen verstanden werden. Der evolutionäre Sinn dieser Anpassungsreaktion besteht darin, Personen durch eine körperliche und psychische Aktivierung (s. Abschn. 1.1) kampf- oder fluchtfähig zu machen. Es gibt bislang keine Hinweise darauf, dass diese Anpassungsreaktion ein Gesundheitsrisiko darstellt. Allerdings legt sie in der Regel die Handlungstendenzen Kampf oder Flucht nahe. Das ist aber nicht in allen Kontexten eine adäquate Reaktion (z. B. wäre manchmal Geduld zielführender). Eine Gefährdung für die Gesundheit ist Stress vor allem dann, wenn er chronisch wird, und wenn Personen keine oder zu wenig Regenerationsphasen mehr haben.

Einen weiteren sehr interessanten Mechanismus, wie Stress sich negativ auf die Gesundheit auswirken kann und sogar die Mortalität steigert, fand ein Forscherteam aus Wisconsin (USA): Augenscheinlich wirkt sich Stress dann besonders negativ aus, wenn eine Person Angst vor den Stresssymptomen hat und diese als etwas Gefährliches ansieht (Keller et al., 2012). Wenn im folgenden Abschnitt die kurz-, mittel- und langfristigen Folgen von Stress besprochen werden, die alle in seriösen und hochwertigen Studien gefunden wurden, sollte man trotzdem den Befund von Keller und Kollegen im Hinterkopf behalten. Wie noch gezeigt wird, ist es vielfach adaptiver, Stress anzunehmen als ihn verändern zu wollen. Es geht daher im Training *Stark im Stress* darum, einen guten und gesunden Umgang mit Stress (und Emotionen; s. u.) zu finden.

1.1 Kurz-, mittel- und langfristige Folgen von Stress

In einer repräsentativen Umfrage der Forsa (2010) an 1002 Personen gaben 33 % der Befragten an, sehr starken oder mittleren Stress zu erleben. Vier Jahre später gaben in einer Umfrage, die die DKV 2014 durchführte, zwischen 47 % und 60 % der Befragten an, durch Stress belastet zu sein. Was die Belastung im Einzelnen bedeutet, bzw. welche Folgen Stress haben kann, soll in diesem Abschnitt überblicksartig dargestellt werden.

1.1.1 Kurzfristige Folgen von Stress

Gesundheitlich scheint kurzfristiger Stress unbedenklich. Diese Art von Stress führt zu einer erhöhten Anspannung und Nervosität. Es ist sogar eine Zunahme der Immunkompetenz zu beobachten. Komplexe Aufgaben werden am besten bei einem mittleren Anspannungsniveau bewältigt. Dieses Verständnis von Stress legt also nahe, dass es auch Bereiche gibt, in denen kurzfristiger Stress sich förderlich auf Leistungen auswirkt (Neiss, 1988): Auf die meisten leistungsbezogenen Aufgaben, die eine geringere Komplexität aufweisen und mit Bewegungen einhergehen (z. B. sportliche Leistungen), wirkt sich Stress positiv aus. Auch das Schmerzempfinden sinkt unter Stress. Das kann ebenfalls positive Auswirkungen auf körperlich hoch beanspruchende Tätigkeiten haben.

Steigt die stressbedingte Anspannung jedoch über dieses Niveau hinaus, nimmt die Leistung ab. Personen werden hastiger, ungeduldiger und es kann vermehrt zu Fehlern kommen. Die Konzentration und die Erinnerungsleistung sinken mit steigender Anspannung – oder werden verzerrt. Vielfach führt die gestiegene Anspannung zu interpersonellen Konflikten, die Bereitschaft zu streiten oder sich zurückzuziehen steigt, was verständlich ist, wenn man Stress als erhöhte Kampf- oder Fluchtbereitschaft auffasst.

1.1.2 Mittelfristige Folgen

Wird die stressbedingte Aktivierung über eine längere Zeit aufrechterhalten, verkehrt sie sich in ihr Gegenteil. Aus Aktivierung und Wachheit wird bei unzureichender Regeneration mittelfristig emotionale Erschöpfung. Die zunächst erhöhte Immunkompetenz kann sich in eine Schwächung des Immunsystems verkehren, entzündliche Prozesse und Krankheiten (z. B. Erkältungen) nehmen zu. Auch dysfunktionale Regulationsversuche (z. B. ungesunde Essensgewohnheiten oder Alkoholkonsum) können sich mittelfristig etablieren und längerfristig (s. u.) zusätzlich die Gesundheit beeinträchtigen.

Anhaltende Reizbarkeit oder Rückzug haben mittelfristig negative Auswirkungen auf die Qualität interpersoneller Beziehungen. Ein funktionierendes soziales Netz ist ein Resilienzfaktor. Neurobiologische Forschungen legen nahe, dass der Neurotransmitter Oxytocin, der auch als »Bindungshormon« bekannt ist, kardiovaskuläre Risiken von Stressreaktionen kompensieren kann (z. B. Poulin et al., 2013). Störungen des sozialen Netzes können zu einer Reduzierung dieses Neurotransmitters und seiner protektiven Wirkung führen. Oftmals wird durch Schwierigkeiten im sozialen Netz auch die Zufriedenheit eingeschränkt werden.

Setzen sich die stressbedingten Leistungseinschränkungen (s. o.) über eine mittlere Zeit fort, werden sie von der Person als Leistungseinbußen erlebt. Das hat häufig einerseits negative Auswirkungen auf das leistungsbezogene Selbstkonzept und andererseits auf die eigene Zufriedenheit.

Es besteht die Gefahr, dass zwei sich selbst erhaltende Teufelskreise entstehen: Erstens erhöht sozialer Rückzug die Unzufriedenheit. Das führt wiederum zu Reizbarkeit und Rückzug (s. Abb. 1.1).

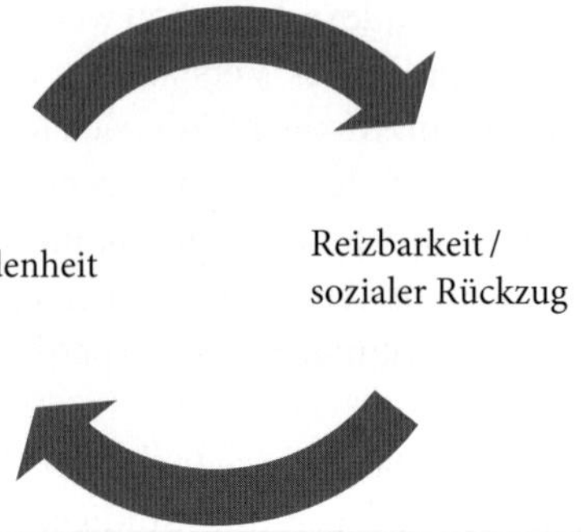

Abbildung 1.1 Teufelskreis »sozialer Rückzug«

Zweitens wirken sich negative Einflüsse auf das leistungsbezogene Selbstkonzept und die leistungsbezogene Zufriedenheit, auf das eigene Leistungsvermögen und die eigene Leistungswahrnehmung aus (s. Abb. 1.2).

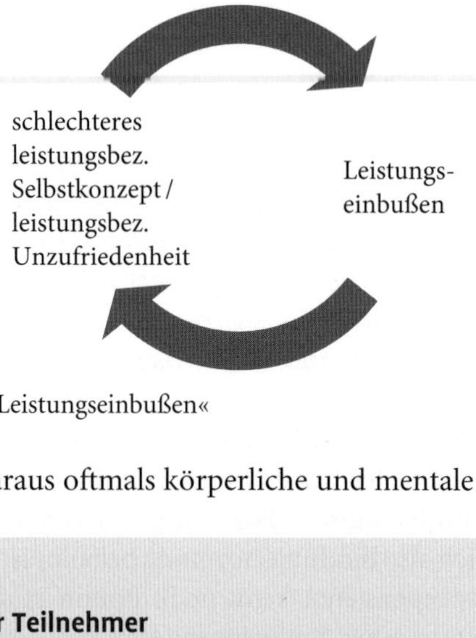

Abbildung 1.2 Teufelskreis »Leistungseinbußen«

Langfristig resultieren daraus oftmals körperliche und mentale Beschwerden (s. u.).

Exkurs

Typische Symptome der Teilnehmer

Teilnehmer des Trainings *Stark im Stress* leiden häufig unter den oben genannten Schwierigkeiten. Das Training soll ihnen dabei helfen, die Teufelskreise zu verlassen, bevor sich langfristig negative Folgen einstellen. Stattdessen sollen sogenannte Aufwärtsspiralen initiiert werden.

1.1.3 Langfristige Folgen

Schaffen Personen es nicht, die oben beschriebenen Teufelskreise zu verlassen, besteht die Gefahr der Chronifizierung. Hierbei können physische und psychische Störungen auftreten.

Physische Folgen

Besonders häufig tritt stressassoziierter Bluthochdruck auf. Gefäßverengungen (Arteriosklerose) und entzündliche Prozesse (z. B. Arthritis) werden durch Stress mitverursacht. Längerfristige stressbedingte Erhöhungen des Blutzuckers, der Blutfette, des Körpergewichts (u. a. durch dysfunktionale Bewältigungsversuche wie Essen) und des Blutdrucks sind Risikofaktoren für einen Herzinfarkt, einen Schlaganfall, einen Tinnitus, einen Hörsturz oder einen Typ-II-Diabetes. Längerfristige Schwächungen des Immunsystems erhöhen das Risiko für Infektionskrankheiten. In Verbindung mit einer Übersäuerung des Magens und einer dauerhaften Herabregulierung der Verdauungstätigkeiten steigt auch die Gefahr, Magengeschwüre zu bekommen. Zudem werden Verdauungsprobleme mit langanhaltendem, chronifiziertem Stress in Verbindung gebracht.

Psychische Folgen

Psychische Störungen können ebenfalls durch Stress ausgelöst, aufrechterhalten oder zumindest mitbedingt werden. Starke Beeinträchtigungen des sozialen Netzes, der wahrgenommenen Leistungsfähigkeit (d. h. des leistungsbezogenen Selbstkonzeptes), der wahrgenommenen Handlungskontrolle und der Lebenszufriedenheit können das Risiko für depressive Störungen oder Angststörungen erhöhen. Diese Gefahr wird dadurch noch gesteigert, dass z. B. durch langanhaltenden Stress die Cortisol-Regelkreise gestört werden, was bei einer Depression zu einem chronisch erhöhten Cortisolspiegel führt. Auch das Belohnungssystem mit seiner Dopamin- und Serotoninregulation kann durch langanhaltenden Stress so beeinträchtigt werden, dass die Fähigkeit gestört ist, positive Empfindungen und Genuss zu erleben. Neuroanatomische Studien fanden, dass Stress das Nachwachsen und Regenerieren von Nervenzellen im Gehirn (im Hippocampus) negativ beeinflusst. Inzwischen geht man davon aus, dass das Sterben und verringerte Nachwachsen von Nervenzellen zur Entstehung von Depression oder Angststörungen beitragen kann (McEwen, 2008).

Daneben resultieren aus chronifizieren, dysfunktionalen Bewältigungsversuchen wie Alkohol- oder Substanzmissbrauch (z. B. Schlafmittel) häufig Abhängigkeitsstörungen. Und während Stress zwar kurzfristig das Schmerzempfinden senkt (s. o.), wird dieses langfristig erhöht, sodass er auch ein Risikofaktor für Schmerzstörungen ist.

1.2 Stress als physiologische Reaktion

Um die Wirkung und die gesundheitlichen wie interpersonellen Folgen von Stress zu verstehen, ist es sinnvoll, sich immer wieder vor Augen zu führen, dass Stress eine

Anpassungsreaktion des Körpers ist, um auf Bedrohungen mit Kampf oder Flucht (Fight-Flight-Reaktion) schnell und effektiv zu reagieren (s. o.). Damit eine zuverlässige Reaktion gewährleistet werden kann, bedarf es schneller physiologischer Veränderungen. Diese sollen hier skizziert werden.

Um die Stressreaktion des Körpers zu verstehen, ist es wichtig, zwischen zwei Stressantworten zu unterscheiden: Die erste und schnelle Stressreaktion (der sogenannte »Adrenalinstoß«) führt zu einer nahezu sofortigen Aktivierung des Körpers. Die zweite, etwas langsamere Stressreaktion setzt später ein und sorgt dafür, dass sich der Stoffwechsel unseres Körpers umstellt, sodass einer möglichen Bedrohung länger standgehalten werden kann.

Die erste physiologische Reaktion (»Adrenalinstoß«) geht zurück auf das vegetative Nervensystem, das aus dem sympathischen und dem parasympathischen Nervensystem besteht. Das sympathische Nervensystem wird im Falle einer Bedrohung aktiviert. Diese Aktivierung wird von den Mandelkernen (Amygdalae) im limbischen System unseres Gehirns aus initiiert. Bei wahrgenommener Gefahr (Scheitern der eigenen Ziele bzw. bei existentiellen Bedrohungen) leiten die Amygdalae die Stressreaktion ein. Es kommt zu einer schnellen Ausschüttung von Adrenalin und Noradrenalin aus dem Nebennierenmark und einer Erhöhung des Cortisolspiegels, welche wiederum für die zweite, langsamere Stressantwort notwendig ist.

1.2.1 Merkmale der ersten Stressantwort

Das sympathische Nervensystem, das die erste Stressreaktion des Körpers steuert, benötigt die Neurotransmitter Adrenalin und Noradrenalin für die Informationsweitergabe. Der Sympathikus beschleunigt den Herzschlag und erhöht die Atemfrequenz, um mehr Sauerstoff im Blut zu befördern. Der Blutdruck steigt, u. a. auch weil die Gefäße in der Peripherie (z. B. in den Fingerspitzen) sich verengen. Dadurch steht erstens mehr Blut in den »großen« Muskeln zur Verfügung, die für Kampf oder Flucht gebraucht werden. Zweitens reduzieren zusammengezogene und verengte Gefäße in der Peripherie die Wahrscheinlichkeit bei einer Verletzung zu verbluten. Als Nebenwirkung spürt man kalte Finger, kalte Zehen oder eine kalte Nasenspitze.

Damit die Muskeln schnell für ihren Einsatz bereit sind, steigt deren Grundspannung an. Um die bereitgestellte Energie optimal für die Bewegungen nutzen zu können, werden die Prozesse in den Ruheorganen, die ebenfalls Energie brauchen (z. B. Verdauung, Genitalien bzw. Libido), herabreguliert. Das geschieht über eine Hemmung des parasympathischen Nervensystems (dem Gegenspieler des Sympathikus): Die Drüsenaktivität im Körper (mit Ausnahme der Schweißdrüse) wird heruntergefahren. Als Nebenwirkung ist in aller Regel ziemlich schnell Mundtrockenheit spürbar.

Die Pupillen werden weiter, um mehr visuelle Informationen zu erhalten. Gleichzeitig sinkt die Schmerzempfindlichkeit und die Immunkompetenz steigt kurzfristig an, damit kampf- oder fluchtbedingte Verletzungen den Körper in der Gefahrensituation nicht zusätzlich beeinträchtigen. Um den Körper vor Eindringlingen zu schützen, die über das Verdauungssystem aufgenommen werden, erhöht sich der Säuregehalt im Magen als zusätzlicher Immunschutz.

1.2.2 Merkmale der zweiten Stressantwort

Die Muskeln sind unter Stress zu extrem hohen Leistungen fähig. Dafür brauchen sie ausreichend Versorgung. Der Körper erhöht den Blutzuckerspiegel und die Fette im Blut nehmen zu. Das wird durch das in der Nebennierenrinde freigesetzte Cortisol gesteuert: Die Glukoneogenese der Leber wird stimuliert. Eiweiße (z. B. aus Muskelzellen) werden in Zucker umgewandelt. Der Aufbau neuer Muskelzellen wird gehemmt. Die Spaltung von Triglyzeriden erhöht den Fettsäurespiegel im Blut. Dadurch wird kurzfristig Energie bereitgestellt. Langfristig hat das eine diabetogene Wirkung. Die Gerinnungsfähigkeit des Blutes nimmt zu. Das ist bei kampf- oder fluchtbedingten Verletzungen sehr sinnvoll, weil es eine Blutung schneller stoppt. Langfristig erhöht sich allerdings das Risiko von Blutgerinnseln in Organen, was zum Herzinfarkt oder zu einem Schlaganfall führen kann.

Cortisol ist in der Lage, die Blut-Hirn-Schranke zu passieren. So bewirkt die steigende Konzentration von Cortisol im Blut in der Regel ein automatisches Herabregulieren der Stressreaktion. Durch langanhaltenden Stress kann diese automatische Regulation aber gestört werden und beispielsweise zur Entstehung einer Depression beitragen (s. o.).

1.3 Das transaktionale Stressmodell

Die meisten Menschen erleben Stress als eine (unvermeidliche) Reaktion auf äußere Ereignisse. Auch in der Wissenschaft konzentrierten sich die Forschungsbemühungen lange Zeit auf die Stressreaktion (s. o.) und auf die Frage, welche Ereignisse zu Stress führen (Stressoren). Der amerikanische Psychologe Richard Lazarus veränderte diesen kategorischen Fokus drastisch: Die Bewertungsprozesse innerhalb einer Person entscheiden darüber, ob ein äußeres oder inneres Ereignis (Stressor) zu einer Stressreaktion führt oder nicht. Lazarus (1991) identifizierte drei Bewertungsschritte auf dem Weg zur Stressreaktion und legte damit den Grundstein für die transaktionale Stressforschung.

Obwohl das Modell von Lazarus inzwischen einige (berechtigte) Kritik erfahren hat, und obwohl es inzwischen ein differenzierteres Verständnis der Bewertungsprozesse gibt, hat dieses Modell heute noch hohen heuristischen Wert. Für die Arbeit im Training *Stark im Stress* hat es sich in seiner Komplexität als optimal herausgestellt. Deswegen wird es an dieser Stelle etwas ausführlicher vorgestellt. Ein Kritiker des transaktionalen Stressmodells von Lazarus war der Psychologe Stevan E. Hobfoll (1988). Er entwickelte ein Modell, das für Trainer als Hintergrundwissen ebenfalls hilfreich sein kann. Dieses Modell wird in Abschnitt 1.4 skizziert.

1.3.1 Erster Bewertungsschritt

Im transaktionalen Stressmodell von Lazarus wird angenommen, dass eine Person, die mit einem potentiell Stress auslösenden Ereignis (Stressor) konfrontiert ist, zuerst die Relevanz und Bedrohlichkeit des potentiellen Stressors in einem ersten Bewertungsschritt (primary appraisal) abschätzt. Diese Einschätzung kann zu drei verschiedenen Bewertungen führen:

(1) Das Ereignis ist für die Person nicht relevant.
(2) Das Ereignis ist relevant aber positiv.
(3) Das Ereignis ist relevant und bedrohlich.

Wird das Ereignis als bedrohlich bewertet, versucht die Person zusätzlich, den Grad der Bedrohlichkeit (von herausfordernd über bedrohlich bis schlimm) einzuschätzen. Diese Bewertungen und Einschätzungen erfolgen in der Regel auf der Grundlage von Lernerfahrungen und Temperament. Sie sind somit individuell sehr verschieden. Studien konnten zudem zeigen, dass die aktuelle Befindlichkeit ebenfalls einen Einfluss auf die Bewertung hat (z. B. Yzerbyt, 2003). Wer beispielsweise aktuell in einer ängstlichen Stimmung ist, tendiert eher dazu, eine Situation als bedrohlich einzustufen.

1.3.2 Zweiter Bewertungsschritt

Mit der Einschätzung, dass das Ereignis relevant und bedrohlich ist, wird ein zweiter Bewertungschritt eingeleitet (secondary appraisal): Eine Bedrohung erfordert eine Reaktion (z. B. Kampf oder Flucht). Allerdings gehen die Anforderungen an eine adäquate Reaktion in unserer komplexen Gesellschaft meistens über Kampf oder Flucht hinaus. Eine sich bedroht fühlende Person muss also einschätzen, wie sie auf eine Bedrohung reagieren und wie sie diese bewältigen kann. Dazu bewertet sie die ihr zur Verfügung stehenden Ressourcen als ausreichend oder als nicht ausreichend. Auch diese Bewertung hängt von Faktoren wie Lernerfahrung und Temperament, aber auch von aktueller emotionaler Befindlichkeit ab. Die Ressourcen-Einschätzung ist daher wiederum individuell sehr unterschiedlich. Erst bei einem wahrgenommenen Mangel an Ressourcen entsteht Stress, der anschließend bewältigt werden muss (s. Abschn. 1.5).

1.3.3 Dritter Bewertungsschritt: Neubewertung

Nach oder während der Bewältigungsversuche, schätzt eine Person im dritten Bewertungsschritt (re-appraisal) erneut ein, wie bedrohlich das Ereignis ist. War die Bewältigung erfolgreich, kann die Person ihre ursprüngliche Einschätzung bezüglich der Bedrohlichkeit, deren Intensität oder der eigenen Bewältigungsressourcen verändern. Hier ist ein Lernprozess möglich.

Exkurs

Vorausblick auf das Training

Viele Übungen und Strategien im Training Stark im Stress zielen darauf ab, diese drei Bewertungsprozesse nebenwirkungsbewusst zu korrigieren. Andere Ansätze im Training setzen an der grundlegenden Befindlichkeit der Teilnehmer an. Wer beispielsweise entspannter ist, schätzt Ereignisse weniger schnell als bedrohlich ein. Zudem kann Entspannung den mentalen Zugang zu Bewältigungsressourcen verbessern.

1.4 Stress als Ressourcenverlust

Erfahren Menschen Verluste relevanter Ressourcen (z. B. des Arbeitsplatzes) oder befürchten dies, so macht das eine Anpassungsreaktion erforderlich: Stress entsteht. Diese Erfahrung steht im Einklang mit der Theorie der Ressourcenerhaltung von Stevan Hobfoll (1988).

Anders als im Modell von Lazarus stehen hier nicht die Bewertungsprozesse im Fokus, sondern der Erhalt und Verlust von Ressourcen. Hobfoll geht davon aus, dass Menschen danach streben, ihre Ressourcen zu erhalten und zu erweitern.

Stress entsteht nach diesem Modell, wenn einer der folgenden drei Fälle zutrifft:

(1) Einer Person droht der Verlust einer für sie wichtigen Ressource.
(2) Eine Person erfährt den tatsächlichen Verlust einer Ressource.
(3) Einer Person bleibt der adäquate Zugewinn einer Ressource versagt.

Hobfoll (1989) definiert Ressourcen als Objekte, persönliche Charakteristika, Bedingungen und Energien. Dabei ist es wichtig, dass sie von der Person als solche geschätzt werden. Tabelle 1.1 gibt einen Überblick über die Klassen der Ressourcen.

Tabelle 1.1 Ressourcenkategorien nach Hobfoll (1989) mit Beispielen

Objekte	persönliche Charakteristika	Bedingungen	Energien
Auto	Gelassenheit	Familienstand	Wissen
Haus	Selbstwirksamkeit	Arbeitsplatzsicherheit	Zeit
Kleidung	Verantwortung	soziales Netz	Geld
…		…	…

Im Training *Stark im Stress* kann es in der Trainer-Rolle hilfreich sein, dieses Modell im Hinterkopf zu haben, wenn Teilnehmer sehr emotional von bestimmten Situationen berichten, aber nicht wissen, warum sie die Situation als bedrohlich bewerten.

Beispiel

Herr Reuter ärgert sich über seinen 14-jährigen Sohn, der immer seltener an Familienunternehmungen teilnimmt. Im Training gibt er zunächst an, dass sein Ärger daher rührt, dass sein Sohn immer eine Extra-Wurst wolle. Eine Regulation seines Ärgers gelingt vor dem Hintergrund dieser Annahme nicht. Erst als die Trainerin fragt, ob er vielleicht um die Familie, so wie sie jetzt ist, fürchtet (Bedingungsressource), wird die weitere Arbeit wieder fruchtbar.

1.5 Stressbewältigung

Schätzt eine Person ein Ereignis als bedrohlich und die eigenen Ressourcen als mangelhaft ein, entsteht Stress (s. Abschn. 1.3). Stress führt zu einer physischen und psychischen Anspannung (Arousal), die im Normalfall als unangenehm erlebt wird. Deswegen sind Menschen in der Regel bestrebt, diesen Zustand der Anspannung zu beenden oder zu reduzieren. Alle Versuche, die darauf abzielen, können als Stressbewältigung (Coping) bezeichnet werden.

Zur Stressbewältigung zählen einerseits Verhaltensweisen, die mittel- bis langfristig günstige Folgen haben. Andererseits gehören aber auch Verhaltensweisen dazu, die ungünstige Folgen nach sich ziehen (z. B. Anspannungsreduktion durch Alkoholmissbrauch). Zu guter Letzt gibt es auch Stressbewältigungsversuche, die nicht erfolgreich sind.

In der Literatur gibt es unterschiedliche Ansätze, Bewältigungsverhalten zu klassifizieren. Weitgehende Einigkeit herrscht allerdings darüber, dass die Einschätzung, ob eine Bewältigungsstrategien funktional oder dysfunktional ist, zu einem Großteil von Faktoren der Person und des Kontextes abhängt. Beispielsweise erscheint Cannabiskonsum zur Spannungsreduktion zunächst dysfunktional. Erfährt man jedoch, dass die Person sich wegen der scheinbaren Aussichtslosigkeit ihrer Situation und dem damit verbundenen Anspannungsniveau eigentlich suizidieren wollte, scheint der Konsum von Cannabis eine doch recht akzeptable Zwischenlösung.

In diesem Abschnitt werden zwei Ansätze dafür vorgestellt, wie Bewältigungsstrategien klassifiziert werden können. Die Auswahl dieser beiden Ansätze ist durch sehr pragmatische Kriterien begründet. Als erstes wird auf die Unterscheidung zwischen problem- und emotionsfokussierter Stressbewältigung (Folkman & Lazarus, 1990) eingegangen. Diese übergeordneten Bewältigungskategorien finden sich in der Einteilung des Trainings *Stark im Stress* unter Annehmen (s. Modul 2) und Verändern (s. Modul 3) wieder. Als zweites werden die Stressverarbeitungsformen von Erdmann und Janke (2008) vorgestellt. Der Grund für die Wahl dieses Ansatzes ist sehr simpel: In der Arbeit als Trainer können diese Stressverarbeitungsformen als »Fundgrube« und als Anregung nutzt werden.

1.5.1 Problem- und Emotionsfokussierte Stressbewältigung

Die Grundlogik dieses Ansatzes lässt sich folgendermaßen auf den Punkt bringen: Ist ein Problem lösbar bzw. wird es als lösbar eingeschätzt, kann es direkt angegangen und somit der Stressor beseitigt werden. Ist das Problem nicht oder zurzeit nicht lösbar, kann man die eigene Erregung und die aversiven Emotionen regulieren.

Beispiel

Herrn Schumann wird angeraten, sich einer komplizierten Operation zu unterziehen. Das löst bei ihm Stress und Angst aus. Im ersten Schritt kann er seinen Stress problemorientiert bewältigen: Er muss sich für oder gegen die Operation entscheiden. Er bewältigt den Stress, indem er sich informiert und mit Freunden darüber spricht. So hat er das Gefühl, etwas tun zu können und seine Entscheidung möglichst fundiert zu treffen.

Am Abend vor der Operation steigt sein Stress- und Angstlevel wieder an. Er hat keinen Einfluss auf den bevorstehenden Eingriff. Deswegen nutzt er emotionsfokussierende Bewältigungsstrategien: Er macht sich Mut und lenkt sich durch angenehme Gedanken ab. Vor dem Einschlafen macht er noch eine kurze Entspannungsübung.

Welche Implikationen hat dieser Ansatz für das Training Stark im Stress?
Beide Bewältigungsfokussierungen sind wichtig. Noch wichtiger ist es aber herauszufinden, ob ein Problem lösbar oder unlösbar ist – und entsprechende Konsequenzen zu ziehen. Die Erfahrung zeigt, dass einige Teilnehmer zwar kognitiv diesen Unterschied nachvollziehen können, jedoch Schwierigkeiten haben, Unveränderbares anzunehmen und emotionsfokussiert zu bewältigen. Spannende Befunde hierzu liefern Studien von Weber (2003): Die Wahl des Bewältigungsverhaltens (emotions- oder problemfokussiert) wird auch davon abhängig gemacht, wie relevante Personen im Umfeld dieses beurteilen. Vielfach ist die Ansicht verbreitet, Probleme müsse man angehen (auch wenn sie objektiv nicht lösbar sind), weil emotionsfokussiertes Bewältigen mit Schwäche oder mit Resignation gleichgesetzt wird.

Die meisten herausfordernden Situationen, die wir erleben, sind zu komplex, um sie entweder problem- oder emotionsfokussiert zu bewältigen. Sie haben in der Regel lösbare und unlösbare Anteile. In Problemlösetrainings lernen die Teilnehmer, die lösbaren und die unlösbaren Anteile zu erkennen (z. B. D'Zurilla, 2001). Auch bei *Stark im Stress* ist dieses Verständnis für eine adaptive Bewältigung wichtig.

1.5.2 Formen der Stressverarbeitung

Die Psychologen Gisela Erdmann und Wilhelm Janke entwickelten 1978 einen Fragenbogen mit 120 Items, die jeweils eine Möglichkeit der Stressverarbeitung darstellten. Aus diesen 120 Items wurden faktorenanalytisch 20 Stressverarbeitungsformen gefunden (s. Tabelle 1.2). Es entstand in der Folge ein Disput darüber, ob die Verwendung dieser Stile mehr von Personenmerkmalen oder von Situationsmerkmalen abhängt. Obgleich Erdmann und Janke in ihrer Konzeption davon ausgehen, dass Stressverarbeitungsstile an die Person gebunden sind, ist die Befundlage nicht eindeutig (z. B. Terry & Hynes, 1998). Unabhängig von diesem Streit zeigen die Formen der Stressverarbeitung, welche Möglichkeiten und welche Vielfalt der Stressbewältigung es gibt.

Tabelle 1.2 Formen der Stressverarbeitung (SVF-120; Erdmann & Janke, 2008)

Stressverarbeitung	Beschreibung
Bagatellisierung	Stärke, Dauer oder Gewichtigkeit einer Belastung abwerten
Herunterspielen	sich selbst im Vergleich zu anderen geringeren Stress zuschreiben
Schuldabwehr	fehlende Eigenverantwortlichkeit betonen
Ablenkung	sich von stressbezogenen Aktivitäten / Situationen ablenken bzw. stressinkompatiblen zuwenden
Ersatzbefriedigung	sich positiven Aktivitäten / Situationen zuwenden
Selbstbestätigung	sich Erfolg, Anerkennung und Selbstbestätigung verschaffen
Entspannung	sich insgesamt oder einzelne Körperteile entspannen
Situationskontrolle	Situation analysieren, Handlungen zur Kontrolle / Problemlösung planen und ausführen
Reaktionskontrolle	eigene Reaktionen unter Kontrolle bringen oder halten
positive Selbstinstruktion	sich selbst Kompetenz und Kontrollvermögen »zusprechen«
soziales Unterstützungsbedürfnis	Aussprache, soziale Unterstützung und Hilfe suchen
Vermeidung	sich vornehmen, Belastungen zu verhindern oder ihnen auszuweichen
Flucht	Tendenz, einer Belastungssituation zu entkommen
soziale Abkapselung	sich von anderen zurückziehen
gedankliche Weiterbeschäftigung	sich gedanklich nicht lösen können, Grübeln
Resignation	aufgeben / resignieren mit Gefühlen von Hilflosigkeit, Hoffnungslosigkeit
Selbstbemitleidung	sich selbst bemitleiden mit missgünstiger (aggressiver) Komponente
Selbstbeschuldigung	Belastungen eigenen Fehlhandlungen zuschreiben
Aggression	gereizt, ärgerlich, aggressiv reagieren
Pharmakaeinnahme	psychotrope Substanzen (Medikamente, Alkohol, Nikotin) einnehmen

Auf die Frage, welche Formen der Stressverarbeitung gesund sind, haben Dirk Lehr und Kollegen (2008) clusteranalytisch spannende Ergebnisse gefunden, die praktische Relevanz für das Leiten und Durchführen von Stressbewältigungstrainings haben: Von

Personen, die mental gesund waren, wurden die Stressverarbeitungsformen flexibel eingesetzt. Vor allem emotions- und problemfokussierte Bewältigungsmuster haben sie je nach Anforderung aber auch eigenem Vermögen eingesetzt. Besonders niedrige Werte hatten diese gesunden Personen auf den Subskalen *soziale Abkapselung* und *Resignation*.

Die obengenannten Stressverarbeitungsformen (s. Tab. 1.2) können in annähernde und vermeidende Stressbewältigung unterteilt werden. Eine Vielzahl von Studien konnte zeigen, dass langfristig problemvermeidende Bewältigungsformen mit schlechterer mentaler Gesundheit einhergehen (z. B. Folkman et al., 1986; Smith et al., 1990). Tabelle 1.3 zeigt eine Kombination aus den Dimensionen (1) emotions- und problemfokussierter und (2) annähernder und vermeidender Stressbewältigung.

Tabelle 1.3 Kombination der Dimensionen (1) emotions- und problemfokussierter und (2) annährend und vermeidender Stressbewältigung.

	vermeidend	annähernd
emotionsfokussiert	▶ Substanzmissbrauch ▶ sozialer Rückzug ▶ …	▶ Entspannung ▶ Selbstberuhigung ▶ …
problemfokussiert	▶ Vermeidungsverhalten ▶ Resignation ▶ …	▶ Unterstützung suchen ▶ Problem analysieren ▶ …

Im Training *Stark im Stress* werden die Teilnehmer darin gefördert, annähernde Bewältigungsstrategien in ihrem Alltag zu erproben und zu integrieren. Zudem trainieren sie, flexibel emotions- und problemorientierte Strategien zu wählen und diese in Abhängigkeit ihrer Möglichkeiten und den situativen Bedingungen anzuwenden.

1.6 Emotionen: Funktionen und Regulation

Emotionen sind – ähnlich wie auch Stress – allgegenwärtig. Auch sie sind, evolutionär betrachtet, ältere Programme, die unsere Aufmerksamkeit und unsere kognitiven Prozesse mit beeinflussen und von ihnen beeinflusst werden. Sie legen uns bestimmte Handlungsimpulse nahe und mobilisieren Energien, damit wir den Handlungsimpulsen nachkommen können. Zudem haben sie eine kommunikative Funktion.

Bevor wir uns den hier aufgezählten Komponenten zuwenden, ist es sinnvoll zu verstehen, dass unsere Emotionen wahrscheinlich zu unterschiedlichen stammesgeschichtlichen Zeiten entstanden sind. Man nimmt an, dass Ärger und Angst schon sehr alte Emotionen sind, die wir mit vielen Wirbeltieren teilen. Ihr physiologisches Geschehen und ihre kognitiven Bewertungen ähneln der oben beschriebenen Stressreaktion (Fight-Flight-Reaktion) sehr.

Emotionen wie Trauer setzen hingegen mehr kognitive Repräsentationen voraus. Außerdem können nur soziale Lebewesen Trauer erfahren. Um Trauer empfinden zu können, muss eine Person enge Bindungen eingehen und von dieser Bindung (und der dazugehörigen Person) auch in deren Abwesenheit eine mentale Repräsentation aufrechterhalten und abrufen können. Fische teilen diese Emotionen z. B. nicht mit uns.

Emotionen wie Schuld und Scham scheinen erst sehr spät im Laufe der Menschwerdung entstanden zu sein. Diese Emotionen teilen wir mit anderen Säugetieren nicht, denn sie erfordern ein hohes Maß an Perspektivübernahme, zu der nur Menschen fähig sind. Der Sinn von Scham liegt beispielsweise darin, dass wir unsere soziale Attraktivität und unser Selbst- und Fremdbild justieren: Verkaufen wir uns über Wert (und es könnte auffliegen), peinigt uns Scham. Behandelt uns jemand unter Wert bzw. schätzt uns unter Wert ein, steuert Scham ebenfalls dagegen. Scham reguliert also »das Verhältnis zwischen unserer Selbsteinschätzung, der Art, wie wir uns anderen darstellen, und den Erwartungen an andere« (Bohus & Wolf-Arehult, 2013, S. 216).

1.6.1 Funktionen von Emotionen

Das Wissen, dass wir Emotionen erfahren, geht zu einem großen Teil auf die Emotion Angst zurück. Diese ist inzwischen sehr gut erforscht. Das Wissen über andere Emotionen ist vergleichsweise gering. Trotzdem lassen sich einige Erkenntnisse, die über Angst gewonnen wurden, auch auf andere Emotionen übertragen und somit für einen adaptiven Umgang mit ihnen nutzen.

Emotionen können als Bündel von Wahrnehmungs- und Verhaltensweisen angesehen werden, die es Menschen ermöglichen, schnell und ohne langes Nachdenken auf bestimmte Reize zu reagieren. Sie sicherten unseren Vorfahren dadurch das (soziale) Überleben. Angst steuert z. B. unsere Aufmerksamkeit, sodass wir Gefahren früh erkennen. Bei Gefahr wird sehr schnell über einen unspezifischen Stressschub Energie bereitgestellt (s. Abschn. 1.2). Es kommt ziemlich schnell zu einer Einschätzung der Situation und der eigenen Ressourcen: Muss ich fliehen oder sollte ich angreifen? Diese Entscheidung muss sehr schnell und ohne langwierige Situationsanalyse getroffen werden. Fällt die Entscheidung anzugreifen, werden wiederum spezifische Verhaltensprogramme aktiviert. Man macht sich z. B. größer, zeigt mimisch seinen Ärger usw., um den Gegner einzuschüchtern. Sinn dieser Emotionsprogramme ist eine Erlebens- und Verhaltenssicherheit in kritischen Situationen.

Emotionen steuern die Aufmerksamkeit

Um solche Vorteile gewährleisten zu können, müssen unsere Emotionen zunächst unsere Aufmerksamkeit steuern. Relevante Reize müssen schnell von weniger relevanten unterschieden werden können. Je schneller ein Lebewesen bedrohliche Reize erkennt, desto schneller kann es entsprechend reagieren und die Gefahr abwenden. Das kann für das Überleben entscheidend sein. Deswegen wird unsere Aufmerksamkeit beim Auftreten bestimmter Stimuli sofort fokussiert. Diese Stimuli sind entweder unser evolutionäres Erbe (z.B. der Anblick einer Spinne oder Schlange) oder es sind erlernte Reize, die im Laufe unseres Lebens emotional bedeutsam waren.

Beispiel

Eine Person, die in ihrem Leben erfahren hat, dass ihre soziale Attraktivität (z.B. Liebe der Eltern) von ihrer Leistung abhängt, kommt in eine Situation, in der ihre Leistung bewertet wird. Sie ist hoch sensibel für bedrohliche Reize: Der kritische Blick eines Prüfers kann in ihr Angst oder Scham (»Oh Schreck, jetzt habe ich versagt!«) auslösen.

Emotionen informieren

Emotionen geben schnelle Einschätzungen über die Situation, unsere Ressourcen und darüber, ob unsere Ziele bedroht oder in Reichweite sind. Der Vorteil von Emotionen gegenüber sorgfältigen kognitiven Analysen ist, dass sie uns sehr schnell informieren. Emotionen stellen dazu spezifische Interpretations- und Bewertungsmuster zur Verfügung. Die Geschwindigkeit wird auf Kosten von Genauigkeit und flexibler Situationspassung erkauft. Das kann zu Problemen führen, denn die Interpretationen und Bewertungen sind in der Regel durch die entsprechende Emotion eingefärbt und somit verzerrt. Wer beispielsweise ärgerlich ist, ist auch leichter bereit, im Handeln eines anderen böse Absichten zu erkennen.

Dass Emotionen, wenn sie auftreten, aber das gesamte Erleben einer Person umfassen, führt dazu, dass sich diese ungenauen und mitunter verzerrten Informationen, Interpretationen und Bewertungen irgendwie richtig anfühlen. Emotionen validieren sich nämlich selbst. Deswegen fällt es oft so schwer, Einschätzungen, die unter emotionaler Betroffenheit entstehen, zu korrigieren.

Emotionen dienen der Kommunikation

Da Menschen soziale Wesen sind und in der Vergangenheit sehr auf ihre Gruppe angewiesen waren, hat es sich evolutionär bewährt, wenn andere Gruppenmitglieder schnell und zuverlässig informiert werden. Gerät eine Person beispielsweise in Gefahr, zeigt sie typischerweise einen angstvollen Gesichtsausdruck. Auf diese Weise werden andere Gruppenmitglieder informiert, sodass sie sich entweder auf die Gefahr vorbereiten oder der gefährdeten Person helfen können. In vielen Forschungsarbeiten wurde gezeigt, dass Menschen besonders schnell auf einen angstvollen Gesichtsausdruck aufmerksam werden und diesen ebenfalls besonders schnell verstehen.

Über den Ausdruck und das Verstehen von Emotionen (Empathie) erfolgt auch die soziale Regulation wie Dominanz oder Nähe und Distanz. Zudem können Emotionen andere »anstecken« und ein Wir-Gefühl schaffen, das für den Zusammenhalt einer Gruppe wichtig ist – man denke beispielsweise an ein Konzert oder ein Fußballspiel.

Obwohl Emotionsprogramme bestimmte mimische Ausdrücke und entsprechende Körperhaltungen »vorschlagen«, können Menschen diese in aller Regel auch maskieren oder bewusst andere emotionale Ausdrücke zeigen.

Emotionen steuern Handlungstendenzen
Das Wort Emotion geht auf den Psychiater Eugen Bleuler zurück, der es von *motio* (lat. Bewegung) ableitete. Mit der Vorsilbe *e-* kann es als *heraus-bewegen* verstanden werden. Emotionen motivieren uns, bestimmte Verhaltensprogramme zu zeigen. Wer Angst hat, flieht, erstarrt oder unterwirft sich (je nach Situationsanforderung). Wer trauert, zieht sich zurück und fährt sein Aktivitätsniveau herunter. Wer sich schämt, macht sich klein und sorgt dafür, möglichst nicht gesehen zu werden.

Mit steigender Intensität von Emotionen, erleben wir die Handlungstendenz als drängender. Es fällt uns zunehmend schwerer, sich ihr zu widersetzen. Es hat es sich im Laufe der Evolution bewährt, den Handlungstendenzen zu folgen. Allerdings haben Menschen in den meisten Fällen die Möglichkeit, die vorgeschlagenen Verhaltensweisen nicht auszuführen.

1.6.2 Regulation von Emotionen

Die Regulation von Emotionen kann prinzipiell an jeder Stelle ihrer Entstehung und ihrer Wirkung ansetzen. Der amerikanische Psychologe und Emotionsforscher James J. Gross identifizierte fünf Ansatzpunkte für die Regulation (Gross, 1999):
(1) Situationsauswahl
(2) Situationsmodifikation
(3) Lenkung der Aufmerksamkeit
(4) kognitive Neubewertung
(5) Modulation der emotionalen Reaktion

Bei den ersten vier Ansatzpunkten wird die Emotion bereits vor ihrem Entstehen reguliert. Gross spricht hier von Antezedens-fokussierter Emotionsregulation. Bei der Modulation der emotionalen Reaktion setzt die Regulation erst bei der bereits entfalteten Emotion an. Deswegen spricht Gross hier von der Response-fokussierten Emotionsregulation.

Je früher in den Entstehungsprozess der Emotionen eingegriffen wird, desto leichter können sie reguliert werden. In einer Vielzahl von Studien konnte gezeigt werden, dass vor allem zwei Strategien zur Emotionsregulation verwendet werden: erstens das Unterdrücken der Emotionen bzw. des Gefühlsausdrucks oder zweitens die kognitive Neubewertung. Das Unterdrücken von Emotionen scheint ungesünder und weniger effektiv zu sein als die Neubewertung.

Ein differenzierteres Modell emotionaler Kompetenzen entwickelten Berking und Znoj (2008). Sie identifizierten neun Teilkompetenzen, die für einen adaptiven Umgang mit Emotionen notwendig bzw. förderlich zu sein scheinen:
(1) achtsame Wahrnehmung der eigenen Emotionen
(2) Wahrnehmen emotionsbedingter Körperempfindungen
(3) Fähigkeit, Emotionen zu erkennen und zu benennen
(4) Fähigkeit, Emotionen zu verstehen
(5) Fähigkeit, aversive Emotionen zu akzeptieren

(6) Fähigkeit, aversive Emotionen zu tolerieren
(7) Selbstunterstützung in emotional schwierigen Situationen
(8) Bereitschaft, sich mit Auslösern aversiver Emotionen zu konfrontieren
(9) Fähigkeit, aversive Emotionen zu modifizieren

In verschiedenen Studien zeigte sich, dass die Fähigkeiten, aversive Emotionen zu akzeptieren und zu tolerieren, sowie die Fähigkeit, aversive Emotionen zu verändern, mit psychischer Gesundheit (z. B. Berking et al., 2008) und mit verbesserter Selbststeuerung einhergehen (z. B. Eckert et al., 2015; Eckert et al., under review). Diese Fähigkeiten spiegeln die Dialektik von Annehmen und Verändern wider. Diese Dialektik gilt auch bei der Stressbewältigung als vorteilhaft (s. Abschn. 1.4.1). An ihr ist der Kompetenzaufbau des Trainings *Stark im Stress* ausgerichtet.

Im Training spielt das Annehmen und das Modifizieren aversiver Emotionen eine entscheidende Rolle. Strategien zur langfristigen Resilienzförderung aber auch Akutstrategien erleichtern das Annehmen. Zum Verändern von aversiven Emotionen haben sich Strategien kognitiver Neubewertung sowie das *entgegengesetzte Handeln* gut bewährt (Bohus & Wolf-Arehult, 2013): Emotionen wirken auf den Körperausdruck (inkl. Mimik), auf das Verhalten und auf kognitive Prozesse. Allerdings scheint es hier eine bidirektionale Beeinflussung zu geben. Untersuchungen zur Facial-Feedback-Hypothese konnten beispielsweise zeigen, dass ein willentlich herbeigeführter emotionaler Gesichtsausdruck das Empfinden dieser Emotion auslöst (Buck, 1980). Auch bewusst eingenommene Körperhaltungen wirken auf das emotionale Erleben zurück. Diese Umstände sollen im Training genutzt werden, um die eigenen Emotionen gezielt zu verändern.

2 Multimodale Stressprävention

Man kann zwischen personaler, interpersoneller und struktureller Stressprävention unterscheiden (Hurrelmann et al., 2004). Die personale Stressprävention zielt auf Information und Aufklärung sowie auf Motivation und Verhaltensänderung ab. Die interpersonelle Stressprävention fokussiert gruppendynamische Prozesse, die adaptive Einstellungen und Verhaltensweisen fördern und verstärken. Die strukturelle Stressprävention bezieht sich auf Verfahren der Organisationsentwicklung und auf Gesetzgebungsprozesse. Hier kann von Verhältnisprävention gesprochen werden. Das Training *Stark im Stress* zählt zur personalen Stressprävention.

Stressprävention hat sich in vielen Studien als wirksam herausgestellt: Das vorbeugende Stressmanagement reduziert gesundheitlich aber auch ökonomisch negative Folgen in Form von Erkrankungen, Arbeitsausfall und Leistungseinbußen. Deswegen wird nach § 20 und § 20a des Sozialgesetzbuches (SGB V) Primärprävention und betriebliche Gesundheitsförderung von den gesetzlichen Krankenkassen gefördert. Das Training *Stark im Stress* ist als multimodales Stressmanagement nach §§ 20 SGB V zertifiziert. Im Präventionsleitfaden der gesetzlichen Krankenkassen werden für multimodales Stressmanagement folgende Ziele definiert:

Definition

»Maßnahmen zum multimodalen Stressmanagement zielen darauf ab, negative Folgen für die körperliche und psychische Gesundheit aufgrund von chronischen Stresserfahrungen zu vermeiden, indem die individuellen Bewältigungskompetenzen gestärkt werden mit dem Ziel eines möglichst breiten Bewältigungsrepertoires und einer möglichst hohen Flexibilität im Umgang mit Stressbelastungen. Die Bewältigungsbemühungen müssen auf allen drei oben beschriebenen Ebenen des Stressmanagements ansetzen.« (Leitfaden Prävention, GKV, 2014)

Die drei Ebenen, auf denen Bewältigungsbemühungen ansetzen müssen, sind (1) palliativ-regeneratives Stressmanagement, (2) kognitives Stressmanagement und (3) instrumentelles Stressmanagement. Palliativ-regeneratives Stressmanagement betrifft die Regulierung sowohl der physiologischen als auch der psychischen Stressreaktion. Es geht primär darum, kurzfristig Linderung zu schaffen (Palliation), und um die langfristige Förderung von Regeneration (s. Abschn. 2.1). Kognitives Stressmanagement ist Bewältigungsverhalten, das durch kognitive Operationen wie kognitive Umstrukturierungen, Neubewertungen oder Distanzieren kennzeichnet ist (s. Abschn. 2.2). Unter instrumentellem Stressmanagement wird Problemlösen im weitesten Sinne verstanden (s. Abschn. 2.3). Im Training *Stark im Stress* gilt die Emotionsregulation als zusätzliche Präventionsebene (s. Abschn. 2.4).

2.1 Palliativ-regeneratives Stressmanagement

Stress und aversive Emotionen gehen vielfach mit physischer und psychischer Anspannung einher. Diese unangenehmen Zustände können durch Abbau der Anspannung reduziert werden. Mangelnde Regeneration (z. B. durch Schlafmangel) und chronischer Stress haben negative Auswirkungen auf Fähigkeiten, die sowohl für die instrumentelle als auch für die kognitive Stressbewältigung notwendig sind. Das lässt sich inzwischen bis auf die molekulare Ebene im Hirnstoffwechsel nachweisen. Die Neurowissenschaftler McEwen und Chattarji (2004) wiesen beispielsweise nach, dass chronischer Stress und Schlafmangel zu massivem Abbau von Nervenzellen im präfrontalen Kortex und im Hippocampus führen, und dass das Nachwachsen neuer Nervenzellen (Neurogenese) gehemmt wird. Beide Hirnbereiche werden u. a. für die (kognitive) Regulation von Stress und Emotionen sowie zur effizienten Problemanalyse und zum Problemlösen (instrumentelle Bewältigung) benötigt.

Das palliativ-regenerative Stressmanagement zielt sowohl auf die Regulierung der physiologischen als auch der psychischen Stressreaktion ab. Kurzfristig wirkende Maßnahmen wie Entspannung oder das häufige Erleben angenehmer Emotionen schaffen zunächst Linderung (Palliation) und puffern die negativen Wirkungen des Stresserlebens ab (Greenberg, 2002). Durch kontinuierliches Training von Entspannung und dem Implementieren von Erholungsphasen im Alltag stellen sich Regenerationseffekte ein, die nachweislich mit dem Nachwachsen von Nervenzellen im Bereich des Hippocampus einhergehen (Van Praag et al., 2005).

Ein indirekter Effekt des palliativ-regenerativen Stressmanagements ist, dass die Wahrscheinlichkeit dysfunktionaler Bewältigungsmuster, die ebenfalls durch Spannungsreduktion kurzfristig Linderung bringen, reduziert wird. Beispiele sind hier Alkoholkonsum, übermäßiges Essen bzw. Fast-Food oder Fernsehen.

Im Training *Stark im Stress* ist das palliativ-regenerative Stressmanagement vor allem im ersten Modul verortet. Allerdings zieht es sich auch durch die anderen Module (z. B. in Form von Entspannungsübungen).

2.2 Kognitives Stressmanagement

Dysfunktionale kognitive Einschärfungen, überhöhte Ansprüche an uns selbst, unrealistische Erwartungen an andere (oder an Situationen) und Selbstabwertungen sind typische Quellen von Stress und aversiven Emotionen. Kognitive Stressbewältigung besteht im Wahrnehmen, Annehmen und Verändern dieser dysfunktionalen Kognitionen bzw. dysfunktionaler kognitiver Muster. Mit Blick auf das transaktionale Stressverständnis (s. Abschn. 1.3) spielt die kognitive Stressbewältigung eine zentrale Rolle im Konzert des Stressmanagements.

Stresserleben und emotional aversive Zustände können auch durch das Antizipieren (»Es wird absolut furchtbar werden!«) und das Erinnern (»Es war wirklich schlimm!«) verlängert werden. Das kann zu einer Verkürzung der Regenerationsphasen führen.

Die Tendenz, sich ausgiebig mit sorgenvollen Gedanken zu beschäftigen und diese immerfort wie in einer Endlosschleife zu denken, wird Rumination (gedankliches Wiederkäuen) genannt. Neben der Beschäftigung mit angenehmen Dingen (durch palliativ-regenerative Strategien) haben sich kognitive Strategien als wirkungsvoll erwiesen, um Grübeltendenzen zu überwinden.

Kognitive Strategien zum Annehmen und Verändern von Stress und Emotionen, aber auch zum Annehmen unveränderbarer Gegebenheiten, haben sich im Zuge der kognitiven Wende in den 1970er Jahren im Rahmen der Verhaltenstherapie entwickelt. Aaron Beck (1979) konzipierte für die Behandlung von Depressionen die kognitive Therapie. Donald Meichenbaum (1985) zielte mit seinem Stressimpfungstraining direkt auf Stress ab. Albert Ellis (1973) schuf mit der Rational-Emotiven Verhaltenstherapie einen Ansatz, der den Zusammenhang von Einstellungen, Emotionen und Verhalten in den Mittelpunkt stellte. Alle drei Ansätze waren für die Entwicklung des kognitiven Stressmanagements wichtig. Auch heute können sie noch wichtige Impulse für die Arbeit mit Stress und Emotionen geben. Aus diesem Grund werden die Kerngedanken von jedem Ansatz hier kurz skizziert.

2.2.1 Becks kognitive Therapie

Beck (1975, 2004) identifizierte bei der Behandlung von Depression drei typische negative Denkmuster: die Person selbst betreffend (»Ich bin ein Versager!«), die Welt betreffend (»Mir wollen alle Schlechtes!«) und die Zukunft betreffend (»Es wird schrecklich werden!«). Diese drei typischen Denkmuster, die er kognitive Triade nannte, sind an der Entstehung und Aufrechterhaltung von Depressionen beteiligt.

Er fand bei depressiven Patienten dysfunktionale kognitive Schemata und Überzeugungen. Das sind übergeordnete Verarbeitungsmuster, die bereits in Kindheit oder Jugend erlernt werden. Ein Beispiel für eine dysfunktionale Überzeugung ist: »Erst wenn ich etwas wirklich Großes geleistet habe, bin ich als Mensch wertvoll!« Auch die meisten stressverstärkenden Einstellungen (s. Abschn. 13.3.2) sind solche dysfunktionalen Schemata oder Überzeugungen.

Beck fand bei depressiven Patienten typische kognitive Verzerrungen und Denkfehler, die Depressionen mitbedingen und aufrechterhalten. Auch sie können Ansatzpunkt kognitiver Interventionen sein.

Beispiele für typische Denkfehler (in Anlehnung an Wilkens, 1989)

- **willkürliche Schlussfolgerungen:** Es ist kein Beweis notwendig, sogar bei vorliegenden Gegenbeweisen werden willkürlich Schlussfolgerungen gezogen.
- **Übergeneralisierung:** Aus einem Einzelfall wird unzulässig eine allgemeine Regel abgeleitet, die allgemeine Gültigkeit besitzt.
- **dichotomes Denken:** Denken in Alles-oder-nichts- bzw. Schwarz-oder-Weiß-Kategorien

- **Personalisierung:** Ereignisse werden auf sich selbst bezogen, obwohl es dafür keine Hinweise gibt.
- **delektive Abstraktion:** Überbetonung einiger Einzelinformationen, während andere bei der Interpretation von Situationen vernachlässigt werden
- **maximieren und minimieren:** Tendenz, negative Ereignisse zu überbewerten und positive Ereignisse zu unterbewerten
- **katastrophisieren:** Erwartung negativer Ereignisse, bzw. dass die Dinge einen schlimmen Lauf nehmen werden
- **emotionale Beweisführung:** Die Richtigkeit von Gedanken wird durch Gefühle bewiesen: »Es fühlt sich an, als ob mich keiner mag – also ist es so!«

Die Intervention nach Beck besteht darin, die kognitiven Prozesse, die an der Entstehung und Aufrechterhaltung einer Depression beteiligt sind, zusammen mit dem Patienten zu identifizieren und einer systematischen Prüfung zu unterziehen. Daraus resultieren in der Regel funktionalere Denkinhalte und Überzeugungen. Die kognitiven Verzerrungen und Denkfehler werden reduziert.

Der Wert, den der Ansatz von Beck für Stressinterventionen und insbesondere für die kognitive Stressbewältigung hat, kann gar nicht genug gewürdigt werden. Der Aufbau von Selbstwert als Korrektur der kognitiven Triade (s. Kap. 11) oder das Erahnen eines biographischen Sinns bei schlimmen Ereignissen als kognitive Gegenregulation zum Katastrophisieren (s. Kap. 9) sind nur zwei Möglichkeiten, wie das Annehmen von Unveränderbaren gestärkt werden kann. Auch das Verändern von stressverstärkenden Gedanken und Gedanken, die aversive Emotionen aufrechterhalten (s. Kap. 13), kann direkt aus dem Ansatz von Beck abgeleitet werden.

2.2.2 Meichensbaums Stressimpfungstraining

Der Kern des Stressimpfungstrainings besteht darin, dass Patienten bzw. Klienten sich – einer Schutzimpfung ähnlich – bereits im Vorfeld unter kontrollierten Bedingungen mit zukünftigen Stresssituationen gedanklich konfrontieren. Sie entwickeln so hilfreiche Kognitionen und üben diese ein. Beim tatsächlichen Auftreten der Stresssituation sind sie »immunisiert« und ihr Stress-, Angst- oder Ärgerempfinden bleibt in einem erträglichen Maß.

Das Stressimpfungstraining gliedert sich in drei große Phasen: In der ersten Phase werden die Problemsituationen des Patienten mit dem Ziel analysiert, die Faktoren zu identifizieren, die seinen Stress, Ärger oder seine Angst aufrecht erhalten. In einer zweiten Phase, der Übungsphase, übt der Patient (neben Entspannungsverfahren) vor allem die hilfreichen Kognitionen ein, die er beim Auftreten der Stresssituation einsetzen soll (z. B. »Erst einmal ruhig bleiben und schauen, was tatsächlich los ist!«). In der dritten Phase werden die Stresssituationen dann bewusst »gestuft« aufgesucht (leichtere Situationen zuerst). Die erworbenen Strategien werden erprobt und ggf. modifiziert.

Auch im Training *Stark im Stress* finden sich einige Ansätze, die auf das Meichenbaum Training zurückgehen. Vor allem das Vorwegnehmen schwieriger Situationen und das gezielte Modifizieren der Kognitionen werden im Modul 3 praktiziert. Aber auch die Idee des *gestuften* Erprobens wird beispielsweise beim Umgang mit Unsympathen genutzt (s. Abschn. 10.3.4).

2.2.3 Ellis' Rational-Emotive Therapie

Die Rational-Emotive Therapie von Ellis wurde bereits 1955 entwickelt und liegt damit zeitlich vor (!) der Entwicklung des transaktionalen Stressmodells. Ellis entwickelte das ABC-Schema, auf das nahezu alle kognitiven Ansätze einschließlich des transaktionen Stressmodells aufbauen. Die Grundannahme besteht darin, dass eine Situation (A/activating events) erst über die Interpretation und Bewertung durch rationale oder irrationale Überzeugungen (B/beliefs) zur emotionalen oder verhaltensorientierten Reaktion (C/consequences) führt. Durch das Verändern irrationaler Überzeugungen können Emotionen und Verhalten modifiziert werden.

Das Stress-Modell, das im hier vorgestellten Training vermittelt wird, wurde in Anlehnung an das ABC-Schema entwickelt.

2.3 Instrumentelle Stressbewältigung

Die instrumentelle Stressbewältigung zielt darauf ab, Stress durch Veränderung äußerer Belastungen und Anforderungen zu reduzieren (problemfokussierende Stressbewältigung). Es wurden verschiedene Ansätze entwickelt, die der instrumentellen Stressbewältigung zugeordnet werden können, obgleich einige von ihnen auch kognitive Komponenten beinhalten:

(1) Problemlösetraining
(2) Trainings sozialer Kompetenzen
(3) Zeitmanagement-Ansätze
(4) Konfliktlösetrainings

Exemplarisch soll hier das Problemlösetraining (D'Zurilla & Goldfried, 1971) skizziert werden, da im Training *Stark im Stress* dessen Grundideen adaptiert wurden. Das Training besteht aus sechs Schritten:

(1) Problem- und Zieldefinition. Teilnehmer des Problemlösetrainings werden instruiert, sich auf ein Problem bzw. einen Problembereich zu fokussieren. Die meisten Probleme haben lösbare und unlösbare Anteile (s. o.). Bei der Fokussierung und anschließenden Zieldefinition geht es darum, sich auf die lösbaren Teilbereiche zu konzentrieren. Bohus und Wolf-Arehult (2013) empfehlen, bei der Zieldefinition darauf zu achten, dass die Ziele positiv formuliert, kontrollierbar, prinzipiell erreichbar sowie für die Person realistisch sind.

(2) Entwicklung von Lösungsmöglichkeiten. Dieser Schritt sollte im Brain-Storming-Modus geschehen. Jede Idee, mag sie auch noch so absurd erscheinen, sollte zunächst notiert werden. Häufig entstehen aus zunächst absurd erscheinenden Ideen tatsächliche Lösungsansätze.

(3) Bewertung von Lösungsmöglichkeiten. Erst in diesem Schritt werden die Vor- und Nachteile der potentiellen Lösungsmöglichkeiten abgewogen, um als Grundlage für eine Entscheidung (s. u.) zu dienen.

(4) Entscheidung über die beste Lösungsmöglichkeit. Auf Basis des Abwägens entscheidet sich der Teilnehmer für eine (oder mehrere) Ideen.

(5) Planung der Umsetzung. Um die Lösungsmöglichkeit möglichst effektiv im Alltag umzusetzen und mögliche Hindernisse dabei zu überwinden, ist Planung notwendig.

(6) Rückblick und Bewertung der Lösungsmöglichkeit. Zum Aufbau von Selbstwirksamkeitserwartung und zum Zwecke eines nachhaltigeren Einsatzes dieser Problemlösemöglichkeit bei zukünftigen Problemen sollten unbedingt ein Rückblick und eine Bewertung erfolgen. Diese Bewertung kann durch konstruktive Vorschläge ergänzt werden, die darauf abzielen, das Gelingen zu optimieren.

Für das Training *Stark im Stress* wurde die Ausdifferenzierung zwischen lösbaren und unlösbaren Problemanteilen adaptiert. Auch die Idee, mehrere Lösungsmöglichkeiten zu entwickeln und für eine oder mehrere die Umsetzung gezielt zu planen, diese durchzuführen und schließlich zu bewerten, wurde übernommen. Allerdings liegt der Fokus vielfach auf der Veränderung problematischer Interaktionen. Dies geschieht beispielsweise durch das Initiieren von Fremdwertschätzung (s. Abschn. 10.3.2, 10.3.4 und 12.3.2).

2.4 Emotionsregulation

Das Erleben aversiver Emotionen wird häufig als nicht wünschenswert angesehen, es gibt sogar (i. d. R. unseriöse) Ansätze, die aversive Emotionen grundsätzlich als gesundheitliches Problem definieren. Emotionen – und auch aversive Emotionen – sind wichtig, weil sie uns kognitiv entlasten, uns schnelle Orientierung geben und uns Handlungsmöglichkeiten zur Verfügung stellen (s. o.). Allerdings sind Emotionen Verhaltens- und Erlebensprogramme, die erstens evolutionär älter sind: Das kann zu Fehlanpassungen führen, da sie für eine andere Lebenswelt ausgelegt sind. Zweitens ist der Vorteil der schnellen Informationsverarbeitung von Emotionen auch gleichzeitig ein Nachteil, der ebenfalls zu Fehlanpassungen führen kann. Drittens ziehen aversive Emotionen häufig weitere Emotionen nach sich, die Sekundäremotionen (z. B. »Ich schäme mich, weil ich Angst habe!«). Diese können zu dysfunktionalen Regulationen oder zu langanhaltenden aversiven Emotionen führen.

Emotionale Fehlanpassungen, dysfunktionale Regulationsversuche und langanhaltende aversive Emotionen können dauerhaft eine direkte oder indirekte Quelle für Belastungen sein. Direktes Belastungserleben kann durch dauerhaft erhöhte Anspannung oder durch einen permanent erhöhten Cortisolspiegel bedingt sein. Indirekte

Belastungen können durch dysfunktionales Bewältigungsverhalten (z. B. »Ich habe Angst und ich schäme mich dafür. Deswegen trinke ich Alkohol, dann merke ich die Angst nicht mehr!«) entstehen. Aber auch Leistungseinbußen, Stimmungsverschlechterungen oder Auswirkungen auf Beziehungen können indirekte Folgen emotionaler Fehlanpassung, dysfunktionaler Regulationsversuche oder langanhaltender aversiver Emotionen sein.

Zum adaptiven Umgang mit Emotionen wurden verschiedene Ansätze entwickelt:

(1) Emotionsfokussierte Therapie (Greenberg, 2002)
(2) Skilltraining: Umgang mit Emotionen (Bohus & Wolf-Arehult, 2013; in Anlehnung an Linehan, 1996)
(3) Emotionsbezogene Psychotherapie (Lammers, 2007)
(4) Training emotionaler Kompetenzen, TEK (Berking, 2010)
(5) Training der Emotionsregulation (Sulz & Sulz, 2005)
(6) Emotionen als Ressourcen (Glasenapp, 2013)

Elemente zur Emotionsregulation bzw. zu einem adaptiven Umgang mit Emotionen, der ein Annehmen (zusätzlich zum Regulieren) einschließt, durchziehen das komplette Training *Stark im Stress*.

3 Aufbau und Aufrechterhaltung von Trainingsmotivation

Die Wirksamkeit der meisten Gesundheitstrainings hängt u.a. davon ab, ob die Teilnehmer Trainingsinhalte und Übungen konsequent in ihren Alltag integrieren und umsetzen. Es wird also von ihnen erwartet, dass sie Gesundheitsverhalten zeigen, das vielfach mit ihren üblichen Verhaltensgewohnheiten oder -präferenzen kollidiert. Das ist im Training *Stark im Stress* nicht anders. Zwischen den 90-minütigen Einheiten, die idealerweise wöchentlich stattfinden, sollen die Teilnehmer bestimmte Übungen trainieren, ihr Verhalten beobachten und nach bestimmten Fragestellungen reflektieren oder Verhaltensexperimente durchführen. Wer schon einmal versucht hat, nur kleine Verhaltensänderungen in den Alltag konsequent einzuführen und beizubehalten (z.B. mehr Obst essen), weiß, wie schwierig das ist.

Der Psychologe Ralf Schwarzer hat diese Schwierigkeit zum Ausgang seiner Forschung gemacht. Er hat Faktoren gefunden, die Gesundheitsverhalten generell günstig bzw. ungünstig beeinflussen können – und er hat das Zusammenspiel dieser Faktoren beleuchtet. Das Resultat ist ein Modell, mit dem man erstens in der Lage ist, Gesundheitsverhalten vorherzusagen, und zweitens, Gesundheitsverhalten günstig zu beeinflussen: das sozial-kognitive Prozessmodell HAPA (Health Action Process Approach; Schwarzer, 2008). Der Aufbau und das Aufrechterhalten von Trainingsmotivation und Trainingsverhalten von *Stark im Stress* sind an diesem Modell orientiert.

3.1 Das HAPA-Modell von Schwarzer

Das HAPA-Modell unterscheidet drei motivationale Stadien: nicht-intentional, intentional und aktional (s. Abb. 3.1). Die Absicht (Intention), Gesundheitsverhalten zu zeigen, ist eine unbedingte Voraussetzung dafür, dass eine Person tatsächlich Gesundheitsverhalten zeigt. Somit markiert das Ausbilden einer Absicht den Übergang vom Stadium der Absichtslosigkeit (nicht-intentional) zum Stadium der Absicht (intentional).

Das Bilden einer Absicht wird wiederum von drei Bedingungen beeinflusst: (1) der Risikowahrnehmung, (2) der Handlungs-Ergebnis-Erwartung (outcome-expectancies) und (3) der aufgabenbezogenen Selbstwirksamkeitserwartung (task self-efficacy, auch motivationale Selbstwirksamkeitserwartung). Nimmt eine Person kein Risiko oder keine Ist-Soll-Diskrepanz wahr, hat sie überhaupt keinen Grund, eine Absicht für eine Verhaltensänderung zu entwickeln. Auch wenn sie einen Grund sieht, jedoch erwartet, dass das vorgeschlagene Verhalten (z.B. mehr Sport treiben) nicht zu dem angestrebten Soll-Zustand führt (z.B. mehr Fitness), wird sie nicht motiviert sein, sich entsprechend zu verhalten. Hier ist die Handlungs-Ergebnis-Erwartung zu schwach ausgeprägt. Aber selbst eine hoch ausgeprägte Handlungs-Ergebnis-Erwartung und eine hoch ausgeprägte Risikowahrnehmung (in Form einer Ist-Soll-Diskrepanz) führen erst dann zur Bildung einer Absicht, wenn die Person überzeugt ist, diese Handlung auch durchführen zu können (aufgabenbezogene Selbstwirksamkeitserwartung). Eine Person sieht beispielsweise eine Notwendigkeit, fitter zu werden, und sie ist auch davon überzeugt, dass mehr Sport zu dem gewünschten Ergebnis führt. Allerdings nimmt sie sich nicht vor, mehr Sport zu machen (Absicht), weil sie es sich selbst nicht zutraut (»Ich mache schon nach einer halben Minute schlapp und dann esse ich immer eine Tafel Schokolade!«).

Das Bilden von Absichten ist eine notwendige, aber noch keine hinreichende Voraussetzung dafür, dass eine Person ihr Gesundheitsverhalten ändert. Um vom intentionalen Stadium ins aktionale Stadium zu kommen, sind Aufrechterhaltungs-Selbstwirksamkeit (maintenance self-efficacy), Handlungs- und Bewältigungsplanung notwendig. Ist eine Person davon überzeugt, dass sie nicht durchhalten wird (geringe aufrechterhaltungsbezogene Selbstwirksamkeit), wird sie trotz bester Absicht weder die Umsetzung ihrer Absicht planen (Handlungsplanung) noch wird sie sich Strategien überlegen, um mögliche Hindernisse zu überwinden (Bewältigungsplanung). Eine angeleitete und kleinschrittige Handlungs- und Bewältigungsplanung kann sich allerdings förderlich auf die aufrechterhaltungsbezogene Selbstwirksamkeit auswirken (»Vielleicht schaffe ich es ja doch!«).

Wenn die Absicht sowie die Handlungs- und Bewältigungsplanung in Verhalten münden, wird vom Übergang in die aktionale Phase gesprochen. Hier geht es darum, das intendierte Verhalten zu initiieren, es aufrecht zu halten und es immer wieder neu aufzunehmen. Dafür wird Wiederaufnahme-Selbstwirksamkeit (recovery-self-efficacy) benötigt.

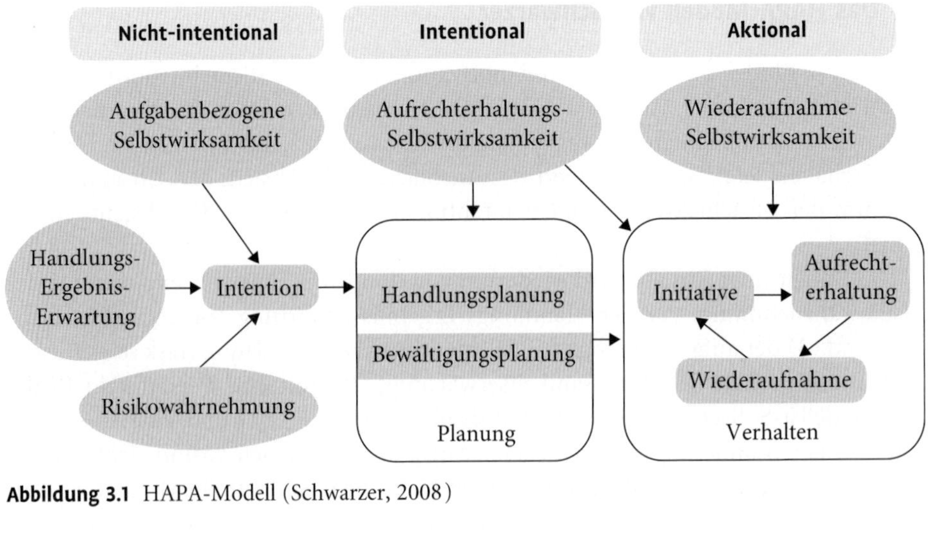

Abbildung 3.1 HAPA-Modell (Schwarzer, 2008)

3.2 Bilden von Trainingsintentionen

Eine wichtige Voraussetzung für Trainingsverhalten ist das Ausbilden von Trainingsabsichten. In diesem Abschnitt wird allgemein beleuchtet, wie die Risikowahrnehmung, die Handlungs-Ergebnis-Erwartung und die aufgabenbezogene Selbstwirksamkeit systematisch gefördert werden können, sodass Teilnehmer eine Trainingsintention ausbilden.

Für die weiteren Schritte (wie Handlungs- und Bewältigungsplanung) ist es wichtig, dass die Trainingsintentionen so konkret wie möglich gebildet werden. Anstatt: »Ich möchte mehr Sport treiben!« sollte eine möglichst spezifische Verhaltensweise stehen: »Ich möchte viermal in der Woche eine halbe Stunde laufen gehen!«. Statt: »Ich möchte gelassener reagieren!« »Ich übe täglich fünfzehn Minuten Achtsamkeit!«

3.2.1 Risikowahrnehmung

Bei der Risikowahrnehmung geht es vor allem darum, dass Teilnehmer eine Ist-Soll-Diskrepanz wahrnehmen. Je affektiver diese Diskrepanz aufgeladen ist, desto stärker wirkt sie motivierend. Diskrepanzen werden von den meisten Menschen als unangenehm erlebt, sie streben danach, diese unangenehme Spannung durch Reduzierung der Diskrepanz herbeizuführen (Festinger, 1978). Um das zu erreichen, gibt es zwei Möglichkeiten: Der Ist-Wert kann an den Soll-Wert angepasst werden (z. B. »Ich bin zu gestresst, also werde ich etwas gegen meinen Stress tun!«) oder der Soll-Wert wird dem Ist-Wert angepasst (z. B. »Mein Stressniveau ist vollkommen ok, ich liebe Stress! Es besteht kein Handlungsbedarf!«).

Wenn es objektiv sinnvoll ist, dass ein Teilnehmer bestimmte Verhaltensweisen zeigt, ist eine Spannungsreduktion durch das Anpassen der Soll-Werte nicht förderlich. Personen, die keine Möglichkeiten sehen, ihren Ist-Wert zu ändern (gering ausgeprägte Handlungs-Ergebnis-Erwartung bzw. aufgabenbezogene Selbstwirksamkeitserwartung), tendieren eher dazu, kein Problembewusstsein zu haben oder zu resignieren.

Um Problembewusstsein zu fördern, können diagnostische Instrumente eingesetzt werden, die den Ist-Stand aufzeigen. Es können Fragen gestellt werden, die zu einer Problemaktualisierung führen (z. B. »Haben Sie in letzter Zeit schon einmal zu sich gesagt: Heute war es ein bisschen viel? Kam das häufiger oder eher seltener vor?« oder: »Was möchten Sie an Ihrem Lebensabend über sich sagen können? Wieviel leben Sie davon schon heute?«). Gleichzeitig sollte den Teilnehmern immer eine berechtigte Hoffnung gemacht werden, dass sie etwas verändern können. Es sollten also ihre Handlungs-Ergebnis-Erwartung und aufgabenbezogene Selbstwirksamkeitserwartung gestärkt werden.

3.2.2 Handlungs-Ergebnis-Erwartung

Teilnehmer von Stresspräventions-Kursen haben teilweise zwar nachvollziehbare, aber mitunter zu hochgesteckte Erwartungen (z. B. »Ich möchte in Zukunft immer und überall total gelassen reagieren!«). Für eine berechtigte Handlungs-Ergebnis-Erwartung sind realistische Zielsetzungen sehr wichtig. Vielfach hilft es, Teilziele zu identifizieren (z. B. »Da haben Sie sich eine sehr schwierige Aufgabe vorgenommen. Wollen Sie vielleicht erst einmal probieren, bei einer bestimmten Person oder in einer bestimmten Situation gelassener zu sein? Wo könnte es Ihnen innerhalb der nächsten Woche gelingen?«).

Beim Festlegen von erreichbaren Teilzielen oder realistischen Verhaltensweisen, die zu einer Handlungs-Ergebnis-Erwartung berechtigen, sollte unbedingt der subjektive Wert, den eine Handlung für den Teilnehmer hat, mitbedacht werden. Motivation ergibt sich aus Erwartung mal Wert zusammen. Ist eine der beiden Variablen Null, ist auch das Ergebnis – also die Motivation – Null. In dem oben angeführten Beispiel kann es also sein, dass der Teilnehmer eine Situation findet, in der er berechtigt erwarten kann, gelassener zu reagieren. Aber wenn das Ziel für ihn zu unbedeutend ist, wird er sich keine Mühe geben, um es zu erreichen.

Weiterhin sollte berücksichtigt werden, dass das Handlungsziel an Wert verliert, je weiter sein Erreichen in der Zukunft liegt. Das nennt man den Time-Discounting-Effekt (Steel & König, 2006). Eine sinnvolle Konsequenz für Gesundheitstrainings ist, dass Zielhandlungen möglichst so gewählt werden, dass sie schnell spürbare Effekte haben. Das gilt insbesondere für den Anfang von Trainings, wenn bei den Teilnehmern die Motivation, Hausaufgaben zu erledigen, noch aufgebaut werden muss. Machen die Teilnehmer zu Beginn solche Erfahrungen, schlägt sich das positiv auf deren Handlungs-Ergebnis-Erwartung und deren Selbstwirksamkeitserwartung nieder. Trainingsaufgaben kriegen also später einen »Vertrauensvorschuss«.

3.2.3 Aufgabenbezogene Selbstwirksamkeitserwartung

Auch ein Mindestmaß an aufgabenbezogener Selbstwirksamkeitserwartung (auch motivationale Selbstwirksamkeitserwartung genannt) ist für die Absichtsbildung notwendig. Ist diese nicht vorhanden, kann sie auf mehreren Wegen gefördert werden.

Erstens kann der Schwierigkeitsgrad des Zielverhaltens angepasst werden. Das ist vor allem dann angezeigt, wenn die Selbsteinschätzung mit einer gewissen Wahrscheinlichkeit zutrifft. Beispielsweise nimmt sich eine Person nicht vor, täglich eine Stunde zu laufen, um fitter zu werden, sondern fährt zunächst nur eine halbe Stunde täglich Fahrrad. Aber auch bei diesem Anpassen sollte darauf geachtet werden, dass der Wert der Zielhandlung erhalten bleibt (s. Abschn. 3.2.1). Eine Möglichkeit, einer Entwertung des angepassten Zielverhaltens entgegenzuwirken, besteht darin, mit der Person über die Notwendigkeit kleiner Schritte zu sprechen und damit auch eine Akzeptanz des Ist-Zustandes zu bewirken (z. B. »Es könnte sein, dass zu diesem

Zeitpunkt tatsächlich nicht fitter sind – aber wir können einmal schauen, wie schnell Sie Ihre Messlatte höher hängen können!«).

Bei Personen, die ihre Fähigkeiten und ihre Möglichkeiten unterschätzen, können zweitens Situationen oder Erfahrungen erfragt werden, die geeignet sind, um die aufgabenbezogene Selbstwirksamkeitserwartung zu stärken. Drittens kann auch um einen (Selbst-)Vertrauensvorschuss gebeten werden (z. B. »Ich bin mir sicher, dass Sie nicht nach einigen Minuten Sport schon schlapp machen. Wollen Sie einmal ausprobieren, wie viel Sie in Wirklichkeit schaffen? Trauen Sie sich ruhig etwas zu!«).

3.3 Trainingsplanung

Die Trainingsplanung gliedert sich in Handlungsplanung (s. Abschn. 3.3.1) und Bewältigungsplanung (s. Abschn. 3.3.2). Während die Handlungsplanung darauf abzielt, die Durchführungsbedingungen der Zielhandlung zu konkretisieren, werden bei der Bewältigungsplanung potentielle Hindernisse antizipiert und entsprechende Überwindungsstrategien entwickelt.

Die Aufrechterhaltungs-Selbstwirksamkeit kann durch ressourcenorientiertes Fragen aktiviert werden (z. B. »Warum glauben Sie, dass sie das schaffen? Wie ist es Ihnen in anderen Fällen gelungen, auch schwierige Vorsätze umzusetzen?«). Eine andere Möglichkeit, die auch im Training *Stark im Stress* genutzt wird, besteht darin, zunächst einfache, gut durchführbare Handlungen zu initiieren und das Gelingen positiv zu verstärken (s. Abschn. 6.2).

3.3.1 Handlungsplanung

Es konnte inzwischen vielfach nachgewiesen werden, dass eine Konkretisierung der Ausführungsbedingungen im Vorfeld die Wahrscheinlichkeit erhöht, dass die Zielhandlung tatsächlich ausgeführt wird (Owens et al., 2008). Gollwitzer (1999) konnte zeigen, dass das Erstellen von »Wenn-Dann-Plänen« die Lücke zwischen Absicht und Verhalten reduziert. Es ist also hilfreich, wenn die Ausführung eines Verhaltens an andere stabile Bedingungen gekoppelt ist (z. B. »Immer direkt vor dem Zähneputzen werde ich mir fünf Minuten Zeit für eine kleine Achtsamkeitsübung nehmen!«).

Bei der Handlungsplanung sollten unbedingt folgende Aspekte berücksichtig werden, die als S.M.A.R.T.-Kriterien bekannt sind:

- **S**pezifisch: Die Handlung sollte positiv und spezifisch formuliert sein. Dieses Kriterium ist erfüllt, wenn der Handelnde genau weiß, welche Handlungen er wie durchführen soll.
- **M**essbar: Der Handelnde weiß, wann er das Handlungsziel erreicht hat. »Ich übe Achtsamkeit, bis ich gelassen bin!« ist schlecht messbar. Besser: »Ich übe jeden Tag zehn Minuten Achtsamkeit!«
- **A**kzeptabel: Die Zielhandlung steht nicht im Konflikt mit wichtigen Einstellungen bzw. Überzeugungen oder mit anderen Handlungen, die höher priorisiert sind.

Wer z. B. aus religiösen Gründen Bedenken hat, Achtsamkeit zu praktizieren, der wird sich eine andere Zielhandlung suchen müssen, um gelassener zu werden (oder an der Vereinbarkeit arbeiten).

- **R**ealistisch: Der Handelnde muss unbedingt prüfen, ob er die Zielhandlung in Umfang, Art und Dauer tatsächlich umsetzen kann. Wer sich vornimmt, täglich eine Stunde Entspannungs- und Achtsamkeitsübungen zu trainieren, aber die nötige Zeit nicht hat, wird scheitern.
- **T**erminiert: Die meisten Zielhandlungen scheitern daran, dass der Handelnde nicht festlegt, wann genau er sie ausführen will. Auch hier gilt natürlich das Kriterium der Realisierbarkeit!

3.3.2 Bewältigungsplanung

Ebenso wie die Handlungsplanung ist die Bewältigungsplanung eine notwendige Voraussetzung für die erfolgreiche Umsetzung von Trainingsabsichten. In der Regel können die meisten Hindernisse und Schwierigkeiten, die bei der Umsetzung entstehen, antizipiert werden. Für diese Hindernisse und Schwierigkeiten können Strategien zu deren Überwindung entwickelt und so konkretisiert werden, dass sie im Alltag praktikabel sind.

Für das Entwickeln dieser Strategien können grundlegend drei Quellen genutzt werden:

(1) Vielfach legt bereits die genaue Analyse der Schwierigkeiten nahe, welche Strategien genutzt werden können.

Beispiel

Ein Teilnehmer des Trainings sagt vorher, dass es ihm schwerfallen wird, die Achtsamkeits- und Entspannungsübung durchzuführen, die als Audiodatei auf der App hinterlegt ist, weil für ihn die Nutzung des Smartphones aversiv besetzt ist. Die Lösung, die das Problem nahelegt, ist, die Audiodatei auf ein anderes Medium (z. B. eine Audio-CD) zu kopieren. Der Teilnehmer braucht also nur noch die Audiodatei herunterzuladen und auf eine CD zu brennen.

(2) Die Personen haben schon einmal ähnliche Schwierigkeiten in einem anderen Kontext überwunden. Es kann also auf bereits vorhandene Überwindungsstrategien zurückgegriffen werden. Diese müssen in der Regel nur noch angepasst werden.

(3) Andere Personen haben für dieses Problem bereits Lösungen gefunden. Im Training können diese Lösungen von anderen Teilnehmern oder vom Trainer stammen.

Das Überwinden von Schwierigkeiten ist ein Prozess, der in der Regel mit einem wahrgenommenen größeren Zusatzaufwand für die Teilnehmer verbunden ist. Deswegen macht er häufig eine Rückkopplung mit Schritten des Motivationsaufbaus (z. B. der Risikowahrnehmung) bzw. der Intentionsbildung erforderlich (»Gibt es gute Gründe, warum Sie sich das zumuten möchten?«). Im Sinne einer realistischen Bewältigungsplanung ist es auch wichtig, die motivationale Lage der Teilnehmer in ihrem Alltag zu berücksichtigen. Die unterscheidet sich erfahrungsgemäß von der motivationalen Lage, die Teilnehmer während der Durchführung der Einheit haben, wenn die ganze Gruppe anwesend ist.

3.4 Feedback, Würdigung und Selbstverstärkung

Eine gute Handlungs- und Bewältigungsplanung ist eine solide Grundlage für das Initiieren, Aufrechterhalten und Wiederaufnehmen von Zielverhalten. Allerdings ist auch entscheidend, ob das tatsächlich ausgeführte Verhalten verstärkt wird. Es sollten hier zwei Erkenntnisse berücksichtigt werden:

Erstens: Ein Verhaltensverstärker ist umso wirksamer, je unmittelbarer er dem Zielverhalten zeitlich (und räumlich) folgt. Zugleich muss er für die handelnde Person Anreizcharakter haben. Außerhalb der 90-minütigen Trainingseinheiten stellt eine zeitnahe Verhaltensverstärkung durch den Trainer ein logistisches Problem dar. Aber genau in diesem Zeitraum soll das Zielverhalten gezeigt werden. Es gibt jedoch verschiedene Möglichkeit, wie Teilnehmer unmittelbare Verhaltensverstärkung planen und dann umsetzen können:

- **Das Premack-Prinzip.** Hierbei handelt es sich um eine von David Premack entwickelte Möglichkeit, die Auftretenswahrscheinlichkeit bestimmter Zielhandlungen zu erhöhen (Premack, 1962). Handlungen, deren Auftretenswahrscheinlichkeit erhöht werden soll, können durch nachfolgende Handlungen, deren Auftretenswahrscheinlichkeit bereits höher ist, verstärkt werden. Es werden also zwei Verhaltensweisen – eine neue und eine alte – gekoppelt, wobei die alte Verhaltensweise zwingend der neuen folgen sollte. Will ein Teilnehmer im Alltag die Auftretenswahrscheinlichkeit für achtsames Innehalten erhöhen, kann er sich vornehmen, dieses jedes Mal vor Tätigkeiten zu tun, die er ohnehin tun muss (z. B. Zähneputzen, Tisch decken, Haustür aufschließen etc.). Wichtig dabei ist, dass die verstärkende (alte) Handlung immer erst dann ausgeführt werden darf, wenn zuvor die neue Verhaltensweise gezeigt wurde.
- **Selbstverstärkung.** Um die Auftretenswahrscheinlichkeit gewünschter Verhaltensweise zu erhöhen, kann eine Person sich durch geeignete Selbstverbalisation selbst verstärken (z. B. »Schön, dass es mir gelungen ist, an die Achtsamkeitsübung zu denken! Das mache ich echt gut!«). Obwohl das vielen zunächst albern vorkommt, ist die Selbstverstärkung effektiv. Weil es vielen albern vorkommt, kann es hilfreich sein, entsprechende Selbstverbalisation bereits bei der Handlungsplanung (s. Abschn. 3.3.1) zu formulieren.
- **Verstärkung durch spürbare Effekte.** Viele Übungen und viele intendierte Verhaltensweisen, die die Teilnehmer des Trainings in ihrem Alltag durchführen sollen,

führen zu spürbar angenehmen Effekten (z. B. Entspannungsübungen), die unmittelbar nach dem Verhalten auftreten. Diese spürbaren Effekte haben dann eine verhaltensverstärkende Funktion, wenn sie von den Teilnehmern bewusst als angenehm wahrgenommen und registriert werden.

Bei längeren Übungen (z. B. der Progressiven Muskelentspannung), bei denen nicht unmittelbar nach Beginn der angenehme Effekt eintritt, kann der Effekt sofort nach dem Beginn der Übung spürbar antizipiert werden, um bereits das Initiieren der Handlung zu verstärken.

Zweitens: Die Wahrscheinlichkeit, mit der Teilnehmer in Trainings und Schulungen ihre Hausaufgaben machen, erhöht sich, wenn die Hausaufgaben vom Trainer zuverlässig wahrgenommen und gewürdigt werden. Auch hier kann der Trainer dann wünschenswerte Verhaltensweisen verbal und / oder non-verbal verstärken. Er sollte unerwünschten Verhaltensweisen nur den unbedingt notwendigen Raum einräumen und möglichst gar nicht auf sie eingehen, um sie durch seine Aufmerksamkeit nicht zu verstärken. Allerdings sollten Schwierigkeiten der Teilnehmer beim Trainingsverhalten genutzt werden, um Lösungen zu finden, die zukünftig umgesetzt werden. Konstruktiv korrigierendes Feedback kann also auch hilfreich sein.

Vielen (unerfahrenen) Trainern fällt es schwer zu unterscheiden, wann sie auf nicht erwünschtes Trainingsverhalten (z. B. ein Teilnehmer hat zwischen den Einheiten nichts getan) nicht eingehen sollen, um dieses nicht zusätzlich zu verstärken, und wann sie es nutzen sollten, um neue Lösungswege zu suchen. Das ist nicht immer ganz einfach. Aber folgende Faustregel kann helfen:

Sucht ein Teilnehmer selbst nach einer Lösung, weil er motiviert ist, die Übungen durchzuführen, sollte das unbedingt unterstützt werden. Legt ein Teilnehmer eine Ja-Aber-Haltung an den Tag, bei der vor allem Trainer nach Lösungen sucht, sollte der Trainer dieser Haltung wenig Raum geben. Das sollte jedoch auch wertschätzend geschehen. Der Trainer könnte beispielsweise sagen: »Ich denke gerne mit und suche mit Ihnen nach Lösungen. Wenn Sie mögen, kommen Sie doch am Ende der Einheit noch einmal kurz zu mir. Vielleicht haben Sie dann ja auch schon Ideen, wie es bei Ihnen klappen kann!«

3.5 Nutzung medialer Möglichkeiten

Das Initiieren und Verstärken erwünschter Verhaltensweisen kann durch die Nutzung medialer Möglichkeiten unterstützt werden.

Die Teilnehmer können sich beispielsweise verabreden, dass sie sich gegenseitig durch SMS an Vorsätze erinnern (z. B. »Hallo Peter, denk daran, heute wolltest du zum Sport gehen!«) oder sich für wünschenswertes Verhalten verstärken (z. B. »Mensch, großartig, dass du es zum Sport geschafft hast. Ich weiß ja, wie schwer das für dich war. Ich bin richtig stolz auf dich!«). Studien aus dem Feld von internetbasierten Interventionen konnten zeigen, dass bereits kurze SMS einen positiven Effekt auf das Trainingsverhalten zeigen.

Auch standardisierte Mini-Impulse und Mini-Übungen, die Teilnehmer per SMS oder per App bekommen, erhöhen sowohl die Häufigkeit von Trainingsverhalten als auch die Effektivität von onlinebasierten Trainings. Wir konnten diesen Effekt für das hier vorgestellte Training (Eckert et al., i.V.) und für ein Training zur Überwindung von Prokrastination (Eckert et al., under rev.) zeigen. Deswegen wird für das Training *Stark im Stress* die Nutzung der Trainings-App empfohlen (s. Abschn. 4.6).

4 Aufbau des Trainings *Stark im Stress*

Dieses Training fördert die Stressbewältigungskompetenzen und den adaptiven Umgang mit Emotionen der Teilnehmenden (multimodales Stressmanagement) und gliedert sich in drei Module, die auf einander aufbauen. Im ersten Modul *Ressourcen stärken* wird das palliativ-regenerative Stressmanagement gestärkt (s. Abschn. 4.1). Im zweiten Modul geht es darum, das Annehmen von unveränderbaren Situationen oder Emotionen zu fördern (s. Abschn. 4.2). Im dritten Modul lernen die Teilnehmer, Stress und Emotionen vor allem mit kognitiv-behavioralen Methoden zu verändern (s. Abschn. 4.3).

Jedes Modul besteht aus drei Einzelsitzungen à 90 Minuten (Einheiten). Die insgesamt neun Einheiten werden im nächsten Buchteil (s. Teil II Manual) detailliert vorgestellt. Im Idealfall sollten sie wöchentlich stattfinden. Damit das Training seine optimale Wirksamkeit zeigt, sollten die Teilnehmer zwischen den Sitzungen mindestens viermal pro Woche etwa 20 Minuten trainieren (s. Abschn. 4.4 Trainingsaufgaben als zentrales Element). Es werden Übungen (z. B. zur Achtsamkeit und Entspannung) als MP-3-Dateien (s. Abschn. 4.6 Trainings-App) bzw. als Arbeitsblätter im Form eines Begleitheftes zur Verfügung gestellt. Das Begleitheft finden Sie als Download im Onlinebereich (s. Hinweise zu den Online-Materialien). Für viele Teilnehmer stellt sich das Umsetzen der Trainingsaufgaben im Alltag als besondere Schwierigkeit heraus. Um diese Teilnehmer optimal zu unterstützen, wird in den einzelnen Einheiten eine Bewältigungsplanung erarbeitet, welche die Unterstützung von Mitteilnehmern (Peers) miteinbezieht (s. Abschn. 4.5).

Bevor die Module im Einzelnen vorgestellt werden, ist es wichtig sich den Unterschied zwischen cold- und hot-learning zu vergegenwärtigen, der in der Arbeit mit Stress und Emotionen bedeutsam ist (Glasenapp, 2013). Während psychoedukative Elemente tendenziell eher dem cold-learning zugordnet werden, findet hot-learning in der intensiven (und häufig biographischen) Auseinandersetzung mit dem eigenen emotionalen Erleben statt. Das Training *Stark im Stress* rangiert vom cold-learning (in Form psychoedukativer Elemente) bis zum »warmen« Lernen, wobei das »heiße« Lernen explizit vermieden und der Psychotherapie vorbehalten wird.

Warum ist es notwendig, die »Lerntemperatur« zu steigern? Das regelmäßige Trainieren und das Verändern von Verhaltensgewohnheiten bedürfen einer tragfähigen Motivation. Es müssen Veränderungsabsichten gebildet und diese in Verhalten umgesetzt werden. Bei der Bildung von Absichten spielt, wie oben gezeigt, die Risikowahrnehmung eine entscheidende Rolle (s. Abschn. 3.2). Je affektiver die Ist-Soll-Diskrepanz empfunden wird, desto größer ist die Wahrscheinlichkeit, dass dies zu einer Absichtsbildung führt. Hier ist jedoch darauf zu achten, dass die Lerntemperatur nicht so »warm« werden sollte, dass die Teilnehmer diese im Alltag nicht aushalten und deswegen die Absicht verdrängen.

Generell gilt, dass mit zunehmender Vertrautheit mit dem Thema und der Gruppe die »Lerntemperatur« vom cold-learning bis hin zu »warmen Lernen« steigen kann. Das bedeutet, dass anfangs vor allem Methoden eingeübt werden, die nicht auf die emotional »wärmeren« Erfahrungen der Teilnehmenden abzielen und diese zunächst unberührt lassen (s. Modul 1). Im zweiten Modul wird durch das Erarbeiten sinnstiftender biographischer Erfahrungen (s. Abschn. 8.4), durch die Erforschung des eigenen sozialen Netzes (s. Abschn. 9.3.2) und durch die Erweiterung der Selbstkomplexität (s. Abschn. 9.3.1) die Lerntemperatur deutlich erhöht. Im dritten Modul wird diese durch die Einbeziehung stress- und emotionsauslösender Kognitionen und deren Veränderung noch weiter erhöht. Mit diesem schematisch-strukturierten Vorgehen wird sowohl dem Trainer als auch den Teilnehmenden ein limitierender Rahmen geboten, sodass das Lernen nicht »zu heiß« für das Setting Training wird.

4.1 Modul 1: Ressourcen stärken

Im ersten Modul werden neben psychoedukativen Elementen zur Entstehung von Stress und Emotionen Strategien zum palliativ-regenerativen Stressmanagement vermittelt:

- Achtsamkeit und Entspannung (s. Abschn. 4.1.2)
- Aufbau und Abruf positiver Emotionen (s. Abschn. 4.1.3)
- Regeneration und erholsame Aktivitäten (s. Abschn. 4.1.4)

Im Folgenden werden die theoretischen Hintergründe dieser Strategien beschrieben. Vorangestellt werden jedoch einige Möglichkeiten, die Trainingsmotivation der Teilnehmer gezielt positiv zu beeinflussen (s. Abschn. 4.1.1).

4.1.1 Trainingsmotivation

Die Wirksamkeit der verschiedenen Trainingselemente (wie z. B. Entspannung) hängt maßgeblich von regelmäßigem Trainingsverhalten ab. Das im Alltag durchzuhalten, dafür Zeitfenster zu schaffen und Vorsätze gegen innere und äußere Hindernisse abzuschirmen, verlangt den Teilnehmern in der Regel viel ab. Eine profunde Trainingsmotivation ist für den Erfolg des Trainings also unabdingbar. Deswegen wird diese in der ersten Einheit gezielt erfragt, verstärkt und systematisch aufgebaut. In weiteren Einheiten wird daran angeknüpft und die Trainingsmotivation gezielt gefestigt. Im HAPA-Modell (s. Abschn. 3.1) wird die Motivation durch (a) Risikowahrnehmung, (b) Handlungs-Ergebnis-Erwartung und (c) aufgabenbezogene Selbstwirksamkeitserwartung aufgebaut und in eine (d) Intention überführt. Das Vorgehen in der ersten Einheit ist an diese Elemente angelehnt.

Die Risikowahrnehmung wird durch Psychoedukation, durch das Erarbeiten eigener Stresswarnzeichen und durch eine Übung gefördert, die an das mentale Kontrastieren (Oettingen, 2014) angelehnt ist. Psychoedukation und das Erarbeiten eigener Stresswarnzeichen aktivieren zunächst vermeidende Motivationskomponenten. Es hat sich jedoch in vielen Studien gezeigt, dass die Aktivierung von motivationaler Vermeidung im Bereich der Gesundheitsförderung wenig effektiv ist. Deswegen wird durch die Übung zum mentalen Kontrastieren ein zukünftiger Zustand imaginiert, der für die Teilnehmer erstrebenswert ist. Auf diese Weise wird eine Annährungsmotivation aktiviert. Dass eine Annährungsmotivation alleine sich noch nicht nachhaltig positiv auf das Gesundheitsverhalten auswirkt, konnten zahlreiche Forschungsergebnisse belegen (z. B. Oettingen, 2012). Erst durch das mentale Kontrastieren von wünschenswerten Soll-Zuständen mit unerwünschten Ist-Zuständen kann eine tragfähige Änderungsmotivation erzeugt werden. Die Änderungsmotivation wird in eine positiv formulierte Trainingsbegründung überführt. Aus der Psychotherapieforschung ist bekannt, dass das Formulieren positiver Begründungen zu einer erhöhten Bereitschaft führt, auch Entbehrungen und Anstrengungen, die ein regelmäßiges Training mit sich bringen, zu ertragen (Berking & Känel, 2007).

Zusammen mit der Handlungs-Ergebnis-Erwartung und der aufgabenbezogenen Selbstwirksamkeit führt die Risikowahrnehmung zu einer Intentionsbildung. Die Handlungs-Ergebnis-Erwartung und die aufgabenbezogene Selbstwirksamkeitserwartung werden dadurch begünstigt, dass die Teilnehmer als erste Aufgabe der Woche eine Aufgabe bekommen, die schnell zu spürbaren Effekten führt (s. Abschn. 5.5). Diese wird bereits während der ersten Einheit durchgeführt und in der Regel zu diesem Zeitpunkt bereits als sehr angenehm erlebt. Zusätzlich wird eine positive Handlungs-Ergebnis-Erwartung dadurch aufgebaut, dass den Teilnehmern (a) die Wirkweise der Übung plausibel erklärt und (b) die Wirksamkeit der Übung durch Studienergebnisse unterstrichen wird.

Die Intentionsbildung besteht schließlich darin, dass die Teilnehmer festlegen, wie häufig sie diese Übung bis zur nächsten Einheit durchführen wollen. Die Durchführungsintention sollte von allen Teilnehmern so realistisch geplant werden, dass sie zu Beginn der zweiten Einheit Trainingserfolge verzeichnen können. Es sind bei der Durchführungsintention zwei Aspekte zu betrachten: (1) Ist die Häufigkeit so realistisch gewählt, dass sie grundsätzlich von dem jeweiligen Teilnehmer leistbar ist? (2) Reicht die gewählte Häufigkeit aus, damit sich (mit großer Wahrscheinlichkeit) die intendierten Effekte auch einstellen? Eine ausgiebige Würdigung von Erfolgen zu Beginn der zweiten Einheit stärkt die Trainingsmotivation (für Details s. Abschn. 6.2).

4.1.2 Achtsamkeit und Entspannung

Achtsamkeit und Entspannung haben sich als wirksame Maßnahmen zur Prävention und Reduktion von Stress erwiesen (Dolbier & Rush, 2012; Zenner et al., 2014) und werden dem palliativ-regenerativen Stressmanagement (Abschn. 2.1) zugeschrieben.

Die Effekte von Achtsamkeit auf Stress können inzwischen als gut belegt gelten (Hofmann et al., 2010). De Vibe et al. (2012) untersuchten metaanalytisch 26 randomisiert-kontrollierte Studien, die die Wirkung von achtsamkeitsbasierten Interventionen erfassten. Es zeigten sich Effekte auf Angst, Depression und Stress. Weiterhin wurden Effekte auf personale Entwicklung, auf die Lebensqualität und auf somatische Beschwerden gefunden. Nach Sedlmeier et al. (2012) existiert bislang noch keine umfassende theoretische Erklärung, warum und wie Achtsamkeit wirkt. Ein Erklärungsmodell von Shapiro et al. (2006) ist sehr am buddhistischen Modell angelehnt und fokussiert auf die nicht-bewertende und offene Geisteshaltung, die bei Achtsamkeitsübungen eingenommen wird. Durch häufiges Praktizieren soll eine Neu-Wahrnehmung aus einer Metaperspektive heraus gelingen: Das heißt, dass jemand, der Achtsamkeit praktiziert, es schaffen kann, seine momentanen Gedanken, Gefühle und Erfahrungen zu beobachten, anstatt sich mit ihnen zu identifizieren. Nach Shapiro und Kollegen bringt dieser Perspektivwechsel die Möglichkeit, nicht automatisch auf Impulse und Gefühle reagieren zu müssen und so automatische Verhaltens- und Erlebensweisen zu überwinden (Sedlmeier et al., 2012). Nach Berking (2010) können auf diese Weise dysfunktionale Regulationsprozesse, die Stress verstärkend oder aufrechterhaltend wirken, vermieden werden. Neuropsychologisch wird die Wirkung von achtsamkeitsbasierten Interventionen auf Stress über strukturelle Veränderungen der Amygdala vermutet (Hölzel et al., 2010). Lazar et al. (2005) fanden heraus, dass die Erfahrung von Achtsamkeit mit einer Zunahme des Kortexvolumens einhergeht – besonders im Bereich des Hippocampus und des präfrontalen Kortex (Hölzel et al., 2011). Diese Veränderungen stehen möglicherweise mit einer besseren Affektregulation in Zusammenhang (De Vibe et al., 2012).

Im Training *Stark im Stress* wird Entspannung über Progressive Muskelentspannung induziert, die sich im Rahmen kognitiv-behavioraler Interventionen zur Stressreduktion bewährt und empirische Unterstützung erfahren hat (Carlson & Hoyle, 1993). Die Wirkung von Entspannung auf das Stresserleben wird über eine Reduzierung der körperlichen und kognitiven Erregung vermittelt (Smith et al., 1996). Ein weiterer Wirkmechanismus besteht darin, dass induzierte Entspannung zu angenehmen Gefühlen führt und diese den Stress reduzieren (Conrad & Roth, 2007; McCallie et al., 2006). Zudem wird eine Abwendung von unerreichbaren und Stress auslösenden Zielen erreicht, und es werden analytische Tätigkeiten reduziert, von denen man annimmt, dass sie Stress auslösen (Smith et al., 1996).

Darüber hinaus hat das Üben von Achtsamkeit im Training noch eine vorbereitende Funktion: Im dritten Modul werden Stress verstärkende (automatische) Gedanken, Bewertungen und Interpretationen sowie dahinter stehende innere Stressverstärker (s. Abschn. 4.3.2) identifiziert und ggf. modifiziert. Das achtsame Wahrnehmen und Bemerken von Gedanken, Bewertungen und Interpretationen erleichtert deren Identifikation im Alltag (s. Hautzinger, 2013).

4.1.3 Aufbau und Abruf hilfreicher Emotionen

Verschiedene Studien konnten zeigen, dass das häufige Erleben angenehmer Emotionen dazu führt, dass Stress und aversive Emotionen besser ausgehalten und bewältigt werden können (z. B. Greenberg, 2002). Es wird angenommen, dass dadurch erstens die emotionale Selbstwirksamkeitserwartung gestärkt wird. So können Personen unter dem Einfluss aversiver Reize bzw. aversiver situativer Bedingungen schneller und leichter auf das Gefühl zurückgreifen, ihre Emotionen beeinflussen zu können.

Zweitens erhöht das häufige Erleben angenehmer Emotionen die latente Bereitschaft, diese im Alltag abzurufen. Viele aversive Emotionen bzw. Stress werden im Alltag dadurch intensiver erlebt, dass Personen sich latent auf diese einstellen oder dass die entsprechende Bereitschaft aktiviert ist (preparedness). Wer beispielsweise bereits verärgert in eine Situation kommt oder negative Erwartungen an diese hat (preparedness), reagiert mit großer Wahrscheinlichkeit intensiver als jemand, der zuvor vollkommen gelassen war. In diesem Sinne ist zu erwarten, dass das häufige Erleben angenehmer Emotionen die Bereitschaft senkt, aversive Emotionen oder Stress zu erleben.

Drittens kann das Abrufen angenehmer bzw. hilfreicher Emotionen in schwierigen Situationen gezielt als eine Form der Gegenregulation bzw. Selbstberuhigung eingesetzt werden. Das Spektrum, wie abrufbare, hilfreiche emotionale Zustände therapeutisch genutzt werden, ist breit. In der kognitiven Verhaltenstherapie werden beispielsweise Patienten bei der Behandlung von Depressionen aufgefordert, sich an verschiedenen Orten Klebepunkte zu platzieren (z. B. im Portemonnaie). Immer, wenn sie dann im Alltag auf so einen Klebepunkt stoßen, sollen sie sich positive Gedanken, die sie zuvor aufgeschrieben haben, (laut) vorlesen, um positive Emotionen zu induzieren (s. Hautzinger, 2013). Eine weitere Intervention, die vor allem in der Traumatherapie genutzt wird, ist der »sichere Ort«. Patienten imaginieren einen sicheren Ort, der mit emotionalen Zuständen wie Geborgenheit, Schutz usw. verknüpft ist. Patienten lernen, diesen »Ort« in ihrer Vorstellung schnell und zuverlässig zu erreichen, sodass sie durch diese Technik bei Gefühlsüberflutungen (z. B. durch traumatische Erinnerungen) gegenregulieren können (z. B. Reddemann, 2015).

Im Training *Stark im Stress* wird ein Verfahren genutzt, das dem Interventionsfundus der Hypnotherapie entlehnt ist: Das Ankern hilfreicher Emotionen. Die Teilnehmer (a) legen einen emotional hilfreichen Zustand fest, den sie abrufbar haben möchten (z. B. Gelassenheit), (b) suchen und imaginieren eine Situation, in der sie diesen emotionalen Zustand erlebt haben und (c) verknüpfen diesen Zustand mit dem Abrufen eines inneren Bildes oder Wortes (Anker) in Form einer Reiz-Reaktions-Kopplung, sodass nach einiger Übung allein durch das Abrufen des Ankers der emotionale Zustand aktiviert wird.

4.1.4 Regeneration und erholsame Aktivitäten

Stress und aversive Emotionen werden besonders dann gesundheitsschädlich, wenn sie langanhaltend sind. Stress wird als Aktivierung des sympathischen Nervensystems verstanden (s. Abschn. 1.2). Das notwendige Pendant ist die Aktivierung des parasympathischen Nervensystems. Ein häufiger Wechsel der Aktivierung des sympathischen und des parasympathischen Nervensystems hat sich für den Organismus und die Psyche als gesund herausgestellt (McEven, 2008).

Um sich das exemplarisch zu verdeutlichen, lohnt ein Blick auf die physiologische Stressreaktion: Während der sympathischen Aktivierung wird das Verdauungssystem herabreguliert. Das war ursprünglich bei Kampf- oder Fluchtverhalten sehr hilfreich. Eine anhaltende Aktivierung des Sympathikus und damit eine dauerhafte Herabregulierung des Verdauungssystems kann dieses schädigen. Aus diesem Grund sind Magengeschwüre eine häufige Folge von chronischem Stress. Mit der Aktivierung des Parasympathikus geht auch eine höhere Verdauungsaktivität einher, womit die Wahrscheinlichkeit von Magengeschwüren reduziert wird. Ein weiteres Beispiel ist die Neurogenese, das heißt das Nachwachsen von Nervenzellen im Gehirn: Unter erhöhtem Stress sterben Hirnzellen ab. Forschungen konnten zeigen, dass bei parasympathischer Aktivierung Nervenzellen in bestimmten Hirnregionen nachwachsen. Verschiedene Studien fanden, dass dieses Nachwachsen einen Schutz vor depressiven Symptomen darstellt (McEven, 2008). Regenerationsphasen und erholsame Aktivitäten wirken daher stressbedingten Schlafstörungen und Grübeltendenzen entgegen (Demerouti et al., 2009).

Regeneration (also Erholung) wird als Umschalten von sympathischer auf parasympathische Aktivierung verstanden. Studien konnten zeigen, dass viele kleine Erholungsaktivitäten bzw. -pausen deutlich förderlicher sind als wenige lange Pausen (Hillert et al., 2016). Es wird zudem wird zwischen Erholungsverhalten und Erholungserleben unterschieden: Allein Pausen zu machen reicht nicht, wenn in diesen gegrübelt wird. Deswegen sollten Erholungsaktivitäten geplant werden, die zu Erholungserleben (also dem tatsächlichen Wechsel in den Parasympathikus) führen. Personen unterscheiden sich darin, welche Aktivitäten oder Strategien Erholungserleben begünstigen. Achtsamkeit und Entspannung (s. Abschn. 4.1.3) begünstigen ebenfalls die Aktivierung des Parasympathikus.

4.2 Modul 2: Stress und aversive Emotionen annehmen – akzeptanzbasiertes Stressmanagement

Eine akzeptierende Haltung gegenüber Unveränderbarem reduziert Stresserleben und ist eine Strategie zum guten und gesunden Umgang mit aversiven Emotionen (Greenberg, 2002; Berking, 2010). Vielfach ist es auch notwendig, zunächst seine Emotionen anzuerkennen, bevor man sie verändern kann (Greenberg, 2002). Nach Berking und Znoj (2008) sind die Fähigkeiten, aversive Emotionen zu akzeptieren und zu tolerieren, Resilienz bildend. Allerdings fällt es vielen Personen nicht leicht, eine akzeptierende Haltung einzunehmen. In der zweiten Lektion geht es deswegen darum, die Teilnehmenden dabei zu unterstützen. Das geschieht durch:

- erkennen und verstehen, warum eine akzeptierende Haltung notwendig ist (s. Abschn. 4.2.1)

- herausarbeiten eines biographischen Sinnes in emotional schwierigen Situationen (s. Abschn. 4.2.2)
- Steigerung der Selbstkomplexität (s. Abschn. 4.2.3)
- Stärkung des sozialen Netzes bzw. wahrgenommener sozialer Unterstützung (s. Abschn. 4.2.4)
- Steigerung der emotionalen Selbstwirksamkeit: Belastbarkeit früherer Situationen bewusst machen und abrufen können (s. Abschn. 4.2.5)
- erhöhen von Selbst- und Fremdwertschätzung und Würdigen positiver Erlebnisse (s. Abschn. 4.2.6)

4.2.1 Die Notwendigkeit einer akzeptierenden Haltung verstehen

Um schwierige unveränderbare Situationen annehmen zu können, wird eine Begründung benötigt, da das Verändern (statt Annehmen) erstens vielfach als erwünschter und funktioneller angesehen wird (Berking, 2010) und zweitens Stress und negative Emotionen uns Handlungstendenzen nahelegen, die einer akzeptierenden Haltung oft diametral entgegengesetzt wirken (z.B. legt Ärger Angriff oder offensives Verhalten nahe, aber zunächst nicht Akzeptanz). Damit es Personen gelingt, diesen Handlungsimpulsen zu widerstehen, und zunächst einmal zu akzeptieren, was da ist, benötigen sie ein entsprechendes Rational, das ihnen als Begründung dient. Die Notwendigkeit einer akzeptierenden Haltung wird deswegen psychoedukativ vermittelt. Eine individuelle Erarbeitung folgt während der Einheiten des zweiten Moduls sukzessive.

4.2.2 Herausarbeiten eines biographischen Sinnes in emotional schwierigen Situationen

Während Stress oder emotional aversive Zustände auf eine Person einwirken, ist der Blick häufig auf den bedrohlichen Reiz fokussiert. Dabei bleibt ein möglicher biographischer Sinn in aller Regel der Person unzugänglich. Erst retrospektiv lässt sich dieser erschließen, ohne die damit verbundene schmerzvolle Erfahrung zu negieren.

Beispiel

Wenn sich Herr Müller nicht von seiner ersten Frau getrennt hätte (schmerzvolle Erfahrung), wäre er jetzt nicht mit seiner Frau verheiratet und hätte seine Kinder nicht, die er sehr liebt (biographischer Sinn). Dass die Trennung eine schmerzvolle Erfahrung war, muss Herr Müller nicht negieren, um sich den Sinn und den Wert dieser Trennung innerhalb seiner Biographie bewusst zu machen.

Das Herausarbeiten eines biographischen Sinnes emotional schwieriger Situationen zählt zu den kognitiven Neubewertungen (de Jong-Meyer, 2009) und ist eine bewährte Methode zur Förderung einer akzeptierenden Haltung in Stresstrainings (Kaluza,

2011). Bei der Anwendung dieser Strategie sollte im Rahmen von Präventionsmaßnahmen, zu denen das Training *Stark im Stress* zählt, nur auf bereits verarbeitete biographische Situationen zurückgegriffen werden, um mögliche Re-Traumatisierungen oder emotional schwierige Zustände zu vermeiden, deren Bearbeitung allein der Psychotherapie vorbehalten sind.

4.2.3 Steigerung der Selbstkomplexität

Das Konzept der Selbstkomplexität geht auf Linville (1985) zurück. Es wird angenommen, dass das Selbst multimodal organisiert ist. Selbstaspekte können dabei soziale Rollen, Einstellungen, körperliche Beschaffenheiten, Aktivitäten oder soziale Beziehungen sein. Die Selbstkomplexität lässt sich über die Anzahl und über die Integration von Selbstaspekten bestimmen. Eine höhere Selbstkomplexität wirkt Resilienz und damit Akzeptanz fördernd. Es wird angenommen, dass es Personen, die eine höhere Selbstkomplexität aufweisen, erstens besser gelingt, sich von unerreichbaren Zielen zu distanzieren und dass sie zweitens Misserfolge besser bewältigen, weil diese nicht unmittelbar als Selbstwertbedrohung aufgefasst werden (Linville, 1987; Ryan, et al., 2005). Aus diesem Grund wird im Training *Stark im Stress* die Selbstkomplexität der Teilnehmenden gezielt gefördert, um eine Akzeptanz fördernde Haltung zu stärken.

4.2.4 Stärkung des sozialen Netzes bzw. wahrgenommener sozialer Unterstützung

Ein weiterer sowohl individuell als auch systemisch wirkender, Resilienz fördernder Faktor ist die wahrgenommene soziale Unterstützung (Kienle et al., 2006). Wahrgenommene soziale Unterstützung kann über die differenzierte Aktivierung von Funktionen im sozialen Netz gesteigert werden. Nach Pines et al. (1981) bestehen die Funktionen des sozialen Netzes in (1) offenem Reden, (2) aktivem Zuhören, (3) im Geben und Annehmen fachlicher Anerkennung sowie (4) fachlicher Herausforderung, (5) emotionaler Unterstützung und (6) emotionaler Herausforderung, (7) im Teilen und Erleben gemeinsamer Erfahrungen. Zur Resilienzbildung und Stärkung einer akzeptierenden Haltung aktivieren die Teilnehmenden diese Funktionen gezielt.

Dieses Vorgehen hat eine weitere vorbereitende Funktion: Das Verändern von Interpretationen und Bewertungen im Sinne einer kognitiven Umstrukturierung wird im dritten Modul (s. Abschn. 4.3.2) vermittelt und eingeübt, um aktuelle Emotionen gezielt zu verändern. Der Rückgriff auf systemische Sichtweisen kann hilfreich sein (z. B. »Wie würde ein Kollege Ihr Ergebnis beurteilen?«). Im Training kann das Stärken der Funktionen im sozialen Netz diesen Rückgriff im dritten Modul unterstützen.

4.2.5 Emotionale Selbstwirksamkeit: Belastbarkeit früherer Situationen bewusst machen und abrufen können

Emotionale Selbstwirksamkeit besteht in der Erwartung, adaptiv mit emotional schwierigen Situationen umgehen zu können (Greenberg, 2002). Das beinhaltet auch, zu erwartenden Stress und aversive Emotionen aushalten zu können. Durch das Bewusstmachen biographischer Erfahrungen und eine damit einhergehende Förderung emotionaler Selbstwirksamkeit wird die eigene Belastbarkeit gestärkt.

Eine Schwierigkeit besteht häufig darin, dass Personen, die intensiv aversive Emotionen oder starken Stress erleben, keinen oder nur beschränkten Zugang zu solch biographischen Ressourcen haben (s. Kuhl, 2001). Deswegen sind Strategien erforderlich, die den Zugang zu biographischem Wissen erleichtern. Im Training werden erstens das Erinnern und das (Wieder-)Erleben dieser ressourcenvollen Zustände imaginativ mit potentiellen Anwendungssituationen verknüpft. Zweitens wird der Abruf gezielt in emotional schwierigen Situationen im Alltag als Wochenaufgabe trainiert.

4.2.6 Selbst- und Fremdwertschätzung erhöhen und positive Erlebnisse würdigen

Selbstwertschätzung (Berking, 2010), Fremdwertschätzung (Borgert, 2013) und regelmäßige Würdigung von positiven Erlebnissen stabilisieren die Grundstimmung und wirken Resilienz bildend. Durch das Einnehmen einer wertschätzenden Haltung können zudem systemisch wirkende Veränderungen initiiert werden, die mittel- bis langfristig eine Stress reduzierende Wirkung zeigen.

Stress, emotional schwierige Situationen oder depressive Zustände können durch selbstabwertende, automatische Gedanken mitbedingt und aufrechterhalten werden (Beck, 1975; 2004). Selbstwertschätzung kann gezielt eingeübt und diesen automatischen Gedanken entgegengestellt werden (Hautzinger, 2013). Sie speist sich aus verschiedenen Quellen:

- Menschen verfügen über ein kompetenzbezogenes bzw. akademisches Selbstkonzept (Streblow, 2007). Das Erleben eigener Kompetenz und eigener Erfolge ist eine Quelle von Zufriedenheit (Deci & Ryan, 2008; 2010) und löst in der Regel selbstbezogene positive Affekte aus.
- Da Menschen soziale Wesen sind, wirken sich die Einschätzungen anderer auf das Wohlbefinden und den Selbstwert aus. Neben dem akademischen Selbstkonzept wird auch von einem sozialen Selbstkonzept ausgegangen. Studien konnten zeigen, dass die Relevanz eigener Handlungen für andere eine bedeutende Komponente von Motivation und Zufriedenheit ist (Deci & Ryan, 2010). Depressionsfördernde automatische Gedanken beinhalten oft angenommene soziale Missbilligung oder Abwertung durch andere. Vermuten Personen hingegen, von anderen geschätzt und gemocht zu werden, wirkt sich das positiv auf ihre Stimmung aus.

- Handeln Menschen entsprechend ihrer Werte und Normen, führt das zu Zufriedenheit und positiven Selbstbewertungen. Das Handeln im Einklang mit den eigenen Werten kann ggf. auch Misserfolge kompensieren. Wer ein Ziel nicht erreicht, sich aber wertbezogen rückversichert, das Richtige getan zu haben, leidet nicht so sehr unter dem Nicht-Erreichen des Ziels. Hat ein Lehrer beispielsweise trotz geduldiger Versuche, Mathe zu erklären, bei einem Schüler keine Erfolge, kann er Selbstwert daraus beziehen, dass er den Schüler nicht aufgibt und ihm immer wieder Lernangebote macht.

Im Training werden die Teilnehmer eingeladen, (a) ihre Erfolge, (b) die Fähigkeiten und Kompetenzen, die zu den Erfolgen geführt haben, (c) das, was andere an ihnen schätzen, und letztlich (d), was sie selbst leistungsunabhängig an sich schätzen (das sind meistens wertbezogene Eigenschaften), aufzuschreiben und dadurch eine systematische Ideensammlung für Selbstwertschätzung anzulegen.

Wer andere authentisch wertschätzt (Fremdwertschätzung), erhöht damit erstens die Wahrscheinlichkeit, Wertschätzung »zurückzubekommen«. Zweitens legen Forschungen nahe, dass dadurch gleichzeitig Bereiche im eigenen Gehirn aktiviert werden, die mit angenehmen emotionalen Zuständen einhergehen. Deswegen wird im Training die Wertschätzung anderer gezielt geplant und gefördert.

Ähnliche Effekte auf das eigene Befinden zeigen sich, wenn Personen regelmäßig ihren Blick dem Positiven zuwenden und dieses würdigen. Attribuieren sie gleichzeitig ihr eigenes Handeln als mitverantwortlich für ihr positives Erleben, wirkt sich das mit einer großen Wahrscheinlichkeit förderlich auf ihre emotionale Selbstwirksamkeitserwartung aus. Aus diesem Grund wird die Übung *Tagesschätze* (s. Abschn. 5.5) im zweiten Modul systematisch um die selbstwirksamkeitsförderliche Attribuierung erweitert.

4.3 Modul 3: Stress und Emotionen verändern – kognitiv-behaviorales Stressmanagement

Ein dialektisches Verhältnis von Annehmen und Verändern aversiver Emotionen gilt derzeit als goldener Standard in Therapie und Training (Linehan, 1993; Soler et al., 2009). Ebenso hat sich für das subjektive Stresserleben die Dialektik zwischen Annehmen und Verändern als gesundheitsförderlich gezeigt (Chen & Miller, 2012). In dritten Modul steht deswegen das Verändern von Stresserleben und aversiven Emotionen im Fokus. Das Verändern geschieht im Training über die drei in der kognitiv-behavioralen Therapie bewährten »Stellschrauben«:

- Körper und körperbezogene Prozesse (s. Abschn. 4.3.1)
- Kognitionen und kognitive Methoden (s. Abschn. 4.3.2)
- verhaltensnahe Prozesse (s. Abschn. 4.3.3)

4.3.1 Körper und körperbezogene Prozesse

Das Erleben von Stress und Emotionen hängt stark mit der Körperspannung, der Körperhaltung und mit Bewegungen zusammen. Einerseits führen Emotionen oder Stress zu Veränderungen dieser Parameter, andererseits können Emotionen aber auch durch Veränderungen der Körperspannung und Körperhaltung oder durch Bewegungen beeinflusst werden. Das Verändern von körperbezogenen Prozessen ist näher am Erleben als das Verändern von Gedanken (s. Abschn. 4.3.2). Es fällt erfahrungsgemäß auch vielen Teilnehmern leichter. Deswegen wird im Training mit der *Stellschraube Körper* gestartet.

Zum Verändern von Emotionen oder Stresserleben über den Körper oder körperbezogene Prozesse wird die Kopfstand-Technik vermittelt, die auch zur Nutzung der anderen Stellschrauben eine Basisstrategie darstellt. Im Kern besteht die Kopfstandtechnik besteht darin, zuerst das Stresserleben oder die Emotion in unerwünschte Richtung zu verändern. Dadurch wird a) die emotionale Selbstwirksamkeit gefördert und b) ein möglicher Weg zur positiven Veränderung aufgezeigt.

Vor der Veränderung von Stresserleben und negativen Emotionen überprüfen die Teilnehmenden, welche Funktionen diese haben, um die Gefahr zu minimieren, dass sie unangenehme Emotionen herabregulieren, die jedoch funktional sind (Nebenwirkungsbewusstsein).

4.3.2 Kognitionen und kognitive Methoden

In der kognitiven Verhaltenstherapie werden Prozesse der kognitiven Umdeutung und Neustrukturierung verwandt, um Stresserleben und dysfunktionale Emotionen zu beeinflussen und zu verändern (de Jong-Meyer, 2009). Stress und Emotionen beeinflussen einerseits die Wahrnehmung bzw. das Enkodieren von Wahrnehmungen, die Interpretation sowie die Bewertung von Erlebnissen. Ist eine Person beispielsweise ärgerlich, sind entsprechende Wahrnehmungs-, Interpretations- und Bewertungsschemata aktiviert, die die Wahrscheinlichkeit erhöhen, dass das Handeln von anderen Personen als potentiell feindseliger eingeschätzt wird. Dadurch steigt die Tendenz, sich schneller zu ärgern. Andererseits können durch das gezielte Verändern der Wahrnehmungs-, Interpretations- und Bewertungsprozesse das Stresserleben oder die Emotionen beeinflusst werden.

Im Training werden neben der Kopfstand-Technik (s. Abschn. 4.3.1) noch die Arbeit mit dem Werte- und Entwicklungsquadrat (Schulz von Thun, 2010) und die Arbeit mit Stress verstärkenden Einstellungen (Stressverstärker) genutzt, um Stresserleben und aversive Emotionen über die *Stellschraube Gedanken* zu beeinflussen. Es gilt auch bei der Anwendung dieser Stellschraube, die Nebenwirkungen bzw. die Funktionen der zu regulierenden Emotion zu berücksichtigen (s. o.).

4.3.3 Verhaltensnahe Prozesse

Nach Gross (1998) beginnt die Emotionsregulation bereits mit der Auswahl der Situation und der Fokussierung der Aufmerksamkeit innerhalb einer Situation (s. Abschn. 1.6.2). Diese verhaltensbezogenen Aspekte der Regulation sind vielfach gut planbar und werden deswegen im Training genutzt (*Stellschraube Verhalten*). In Situationen, in denen interpersonale Aspekte eine Rolle spielen, wirkt sich das eigene Verhalten auf die Verhaltensweise der Interaktionspartner aus. Somit kann auch die Regulation des Verhaltens innerhalb der Situation emotions- und stressregulierend wirken.

Ein weiterer Aspekt der verhaltensbezogenen Emotionsregulation besteht in der gezielten und systematischen Konfrontation mit Befürchtungen: Stress verstärkende Einstellungen (s. Abschn. 4.3.2) wirken häufig deswegen Stress verstärkend, weil sie suggerieren, dass dann, wenn gegen sie verstoßen wird, etwas (irrational) Schlimmes passiert. Diese Befürchtungen sind vielfach nicht explizit. Viele Menschen nehmen beispielsweise an, sie müssten es allen recht machen und verhalten sich entsprechend. Dieses Verhalten verursacht in der Folge Stress und diese Annahme führt nicht selten zu aversiven Emotionen, wenn eine Person glaubt, es irgendjemandem nicht recht gemacht zu haben. Die Befürchtung, die häufig implizit hinter der Annahme, es stets allen recht machen zu müssen, steht, könnte etwa so lauten: »Wenn du es nicht immer allen recht machst, wird dich keiner mehr mögen!« oder: »…, dann bist du nichts wert!«. Weil diese Befürchtungen in der Regel biographisch sehr früh erworben wurden, lassen sich diese Annahmen rein rational alleine häufig schwer korrigieren. Eine Möglichkeit zur Korrektur solcher Stress verstärkenden Einstellungen besteht darin, im Alltag kleine Verhaltensexperimente zu wagen (Konfrontation mit der befürchteten Situation) und korrigierende Erfahrungen zu machen. Allerdings sollten die Verhaltensexperimente nebenwirkungsbewusst geplant werden.

4.4 Trainingsaufgaben als zentrales Element

Damit sich Kompetenzen ausbilden (z.B. die Fähigkeit zur Achtsamkeit) oder Gelerntes im Alltag angewandt wird (z.B. Verhaltensexperimente), muss zwischen den Sitzungen trainiert werden. Im Training wie auch in der Therapie stellen Hausaufgaben einen zentralen Wirkfaktor dar. Deswegen erhalten die Teilnehmer am Ende jeder Einheit Übungen, die die Inhalte der Einheit in den Alltag verlängern.

Für viele Teilnehmer stellt das eigenverantwortliche Trainieren zwischen den Sitzungen eine besondere Herausforderung dar. Deswegen sind die einzelnen Einheiten des Trainings so aufgebaut, dass die Teilnehmer möglichst optimal bei der Umsetzung unterstützt werden. Dies geschieht durch:

- Aufbau von Trainingsmotivation und realistischer Trainingsplanung (s. Abschn. 4.1.1)

- Peer-Coaching in der Bewältigungsplanung und beim Trainingstransfer (s. Abschn. 4.5)
- Unterstützung durch die Trainings-App (s. Abschn. 4.6)
- Verstärkung von Trainingsverhalten und Trainingserfolgen in der Einstiegsrunde (s. Abschn. 4.1.1 u. Abschn. 6.2)
- Besprechen und Überwinden von Hindernissen in der Einstiegsrunde (s. Abschn. 6.2)

4.5 Peer-Coaching in der Bewältigungsplanung und beim Trainingstransfer

Um Trainingsmotivation aufzubauen, werden die aufgabenbezogene Selbstwirksamkeit, die Handlungs-Ergebnis-Erwartung und die Risikowahrnehmung gestärkt (s. Abschn. 4.1.1). Trainingsmotivation alleine reicht in der Regel noch nicht aus, um Trainingshandeln nachhaltig zu fördern. Im HAPA-Modell (s. Abschn. 3.1) wurde herausgearbeitet, dass neben einer (realistischen) Handlungsplanung die Bewältigungsplanung eine zentrale Rolle spielt, damit Teilnehmer ins Handeln kommen. Der Alltag hält vielfältige Hindernisse und Schwierigkeiten bereit, die sich ungünstig auf das Trainingsverhalten auswirken können. Zusätzlich können Verhaltensgewohnheiten das gewünschte Trainingsverhalten negativ beeinflussen: Vielen Teilnehmern fällt es beispielsweise schwer, sich Pausen für Regeneration im Alltag zu gönnen. Andere nehmen sich im Alltag keine Zeit für Entspannungsübungen – obgleich es ihnen möglich wäre.

Bewältigungsplanung geht Hand in Hand mit der Handlungsplanung. Trainingsvorsätze sollten so realistisch geplant sein, dass die Teilnehmer in der Lage sind, diese in ihrem Alltag umzusetzen. Innere und äußere Hindernisse werden antizipiert und entsprechende Überwindungsstrategien gefunden.

Im Training wird die Bewältigungsplanung im Rahmen eines Peer-Coaching-Prozesses durchgeführt. So kann erstens die Realisierbarkeit von Trainingsvorhaben durch einen Mitteilnehmer geprüft werden. Dieser kann z. B. die Rolle des inneren Schweinehunds bzw. des *Advocatus Diaboli* übernehmen, der die Vorhaben seines Gegenübers in Frage stellt. Im Dialog oder Disput können die Teilnehmer erproben, wie sie ihren inneren Schweinehund entkräften können. Auch mögliche Schwierigkeiten, die im Alltag entstehen können, können im Peer-Coaching antizipiert und mögliche Lösungen gefunden werden.

Zusätzlich erfragen die Mitteilnehmer (in der Rolle der Peer-Coaches) gezielt nach verbindlichen Terminen der Umsetzung. Ggf. bieten sie auch Unterstützung bei der Umsetzung im Alltag an, denn es hat sich gezeigt, dass wahrgenommene soziale Unterstützung bei der Bewältigung schwieriger Aufgaben erleichternd wirkt. Dabei scheint es eine eher untergeordnete Rolle zu spielen, ob die Unterstützungsangebote im Alltag tatsächlich in Anspruch genommen werden. Das Wissen um deren Verfügbarkeit stellt für viele bereits eine Hilfe dar.

Weiterhin ist es für den Trainingserfolg entscheidend, ob und in welchem Ausmaß es den Teilnehmern gelingt, das im Training Gelernte auf den eigenen Alltag anzuwenden (Trainingstransfer). Hier ist vielfach eine *kreative Übersetzungsarbeit* notwendig. Dabei können der Blick, die Ideen oder die Fragen eines Außenstehenden hilfreich sein. Auch hierfür wird im Training das Peer-Coaching genutzt. Dieses ist oftmals direkt in die Übungen und Anwendungen während der Einheiten als Partnerarbeit integriert.

4.6 Trainings-App

Um das Trainingsverhalten zwischen den Einheiten zu unterstützen, hat sich der Einsatz von mobilen Medien als hilfreich erwiesen. Diesen Maßnahmen liegt die Push-Struktur von Aufgaben zugrunde: Das Training kommt direkt zu den Teilnehmern.

Im Training *Stark im Stress* kommt eine App zum Einsatz, die sich die Teilnehmer kostenlos im App-Store oder bei Google-Play herunterladen können. Diese App schickt den Teilnehmern über den Zeitraum von neun Wochen täglich zwei Mini-Übungen bzw. zwei Mini-Impulse zu, die inhaltlich an der jeweiligen Einheit orientiert sind. In Studien konnten wir zeigen, dass sich diese zwei täglichen Impulse sowohl auf die Wirksamkeit als auch auf die Trainingshäufigkeit günstig auswirken (s. Kap. 13).

Bei einigen (wenigen) Teilnehmern haben in der Erprobungsphase zeitlich festgelegte Impulse zu psychologischen Reaktanzreaktionen geführt. Sie hatten das Gefühl, keinen Einfluss auf die Impulse zu haben. Deswegen wurden zwei zusätzliche Funktionen in die Trainings-App eingebaut:

(1) Die Zeiten, wann die beiden täglichen Impulse kommen, können frei gewählt werden.
(2) Die Impuls-Funktion kann jederzeit pausiert werden.

Zusätzlich werden alle bereits empfangenen Impulse in einem Archiv hinterlegt, sodass die Teilnehmer jederzeit die Möglichkeit haben, Impulse später noch einmal nachzulesen.

Auch die Verfügbarkeit von Trainingsmaterialen erhöht die Wahrscheinlichkeit von Trainingsverhalten. Deswegen finden sich in der App integriert die Achtsamkeits- und Entspannungsübungen als Audiodateien. Insgesamt stehen drei Audiodateien zur Achtsamkeit und Entspannung zur Verfügung, die jeweils für ein Modul geeignet sind.

Teilnehmer, die kein Smartphone benutzen, haben die Möglichkeit, sich selbst manuell die Impulse zu verabreichen. Dazu findet sich im Onlinebereich eine Datei mit Impulskärtchen. Diese können ausgedruckt im Sinne eines Abreißkalenders genutzt werden.

II Manual

Modul 1 Ressourcen stärken

5 Tragfähige Trainingsmotivation (Einheit 1)

5.1 Zeitlicher Ablauf

Phase	Zeit	Thema	Ziele
Einstieg	15'	Begrüßung	▶ erstes Kennenlernen
	15'	Entstehung von Stress und negativen Emotionen	▶ Unterscheidung zwischen akutem und chronischem Stress kennen ▶ mentale und physiologische Stressreaktionen kennen ▶ transaktionales Verständnis von Stress vermitteln ▶ Trainingsaufbau kennen
Hauptteil	10'	Meine Stressanzeichen	▶ Erarbeitung eines Frühwarnsystems ▶ theoretischen Input mit eigenen Erfahrungen verknüpfen ▶ motivationale Grundlage für die Trainingsabsicht
	20'	Trainingsgründe explorieren	▶ Trainingsmotivation herausarbeiten
	10'	Zeitreise	▶ affektive Zielbindung stärken
	5'	Motivationssatz	▶ Zielbindung fixieren
Abschluss	10'	Aufgabe der Woche: Tagesschätze finden	▶ Vorbereitung auf die Ankerübung (Einheit 3) ▶ Resilienz stärken
	5'	Wie gehe ich nach Hause?	▶ Mini-Reflexion der ersten Einheit

5.2 Einstieg und Psychoedukation: SIS-Modell

Das Ziel der Einstiegsphase besteht darin, dass erstens die Teilnehmer sich untereinander kurz kennenlernen (Begrüßung) und dass ihnen zweitens die Grundlagen von Stress und negativen Emotionen vermittelt werden. Daraus werden drittens Möglichkeiten zur Beeinflussung von Stress und Emotionen abgeleitet (Stellschrauben). Viertens soll den Teilnehmern der Aufbau des Trainings erläutert werden. Dabei soll der Bezug zu den zuvor dargestellten Bewältigungsmöglichkeiten von Stress und aversiven Emotionen aufgezeigt werden.

Tabelle 5.1 Überblick über die Einstiegsphase (Dauer: etwa 30 Minuten)

Thema	Ziel	Inhalt	Organisation
5.2.1 Begrüßung	»erstes Kennenlernen«	»Jeder stellt sich in zwei bis drei Sätzen vor.«	Vorstellungsrunde (Trainer weist explizit darauf hin, dass ein ausgiebigeres Kennenlernen noch folgt.)
5.2.2 Entstehung von Stress und negativen Emotionen	▶ Unterscheidung zwischen akutem und chronischem Stress kennen	▶ Verlauf von akutem und chronischem Stress / Sympathikus- und Parasympathikusaktivierung	interaktiver Vortrag (Psychoedukation)
	▶ mentale und physiologische Stressreaktionen kennen	▶ Kontrollierbarkeit ▶ Merkmale der mentalen und physiologischen Stressreaktion	
	▶ transaktionales Verständnis von Stress vermitteln	▶ Stellschrauben a) Stressor, b) Bewertung und c) physiologische Reaktion als Möglichkeiten, das Stresserleben zu beeinflussen	
	▶ Trainingsaufbau kennen	▶ Aufbau des Trainings vorstellen / Zusammenhang zu Stellschrauben aufzeigen	

5.2.1 Begrüßung

Das erste Kennenlernen (s. Folie 1.2) dient vor allem dazu, dass die Teilnehmer untereinander eine erste Orientierung bekommen, mit wem sie zusammen trainieren. Der Trainer sollte, nachdem er sich kurz vorgestellt hat, darauf hinweisen, dass jeder nur wenige Sätze über sich sagt. Ein ausgiebigeres Kennenlernen mit dem Fokus »Warum bin ich hier?« erfolgt themenbezogen jeweils in den nachfolgenden Abschnitten dieses Elements.

5.2.2 Entstehung von Stress und negativen Emotionen

In diesem Abschnitt soll den Teilnehmern neben der Entstehung von Stress und negativen Emotionen erstens der Verlauf der Stressreaktion (Wechsel von Sympathikus und Parasympathikus) grob skizziert und zweitens die Relevanz wahrgenommener Kontrollierbarkeit im Alltag erarbeitet werden. Auf diesem Wege werden die zwei übergeordneten Bewältigungsmodi *problemorientierte Stressbewältigung* und *emotionsorientierte Stressbewältigung* eingeführt (s. Abschn. 1.5). Danach werden drittens die Merkmale der physiologischen Stressreaktion illustriert. Daraus wird dann viertens das (vereinfachte) Stressmodell entwickelt, das dem Training als Basismodell zugrunde liegt und von dem die Stellschrauben zum Beeinflussen von Stress und negativen Emotionen abgeleitet werden. Daran anknüpfend wird den Teilnehmern der Aufbau des Trainings vorgestellt und die inhaltliche Logik deutlich gemacht.

Methodisch ist dieser Abschnitt als interaktiver Vortrag konzipiert. Obwohl die Teilnehmer die Informationen im Vortragsstil erhalten, sollten sie durch kleine Experimente oder durch Fragen mit eingebunden werden. Zudem wird das Prinzip *Rosinenpause* vorgestellt und genutzt, das weiter unten erläutert wird.

Verlauf von akutem und chronischem Stress

Die unspezifische Stressreaktion wird als Aktivierung des Sympathikus (s. Abschn. 1.2) verstanden. Diese ist in der Regel gesundheitlich unbedenklich, solange sie nicht chronifiziert bzw. langanhaltend ist. Das Ziel dieses ersten Abschnitts des interaktiven Vortrages besteht darin, das Vorurteil zu relativieren, Stress sei gesundheitsschädlich.

Erfahrungsgemäß erhoffen sich einige Teilnehmer von solch einem Training, dass sie danach ein stressfreies Leben führen. Das ist gleich dreifach dysfunktional: Erstens ist das ein Wunsch, der – wenn er nicht relativiert wird – zwangsläufig zu Enttäuschungen führen wird. Zweitens sind Stress und aversive Emotionen in vielen Fällen durchaus funktional. Wird also um jeden Preis versucht, sie herab zu regulieren, kann das Regulieren selbst dysfunktional sein. Drittens konnten Studien zeigen, dass allein die Bewertung »Mein Stress gefährdet meine Gesundheit.« schon negative Auswirkungen auf die Gesundheit hat (Keller et al., 2012).

An dieser Stelle soll nur kurz darauf hingewiesen werden, dass Stress wie auch aversive Emotionen, solange sie nicht sehr lange andauern, gesundheitlich wenig bedenklich sind. Im Laufe des Trainings wird auf diese Information immer wieder zurückgegriffen werden müssen, da einige Teilnehmer erfahrungsgemäß immer wieder dysfunktionale Regulationsziele (»Ich will mich nicht ärgern!« oder »Ich will keinen Stress mehr erleben!«) formulieren.

Vorschlag für die Vermittlung des Wechsels von akutem und chronischem Stress

Folie 1.3

Bevor wir richtig starten, möchte ich jetzt noch einmal ganz deutlich mit einem Vorurteil aufräumen: Stress macht nicht krank – im Gegenteil: Stress ist zunächst einmal gut und nützlich. Schauen Sie einmal: Wenn die Anforderungen an mich steigen, steigt das körperliche Erregungsniveau, und irgendwann sind die Anforderungen erledigt oder vergessen und dann sinkt das Stresslevel wieder. Das ist gut so – und dafür ist unser Körper ausgelegt. Einzig wichtig ist der Wechsel von Anspannung und Entspannung, von Stress und Erholung, von Sympathikusaktivierung und Parasympathikusaktivierung.

[Tr. zeigt den Wechsel auf der Folie.]

Es geht bei Stressbewältigung also nicht darum, ein Leben am energetischen Nullpunkt zu führen, sondern darum, gut und gesund mit Stress umzugehen.

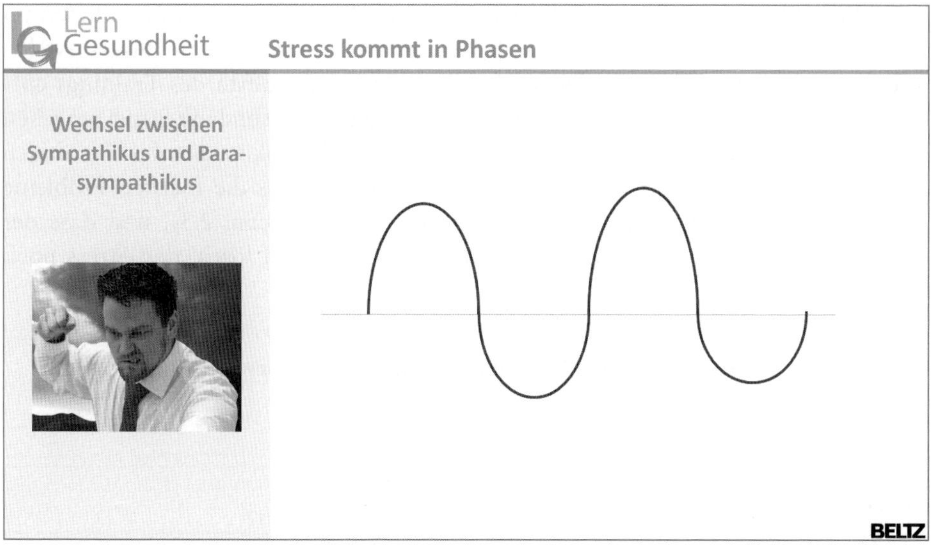

Kontrollierbarkeit

Wahrgenommene Kontrolle führt in aller Regel zu einem Gefühl der Sicherheit, während Kontrollverlust von vielen Menschen als bedrohlich – und damit Stress auslösend – erlebt wird. Ziel dieses Abschnittes ist es, den Teilnehmern dies zu vermitteln. Zudem lernen sie die zwei übergeordneten Bewältigungsmodi, problemfokussierende Bewältigung und emotionsfokussierende Bewältigung, kennen (s. Abschn. 1.5).

Zur Illustration, welche Rolle Kontrollierbarkeit spielt, wird ein Mäuse-Experiment in drei Schritten vorgestellt: Im ersten Schritt bekamen Mäuse einen Elektroschock, nachdem ihnen ein akustisches Signal vorgespielt wurde. Durch mehrfache Wiederholung wurde so das zunächst neutrale Signal zu einem konditionierten Gefahrenreiz. Im Blutbild der Mäuse wurden entsprechend erhöhte Stressmarker gefunden (s. Folie 1.4). Im zweiten Schritt des Experiments bekamen die Mäuse einen Knopf, mit dem sie den drohenden Elektroschock vermeiden konnten: Sie mussten diesen Knopf direkt nach dem Ertönen des Signals drücken. Somit erlangten die Mäuse Kontrolle über die Gefahr. Bei einem erneuten Bluttest deuteten die Marker im Blut der Mäuse auf eine sehr niedrige Stressbelastung hin (s. Folie 1.5). Im dritten Schritt wurde die Wirkung des Knopfes deaktiviert. Trotz Kontrollversuchen war die Gefahr für die Mäuse nicht kontrollierbar: Sie bekamen einen Elektroschock, obwohl sie den Knopf drückten. Die Stressmarker im Blut wiesen jetzt auf eine sehr hohe Stressbelastung hin (s. Folie 1.6)

Neben der Vermittlung der inhaltlichen Aspekte dienen die Bilder der Mäuse (s. Folie 1.5 und 1.6) über das gesamte Training hinweg als Symbol für die gute und gesunde Stressbewältigung (coole Maus) und als Symbol für einen dysfunktionalen und gesundheitlich bedenklichen Umgang mit Stress und Belastungen (erschöpfte Maus). Somit wird über das Erscheinen der Mäuse an späteren Stellen im Training der rote Faden wiederaufgenommen.

Anschließend wird mit Blick auf die geringe Kontrollierbarkeit vieler Situationen im Alltag die Unterscheidung zwischen problem- und emotionsfokussierter Stressbewältigung vorgestellt (s. Folie 1.7). Dieser Aspekt ist für den Aufbau des Trainings entscheidend, da es im Training darum geht, wie man gut und gesund mit Stress umgehen kann, wenn ein vollständiges oder unmittelbares problemfokussierendes Bewältigen nicht möglich ist. Der Trainer sollte deutlich machen, dass die meisten Probleme sowohl lösbare als auch unlösbare Aspekte haben (s. Abschn. 2.3), und dass der Versuch, unlösbare Problemanteile problemfokussierend zu lösen, den Stress noch erhöht.

Vorschlag für die Vermittlung der Kontrollierbarkeit und der Bewältigungsmodi

Folien 1.4–1.6

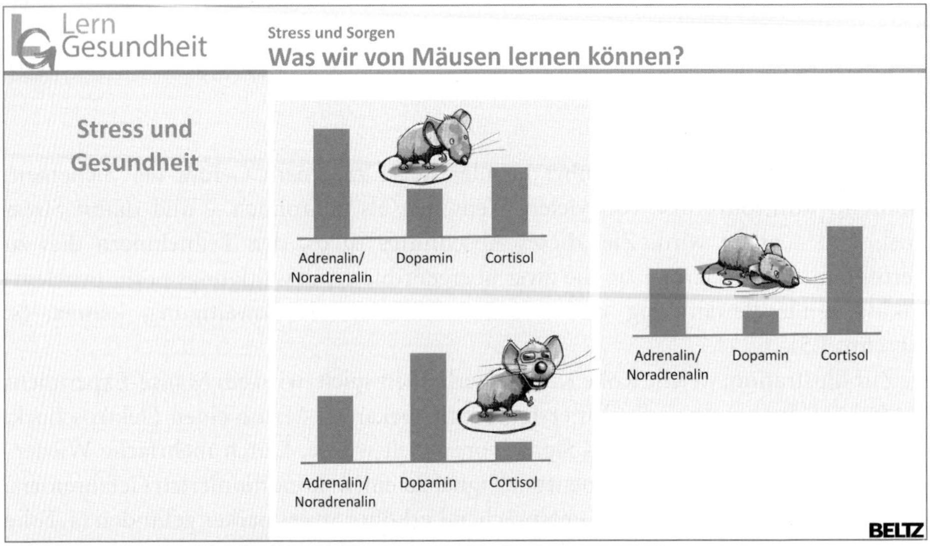

(Abgebildet ist Folie 1.6. Die Folien 1.4 und 1.5 finden Sie im Foliensatz 1 im Onlinebereich.)

Folie 1.4: Bevor wir zu Ihrem Stress kommen, wollen wir uns erst Stress generell zuwenden. Ich stelle Ihnen nun ein Experiment vor, das an Mäusen durchgeführt wurde und durch das wir einiges über unseren eigenen Stress erfahren können.

Im Rahmen des Experimentes wurde einer großen Anzahl an Mäusen Stromschläge verpasst. Vor jedem Stromschlag ertönte ein Glockenton. Die Mäuse lernten recht schnell, dass nach dem Glockenton der Stromschlag folgen würde. Man hat die Mäuse also konditioniert. Dann wurde ihnen zwischen Ton und Stromschlag Blut abgenommen.

Schauen Sie mal, was dabei herausgekommen ist: Adrenalin / Noradrenalin, also die Botenstoffe, die uns aktivieren und in Handlungsbereitschaft versetzen, waren extrem hoch. Dopamin ist ein Botenstoff, der im Belohnungszentrum in unserem Gehirn eine zentrale Rolle spielt und für Glück, Zufriedenheit und Motivation zuständig ist. Dopamin war bei diesen Mäusen eher niedrig. Ein weiteres Stresshormon ist Cortisol. Es hängt mit langfristigem, zermürbendem Stress zusammen. Bei den Mäusen war es leicht erhöht. In der Zusammenschau ging es den Mäusen also nicht besonders gut. Aber das verwundert vermutlich keinen.

In einem nächsten Schritt hat man die Mäuse in zwei Gruppen aufgeteilt. Der einen hat man einen Schalter gegeben. Man hat den Mäusen beigebracht, dass sie den Stromschlag vermeiden können: Dafür müssen sie nur den Schalter genau dann drücken, wenn sie den Glockenton hören.

Folie 1.5: Schauen Sie sich das Ergebnis der anschließenden Blutuntersuchung an: Adrenalin/Noradrenalin waren leicht erhöht. Die Mäuse waren also aktiviert und wussten: »Jetzt muss ich etwas tun, damit ich keinen Stromschlag bekomme.« Dopamin – Sie erinnern sich: Glück, Zufriedenheit, Belohnungszentrum – war richtig hoch. Und Cortisol, das Hormon für den langanhaltenden, zermürbenden Stress, war niedrig.

Insgesamt ging es also den Mäusen richtig gut. Sie hatten eine Kontrollerfahrung gemacht: Sie hatten ja auch tatsächlich Kontrolle über den Stromschlag. Interessanterweise ging es diesen Mäusen sogar besser als anderen Feldmäusen, die nie einen Stromschlag bekommen hatten. Haben Sie eine Idee, warum das so ist? … Die Mäuse hatten eine Selbstwirksamkeitserfahrung gemacht. Sie hatten die Situation im Griff.

In einem dritten Experiment wurde dann wiederum die Verbindung zwischen Schalter und Elektroschocker gekappt. Das heißt, die Mäuse konnten auch auf den Schalter drücken, aber sie bekamen trotzdem einen Stromschlag.

Folie 1.6: Schauen Sie sich mal diese Mäuse an: Adrenalin/Noradrenalin war leicht erhöht – die Mäuse wussten: »Wir müssen aktiv werden«. Dopamin war extrem niedrig und Cortisol extrem hoch.

Den Mäusen ging es richtig schlecht. Das Blutbild, das Sie hier sehen, findet man so ähnlich auch bei einer Depression. Haben Sie eine Idee, warum es den Mäusen so schlecht ging? (…) Genau, sie haben die Erfahrung von Kontrollverlust gemacht.

Was lernen wir aus diesem Experiment? Wenn wir das Gefühl subjektiver Kontrolle haben, dann geht es uns auch trotz Stress gut. Aber wenn wir das Gefühl von Kontrollverlust haben, wird Stress für uns zermürbend. Und genau dann ist Stress gesundheitsgefährdend.

Folie 1.7

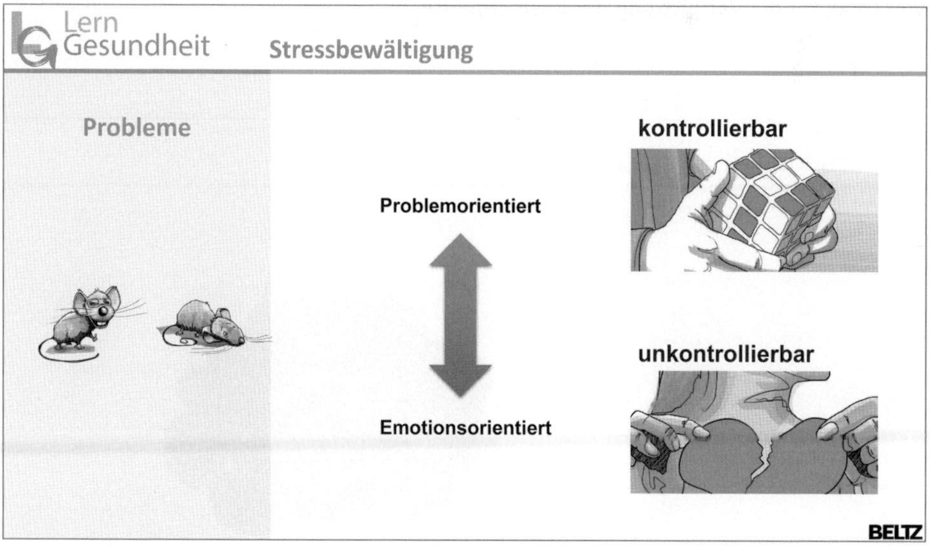

Im Alltag erleben wir auch häufig, dass Probleme nicht direkt kontrollierbar sind. Obwohl wir vieles gerne ändern würden, geht es nicht. Das heißt aber nicht, dass man deshalb sofort eine extrem hohe Stressbelastung erlebt.

Bei der Stressbewältigung unterscheidet man zwischen problemfokussierter und emotionsfokussierter Stressbewältigung. Problemfokussiert heißt, Sie lösen das Problem, und der Stress hört auf. Emotionsfokussiert heißt, Sie regulieren Ihre eigene emotionale Betroffenheit durch das Problem und leiden folglich nicht mehr unter dem Stress (ohne das Problem selbst lösen zu können).

Sie ahnen jetzt sicherlich, dass bei unveränderbaren und unkontrollierbaren Problemen die emotionsorientierte Bewältigung hilfreicher und gesünder sein kann. Diese Erkenntnis gab es schon lange, bevor die Psychologie den Stress erforscht hat: Sie kennen sicherlich das Gebet: Gib mir die Gelassenheit, Dinge hinzunehmen, die ich nicht ändern kann; den Mut, Dinge zu ändern, die ich ändern kann – und die Weisheit, das Eine vom Anderen zu unterscheiden.

Das Unterscheiden-Können ist hier natürlich wichtig. Die meisten Probleme haben lösbare und unlösbare Anteile. Es ergibt also Sinn, die lösbaren Anteile zu finden und zu verändern. Aber man sollte auch wissen, was man nicht verändern kann – und das sollte man in Würde ertragen. Das hört sich leichter an, als es ist. Aber darauf kommen wir im Laufe des Trainings noch zu sprechen.

Die Rosinenpause

An dieser Stelle wird das Prinzip der Rosinenpause eingeführt und erläutert, auf das im Laufe des Trainings zurückgegriffen wird. Die Rosinenpause heißt Rosinenpause, weil die Teilnehmer Gelegenheit haben, »Wissensrosinen zu picken«.

Die Rosinenpause dient also dem wechselseitigen Austausch der Teilnehmer und dem besseren Behalten der Inhalte, durch ein erstes Verknüpfen von Inhalten mit eigenen Erfahrungen. Die Teilnehmer werden nach entsprechenden Abschnitten im Vortrag eingeladen, sich über das Gehörte auszutauschen. Ggf. formuliert der Trainer eine entsprechende Frage. Die Rosinenfolie kündigt die Rosinenpause an.

Vorschlag für die Vermittlung der Rosinenpause

Folie 1.8

Sie haben jetzt schon richtig viel gehört. Sie sehen hier einen Haufen Rosinen. Sie sind jetzt eingeladen, sich die Rosine aus dem bislang Gehörten herauszupicken, die für Sie wichtig war. Was war der für Sie zentrale Gedanke bis jetzt?

Murmeln Sie jetzt so etwa drei Minuten lang mit Ihrer Nachbarin oder Ihrem Nachbarn darüber.

[3 Minuten Rosinenpause]

Merkmale der mentalen und physiologischen Stressreaktion

In diesem Abschnitt werden exemplarisch einige Merkmale der unspezifischen Stressreaktion (wie beispielsweise das Anspannen der Muskeln) vermittelt. Folie 1.9 nennt nur fünf Merkmale, um das Prinzip zu verdeutlichen. Die zentrale Botschaft ist die Funktion dieser Merkmale: Sie bereiten den Körper auf Kampf oder Flucht vor. Wichtig ist es, herauszustellen, dass diese Reaktionen evolutionär sehr sinnvoll waren, dass sie aber in der heutigen Zeit nicht immer die adäquate Antwort auf Anforderungen darstellen.

Es ist dabei nicht so wichtig, die physiologischen Prozesse möglichst genau darzustellen, die während der Stressreaktion ablaufen. Die Teilnehmer sollten aber zumindest die Amygdala, das Gefahren- und Stresszentrum im Gehirn, kennenlernen. Je nach Bildungsgrad der Gruppe kann der Trainer abwägen, ob er den Begriff Amygdala nennt, oder ob er es bei Gefahren- und Stresszentrum belässt.

Exkurs

Erstarren als dritte Stressantwort

Einige Teilnehmer stellen an dieser Stelle die Frage, ob Erstarren nicht auch eine Stressantwort ist bzw. warum Erstarren hier nicht genannt wird. Die Mechanismen, die zum Erstarren führen, sind etwas komplexer: Es wird angenommen, dass eine extrem hohe existentielle Bedrohung bei gleichzeitiger Hilflosigkeit dazu führt, dass die Aktivierung der Amygdala sofort reduziert wird und das Tier (bzw. der Mensch) sich tot stellt. Das sichert unter bestimmten Bedingungen das Leben besser als Flucht oder Kampf in einer aussichtslosen Situation. In diesem Fall ist jedoch nicht mehr der Sympathikus, sondern der Parasympathikus aktiviert. Aus Gründen der Einfachheit wird in diesem Training das Erstarren nicht standardmäßig erläutert. Fragt ein Teilnehmer nach, kann ihm diese Information gegeben werden.

Die physiologische Aktivierung der Stressantwort kann mit verschiedenen Methoden gemessen und damit objektiviert werden. Es bieten sich beispielsweise Finger-Oximeter an, die den Puls und die Sauerstoffsättigung im Blut anzeigen. Damit lässt sich die Beschleunigung des Herzschlages bei der Aktivierung des Sympathikus zeigen. Eine andere Möglichkeit ist das Messen der Hautleitfähigkeit, denn Stress (oder emotionale Aktivierung) führt zu einer Veränderung der Hautfeuchte (Schweißproduktion). Mit entsprechenden Geräten lassen sich also schon kleinste stressbedingte körperliche Veränderungen zeigen. Der Einsatz solcher Methoden kann zwei Zielen dienen:

(1) Manche Teilnehmer sind zu Beginn des Trainings noch skeptisch, weil sie denken, dass Stress und Emotionen höchst subjektive Phänomene sind. Manche werten sich selbst ab, wenn sie Stress oder Emotionen (als belastend) erleben, weil sie diese für Einbildung halten. Ein gerätebasiertes »Objektivieren« kann sie überzeugen, dass Stress und Emotionen nicht nur subjektive (oder gar eingebildete) Phänomene sind.

(2) Für die Überleitung zum Stressmodell (s. Folie 1.10), das auf einem transaktionalen Stressverständnis beruht (s. Abschn. 1.3), ist die Erkenntnis wichtig, dass in den meisten Fällen ein äußerer Reiz nicht allein zur Stressreaktion führt. Es sollte herausgearbeitet werden, dass meistens eine Bewertungskomponente notwendig ist, damit Stress entsteht. Dazu kann beispielsweise ein Teilnehmer an ein Gerät zum Messen der Hautleitfähigkeit angeschlossen werden. Dann kann ihm eine Aufgabe des großen Einmaleins gestellt werden (z. B. $27 \times 8 = ?$). Bei den meisten steigt die Hautleitfähigkeit stark an, weil sie sich selbst unter Druck setzen, die Aufgabe zu lösen.

Zur Einführung des Stressmodells im nächsten Abschnitt kann nach diesem kleinen Experiment die Frage aufgeworfen werden, warum der Körper mit einer Aktivierung reagiert, die für Kampf oder Flucht ausgelegt ist. Die Antwort auf die diese Frage lautet: Erst durch die Bewertung des Reizes wird dieser zum *Fressfeind*. In den meisten Fällen können die Teilnehmer die Bewertungen bzw. die Gedanken benennen, die aus einer Rechenaufgabe eine Stresssituation machen. Typische Gedanken sind: »Alle haben zugeschaut und ich hatte Angst, mich zu blamieren!« oder »Ich habe sofort gemerkt, dass ich das nicht kann, und dann haben Sie mich noch so erwartungsvoll angesehen…«

Vorschlag für die Vermittlung von Merkmalen der mentalen und physiologischen Stressreaktion

Folie 1.9

Um gut und gesund mit Stress umgehen zu können, ist es hilfreich, zunächst einmal zu verstehen, wie Stress entsteht. Indem wir das tun, arbeiten wir drei Stellschrauben heraus, über die Sie Einfluss auf Ihr Stresserleben nehmen können.

Stress wird in unserem Gehirn ausgelöst. Dort, recht weit in der Mitte, sitzen die Mandelkerne – unsere Amygdala. Die Mandelkerne werden dann aktiv, wenn unsere Ziele, Wünsche, Bedürfnisse oder Erwartungen bedroht werden. Diese Aktivierung macht sich für uns dadurch bemerkbar, dass wir mit erhöhter Aufmerksamkeit reagieren (»Was ist hier los?«), dadurch, dass unsere Muskeln angespannt sind, unser Atem schneller und flacher wird (so kommt mehr Sauerstoff ins Blut) und dadurch, dass unser Herzschlag schneller wird und unser Blutdruck steigt. Diese und andere Veränderungen dienen vor allem dazu, dass unser Körper unmittelbar handlungsfähig wird: Wir werden auf Kampf oder Flucht vorbereitet.

Das ist ein richtig guter Mechanismus: Nur so konnte der Mensch zum Beispiel den Säbelzahntiger überleben. Stellen Sie sich mal vor, wie es unseren Vorfahren erging, die beim Anblick des Säbelzahntigers nicht diese hocheffiziente und automatische Aktivierung erfuhren, also nicht sofort und blitzschnell fliehen konnten – von denen stammen wir auf jeden Fall nicht ab…

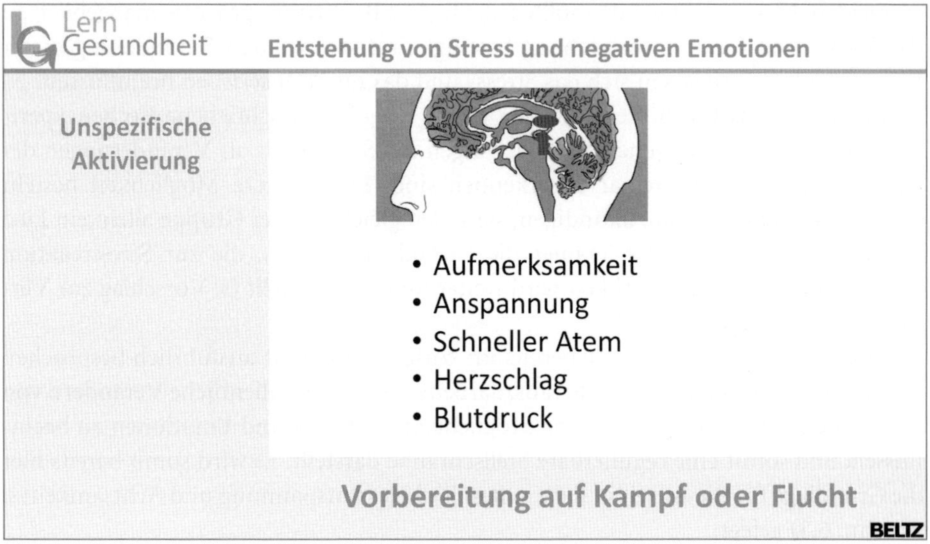

Stellschrauben zur Beeinflussung des Stresserlebens

Das Stressmodell, das in diesem Abschnitt vorgestellt wird, ist für den Aufbau des Trainings grundlegend. Es stellt eine Vereinfachung des transaktionalen Stressmodells nach Lazarus (1991; s. Abschn. 1.3) bzw. des ABC-Schemas nach Ellis (1973; s. Abschn. 2.2.3) dar. Die drei wesentlichen Komponenten sind:

(1) Stressor. Hierunter wird ein innerer oder äußerer Reiz verstanden, der die nachfolgende Stressreaktion auslöst. Dabei sollte klar herausgearbeitet werden, dass in den meisten Fällen der Stressor selbst zwar notwendig, jedoch nicht hinreichend für die Stressreaktion ist: Es bedarf meistens zusätzlich einer Bewertungskomponente, damit der Reiz als bedrohlich bewertet wird. Allerdings gibt es auch Reize, die ohne zusätzliche Bewertung zu einer Stressreaktion führen. So sorgt ein lauter Knall beispielsweise für eine direkte Stressreaktion.

(2) Bewertungskomponente. Sie fasst eine Vielzahl kognitiver Prozesse zusammen. Schon die Auswahl dessen, was wahrgenommen und worauf die Aufmerksamkeit gerichtet wird, beeinflusst die Stress- und Emotionsentstehung (s. Abschn. 1.6.2). Ob eine Situation als bedrohlich eingestuft wird, hängt zudem davon ab, wie die Situation und die Reize interpretiert werden (z. B. »Der will mir bestimmt etwas Böses.«). Die Bewertung als bedrohlich (oder harmlos) wirkt bei der Entstehung von Stress und Emotionen mit. Wird die Annahme »Der will mir bestimmt etwas Böses.« folgendermaßen bewertet »Das ist gemein, aber ich werde überlegen sein.«, ist Ärger wahrscheinlich. Lautet die Bewertung jedoch »Das ist gemein, und ich kann ihm nichts entgegensetzen.«, wird die Emotion Angst wahrscheinlicher. Wird die Absicht als vollkommen irrelevant und harmlos bewertet, ist keine oder nur eine geringe Stress- bzw. Emotionsreaktion zu erwarten.

Bei der Vermittlung des Modells wird den Teilnehmern zu diesem Zeitpunkt die Bewertungskomponente nicht weiter ausdifferenziert, um unnötige Verwirrung zu vermeiden. Klar gestellt werden sollte jedoch, dass Bewertungsprozesse maßgeblich an der Stress- und Emotionsentstehung beteiligt sind, denn durch Veränderung dieser Bewertungsprozesse lassen sich das Stress- und das Emotionserleben beeinflussen.

Methodisch lässt sich dieses Wissen durch das oben beschriebene Rechenexperiment unterstützen, bei denen Veränderungen des Stresslevels als Veränderungen der Hautleitfähigkeit unmittelbar zu erkennen sind. Eine weitere Möglichkeit besteht darin, den Teilnehmer anzukündigen, sie sollen gleich vor der Gruppe allein ein Lied vorsingen. Dann kann der Trainer die Gedanken erfragen, die zur Stressreaktion führen. Eine weitere Möglichkeit wird weiter unten dargestellt (s. Vorschlag zur Vermittlung der Stellschrauben).

(3) Stressreaktion. Diese wurde bereits im vorigen Abschnitt ausführlich besprochen (s. o.). Hier geht es nun darum herauszuarbeiten, dass das willentliche Verändern von Merkmalen der Stressreaktion eine Möglichkeit ist, Stress und Emotionen zu beeinflussen, und somit eine regulierbare Stellschraube darstellt. Es wird somit bereits hier die Grundlage für die Arbeit in der zweiten Einheit (Entspannung und Achtsamkeit; s. Abschn. 6.3) gelegt.

Vorschlag für die Vermittlung von Merkmalen der mentalen und physiologischen Stressreaktion

Folie 1.9 (Fortsetzung)

Jetzt machen wir ein kleines Experiment. Schließen Sie bitte einmal die Augen. Ich gehe jetzt herum und ticke gleich einen von Ihnen an. Derjenige, den ich auswähle, singt uns sein Lieblingslied vor. Schließen Sie bitte jetzt die Augen.

[Tr. geht hinter den Teilnehmern entlang, ohne jemanden an zu ticken.]

Ok, öffnen Sie jetzt wieder Ihre Augen. Wer von Ihnen hat sich gestresst gefühlt?

[Tn. geben Handzeichen. Tr. erfragt Gründe, warum die Teilnehmer sich von der Aufgabe gestresst fühlen. In der Regel werden hier Bewertungen genannt (z. B. »Ich hatte Angst, mich zu blamieren.«)]

Sie haben vermutlich bemerkt, dass gar kein Fressfeind – auch kein Säbelzahntiger – anwesend war. Trotzdem reagieren viele von Ihnen mit einer typischen Kampf- bzw. Fluchtbereitschaft. Und wir haben eben auch schon gehört, woran das liegt.

Folie 1.10

(Folie 1.10 finden Sie im Foliensatz 1 im Onlinebereich)

Wir reagieren in den meisten Fällen nämlich nicht direkt mit der Stressreaktion auf den Stressor.

[Tr. greift auf die Gründe, die die Teilnehmer angeführt haben, zurück.]

Meistens ist ein mehr oder weniger komplexer Interpretations- und Bewertungsprozess beteiligt. Das heißt, erst durch den Interpretations- und Bewertungsprozess machen wir den Stressor zum Säbelzahntiger und reagieren mit Stress. Dieser Interpretations- und Bewertungsprozess entscheidet nicht nur darüber, ob wir Stress erleben, sondern auch, welche Emotionen wir empfinden. Wir spielen das einmal mit einem Gedankenexperiment durch:

[Tr. wählt einen Teilnehmenden aus und geht auf ihn zu.]

Stellen Sie sich bitte einmal vor, Sie stehen nachher noch hier vor der Tür. Neben Ihnen steht Ihre Tasche, in der auch Ihr Portemonnaie ist. Plötzlich kommt jemand – sagen wir, einen Kopf kleiner als Sie – nimmt Ihre Tasche und schlendert mit dieser davon. Was machen Sie?

[Meistens antworten Tn., dass sie hinterher gehen oder rufen würden.]

Ich vermute, dass Sie auf einmal hellwach sind, dass Ihre Muskeln angespannt, Ihr Atem und Herzschlag schnell sind…

[Tn. bestätigt i. d. R. – sonst andere Teilnehmende fragen, wie es ihnen ergehen würde.]

Ihr Körper bereitet Sie so auf einen Angriff vor. Die Emotion, die dabei entsteht, ist vermutlich Ärger.

[Tn. bestätigt i. d. R.]

Jetzt stellen Sie sich bitte eine ganz ähnliche Situation vor. Wieder stehen Sie dort mit Ihrer Tasche. Wieder kommt jemand, der ungefähr einen Kopf kleiner ist als Sie. Nur dieses Mal blicken Sie in die Mündung einer geladenen Waffe. Sie werden aufgefordert, die Tasche herauszugeben. Was machen Sie?

[Meistens antworten Tn., dass sie die Tasche hergeben würden.]

Ich vermute, dass Sie auch wieder die Anzeichen der unspezifischen Aktivierung spüren: Ihre Muskeln sind nicht komplett entspannt, Ihr Herz wird vermutlich auch schneller schlagen …

[Tn. bestätigt i. d. R.]

Nur dieses Mal werden Sie vermutlich Angst spüren, oder?

[Tn. bestätigt i. d. R.]

Stellen Sie sich jetzt vor, Sie bemerken, dass derjenige, der Ihre Tasche genommen hat, eine zum Verwechseln ähnliche Tasche hat und diese – höchstwahrscheinlich aus Versehen – stehen gelassen hat. Was passiert dann bei Ihnen?

[Tn. sagen i. d. R., dass sie sich dann schnell wieder beruhigen o. Ä.]

Sie sehen also, wie zentral unsere Bewertung für die Entstehung von Stress und Emotionen ist. Sie ahnen vielleicht schon, dass wir damit auch schon die drei Stellschrauben haben, an denen wir bei der Stressbewältigung ansetzen können: Erstens können wir direkt am Stressor ansetzen, indem wir beispielsweise das Problem lösen. Zweitens können wir an der Interpretation und Bewertung ansetzen. Wie das geht, werden wir in der zweiten und dritten Lektion behandeln. Drittens können wir direkt an der Stressreaktion ansetzen. Zwar können wir meistens den Herzschlag oder den Blutdruck nicht direkt beeinflussen, sehr wohl aber unseren Atem oder unsere Muskelspannung.

Aufbau des Trainings

Ausgehend von den drei Stellschrauben und den zwei Bewältigungsmodi sollte der Aufbau des Trainings (s. Folie 1.11) vorgestellt werden. Dabei sollten folgende Aspekte berücksichtig werden:

Modul 1. Es sollte dargestellt werden, dass das erste Modul auf die Stressreaktion abzielt. Entspannung und Achtsamkeit beeinflusst direkt das Erregungsniveau. Häufiges Abrufen hilfreicher Emotionen sowie Regeneration wirken sich mittel- bis langfristig auf die körperliche wie mentale Verfassung aus und reduzieren so die Tendenz, automatisch mit Stress zu reagieren. Natürlich hat das auch Auswirkungen auf die Bewertungsgewohnheit. Im Sinne einer didaktischen Reduktion sollte das an dieser Stelle aber nicht vertieft werden.

Modul 2. Die Verbindung zwischen emotionsfokussierter Stressbewältigung und dem zweiten Modul »Annehmen« sollte deutlich werden. Da das Annehmen von Unveränderbarem vielen nicht so leicht fällt, werden im Kern die Kraft- und Identitätsquellen sowie das soziale Netz gestärkt und die Selbst- und Fremdwertschätzung gezielt gefördert.

Modul 3. Es sollte an dieser Stelle schon klar gemacht werden, dass es im dritten Modul um das Verändern von Emotionen und nicht so sehr um das Lösen von Problemen geht. Obwohl das Verändern von Emotionen manchmal auch auf die Problemlösungen wirkt, werden diese nicht fokussiert. Einige Teilnehmer leiden sehr darunter, dass sie – gerade in sozialen Kontexten – nur ihre Emotionen verändern, ihre Probleme aber nicht lösen können. Einige versuchen erfahrungsgemäß immer wieder, ihre Emotionen zu verändern, indem sie ihre Interaktionspartner verändern wollen. Oft entstehen genau dadurch für alle Betroffenen hohe Belastungen. Es ist deswegen wichtig, schon bei der Vorstellung des Trainings darauf hinzuweisen, dass es im Kern um das Verändern eigener Emotionen geht. Zum Verändern von Emotionen werden die drei Stellschrauben genutzt und verfeinert.

Aufgaben der Woche. Im Sinne einer realistischen Erwartung sollte bereits hier herausgestellt werden, dass zwischen den Einheiten Aufgaben erledigt werden sollten, damit Fähigkeiten erworben werden und das Training seine Wirksamkeit entfalten kann. Diese Aufgaben nehmen täglich etwa 20 bis 30 Minuten in Anspruch.

Trainings-App. Um das Training zwischen den Einheiten zu unterstützen und damit die Nachhaltigkeit des Trainings zu fördern, wird die Trainings-App eingesetzt. Die Links für die beiden großen Systeme (Android und iTunes) sind in Form von QR-Codes auf Folie 1.11 zu finden. Die Teilnehmer bekommen, wenn Sie die App nutzen, über einen Zeitraum von neun Wochen täglich zwei Mini-Impulse, die inhaltlich auf die jeweiligen Einheiten abgestimmt sind (s. Abschn. 4.6). Findet das Training nicht im wöchentlichen Rhythmus statt, kann entsprechend mit der Pausen-Funktion der App nachreguliert werden.

5.3 Motivationsaufbau

Um Trainingsintentionen aufzubauen, sind (a) Risikowahrnehmung, (b) Handlungs-Ergebnis-Erwartung und (c) aufgabenbezogene Selbstwirksamkeit notwendig (s. Abschn. 4.1.1). In diesem Abschnitt wird die Risikowahrnehmung durch das Identifizieren persönlicher Stressanzeichen und das Erahnen von Spätfolgen geschärft (s. Abschn. 5.3.1). Die unspezifische Risikowahrnehmung wird in Trainingsgründe überführt (5.3.2). Durch das mentale Kontrastieren (s. Abschn. 5.3.3) wird die affektive Zielbindung erhöht und letztlich als positiv gerichteter Motivationssatz formuliert (s. Abschn. 5.3.4).

Tabelle 5.2 Überblick über den Aufbau von Trainingsmotivation (Hauptteil; Dauer: etwa 30 Minuten)

Thema	Ziel	Inhalt	Organisation
5.3.1 Persönliche Stressanzeichen	► erkennen, wann Stress auftritt (Frühwarnsystem) ► Risikowahrnehmung stärken	► eigene Stressanzeichen werden identifiziert und in eine Liste eingetragen	Einzelarbeit

Tabelle 5.2 (Fortsetzung)

Thema	Ziel	Inhalt	Organisation
5.3.2 Trainingsgründe explorieren	▶ Aufbau von Trainingsmotivation ▶ Risikowahrnehmung in Trainingsgründe überführen	▶ Teilnehmende stellen ihre Trainingsgründe vor.	Trainingsmotivation herausarbeiten
5.3.3 Mentales Kontrastieren	▶ affektive Zielbindung stärken	▶ Teilnehmende kontrastieren mental Gelingensbilder mit der Fortführung des Ist-Zustandes.	Phantasiereise
5.3.4 Der Motivationssatz	▶ formulieren eines positiv gerichteten Motivationssatzes ▶ Zielbindung fixieren	▶ Teilnehmende formulieren ihren persönlichen Motivationssatz, der hilft, die Absichts-Verhaltens-Lücke zu überwinden.	Partnerarbeit / Arbeitsblatt (Begleitheft S. 4)

5.3.1 Persönliche Stressanzeichen, Frühwarnsystem und Spätfolgen

Anzeichen von Stress haben Signalwirkungen. Sie signalisieren u. a. Erholungsbedarf. Personen, die an Erschöpfungssymptomen leiden, berichten häufig, dass sie über lange Zeit hinweg diese Signale ignoriert haben. Das Wahrnehmen und das Ernstnehmen von Stressanzeichen sind eine wichtige Voraussetzung für einen guten und gesunden Umgang mit Stress. Deswegen sollen die Teilnehmer herausarbeiten, wie und unter welchen Umständen sich bei ihnen persönlich Stressanzeichen bemerkbar machen.

Diese Stressanzeichen gehen vor dem Hintergrund möglicher Spätfolgen in die Risikowahrnehmung ein und tragen somit zum Motivationsaufbau bei. Allerdings sollte unbedingt vermittelt werden, dass nicht das einmalige Ignorieren der eigenen Stressanzeichen gefährlich ist, sondern dass es wichtig ist, mittel- bis langfristig einen guten Umgang mit Stress zu finden. Tabelle 5.3 gibt einen Überblick über Stressanzeichen, kurzfristige Vorteile und langfristige Gefahren.

Tabelle 5.3 Kurz- und langfristige Folgen von Stressanzeichen

Stressanzeichen	kurzfristige Vorteile	langfristige Nachteile
▶ erhöhte Herzfrequenz	▶ mehr Leistung	▶ Schädigungen des Herz-Kreislaufsystems
▶ reduzierte Verdauungstätigkeit	▶ mehr Leistung (Blut ist nicht im Bauch)	▶ Magengeschwüre, Verdauungsprobleme

Tabelle 5.3 (Fortsetzung)

Stressanzeichen	kurzfristige Vorteile	langfristige Nachteile
▶ erhöhte Anspannung	▶ erhöhte Reaktionsbereitschaft	▶ verminderte Lebensqualität ▶ Kopfschmerzen, Rückenschmerzen etc. ▶ Blutdruckprobleme
▶ erhöhter Blutdruck	▶ erhöhte Reaktionsbereitschaft ▶ mehr Leistung	▶ Herzinfarkt- und Schlaganfallrisiko
▶ erhöhter Blutzucker	▶ mehr Leistung	▶ Stoffwechselstörungen wie Diabetes
▶ unregelmäßiges Essen	▶ Konzentration auf Aufgaben	▶ Verdauungs- und Stoffwechselprobleme ▶ Beeinträchtigung des Wohlbefindens
▶ Aktivierung der Sinnesorgane	▶ Alarm- und Reaktionsbereitschaft	▶ erhöhter Augeninnendruck, Hörsturz- und Tinnitusrisiko
▶ vermindertes Schmerzempfinden	▶ Weitermachen (trotz Schmerz)	▶ gesteigerte Schmerzempfindlichkeit
▶ erhöhte Immunkompetenz	▶ gesteigertes Durchhaltevermögen	▶ reduzierte Immunkompetenz
▶ vermehrte Beschäftigung mit dem Problem	▶ Finden von Lösungsansatzen	▶ Grübeln, Befindlichkeits- und Schlafstörungen

Wichtig in diesem Schritt ist es, dass die Teilnehmer verstehen, dass die kurzfristigen Vorteile der Stressreaktion und die langfristigen potentiellen Gefährdungen auf die gleichen Mechanismen zurückgehen. So ist beispielsweise eine erhöhte kardiovaskuläre Aktivierung kurzfristig für mehr Leistung vorteilhaft. Wird diese Aktivierung dauerhaft aufrechterhalten, kann das zu Schädigungen des Herzkreislaufsystems führen. Dieser Schritt wird an Folie 1.12 verdeutlicht, die das bereits bekannte Modell der unspezifischen Aktivierung zeigt.

Das Erarbeiten eines individuellen Frühwarnsystems geschieht vor dem aufgezeigten Spannungsfeld. Die Teilnehmer werden eingeladen, einmal zu identifizieren, welche Stressanzeichen sie bei sich wahrnehmen. Dies sollen sie im Partnergespräch erarbeiten. Zur Unterstützung stehen die Seite 2–3 im Begleitheft zur Verfügung. Die Teilnehmer identifizieren zunächst die Stressanzeichen, die sie in ihrem Alltag wahrnehmen. In einem zweiten Schritt bewerten sie diese Anzeichen dahingehend, ob sie als Frühwarnzeichen geeignet sind. Dazu füllen sie die entsprechende Tabelle auf der Seite 3 im Begleitheft aus.

! Einige Teilnehmer tendieren dazu, sofort auch Lösungen finden zu wollen, sobald sie eine geschärfte Risikowahrnehmung haben. Diese Teilnehmer sollten gebeten werden, sich zu gedulden: Einen guten und gesunden Umgang mit Stress entwickeln sie im Laufe des Trainings – und zwar so abgestimmt, dass er ihre individuellen Besonderheiten und Möglichkeiten berücksichtigt.

Vorschlag für die Vermittlung von Spätfolgen und die Entwicklung eines Frühwarnsystems

Folie 1.12

(Die Folie zeigt die gleiche Abbildung wie Folie 1.9. Folie 1.12 finden Sie im Onlinebereich.)

Wir haben eben gesehen, dass Stress körperliche und psychische Auswirkungen hat. Dabei haben wir einige zentrale Merkmale besprochen. Wichtig ist es, zwischen kurz- und langfristen Folgen von Stress zu unterscheiden. Kurzfristig kann stressbedingter erhöhter Puls hilfreich sein, weil Sie mehr leisten können. Langfristig kann er sich aber schädlich auf Ihr Herz-Kreislauf-System auswirken. Kurzfristig führt die Stressreaktion zu einem gestiegenen Blutzuckerspiegel: Ihnen steht mehr Energie zur Verfügung. Langfristig kann das zu Diabetes führen. Kurzfristig haben Sie unter der akuten Stressreaktion mehr Energie und ermüden nicht so schnell – es ist noch keiner in einem Kampf eingeschlafen. Langfristig laden Sie Ihren Akku nicht wirksam auf und fühlen sich matt und erschöpft.

Wie Sie sehen, ist die Unterscheidung zwischen lang- und kurzfristig wichtig. Sie sind eingeladen, gleich ein persönliches Frühwarnsystem für Stress zu entwickeln. Wenn Sie im Alltag Frühwarnsignale erkennen, bedeutet das nicht: Ich muss sofort alles tun, um keinen Stress mehr zu haben. Vielmehr geht es darum, dass Sie dann im Blick behalten, dass Ihre Stressreaktion nicht dauerhaft wird und zu gesundheitsgefährdenden Spätfolgen führt.

Obwohl Stress so ein allgemeines Phänomen ist, merkt jeder von uns an anderen Anzeichen, dass er gestresst ist. Woran merken Sie, dass Sie Stress haben?

Besprechen Sie das zunächst mit Ihrem Sitznachbarn oder Ihrer Sitznachbarin und kreuzen Sie dann in Ihrem Begleitheft auf Seite 2 Ihre Stressanzeichen an. Suchen Sie anschließend die Anzeichen heraus, die für Sie Frühwarnzeichen sind. Woran merken Sie schon sehr früh, dass Sie gestresst sind? Bei vielen sind das Verspannungen in den Schultern oder im Kiefer. Woran merken Sie es? Tragen Sie auf Seite 3 Ihre Frühwarnzeichen ein. Los geht's!

[Nach ca. 7 Minuten unterbricht Tr. die Arbeitsphase.]

Sie haben eben Früherkennungsmerkmale gesucht. Gibt es dazu noch Fragen? Sind Sie alle zurechtgekommen?

5.3.2 Trainingsgründe explorieren

In der Regel melden sich Teilnehmer mit impliziten, häufig diffusen Zielvorstellungen zum Training an. Im vorangegangenen Schritt haben die Teilnehmer ihre Stressanzeichen identifiziert. Die Identifikation von Stressanzeichen und die Entwicklung eines Frühwarnsystems (s.o.) stellt eine Ist-Beschreibung dar. In nächsten Schritt werden aus der Ist-Beschreibung Ziele entwickelt. Das heißt, die Teilnehmer formulieren explizit Soll-Vorstellungen.

Die individuellen Ziele werden in einer Vorstellungsrunde präsentiert. Folie 1.13 ist mit »So oder so?« überschrieben und zeigt die vor Leben strotzende und die erschöpfte Maus. Das soll motivierend auf die Teilnehmer bei der Suche nach langfristigen Zielen wirken. Der Trainer hat während der Vorstellungsrunde folgende Aufgaben:

(1) Er konkretisiert und fragt ggf. nach. Es geht darum, dass sowohl der Teilnehmer als auch der Trainer eine Vorstellung davon bekommen, was der Teilnehmer im Training erreichen will. Viele Ziele von Teilnehmern bedeuten Veränderungen im sozialen Miteinander (z. B. öfter Nein sagen) oder im Arbeitsverhalten (mehr Pausen machen). Der Trainer sollte unbedingt abklären, ob und warum die Teilnehmer bereit sind, diese Veränderungen in Kauf zu nehmen. Wer beispielsweise häufiger Nein sagen möchte, muss sich darauf einstellen, dass die Mitmenschen nicht nur mit Freude reagieren werden. Manchmal sind diese ›Nebenwirkungen‹ nicht sofort offensichtlich. In diesem Fall kann der Trainer auch fragen, was der Preis ist, den der Teilnehmer für das Erreichen seines Ziels zahlen muss.

(2) Das Erfragen der Nebenwirkungen bzw. des Preises ist ein konfrontatives Vorgehen. Dieses sollte erstens sehr empathisch geschehen. Zweitens sollten die Teilnehmer gleichzeitig das Gefühl bekommen, dass der Trainer sie versteht und sie trotz möglicher Schwierigkeiten zu Veränderungen ermutigt. Zu den Aufgaben des Trainers gehört es also auch, zu ermutigen, zu validieren, zu verstehen sowie die Teilnehmer wertzuschätzen. Allerdings sollte, wo es angezeigt ist, auch zur Vorsicht gemahnt werden (z. B. wenn die Nebenwirkungen zu groß sind).

(3) Es gibt immer wieder Teilnehmer, die dazu tendieren, sehr viel Raum einzunehmen. Mit Blick auf die begrenzte Zeit muss der Trainer abwägen, wann er unterbricht oder den Teilnehmer bittet, sich zu beschränken. Um das jedoch wertschätzend zu tun, kann der Trainer erstens bereits im Vorfeld ankündigen, dass es seine Pflicht ist, auf die Zeit zu achten. Zweitens kann er das Gehörte kurz zusammenfassen und den Teilnehmer bitten, pointiert sein Ziel zu nennen.

Vorschlag für das Explorieren von Trainingsgründen in der Vorstellungsrunde

Folie 1.13

Sie haben also gesehen, woran Sie Stress merken und welches Ihre Früherkennungsmerkmale sind. Wir hatten eingangs auch gesagt, dass Stress nicht per se schlecht ist. Vielleicht überlegen Sie jetzt einmal kurz, wann Stress und negative Emotionen für Sie hilfreich sind und wann diese Sie beeinträchtigen.

[Tr. lässt Tn. kurz Zeit, um nachzudenken.]

Sie haben auch gesehen, dass Sie Ihr Stresserleben und das Empfinden unangenehmer Emotionen zum Teil mitbeeinflussen können. Sie sind also (Co-)Regisseur. Ich würde nun gerne von Ihnen erfahren, warum Sie hier sind. Was erwarten Sie? Was wünschen Sie sich? Wann würden Sie sagen: »Das Training hat sich für mich gelohnt.«? Ich schlage deshalb vor, dass wir jetzt mit einer Vorstellungsrunde starten. Sie sagen kurz, wer Sie sind und vor allem, was Sie hier erwarten.

Noch drei Kleinigkeiten: Erstens: Ich nehme es mir manchmal heraus, nachzufragen, wenn ich etwas wissen möchte. Sie können jederzeit und ohne Angabe von Gründen sagen, dass Sie nicht antworten möchten. Zweitens: Ich möchte Sie bitten, dass alles, was in diesem Raum gesagt wird, auch hier bleibt. Drittens: Ich behalte die Zeit im Blick. Deswegen ist es nicht als Unhöflichkeit gemeint, wenn ich Sie unterbreche, sondern es ist meine Moderatorenpflicht.

5.3.3 Mentales Kontrastieren: Eine Zeitreise

Im vorangegangenen Schritt haben die Teilnehmer ihre Trainingsgründe herausgearbeitet und benannt. Erfahrungsgemäß werden dabei noch viele negative Formulierungen verwendet (z. B. »Ich will nicht krank werden!« oder »Ich will nicht mehr so erschöpft sein!«). Das positiv gerichtete Formulieren von Zielen geht jedoch mit einer größeren Wahrscheinlichkeit einher, dass die Teilnehmer das notwendige Trainingsverhalten tatsächlich zeigen. Deswegen soll in diesem Schritt eine positive Formulierung, wie sie letztlich im Motivationssatz stehen soll (s. Abschn. 5.3.4), bereits angebahnt werden.

Es soll sich hierbei jedoch nicht um eine »Grammatik-Übung« handeln, sondern die Ziele sollen auch emotional positiv besetzt werden. Deswegen wird der positive angestrebte Zustand imaginiert. Oettingen und Kollegen (2001) konnten in vielen Experimenten zeigen, dass das bloße Imaginieren positiver Zielzustände weniger handlungsmotivierend ist als das Kontrastieren der positiven Soll-Zustände mit negativen Ist-Zuständen (s. Abschn. 4.1.1). Die Imagination *Zeitreise* (s. Kasten) lädt die Teilnehmer ein, eine positive Zukunftsvision (im Sinne ihrer Ziele) zu imaginieren. Diese wird dann mit den Konsequenzen kontrastiert, die auftreten, wenn die Teilnehmer nichts ändern.

Vorschlag für eine Hinführung zum mentalen Kontrastieren in Form der Zeitreise

Folie 1.14

Ich möchte mich für Ihre Offenheit ganz herzlich bedanken und werde versuchen, Ihre Ziele immer im Blick zu haben. Aber viel wichtiger ist es, dass Sie selbst Ihre Ziele im Blick haben. Je stärker ein Ziel auch ein Wunsch ist – das heißt, dass es affektiv aufgeladen ist – desto größer ist die Wahrscheinlich-

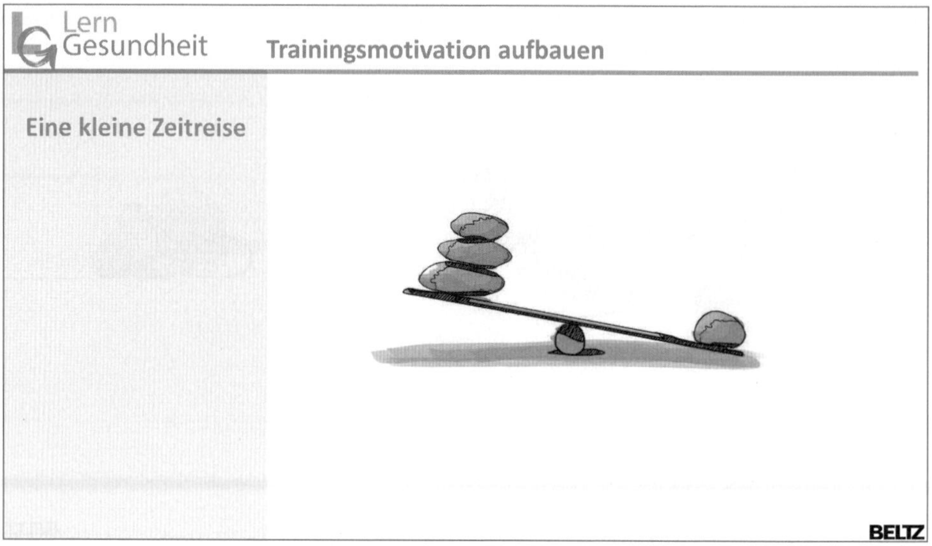

keit, dass Sie dieses Ziel in Ihrem Alltag verfolgen. Das affektive Aufladen von Trainingszielen steigert also die Trainingsmotivation.

Ich möchte Sie nun zu einer kleinen Übung einladen, mit der Sie Ihre Trainingsmotivation steigern können. Setzen Sie sich für diese Übung bitte bequem hin und schließen Ihre Augen.

Zeitreise

Stellen Sie sich vor, Sie steigen jetzt in ein Raumschiff, mit dem Sie durch die Zeit reisen können. Die Expedition geht los. Sie reisen in eine Zukunft, in der Sie Ihre Trainingsziele zu 100 % erreicht haben, in der Sie gut und gesund mit Ihren Belastungen und Ihrem Stress umgehen (kurze Pause). Sie sehen sich selbst und erkennen sofort, dass in der Zwischenzeit wohl ziemlich vieles ziemlich gut gelaufen sein muss. (Pause) Schauen Sie sich an: Woran erkennen Sie, dass es Ihnen gut geht? (Pause) Wie ist es spürbar? (Pause) Was sagen andere, Ihnen wichtige Personen? (Pause) Nehmen Sie sich jetzt ein wenig Zeit, sich mit Ihrem zukünftigen Ich zu unterhalten (Pause). Nun ist es langsam wieder Zeit, das Raumschiff zu besteigen und zurück in die Gegenwart zu reisen. Bevor Sie jedoch einsteigen, hat Ihr zukünftiges Ich noch einen guten Ratschlag für Sie bereit. Welcher ist das? (Pause)

Ihr Zeitraumschiff startet wieder. Die Reise zurück in die Gegenwart geht los… Aber leider gibt es ein kleines technisches Problem. Statt im Hier und Jetzt zu landen, kommen Sie erneut in der Zukunft an. Dieses Mal reisen Sie jedoch in ein Paralleluniversum, in dem Sie nichts für Ihre Gesundheit getan und Ihre Vorsätze auf's Schlimmste ignoriert haben. Sie kommen in einer Zeit an, in der die negativen Folgen sichtbar und spürbar sind. Sie steigen aus und sehen schon, dass Sie in der Vergangenheit nicht gut mit sich und Ihren Belastungen umgegangen sind. Schauen Sie sich an: Woran erkennen Sie, dass es Ihnen nicht gut geht? (Pause)

Wie ist es spürbar? (Pause) Was sagen andere, Ihnen wichtige Personen? (Pause) Nehmen Sie sich jetzt ein wenig Zeit, sich mit Ihrem zukünftigen Ich zu unterhalten (Pause). Nun ist es langsam wieder Zeit, das Raumschiff zu besteigen und zurück in die Gegenwart zu reisen. Bevor Sie jedoch einsteigen, hat Ihr zukünftiges Ich noch einen guten Ratschlag für Sie bereit. Welcher ist das? (Pause)

Nun steigen Sie wieder in Ihr Raumschiff. Die technischen Probleme sind behoben. Sie starten und landen wieder sicher im Hier und Jetzt. Unterhalten Sie sich jetzt kurz mit Ihrem Sitznachbarn darüber, was Sie gesehen bzw. erlebt haben. Wie war es für Sie? (Murmelpause / ggf. kurzer Erfahrungsaustausch)

5.3.4 Einen guten Grund finden: Der Motivationssatz

Der Kern der ersten Trainingseinheit besteht darin, eine tragfähige Trainingsmotivation aufzubauen. Diese soll sich in einem Motivationssatz kondensieren. Der Motivationssatz ist die Formulierung einer Ist-Soll-Diskrepanz, die es wert ist, überwunden zu werden. Um diese Wertkomponente zu erreichen, bedarf es emotional aufgeladener Gründe für die Veränderungen. Die Zeitreise (s. Abschn. 5.3.3) führt bei den meisten Teilnehmern zu einer solchen Emotionalisierung der Trainingsgründe.

Der Motivationssatz bringt diese emotional-motivationale Komponente in Form einer positiv gerichteten Formulierung auf den Punkt. Die Teilnehmer ergänzen im Begleitheft (S. 4) den Satzanfang »Ich möchte meine Fähigkeiten, gut und gesund mit Stress und mit negativen Emotionen umzugehen, trainieren, weil…«. In der Regel wird hier die Essenz der Übung *Zeitreise* in Worte gekleidet.

Verhaltensänderungen im Alltag – und sei es nur eine kurze Achtsamkeitsübung – verlangen den Teilnehmern viel ab. Die Tendenz, das intendierte Verhalten nicht zu zeigen, ist bei vielen groß. Ein wesentlicher Aspekt des Motivationssatzes besteht darin, dass er immer wieder abgerufen und / oder an gut sichtbarer Stelle platziert werden kann. Die kurze prägnante Erinnerung an das Trainingsziel erhöht die Wahrscheinlichkeit, dass auch gegen innere und äußere Widerstände das Trainingsverhalten gezeigt wird. Dafür ist es allerdings notwendig, dass die vorangegangenen Schritte gründlich durchgeführt wurden.

Vorschlag für die Entwicklung eines Motivationssatzes

Folie 1.15
Schauen Sie sich diese Bergwanderer an. Die nehmen Qualen auf sich, um den Gipfel zu erreichen. Kein normaler Mensch würde das tun, wenn er nicht einen wirklich guten Grund dafür hätte. Nachdem Sie nun ein Ziel für Ihr Training gefunden und affektiv aufgeladen haben, formulieren Sie jetzt im letzten Schritt einen Motivationssatz. Dieser Motivationssatz soll Sie besonders dann stärken, wenn Ihnen das Trainieren schwer fällt, Sie wenig Lust haben zu trainieren oder andere Aufgaben mit Ihrem Training konkurrieren. Der Satz hilft Ihnen dabei, nicht aus der Situation heraus kurzfristig zu entscheiden, sondern auch Ihre längerfristigen Trainingsziele im Blick zu behalten. Matthias Berking,

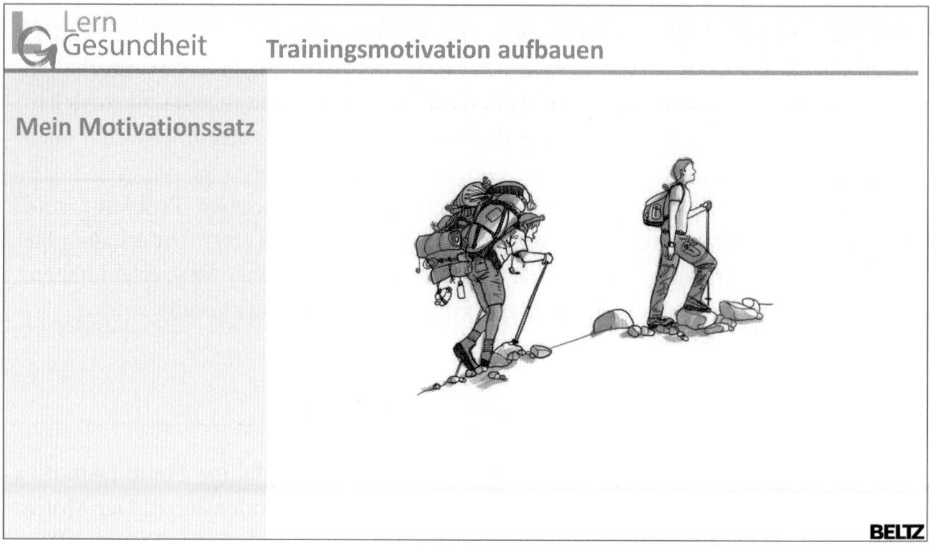

ein Professor für klinische Psychologie, hat es einmal so formuliert: »Mit einem ›Warum‹ im Herzen lässt sich fast jedes ›Wie‹ ertragen.«

Schlagen Sie jetzt bitte in Ihrem Begleitheft Seite 4 auf. Finden Sie einen für Sie selbst passenden Motivationssatz. Wie Sie sehen, soll Ihr Motivationssatz mit ›Ich möchte meine Fähigkeiten stärken, gut und gesund mit Stress und mit negativen Emotionen umzugehen, weil …‹ beginnen.

Wenn Sie den Satz aufgeschrieben haben, schreiben Sie ihn bitte noch einmal auf eine Karte *[Tr. reicht Karten herum.]* und überlegen sich jetzt schon, wo Sie diese Karte gut sichtbar bei sich zu Hause platzieren. Vielleicht an Ihrem Spiegel, auf dem Schreibtisch oder wo immer Sie wollen. Finden Sie jetzt Ihren ganz persönlichen Motivationssatz!

5.4 Aufgabe der Woche: Tagesschätze finden

Um Trainingsintentionen aufzubauen, wurden im Abschnitt 5.3 die Risikowahrnehmung geschärft, Trainingsziele formuliert, affektiv aufgeladen und in einen positiv gerichteten Motivationssatz überführt. Eine weitere wichtige Komponente beim Aufbau von Motivation ist die Handlungs-Ergebnis-Erwartung (»Das ist wirksam!«) und die aufgabenbezogene Selbstwirksamkeit (»Ich bin in der Lage, das durchzuführen!«). Die Übung *Tagesschätze finden* (Aufgabe der Woche) soll in erster Linie die Handlungs-Ergebnis-Erwartung und die motivationale Selbstwirksamkeit positiv beeinflussen.

Der Kern der Übung besteht darin, tagsüber drei angenehme Ereignisse bewusst und mit allen Sinnen zu erleben und diese abends noch einmal nachzuerleben. Dadurch wird erstens der Blick im Laufe des Tages dreimal auf etwas Positives gerichtet. Diese drei Erlebnisse werden abends bewusst erinnert. Die Übung führt bei den meisten zu einer kleinen aber spürbaren Stimmungsverbesserung (Handlungs-Ergebnis-Erwartung), und sie ist relativ leicht in den Alltag zu integrieren (aufgabenbezogene Selbstwirksamkeit).

In der ersten Einheit führen die Teilnehmer diese Übung versuchsweise durch, damit alle eine Idee bekommen, wie sie funktioniert. Dafür wird die aktuelle Situation (und keine ausgewählt angenehme) mit allen Sinnen erfahren. Die meisten Teilnehmer erleben auch die aktuelle Situation, wenn sie diese bewusst und mit allen Sinnen erleben, als angenehm. Anhand dieser Erfahrung kann der Trainer thematisieren, dass es sich bei den ausgewählten Situationen nicht um ganz besondere Situationen, sondern eben um angenehme Alltagssituationen handeln sollte.

Nach Möglichkeit sollten die Teilnehmer eine konkrete Trainingsintention ausbilden: Sie legen bereits zum Ende der ersten Einheit fest, wie häufig und wann sie die Übung durchführen werden. Optimaler Weise trainieren sie die Übung eine Woche lang täglich. Im Sinne einer realistischen Planung kann es jedoch sein, dass die Teilnehmer bereits wissen, dass es ihnen an bestimmten Tagen nicht gelingen wird. Die Trainingsplanung kann zusätzlich im Begleitheft (S. 4) in die entsprechenden Tabellen eingetragen werden. Die Trainings-App erinnert die Teilnehmer hin und wieder an die Übung.

Vorschlag für die Vorstellung der Übung Tagesschätze finden (Aufgabe der Woche)

Folie 1.16

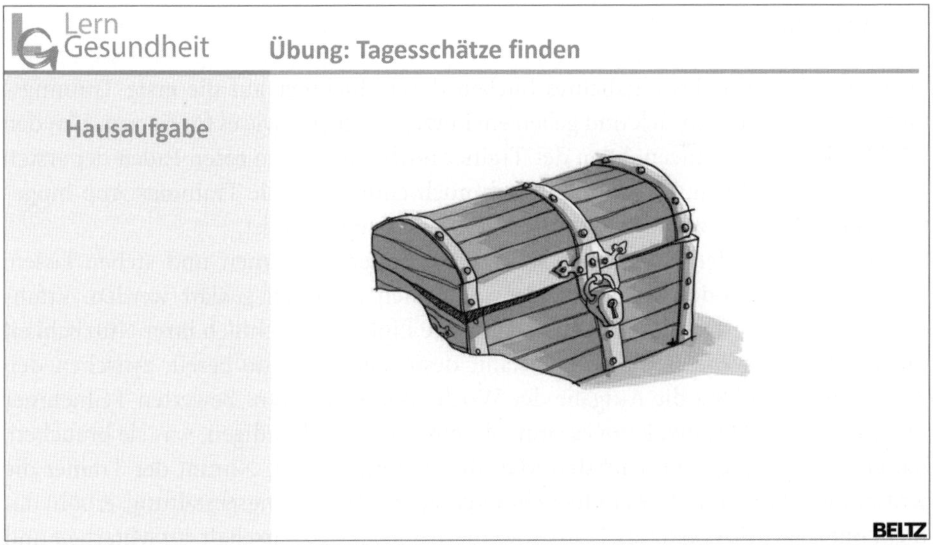

Wir kommen für heute schon langsam zum Ende. Deswegen möchte ich Ihnen nun einen kurzen Ausblick auf das nächste Mal geben. Aber vor allem möchte ich Ihnen noch eine kurze Übung zeigen, mit der Sie in der Zwischenzeit bis zum nächsten Mal Erfahrung sammeln sollen. Diese Übung ist Ihre kleine Hausaufgabe.

Wenn wir Stress haben oder es uns emotional nicht gut geht, neigen die meisten Menschen dazu, Negatives besonders stark zu beachten und besonders intensiv wahrzunehmen. Das Ende vom Lied ist, dass wir uns am Ende des Tages sogar stärker und lebendiger an negative Erlebnisse erinnern. Ihre

Aufgabe ist es, zu versuchen, jeden Tag – bis zum nächsten Mal – genau dann innezuhalten und bewusst zu erleben, wenn Ihnen etwas Positives widerfährt oder wenn es Ihnen gerade gut geht. Dabei versuchen Sie, mit möglichst allen Sinnesmodalitäten – Sehen, Hören, Fühlen, Riechen und Schmecken – die Situation wahrzunehmen.

Wir spielen diese Übung jetzt einmal gemeinsam durch: Halten Sie jetzt einen Moment lang inne und vergegenwärtigen Sie sich, was Sie gerade sehen. Nehmen Sie das einmal ganz bewusst wahr. Lassen Sie die Farben auf sich wirken... die Formen... Bewegungen... Dann achten Sie einmal darauf, was Sie gerade hören können. Achten Sie auf Stimmen... auf Geräusche... Und nehmen Sie dann einmal wahr, welche Empfindungen Sie gerade haben: Achten Sie darauf, wie es sich dort anfühlt, wo ihr Oberschenkel den Stuhl berührt. Vielleicht haben Sie auch gerade ein angenehmes Kribbeln in der Hand... Oder Ihre Beine sind angenehm schwer... Vielleicht haben Sie auch ein ganz wohliges Gefühl im Bauch... Nehmen Sie bewusst wahr, was Sie gerade empfinden. Und achten Sie nun darauf, was Sie in diesem Moment riechen... Und jetzt darauf, was Sie gerade schmecken.

Wie war das für Sie?

[Tr. wartet zwei bis drei Rückmeldungen der Teilnehmenden ab.]

Folie 1.17

(Folie 1.17 finden Sie im Foliensatz 1 im Onlinebereich.)
Der zweite Teil der Übung besteht darin, dass Sie abends drei gute Dinge des Tages bewusst erinnern. Davon wählen Sie ein Erlebnis aus, das Sie mit allen Sinnen noch einmal nacherleben. Gehen Sie in Ihrer Erinnerung alle Sinnesmodalitäten durch, so wie wir es eben gemeinsam gemacht haben.

5.5 Abschlussblitzlicht

Während des Abschlussblitzlichtes blicken die Teilnehmer auf die erste Trainingseinheit noch einmal zurück und geben ein kurzes Feedback, wie es für sie war. Um den Rückblick zu unterstützen, kann der Trainer noch einmal den roten Faden der ersten Einheit nachzeichnen. Es kann ggf. auch noch einmal auf die Trainings-App hingewiesen werden, deren QR-Code auf der Folie 1.18 zu finden ist.

Das Feedback der Teilnehmer sollte der Trainer annehmen und stehen lassen. Mögliche Fragen oder Missverständnisse können natürlich geklärt werden. Erfahrungsgemäß bewerten die Teilnehmer die erste Einheit hinsichtlich ihrer Nützlichkeit positiv. Je besser die Bewertung ausfällt, desto eher sind sie bereit, zwischen den Einheiten regelmäßig die Aufgabe der Woche durchzuführen. Bewerten Teilnehmer die erste Einheit negativ, kann es sinnvoll sein, sich zu erkundigen, was sie brauchen, damit das Training beim nächsten Mal für sie sinnvoller ist. Nimmt der Trainer die Kritiken ernst und nutzt sie zur teilnehmergerechteren Trainingsgestaltung, erhöht das nicht nur seine Akzeptanz als Trainer, sondern auch die Bereitschaft zur Mitarbeit und zur Durchführung der Hausaufgaben (Aufgaben der Woche).

6 Achtsamkeit und Entspannung (Einheit 2)

6.1 Zeitlicher Ablauf

Phase	Zeit	Thema	Ziele
Einstieg	15'	Begrüßung und Trainingserfahrung reflektieren	▶ Selbstwirksamkeit stärken ▶ ggf. Schwierigkeiten beim Trainieren überwinden
Hauptteil	20'	Warum wirken Entspannung und Achtsamkeit?	▶ Stressmodell wiederholen und vertiefen ▶ Wirkmechanismen von Entspannung und Achtsamkeit verstehen ▶ Vertrauen in die Übung aufbauen
	25'	Entspannungs- und Achtsamkeitsübung	▶ Entspannungs- und Achtsamkeitsübung erproben ▶ positive Wirkung von PMR und Achtsamkeit erfahren
	10'	Achtsames Gehen	▶ Achtsamkeit im Alltag verankern
Abschluss	15'	Transfer planen	▶ konkrete Vorsätze bilden ▶ Hindernisse antizipieren und Überwindungsstrategien entwickeln
	5'	Wie gehe ich nach Hause?	▶ Mini-Reflexion der zweiten Einheit

6.2 Einstieg: Würdigen der Aufgabe und Besprechen von Schwierigkeiten

Das Ziel der Einstiegsphase besteht darin, die Bewältigungs- und Wiederaufnahmeselbstwirksamkeit der Teilnehmer (HAPA-Modell; s. Abschn. 3.1) zu stärken. Der Trainer verstärkt wünschenswertes Trainingsverhalten (s. Abschn. 6.2.1) und erarbeitet ggf. mit den Teilnehmern Möglichkeiten zum Überwinden von Schwierigkeiten (s. Abschn. 6.2.2). Tabelle 6.1 gibt einen Überblick über die Einstiegsphase.

Tabelle 6.1 Überblick über die Einstiegsphase (Dauer: etwa 15 Minuten)

Thema	Ziel	Inhalt	Organisation
Begrüßung und Trainingserfahrung reflektieren	Selbstwirksamkeit stärken:	kurze Einstiegsrunde zu den Fragen: ▶ Wie ist es Ihnen mit der Übung (Hausaufgabe) ergangen?	Blitzlichtrunde

Tabelle 6.1 (Fortsetzung)

Thema	Ziel	Inhalt	Organisation
	▶ verstärken, was gut war	▶ Was ist Ihnen gut gelungen (Bemühungen)? ▶ Wie hat sich bei Ihnen die Wirkung gezeigt?	
	▶ Schwierigkeiten überwinden	▶ ggf.: Welche Schwierigkeiten gab es? ▶ Wie lassen sie sich überwinden?	

6.2.1 Würdigen

Die Wirksamkeit des Trainings hängt zu einem großen Teil davon ab, mit welcher Intensität und mit welcher Häufigkeit die Teilnehmer zwischen den einzelnen Trainingssitzungen ihre Übungen durchführen (s. Kap. 4). Deshalb besteht das zentrale Ziel dieser Phase darin, Erfolge von Teilnehmern zu verstärken, um die zukünftige Trainingswahrscheinlichkeit zu erhöhen. Der Trainer kann schon allein durch zugewandte Aufmerksamkeit die Teilnehmer verstärken. Er kann non-verbale Signale (wie Zulächeln, Nicken etc.) dafür nutzen. Auch sollte er nicht mit Begeisterung und Freude über (Teil-)Erfolge sparen. Einen weiteren wichtigen Aspekt stellt jedoch die Selbstverstärkung der Teilnehmer dar. Folgende Aspekte sollten beim Verstärken bedacht werden:

- **Bemühungen.** Auch wenn Teilnehmer noch kein optimales Trainingsverhalten zeigen und/oder noch keine Wirkung der Übungen spüren, sind doch häufig Bemühungen sichtbar. Der Trainer sollte diese zuerst anerkennen und verstärken, bevor er das zu optimierende Trainingsverhalten fokussiert. Möglicherweise gab es trotz der Bemühungen Schwierigkeiten. Diese sollten geklärt und so überwunden werden, dass zukünftiges Trainieren wahrscheinlicher wird (s. Abschn. 6.2.2). Grundsätzlich gilt, dass es sich um einen Verhaltensaufbau handelt. Dieser wird am besten durch positive Verstärkung gefördert (durch den Trainer, aber auch durch Selbstverstärkung oder Erfolgserleben auf Teilnehmerseite).
- **Teilerfolge.** Erfahrungsgemäß berichten einige Teilnehmer in der Einstiegsrunde, in der Zeit zwischen den Sitzungen nicht das umgesetzt zu haben, was sie sich selbst vorgenommen hatten. Hier gilt es, den Fokus auf Teilerfolge zu richten. Diese bestehen – über das schlichte Bemühen hinaus – in spürbaren Veränderungen im Alltag der Teilnehmer. Die spürbare Wirkung der Übung sollte erfragt und verstärkt werden. Für viele Teilnehmer ist es ein wichtiger Lernprozess, auch Teilerfolge anzuerkennen. Perfektionismus ist für viele im Alltag wie im Training eine Quelle von Stress und Frustration. Konkret heißt das für die Trainingsaufgaben, dass Teilnehmer oft kleine Veränderungen überhaupt nicht wahrnehmen geschweige denn würdigen. Eine solch perfektionistische Haltung, die zu überhöhten

Erwartungen und unerreichbaren Zielen führt, gilt es, zunächst für das Durchführen von Trainingsaufgaben zu überwinden. Der Trainer kann das im Allgemeinen dadurch unterstützen, dass er bereits vor der Einstiegsrunde den Fokus darauf lenkt, auch Teilerfolge zu würdigen. Während der Runde unterstützt der Trainer dieses, indem er auch kleine Veränderungen erfragt und anerkennt. Die Teilnehmer sollten systematisch ermutigt werden, ihre eigenen kleinen Teilerfolge selbst zu würdigen und dadurch selbst zu verstärken.

- **Trainingserfolge.** In den meisten Trainingsgruppen gibt es Teilnehmer, die schon die ersten Trainingsaufgaben gewissenhaft umsetzen und von deutlichen Veränderungen berichten. Diese Erfolge gilt es erstens zu verstärken. Zweitens dienen diese Teilnehmer anderen Teilnehmern als Modell (stellvertretende Verstärkung). Einige andere Teilnehmer haben möglicherweise bereits vor dem Training mit der Übung positive Erfahrungen gesammelt. Der Bericht solcher Erfahrungen ermutigt andere Teilnehmer, ihre eigenen Trainingsbemühungen zu intensivieren.

Diese Überlegungen gelten grundsätzlich für jede Einstiegsrunde. Die konkrete Aufgabe zwischen Einheit eins und Einheit zwei (s. Abschn. 5.5) besteht darin, (1) tagsüber drei positive / angenehme Situationen bewusst und mit allen Sinnen zu erleben und (2) diese abends möglichst lebendig nachzuerleben. Diese Übung führt in aller Regel schnell zu spürbaren Veränderungen und ist insofern bereits motivierend. Um (Teil-)Erfolge zu verstärken, kann der Trainer z. B. fragen:

(a) ob der Teilnehmer beim direkten Erleben oder beim abendlichen Nacherleben positive Emotionen empfunden hat,
(b) ob der Teilnehmer häufiger auf positive Dinge im Alltag achtet,
(c) ob der Teilnehmer eine Auswirkung auf sein (generelles) Befinden merkt.

6.2.2 Schwierigkeiten

In der Regel treten bei einigen Teilnehmern Schwierigkeiten bei der Umsetzung von Trainingsaufgaben auf (s. Abschn. 5.5). Auch diese sollten in der Einstiegsrunde thematisiert werden. Dabei gilt es, Schwierigkeiten zu erkennen, Ursachen zu identifizieren und Lösungswege zu finden. Tabelle 6.2 zeigt (1) typische Schwierigkeiten bzw. Probleme auf und schlägt (2) mögliche Ursachen sowie (3) mögliche Lösungswege vor.

Tabelle 6.2 Typische Schwierigkeiten bei der Umsetzung, mögliche Ursachen und Lösungswege

typische Schwierigkeiten / Probleme	mögliche Ursachen	mögliche Lösungswege
gar nicht an die Übung gedacht	▶ fehlerhafte Planung der Umsetzung: keine Verknüpfung mit Alltagstätigkeiten	▶ Erinnerungen im Alltag integrieren; vor allem abends das Nacherleben ritualisieren
	▶ Trainings-App nicht aktiviert	▶ Trainings-App aktivieren

Tabelle 6.2 (Fortsetzung)

typische Schwierigkeiten / Probleme	mögliche Ursachen	mögliche Lösungswege
keine Zeit gefunden	▶ durch mangelhafte Motivationsklärung mangelnde Bereitschaft, andere Prioritäten zu setzen	▶ Motivationsklärung
	▶ verzerrte Einschätzung des Zeitaufwandes	▶ realen Zeitaufwand klären (täglich etwa dreimal eine Minute plus abends etwa fünf bis zehn Minuten); klarstellen, dass es vor allem auf die abendlichen fünf bis zehn Minuten ankommt; Teilnehmer fragen, wie (und nicht ob) er das in der nächsten Woche möglichst täglich einbauen kann?
trotz Durchführung keine positiven Empfindungen	▶ zu hohe Erwartung – kleine Veränderungen werden nicht als Erfolg gewertet	▶ nach kleinen Veränderungen fragen
	▶ statt sinnlichem (Nach)-Erleben mit allen Sinnen denkt der Teilnehmer »nur« an die Situation	▶ erfragen, welcher Sinn besonders auf die eigene Befindlichkeit wirkt
	▶ Körperhaltung, die positives Empfinden erschwert	▶ Körperhaltung erfragen; Teilnehmer bitten, eine entspannte Körperhaltung einzunehmen (z. B. zurücklehnen; Schultern locker lassen; Hände in den Schoß legen)

Bevor jedoch Lösungswege gesucht werden, sollte die Motivation der Teilnehmer geklärt werden. Das geschieht in drei Schritten: Erstens wird erfragt bzw. in Erinnerung gerufen, welches Ziel der Teilnehmer verfolgt. Dieser Schritt knüpft an die wahrgenommene Ist-Soll-Diskrepanz (HAPA-Modell; Abschn. 3.1) an. Zweitens wird erfragt, ob der Teilnehmer glaubt, diese Übung helfe ihm bei der Erreichung des Ziels (Handlungs-Erfolgs-Erwartung). Drittens wird die Bereitschaft des Teilnehmers erfragt, für die Erreichung seines Ziels in der nächsten Woche seine Prioritäten etwas anders zu setzen und Zeit für die Umsetzung bereitzustellen (Intentionsbildung) – es wird also die Bereitschaft erfragt, die »Umsetzungskosten« zu tragen.

Der Trainer sollte die Teilnehmer dazu ermutigen, Schwierigkeiten und Probleme in Form von Entwicklungszielen zu formulieren. Dabei sollte der Trainer darauf achten, dass Teilnehmer internal oder external stabile Ursachenzuschreibung in flexible Ursachenzuschreibungen überführen.

Beispiel

Frau Müller, eine Teilnehmerin, die als Grund für die Teilnahme Stress durch Grübeln angab, berichtet, sie habe gar keinmal die Aufgabe durchgeführt. Sie sei ja sowieso nicht fähig, über Vorstellungen Positives zu empfinden (internal stabile Ursachenzuschreibung).

Nach einer Klärung der Motivation (s. u.), erfragt der Trainer, wie es ihr gelinge, über Grübeln Stress zu empfinden. Sie berichtet, dass dies fast automatisch gehe. Sie brauche sich nur kurz vorzustellen, was sie noch alles zu tun habe, und schon steige ihr Stressempfinden an.

Der Trainer sagt ihr, dass das eine gute Voraussetzung sei, weil sie offensichtlich die Fähigkeit habe, über Vorstellungen ihr Befinden zu beeinflussen. Möglicherweise sei sie aber nur gut darin trainiert, negative Empfindungen über Vorstellungen zu aktivieren. Man könne aber auch trainieren, positive oder angenehme Empfindungen durch Vorstellungen zu aktivieren (Überführung von internal stabiler zu flexibler Ursachenzuschreibung). Der Trainer fragt, ob sie grundsätzlich bereit sei, das einmal auszuprobieren (erneute Motivationsprüfung).

Vorschlag für die Einstiegsrunde

Folie 2.1

[Tr. begrüßt die Teilnehmenden zur zweiten Einheit.]

Folie 2.2

Beim letzten Mal haben Sie erstens erfahren, was Stress ist und wie er wirkt, zweitens haben Sie Trainingsziele formuliert und Ihre Trainingsmotivation gestärkt und drittens haben Sie eine kleine Hausaufgabe bekommen: Sie sollten in Ihrem Alltag bewusst und mit allen Sinnen positive Erlebnisse bzw. angenehme Augenblicke wahrnehmen. Abends sollten Sie sich dann an drei dieser Augenblicke erinnern und mindestens einen positiven Augenblick noch einmal nacherleben.

Folie 2.3

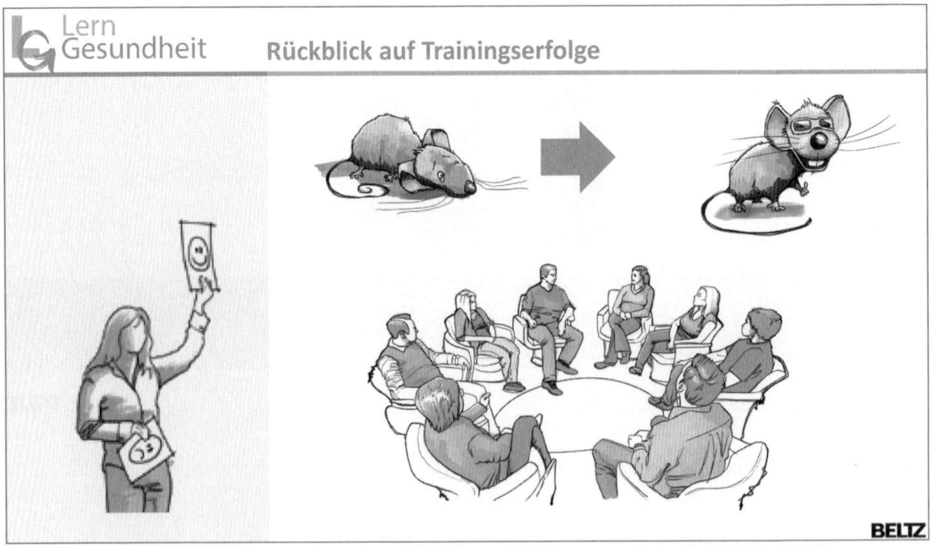

Mich interessiert jetzt, wie die Übung für Sie war. Wir teilen Ihre Rückmeldung jetzt bewusst in zwei Phasen auf. In der ersten Phase sind Sie eingeladen, über Trainingserfolge zu berichten. In der zweiten Phase wollen wir dann noch einmal schauen, ob es ggf. Probleme gab und wie Sie diese beim nächsten Mal umgehen können.

Aber zunächst zu den Trainingserfolgen: Darunter verstehe ich zwei Dinge. Erstens: Sie haben es geschafft, in Ihrem Alltag zu trainieren, und zweitens: Sie haben Veränderungen in Ihrem Alltag bemerkt. Vielleicht waren es nur ganz kleine – aber es waren welche. Scheuen Sie sich also nicht, hier auch kleine Veränderungen zu berichten. Ich bin sehr gespannt. Wer mag anfangen?

[Tr. verstärkt (zumeist non- oder paraverbal) Trainingserfolge. Werden in der ersten Phase Probleme angesprochen, bittet der Trainer, sich diese für die zweite Phase zu merken und fragt bei dem Teilnehmenden ggf. noch einmal gezielt nach Trainingserfolgen.]

Bei wem gab es Probleme?

[Tr. lenkt die Aufmerksamkeit auf Veränderungsmöglichkeiten bzw. fokussiert ein lösungsorientiertes Vorgehen.]

Was müsste passieren, damit das Problem beim nächsten Mal nicht mehr auftritt? Was könnten Sie dazu beitragen? Kann ich oder jemand aus diesem Kurs Sie unterstützen?

6.3 Achtsamkeit und Entspannung

Im Hauptteil der zweiten Einheit geht es um die Vermittlung von Achtsamkeit und Entspannung als Möglichkeiten des palliativ-regenerativen Stress-Managements (s. Abschn. 2.1). Dieser Teil gliedert sich in drei Abschnitte (vgl. Tabelle 6.1): (1) Psychoedukation (s. Abschn. 6.3.1), (2) Vorbereitung und Durchführung der Achtsamkeits- und Entspannungsübung (s. Abschn. 6.3.2) und (3) das Praktizieren von Achtsamkeit im Alltag (s. Abschn. 6.3.3). Tabelle 6.3 gibt einen Überblick über die Schritte im Hauptteil der zweiten Einheit.

Tabelle 6.3 Überblick über den Hauptteil (Dauer: ca. 55 Minuten)

Thema	Ziele	Inhalt	Organisation
6.3.1 Wirkungen von Achtsamkeit und Entspannung? (Psychoedukation) (Dauer: ca. 20 Minuten)	▶ Stressmodell wiederholen und vertiefen ▶ Wirkmechanismen von Entspannung und Achtsamkeit verstehen ▶ Vertrauen in die Übung aufbauen	▶ Stressmodell wiederholen ▶ fokussieren auf die Stressreaktion (besonders Aufmerksamkeit; Anspannung; Atem) ▶ Wirkung von Entspannung (Experiment) ▶ Wirkung von Achtsamkeit (Experiment) ▶ Notwendigkeit von Training	interaktiver Kurzvortrag
6.3.2 Achtsamkeits- und Entspannungsübung (Dauer: ca. 25 Minuten)	▶ Entspannungs- und Achtsamkeitsübung erproben	▶ Vorbereitung der Progressiven Muskelentspannung (Abschn. 6.4.1)	trainerzentriertes, interaktives Erarbeiten

Tabelle 6.3 (Fortsetzung)

Thema	Ziele	Inhalt	Organisation
	▶ positive Wirkung von PMR und Achtsamkeit erfahren	▶ durchführen der Kombinierten Übung Muskelentspannung und Achtsamkeit (Abschn. 6.4.2)	Achtsamkeits- und Entspannungsübung (ggf. medial gestützt)
	▶ Transfer in den Alltag besprechen	▶ Informationen zu den Übungen der SIS-Transfer-App (Abschn. 6.4.3)	Informationen durch den Trainer
6.3.3 Achtsamkeit im Alltag (Dauer: ca. 10 Minuten)	▶ Achtsamkeit im Alltag verankern	▶ besprechen der Übung	Kurzvortrag
		▶ achtsames Gehen erproben	Übung
		▶ Fragen und Schwierigkeiten klären	Trainerzentriertes Gespräch

6.3.1 Wirkungen von Achtsamkeit und Entspannung (Psychoedukation)

Im Training werden Achtsamkeit und Entspannung in einer kombinierten Übung vermittelt und eingeübt. Zudem werden weitere Achtsamkeitsübungen für den Alltag vorgeschlagen und erprobt. Um die Akzeptanz von Achtsamkeit und Entspannung zu erhöhen und die korrekte Ausführung sicherzustellen, wird den Teilnehmern vor dem Üben die Wirkweise vereinfacht dargestellt. Dabei werden die Zusammenhänge nicht nur theoretisch, sondern auch erfahrbar vermittelt.

Schritt 1: Wiederholung des Stressmodells

In der ersten Einheit (Abschn. 5.2) haben die Teilnehmer bereits das Stressmodell mit seinen drei Stellschrauben (auslösender Reiz / Stressor, Bewertung und Stressreaktion) kennengelernt. Dieses Modell wird zunächst noch einmal wiederholt, damit die Teilnehmer die Wirkung von Achtsamkeit und Entspannung den Stellschrauben zuordnen können. Dazu werden die unspezifische Stressreaktion und deren Funktion (Folie 2.4) besprochen. Direkt im Anschluss werden die drei Stellschrauben (Folie 2.5) benannt. Die Wiederholung sollte vor allem durch die Teilnehmer geschehen, um deren Vorwissen und sie selbst kognitiv zu aktivieren. Der Trainer korrigiert oder ergänzt gegebenenfalls.

Schritt 2: Möglichkeiten, die Stressreaktion zu beeinflussen

Nicht alle Parameter der Stressreaktion lassen sich willentlich beeinflussen (z. B. Blutdruck, Blutzucker Herzschlag etc.). Allerdings lassen sich die Aufmerksamkeit, das Anspannungsniveau der Muskulatur und die Atmung (mit einiger Übung) bewusst verändern. Das kann man sich bei der stress- und emotionsbezogenen Erregungsregulation zunutze machen. Je nach Teilnehmergruppe können diese Parameter gemeinsam (an Folie 2.4) herausgearbeitet oder vom Trainer kurz vorgetragen werden.

Vorschlag für die Vermittlung von Schritt 1 und 2

Folie 2.4

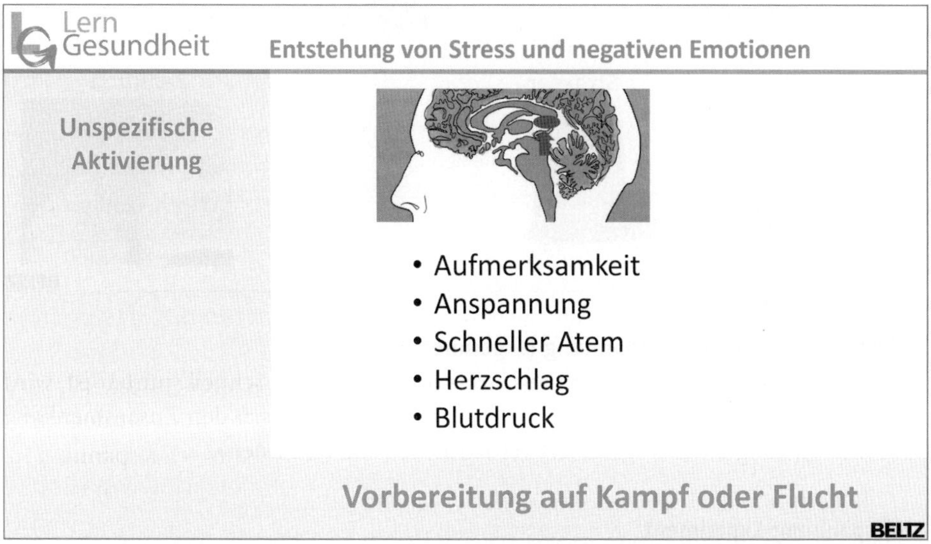

Beim letzten Mal haben wir darüber gesprochen, wie Stress und negative Emotionen entstehen. Wer mag das heute einmal mit eigenen Worten erklären?

[Es sollten Elemente der unspezifischen physiologischen Erregung und der Interpretation und Bewertung vorkommen. Ziel des Nachfragens ist es, Wissen wieder zu aktivieren. Der Trainer schaltet an entsprechender Stelle auf Folie 2.5.]

Folie 2.5

Beim letzten Mal hatten wir gesagt, dass wir damit drei Stellschrauben ausgemacht haben, mit deren Hilfe wir Stress und negative Emotionen verändern können. Wir können Stress und Emotionen erstens problemorientiert bewältigen und den Stressor beseitigen. *[Tr. zeigt auf die jeweils zutreffende Grafik.]* Wir können zweitens an der Bewertung etwas ändern – darauf kommen wir in einigen Wochen ausführlich zu sprechen – und wir können drittens die Stressreaktion beeinflussen.

Im kompletten ersten Modul – also in den ersten drei Einheiten – geht es darum, wie Sie über die Stellschraube Reaktion Ihren Stress und Ihre negativen Emotionen beeinflussen können. Wenn Sie sich noch einmal die unspezifische Stressreaktion ansehen *[Tr. zeigt auf das Schema links auf der Folie.]*, ahnen Sie sicher schon, dass beispielsweise Blutdruck oder Herzschlag willentlich schwer zu beeinflussen sind. Aufmerksamkeit, Anspannung und Atmung dagegen sind recht gut beeinflussbar. Deswegen soll es heute um Muskel- und Atementspannung gehen – und um Achtsamkeit. Was das ist, klären wir gleich.

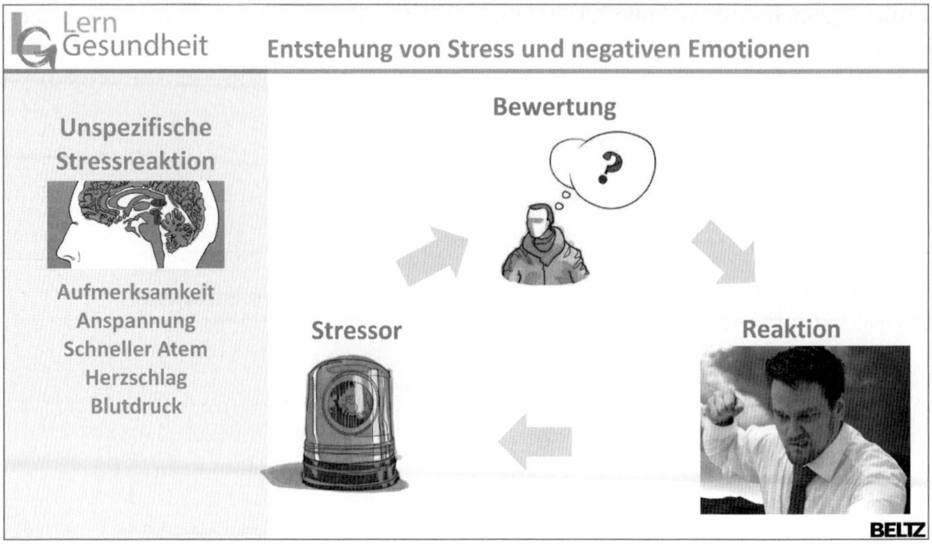

Schritt 3: Wirkung von Entspannung (Experiment)
Da die Wirkung von Entspannung auf Stress und Emotionen schnell spürbar ist, wird zunächst mit einem Experiment gestartet, das den Teilnehmern den Zusammenhang bzw. die Wirkung erfahrungsbasiert verdeutlichen soll (s. Kasten).

Entspannung-Experiment

(1) Zunächst fordert der Trainer alle auf, sich entspannt hinzusetzen, alle Muskeln – so gut es geht – locker zu lassen und ruhig und gleichmäßig zu atmen.
(2) Dann bittet er sie, sich einmal zu ärgern, dabei aber entspannt sitzen zu bleiben und ruhig weiter zu atmen. Er fragt, wie gut das funktioniert. Fast allen Teilnehmern wird es unter Entspannung nicht gelingen, sich zu ärgern.
(3) Danach bittet er die Teilnehmer, sich ordentlich anzuspannen – z. B. die Hände zu Fäusten zu ballen, diese wie beim Boxen vor sich zu halten und den Unterkiefer anzuspannen.
(4) Dann sollen sie noch einmal versuchen, sich zu ärgern. Wieder fragt er, wie gut dies gelingt. Unter Anspannung wird das den meisten besser gelingen.

Auf Basis dieser Erfahrung kann der Trainer das Teufelskreis-Modell »Anspannung« (Folie 2.8 bis 2.10) vorstellen: Die Aktivierung des Gefahren- und Stresszentrums in unserem Gehirn (Amygdala) führt zu einer unspezifischen Stressreaktion mit Anspannung und schnellerem Atem. Anspannung und schneller Atem wirken ihrerseits wiederum als Gefahrenreiz und aktivieren die Amygdala, denn sie signalisieren, dass wir eigentlich kampf- oder fluchtbereit sind. So entsteht eine Reaktion, die sich selbst aufrechterhält. Eine Möglichkeit, diesen Teufelskreis zu durchbrechen, ist Entspannung.

Gruppen, die an mehr theoretischem Input interessiert sind, kann der Trainer die zusätzlichen Erklärungen vortragen, die unten beschrieben sind (Folie 2.6 und 2.7). Grundsätzlich ist die Wirkung von Entspannung auf Stress und aversive Emotionen auch ohne diese zusätzlichen Erklärungen verständlich.

Vorschlag für die Vermittlung von Schritt 3

Folie 2.5 (Fortsetzung)

Vielleicht fragen Sie sich jetzt, wie das geht: Wieso sollte Entspannung auf Stress oder Emotionen wirken? Wir probieren das jetzt einmal gemeinsam:

Setzen Sie sich bitte alle einmal entspannt hin, lassen Sie alle Muskeln los, lassen die Schultern hängen, lockern den Kiefer und atmen ruhig und gleichmäßig. Versuchen Sie, sich jetzt einmal zu ärgern – bleiben aber körperlich entspannt, atmen ruhig und gleichmäßig weiter. Wie gut klappt das Sich-Ärgern?

[I. d. R. funktioniert es nicht gut.]

Und spannen Sie jetzt einmal Ihre Muskeln an… *[Tr. nimmt die Fäuste vor.]* So, als wenn Sie jemandem gleich umboxen wollen. Machen Sie mal alle mit! Und spannen Sie auch noch ihre Kiefer an! Wie gut geht das Sich-Ärgern jetzt?

[I. d. R. klappt das besser.]

Eine Möglichkeit, die Intensität Ihrer Emotionen und Ihres Stresses zu beeinflussen, liegt also in der körperlichen Ent- bzw. Anspannung.

Zusätzliche Hintergrundinformationen

Falls die Teilnehmenden an weiteren Hintergrundinformationen interessiert sind, können diese anhand der Folien 2.6 und 2.7 erklärt werden. Dies ist für das generelle Verständnis der Wirkung von Stress und den Fortgang des Trainings nicht unbedingt nötig, sodass die Entscheidung beim Trainer liegt. Sollte er sich gegen die zusätzlichen Informationen entscheiden, können die Folien 2.6 und 2.7 übersprungen werden.

Vorschlag zur Vermittlung von weiteren Hintergrundinformationen zu chronischem Stress

Folien 2.6–2.7

Folie 2.6: Um zu verstehen, wie unser Hirn unseren Stress reguliert, sollten wir uns drei Bereiche ansehen: Erstens die Mandelkerne – oder Amygdala. Die kennen Sie bereits. Wird die Amygdala aktiv, wird die Stressreaktion, über die wir schon gesprochen haben, ausgelöst.

Als zweites ist da der präfrontale Kortex. Das ist der Bereich hinter unserer Stirn, der für das klassische Denken und für unsere Handlungsplanung zuständig ist. Durch das »Einschalten des Verstandes« können wir der Reaktion der Amygdala etwas entgegensetzen und die Stressreaktion herunterregulieren. Im nächsten Modul – also ab Einheit vier – werden wir uns damit beschäftigen, wie wir Gedanken gezielt zum Regulieren von Stress und von Emotionen nutzen können.

Der dritte Bereich ist der Hippocampus. Dieser Bereich hat eine Vielzahl von Aufgaben. Eine der Aufgaben ist es, die Stressreaktion zu drosseln. Sie sehen, unser Gehirn ist eigentlich ganz gut ausgestattet, um mit Stress und negativen Emotionen klar zu kommen.

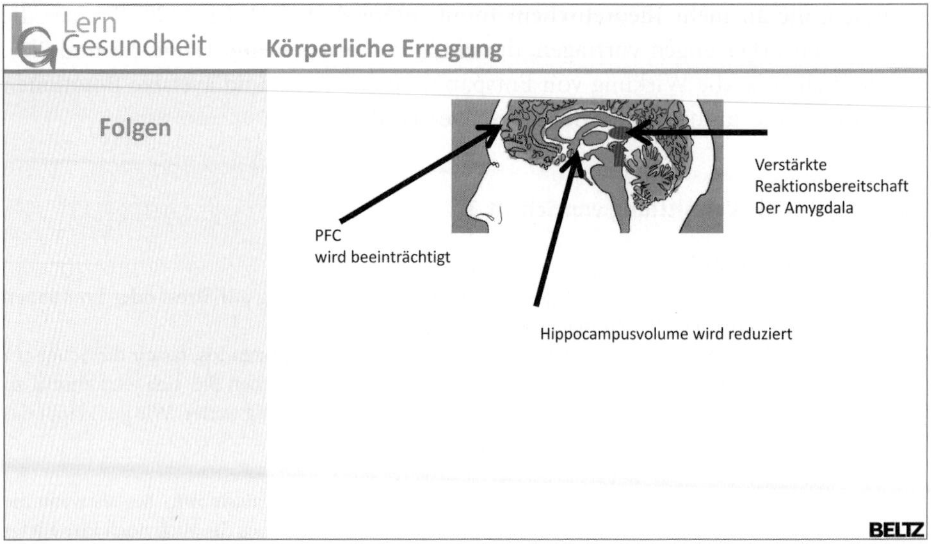

(Abgebildet ist Folie 2.7. Folie 2.6 finden Sie im Foliensatz 2 im Onlinebereich.)

Folie 2.7: Nun ist es bedauerlicherweise so, dass chronischer Stress dazu führen kann, dass erstens die Amygdala schon sehr viel schneller und auch intensiver anfängt zu feuern – sie zeigt also eine verstärkte Reaktionsbereitschaft. Zweitens führt Cortisol, das bei anhaltenden Stressreaktionen in hohem Maße ausgeschüttet wird, zu einer messbaren Abnahme des Hippocampus-Volumens. Cortisol wirkt giftig auf die Pyramidenzellen, die sich besonders im Hippocampus finden. Drittens beeinträchtigt dauerhafter Stress auch die Funktion des präfrontalen Kortex.

Sie sehen, dass bei dauerhaftem, chronischem Stress das Gleichgewicht der drei Regulationsinstanzen verschoben wird. Stress verändert also Ihr Gehirn. Und das führt dazu, dass Sie Stress nicht mehr gut regulieren können. Glücklicherweise gibt es Möglichkeiten, solchen Entwicklungen entgegenzuwirken. Entspannung und Achtsamkeit sind zwei Wege. Es gibt gesicherte Belege dafür, dass regelmäßige Achtsamkeitsübungen das Volumen des Hippocampus vergrößern. Regelmäßige Entspannung wirkt mittelfristig aktivitätssteigernd auf den präfrontalen Kortex und auf den Hippocampus. Direkt beeinflusst Entspannung auch die Auswirkung der Amygdala-Reaktion: Herzfrequenz und Blutdruck nehmen ab, Anspannung lässt nach und der Atem beruhigt sich.

Vorschlag zur Vermittlung der Wirkung von Entspannung

Folie 2.8

Warum Entspannung wirkt, schauen wir uns jetzt noch einmal etwas genauer an. Zunächst – und das wissen Sie inzwischen gut – führt die Aktivierung der Amygdala zu erhöhter Muskelanspannung.

Immer wenn Gefahr vorliegt, sind unsere Muskeln angespannt. Was lernt unser Hirn daraus? (…) Genau: Wenn die Muskeln angespannt sind, liegt wahrscheinlich auch Gefahr vor. Das ist ein ganz einfacher Konditionierungsprozess.

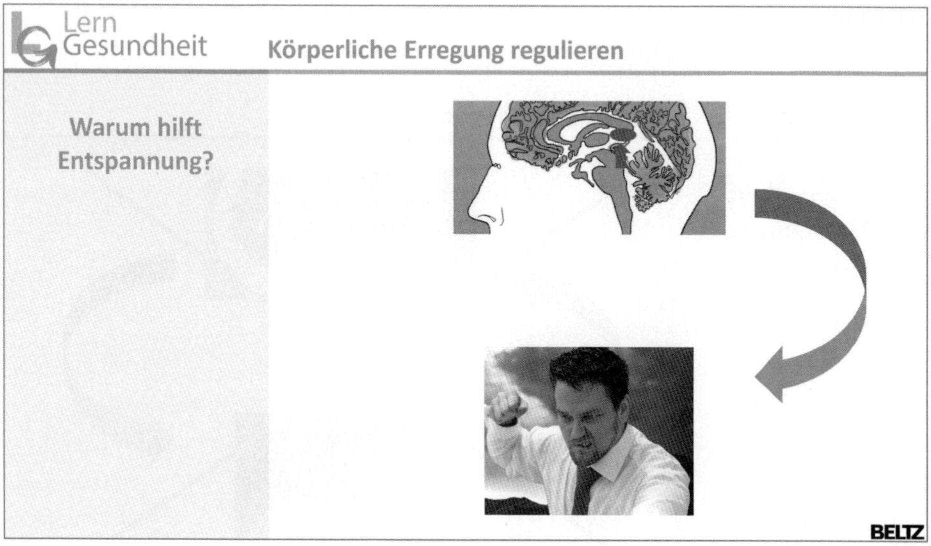

Folie 2.9

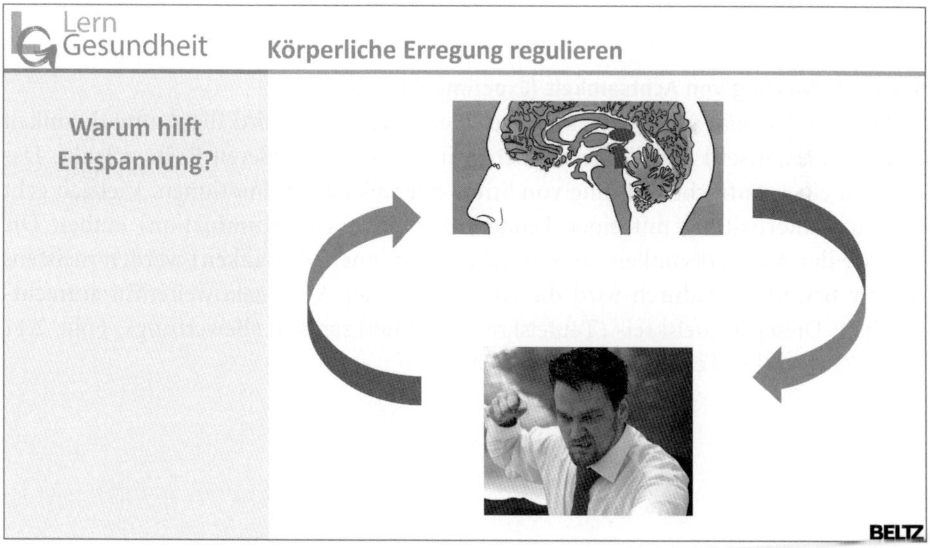

Daher ist Anspannung ein Signal für die Amygdala, aktiv zu werden. Sie ahnen den Teufelskreis, der sich selbst aufrechterhalten kann.

Folie 2.10

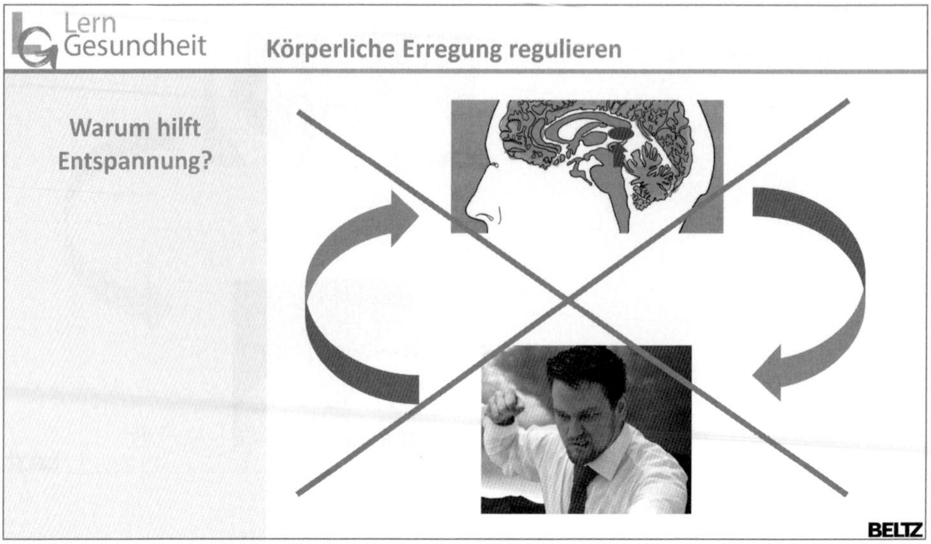

Es gilt, diesen Teufelskreis zu durchbrechen. Wie gelingt das? ... Genau, natürlich durch Atem- und Muskelentspannung.

Schritt 4: Wirkung von Achtsamkeit (Experiment)

Unter dem Einfluss von Stress und aversiven Emotionen wird die Aufmerksamkeit (meist automatisch) auf die bedrohlichen inneren oder äußeren Reize gelenkt. Das führt zu einer Aufrechterhaltung von Stress oder aversiven Emotionen. Vielfach geht die Aufrechterhaltung mit einer Tendenz zum Grübeln (Rumination) einher. Die Objekte der Aufmerksamkeit (äußere Reize oder innere Gedanken) werden meistens negativ bewertet. Dadurch wird die Aktivierung der Amygdala weiterhin aufrechterhalten. Dieser Teufelskreis (Teufelskreis »Aufmerksamkeit / Bewertung«; Folie 2.11 bis 2.12) wird den Teilnehmern vermittelt.

Vorschlag für die Vermittlung des Teufelskreises Aufmerksamkeit / Bewertung

Folie 2.11

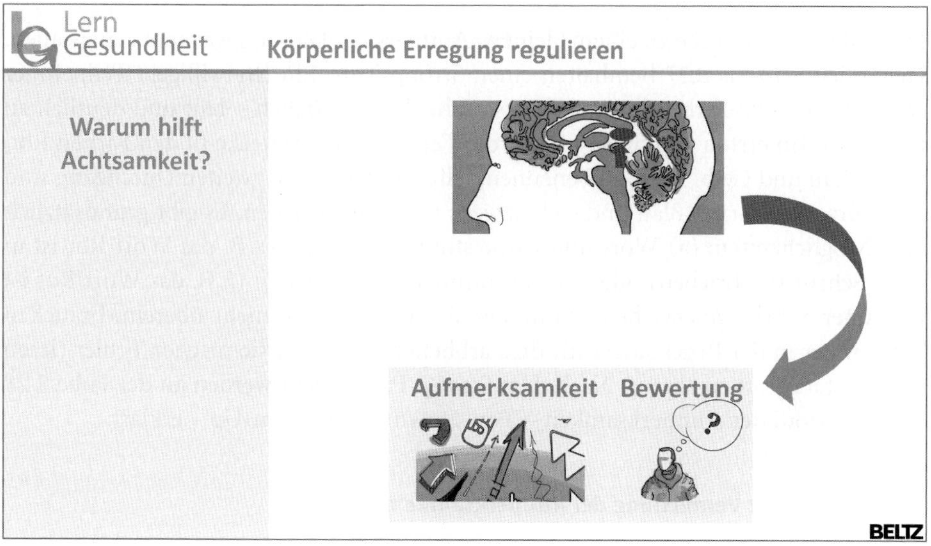

Ganz ähnlich verhält es sich mit der Wirkung von Achtsamkeit: Zunächst führt die Aktivierung der Amygdala dazu, dass wir erstens unsere Aufmerksamkeit auf die potenzielle Gefahr lenken und zweitens das Objekt unserer Aufmerksamkeit tendenziell negativ interpretieren und bewerten.

Folie 2.12

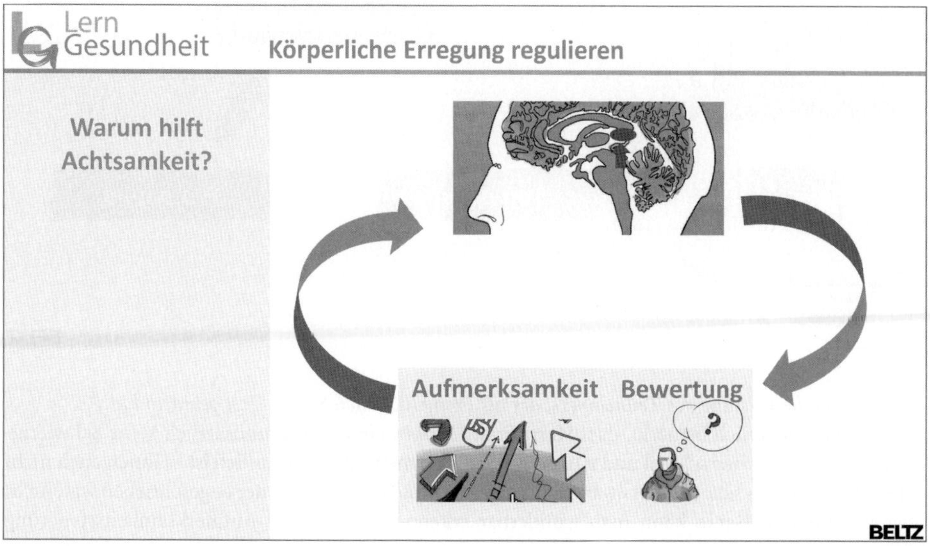

Die Fokussierung der Aufmerksamkeit einerseits und negative Interpretation und Bewertung andererseits aktivieren wiederum die Amygdala, weil sie Gefahr signalisieren. Unser Gehirn unterscheidet im Grunde nicht zwischen Vorstellungen und Realität. Auch hier erkennen Sie den sich selbst aufrechterhaltenden Teufelskreis.

Die Teilnehmer werden zu einem kleinen »Aufmerksamkeits-Experiment« eingeladen. Die Folien 2.13 bis 2.27 beinhalten einen Stroop-Test. Ein (freiwilliger) Teilnehmer wird gebeten, die Farbe, die er sieht – so schnell wie möglich – laut und deutlich zu benennen. Im ersten Durchgang sehen die Teilnehmer Rechtecke in den Farben Rot, Grün, Blau und Gelb. Diese zu benennen, fällt sehr leicht. Im zweiten Durchgang sind die Worte Rot, Grün, Blau und Gelb jeweils farbig geschrieben. Es gibt grundsätzlich zwei Möglichkeiten: (a) Wort und Farbe stimmen überein (z. B. das Wort Rot ist in roter Schrift geschrieben) oder (b) sie stimmen nicht überein (z. B. das Wort Rot ist in grüner Schrift geschrieben). Stimmen Wort und Farbe nicht überein, brauchen Teilnehmer in der Regel länger für die Farbbenennung oder sie machen Fehler (lesen rot vor statt grün zu sagen). Nach dem Stroop-Experiment werden an der Folie 2.28 die zwei Modi der Aufmerksamkeit – Top-Down und Bottom-Up – erklärt.

Vorschlag für die Vermittlung der Aufmerksamkeitsmodi

Folie 2.28

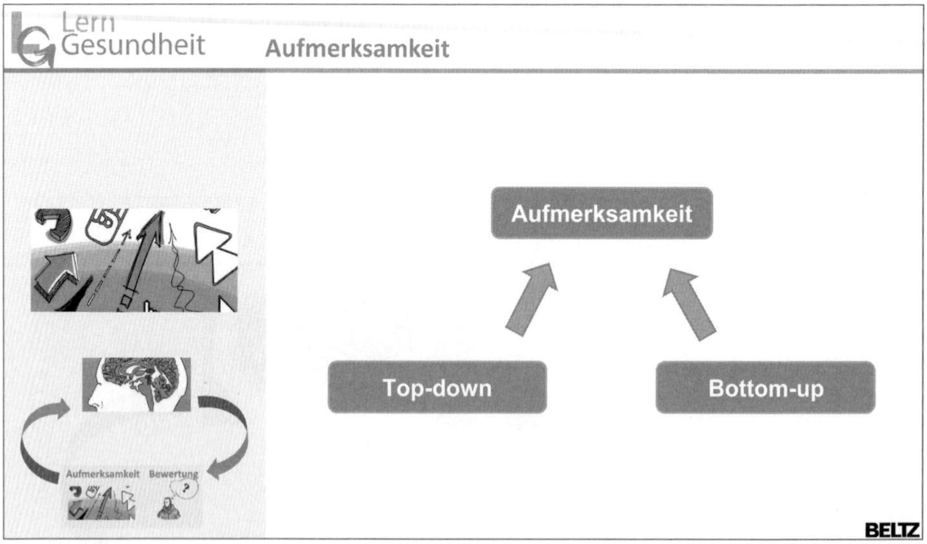

[Tr. würdigt die Leistung des Teilnehmers, der als Freiwilliger den Stroop-Test gemacht hat.]

Sie haben sicherlich bemerkt, dass Herr / Frau *[Namen einsetzen]* grundsätzlich keine Schwierigkeiten hatte, die Farben schnell und zuverlässig zu benennen. Aber vermutlich ist es Ihnen auch nicht entgangen, dass das schon anders war, wenn das Wort und die Farbe, in der es geschrieben war, nicht übereinstimmten. Daran kann man wunderbar erkennen, wie unsere Aufmerksamkeitssteuerung funktioniert.

Wir haben zwei Modi der Aufmerksamkeitssteuerung: Top-Down und Bottom-Up. Die Top-Down-Steuerung ist eine Steuerung vom Ziel her. Sie wollen Farben benennen, daher richten Sie Ihre Aufmerksamkeit auf die Farbwahrnehmung aus. Bottom-Up-Steuerung bedeutet, dass Ihre Aufmerksamkeit, vom Reiz her gesteuert wird. Und weil das Lesen bei den meisten Menschen hoch automatisiert ist, lesen wir recht automatisch das, was wir sehen. Also ist das geschriebene Wort in unserem Experiment der Reiz, der bottom-up die Aufmerksamkeit vom Ziel – also Farbbenennung – ablenkt. Das bedeutet, Sie müssen die Aufmerksamkeit zunächst zurückholen, bevor sie die korrekte Farbe benennen können. Das braucht etwas Zeit und kostet mentale Kräfte.

Was hat das nun aber mit unserem Thema Stress und Emotionen zu tun? Schauen Sie noch einmal auf diesen Teufelskreis …

[Tr. deutet auf den Teufelskreis links auf der Folie. Die Teilnehmer stellen selbst den Zusammenhang her – ggf. unterstützt der Trainer.]

Ist das Prinzip verstanden, wird eine Verbindung zum Stress bzw. zu aversiven Emotionen hergestellt: Bedrohliche Reize, Stresserleben oder Emotionen haben einen hohen Aufforderungscharakter. Gleichzeitig legen sie uns bestimmte Bewertungen nahe (z. B.: »Das ist ganz schlimm!«). Das Loslösen der Aufmerksamkeit von diesen inneren oder äußeren Reizen und das willentliche Lenken der Aufmerksamkeit auf neutrale Reize, fallen in der Regel schwer. Nach Gross (1999) ist das Lenken der Aufmerksamkeit bereits eine Form der Emotionsregulation (s. Abschn. 1.6.2). Es bietet sich an, dass die Teilnehmer diese Verbindung induktiv herleiten (Folie 2.28). Es ist zwar hilfreich, wenn der Trainer das Emotionsregulations-Modell von Gross im Hinterkopf hat, das Herleiten kann jedoch an Hand der Erfahrungen geschehen, die die Teilnehmer haben.

Nun stellt der Trainer den Bezug zur Achtsamkeit her (Folie 2.29), die in der Folge als Möglichkeit zum Durchbrechen des Teufelskreises »Aufmerksamkeit / Bewertung« vorgeschlagen (Folie 2.30) wird. Dabei erfüllt Achtsamkeit zwei Funktionen: Erstens wird die Fähigkeit der Aufmerksamkeitssteuerung trainiert (s. u.), zweitens wird zugleich geübt, bewertungsfrei wahrzunehmen.

Vorschlag zur Unterbrechung des Teufelskreises

Folie 2.29

Menschen können ihre Aufmerksamkeit unterschiedlich erfolgreich steuern. In der Hirnforschung geht man davon aus, dass zwei Hirnregionen bei der Steuerung eine besondere Rolle zukommt: Der präfrontale Kortex – das ist der Bereich hier hinter unserer Stirn – ist für die willentliche Handlungsplanung zuständig und übernimmt wichtige Funktionen bei der Aufmerksamkeitssteuerung. Der Hippocampus ist für den Zugriff auf unser Gedächtnis zuständig: Also für das Einspeichern und Abrufen. Wenn wir Ziele verfolgen – beispielsweise Farben zu benennen – müssen wir das Ziel aus unserem Gedächtnis abrufen. Insofern ist auch der Hippocampus für die Steuerung der Aufmerksamkeit wichtig.

[Wurden die Folien 2.6 und 2.7 behandelt, kann der Trainer auf sie Bezug nehmen.]

Wir wissen auch, dass buddhistische Mönche bei Aufgaben wie einem Stroop-Test besonders gut abschneiden. Bei ihnen sind keine oder nur extrem kurze Verzögerungen bei der Benennung von Farben messbar, wenn Wort und Farbe nicht übereinstimmen. Was macht buddhistische Mönche so erfolgreich bei dieser Aufgabe? Bildgebende Verfahren zeigen bei buddhistischen Mönchen eine

bessere Vernetzung von präfrontalem Kortex und Hippocampus und eine Vergrößerung des Hippocampus-Volumens. Man hat herausgefunden, dass diese Veränderungen auf die Achtsamkeitspraxis der Mönche zurückzuführen ist. Buddhistische Mönche praktizieren sehr viel Achtsamkeit – was genau das ist, sehen wir gleich. Mehr noch: Auch wir praktizieren gleich Achtsamkeit.

Folie 2.30

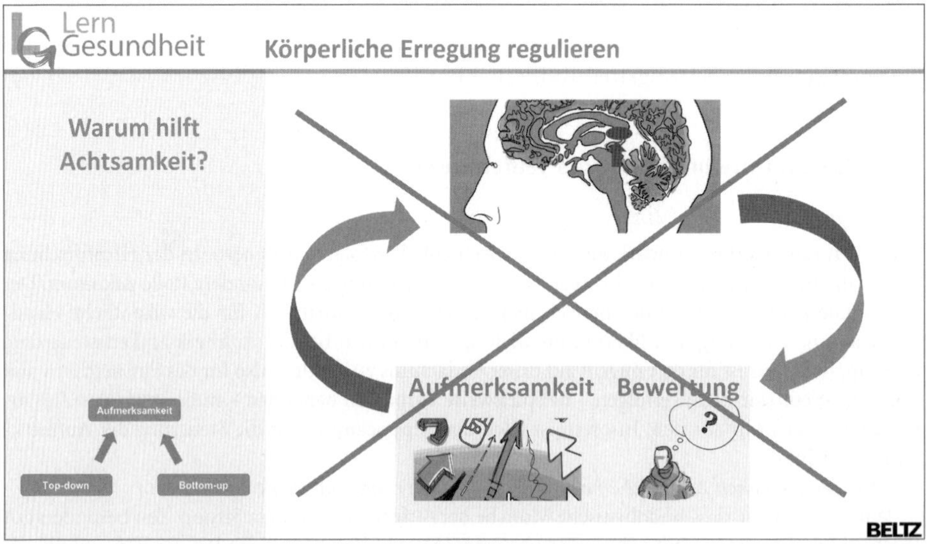

Deswegen ist das Üben und Praktizieren von Achtsamkeit gut dafür geeignet, aus dem Teufelskreis auszusteigen: Man kann seine Aufmerksamkeit gezielt auf andere Reize als auf die vermeintliche

Bedrohung richten. Das gilt übrigens auch für innere Bedrohungen oder starke Gefühle. Achtsamkeitspraxis ist also eine Möglichkeit, das Hamsterrad in Ihrem Kopf anzuhalten.

Exkurs

Grübeln (Rumination)
Haben einige Teilnehmer zu Beginn angegeben, wegen Grübelns an dem Training teilzunehmen, kann der Trainer an dieser Stelle den besonderen Zusammenhang zum Grübeln verdeutlichen: Grübelgedanken kommen automatisch und fordern wegen der sie begleitenden Emotionen viel Aufmerksamkeit (Bottom-Up). Personen, die Probleme mit dem Grübeln haben, fällt die willentliche Steuerung der Aufmerksamkeit unter Einfluss dieser quälenden Gedanken schwer.

Nach der Anleitung führen die Teilnehmer eine einminütige Achtsamkeitsübung durch. Vielen hilft der Vergleich mit einem »mentalen Fitnesscenter« (wenngleich diese Metapher vereinfacht ist): Sie sollen das bewusste Steuern der Aufmerksamkeit aus dem Bottum-Up- in den Top-Down-Modus üben. Dazu werden die Teilnehmer eingeladen, eine Minute lang nur auf die körperliche Empfindung ihres Atems zu achten (Top-Down-Modus). Allerdings werden sie ziemlich schnell mit der Aufmerksamkeit abschweifen, weil ihnen Gedanken in den Kopf schießen, weil Körpersensationen (z. B. Jucken) oder äußere Ablenkungen wie Geräusche ihre Aufmerksamkeit binden (Bottom-Up-Modus). Der Kern der Übung besteht darin, das Abschweifen zu bemerken. Bemerkt ein Teilnehmer sein Abschweifen, soll er sich eine mentale Notiz machen und dann seine Aufmerksamkeit wieder auf die Empfindung des Atems lenken.

Beispiel

Einem Teilnehmer schießt der Gedanke an sein neues Projekt in den Kopf. Seine schnelle automatische Bewertung könnte sein: »Das schaffe ich alles nie!« Damit verbunden kann sich ein Gefühl von Angst einstellen. In der Achtsamkeitsübung soll er das bemerken, er kann sich eine »mentale Notiz« machen, und seine Aufmerksamkeit dann zurück zum Atem führen.

Vorschlag für die Vermittlung der Achtsamkeitsvorübung

Folie 2.30 (Fortsetzung)

Damit Sie nun eine Idee bekommen, was Achtsamkeit überhaupt ist, machen wir jetzt gemeinsam eine kleine einminütige Achtsamkeitsübung.

Achtsamkeit bedeutet, bewertungsfrei das wahrzunehmen, was gerade ist. D.h., wenn Sie angespannt sind, nehmen Sie einfach wahr, dass Sie angespannt sind – und zwar ohne es als unerwünscht zu bewerten oder es gar ändern zu wollen. Wenn Sie sich ärgern, nehmen Sie wahr, dass da Ärger ist, ohne ihn ändern zu wollen. Und so weiter. Sie verweilen nicht bei den Gedanken, Emotionen oder anderen »Störreizen«, sondern führen, sobald Sie die Ablenkung bemerken, Ihre Aufmerksamkeit einfach wieder zurück zum Atem.

Wir probieren das jetzt einmal: Sie lenken gleich Ihre Aufmerksamkeit auf Ihren Atem und nehmen wahr, wie er in Ihren Bauchraum ein- und wieder ausströmt. Das ist die Top-Down-Steuerung Ihrer Aufmerksamkeit. Werden Sie abgelenkt – z. B. durch einen Gedanken – machen Sie sich eine mentale Notiz »abgelenkt« und führen Ihre Aufmerksamkeit zurück zum Atem. Das machen Sie jedes Mal so, wenn Sie abgelenkt sind. Die Ablenkungen sind die Bottom-Up-Reize, die Ihre Aufmerksamkeit steuern. Gedanken lassen Sie also einfach »weiterziehen« und schenken ihnen keine weitere Beachtung.

Der Kern der Übung besteht darin, die Ablenkung zu bemerken und die Aufmerksamkeit zurück zum Atem zu führen. Wir probieren das jetzt einmal eine Minute lang: Sie achten jetzt eine Minute lang auf die körperliche Empfindung des Atems im Brust- und Bauchraum. Bei einer Ablenkung machen Sie sich eine mentale Notiz und führen Ihre Aufmerksamkeit zurück zum Atem. Ok?

[Tr. nimmt die Zeit, die Tn. schließen die Augen und achten eine Minute lang auf die körperliche Empfindung des Atems im Brust- und Bauchraum.]

Übrigens: Inzwischen gibt es viele methodisch sehr gute Studien, die belegen, dass Achtsamkeit eine Reihe von sehr positiven Effekten hat. Zum Beispiel wird das Wohlbefinden gesteigert und der erlebte Stress reduziert. Das lässt sich übrigens auch über Stresshormone messen. Achtsamkeit ist aber auch gut gegen die Tendenzen zum Grübeln oder gegen Bluthochdruck.

[Bei Bedarf erläutert der Trainer die Wirkweise genauer. Falls Teilnehmer in diesem Training an ihrer Tendenz zum Grübeln arbeiten möchten (s. Abschn. 5.2), sollte der Trainer noch einmal explizit erklären, wie Achtsamkeit auf Rumination wirkt (siehe Exkurs: Grübeln).]

(Beispiel für eine kurze Erklärung:

Achtsamkeit wirkt deswegen auch gegen negative Gedankenspiralen. Sie nehmen die Gedanken zwar wahr – klammern sich aber nicht an diese, sondern lassen sie ziehen.)

Schritt 5: Notwendigkeit von Training

Damit die Teilnehmer in Stress- oder emotional belastenden Situationen ihre Aufmerksamkeit gezielt lenken und Entspannung hervorrufen können, müssen sie diese Fähigkeiten regelmäßig trainieren. Der Trainer kann die Einsicht in die Notwendigkeit von Training dadurch unterstützen, dass er die Teilnehmer einschätzen lässt, wie sehr sie sich in der Lage fühlen, sich zu entspannen oder ihre Aufmerksamkeit auf einen neutralen Reiz zu lenken, wenn es emotional turbulent oder sehr stressig wird. Die meisten halten das aus dem Stand nicht für möglich. Der Trainer sollte deutlich machen, dass diese Fähigkeiten trainierbar sind – dass dies allerdings auch regelmäßiges Üben erfordert.

Exkurs

Kontraindikation von Entspannung und mögliche Probleme

Entspannung wirkt auf die meisten Personen wohltuend und hat positive Auswirkung auf die Stress- und Emotionsregulation. Trotzdem ist Entspannung – in diesem Fall die Progressive Muskelentspannung – nicht für alle Personen geeignet bzw. mit Problemen verbunden:

Bei Personen mit körperlichen Einschränkungen (z. B. Muskel- oder Rückenproblemen) sollte geklärt werden, in welchem Umfang sie an der Entspannungsübung teilnehmen können. Das gleiche gilt für Schwangere, da bei ihnen erhöhte Anspannungen mit dem Risiko vorzeitiger Wehen einhergehen. Eine mögliche Alternative für diese Personengruppen stellt das autogene Training dar.

Bei Herzfunktionsstörungen sollte die Durchführung von Entspannungsverfahren grundsätzlich mit dem Arzt abgeklärt werden, da Entspannung die Herzfrequenz beeinflusst. Mögliche Alternativen stellen imaginative Verfahren – wie Phantasiereisen – dar.

Personen, die (beispielsweise aufgrund von kortikalen Filterproblemen) für ihr Wohlbefinden ein erhöhtes Aktivitätsniveau benötigen (Greiner et al., 2012), empfinden Entspannungsübungen häufig als unangenehm. Für diese Personen stellt Sport zur Erregungsregulation eine gute Alternative dar. Aber auch das Erlernen von Achtsamkeit kann diesen Personen helfen.

Für Personen mit psychotischen Erkrankungen sind Entspannung und Achtsamkeit unbedingt kontraindiziert (Zaudig et al., 2007). Personen mit hypochondrischen Störungen können durch die erhöhte Selbstaufmerksamkeit, die mit Entspannungs- und Achtsamkeitsübungen einhergehen, mit Angstempfinden reagieren, da sie dazu tendieren, bestimmte Körperempfindung fehlzuinterpretieren.

Die Deutsche Gesellschaft für Entspannungsverfahren weist zudem darauf hin, dass das Sich-Einlassen auf Entspannungsübungen für Personen mit starkem Kontrollbedürfnis problematisch sein kann (Heide & Borkovec, 1983).

6.3.2 Achtsamkeits- und Entspannungsübung

Progressive Muskelentspannung

Die Progressive Muskelentspannung geht auf Edmund Jacobson (1990) zurück. Die Wirksamkeit auf Spannungszustände, Angst, Bluthochdruck, Herzratenvariabilität und Wohlbefinden wurde in vielen Studien belegt (z. B. Grawe et al., 1994; von Seckendorff et al., 2009). Progressive Muskelentspannung ist somit eines der bestbewährten Entspannungsverfahren und durch seine leichte Erlernbarkeit vielfältig einsetzbar. Der Zustand der Entspannung wird dadurch herbeigeführt, dass bestimmte Muskelgruppen zunächst angespannt, kurz gehalten und dann wieder entspannt werden. Es werden unterschiedliche Wirkfaktoren vermutet, die den Zustand der Entspannung begünstigen:

(1) Beim Wechsel von Anspannung auf Entspannung wird der Zustand der Entspannung bewusst wahrgenommen und fokussiert.

(2) Nach jeder muskulären Anspannung folgt eine kurze, biologisch determinierte Erschöpfungsphase.

(3) Die Durchblutung in den Muskeln wird durch die Aktivität beim Anspannen gefördert.
(4) Stresshormone im Blut werden durch die Aktivität der Muskeln abgebaut.

Dolbier und Rush (2012) konnten zeigen, dass auch eine verkürzte Version der Progressiven Muskelentspannung sehr wirksam ist. Aus zeitökonomischen Gründen kommt deswegen im Training diese verkürzte Version zum Einsatz. Es werden zunächst vier separate Muskelgruppen angespannt, die Anspannung jeweils einige Sekunden gehalten und mit einem bewusst langen Ausatmen wieder gelöst.

Die vier Muskelgruppen, die separat angespannt werden:
(1) die Muskeln in den Händen, Armen und Schultern
(2) die Muskeln im Gesicht
(3) die Muskeln im Nacken und Rücken
(4) die Muskeln in Bauch, Beinen und Gesäß

Die Verkürzung auf diese vier Muskelgruppen hat sich in unterschiedlichen Trainings bewährt (z. B. Berking, 2010; Lehr et al., 2014). Im Training *Stark im Stress* wird die Entspannungssequenz von Modul zu Modul weiter verkürzt. Ab dem zweiten Modul werden alle Muskelgruppen gleichzeitig angespannt, die Spannung gehalten und dann gelöst. Ab dem dritten Modul wird auf die Anspannung komplett verzichtet und die Teilnehmer gehen direkt in den Zustand der Entspannung. Ziel ist es, den Zustand der Entspannung im Alltag bewusst abrufen zu können.

Vorbereitung auf die Progressive Muskelentspannung

Die Vorbereitung der Teilnehmer auf die Progressive Muskelentspannung erfolgt in drei Schritten: (1) Die entspannende Wirkung von Anspannen-Halten-Lösen wird in einem Experiment erfahrbar gemacht. (2) Die Teilnehmer erarbeiten die Wirkfaktoren. (3) Schließlich lernen sie den Bewegungsablauf in Form einer Trockenübung.

Schritt 1. Der Trainer bittet die Teilnehmer, eine Hand zur Faust zu ballen, diese nach innen zu winkeln, den Unterarm an den Oberarm zu klappen und die Faust zur Schulter zu führen, sodass diese ebenfalls angespannt ist. Dann bittet er sie, die Anspannung zu halten und beim nächsten langen Ausatmen zu lösen. Er erfragt, was die Teilnehmer spüren. Zu erwartende Antworten der Teilnehmer sind:
(a) Leichte- oder Schweregefühl des Arms
(b) Kribbeln im Arm
(c) Wärmeempfindung
(d) (wohlige) Entspannung
(e) unterschiedliches Gefühl in beiden Armen (Hier kann der Trainer um Konkretisierung bitten.)

Schritt 2. Die Teilnehmer erarbeiten die Wirkfaktoren, die zu den wahrgenommenen Veränderungen geführt haben:

(1) Beim Wechsel von Anspannung auf Entspannung wird der Zustand der Entspannung bewusst wahrgenommen und fokussiert.
(2) Nach jeder muskulären Anspannung folgt eine kurze, biologisch determinierte Erschöpfungsphase.
(3) Die Durchblutung in den Muskeln wird durch die Aktivität beim Anspannen gefördert.
(4) Stresshormone im Blut werden durch die Aktivität der Muskeln abgebaut.

Erfahrungsgemäß haben einige Teilnehmer entsprechendes Vorwissen oder ziehen Rückschlüsse (z. B. Wärmeempfindungen könnten durch eine bessere Durchblutung ausgelöst werden). Falls die Teilnehmer keine Ideen haben, kann der Trainer die Wirkfaktoren auch kurz erklären.

Der zweite Schritt hat das Ziel, den Teilnehmern eine schlüssige Erklärung für ihre Wahrnehmung zu bieten, da einige Teilnehmer sich dadurch besser auf die Übung einlassen können. Zugleich werden die Teilnehmer durch die Einladung zum Mitdenken aktiviert. Grundsätzlich kann der zweite Schritt übersprungen werden, wenn entweder die Zeit dafür fehlt oder die Gruppe wenig Interesse an Hintergrundinformationen hat.

Vorschlag für die Vermittlung von Schritt 1 und Schritt 2

Folie 2.31

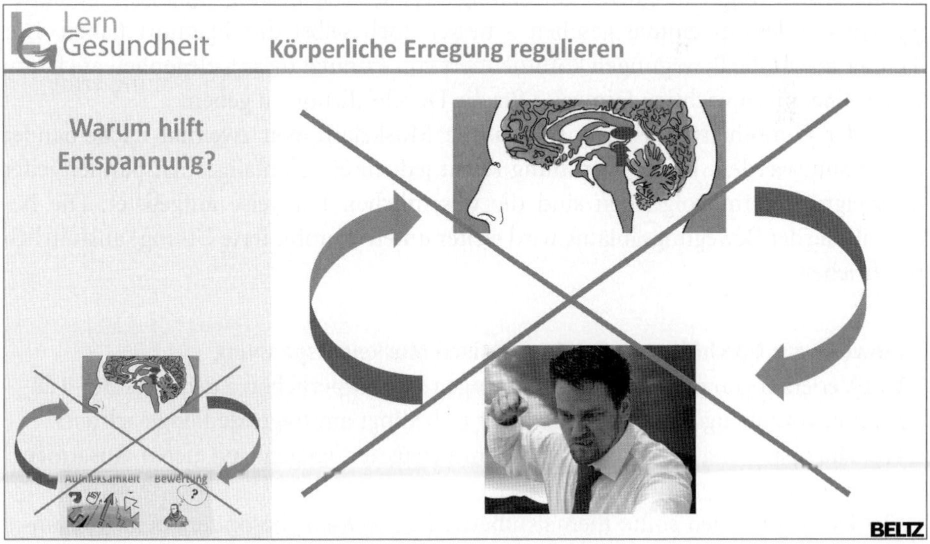

Wir haben also eben gesehen, wie Sie den Teufelskreis »Aufmerksamkeit / Bewertung« durchbrechen können. Vorhin hatten wir gesagt, den Teufelskreis »Anspannung« können wir mit Entspannung durchbrechen. Jetzt wollen wir ein bisschen konkreter schauen, wie das ganz praktisch funktioniert.

Im Training lernen Sie das Entspannungsverfahren Progressive Muskelentspannung kennen. Das ist eines der wirkungsvollsten und am besten untersuchten Entspannungsverfahren. Wer von Ihnen kennt die Progressive Muskelentspannung? *[Handzeichen abwarten]* Ok, für die anderen werde ich das Prinzip jetzt erklären: Sie erreichen einen Zustand der Entspannung dadurch, dass Sie Ihre Muskeln zunächst anspannen und dann bewusst locker lassen. Wir probieren das einmal gemeinsam:

[Tr. fordert Teilnehmende auf, mitzumachen. Er erklärt die Bewegung (Hand zur Faust ballen und an die Schulter führen, Spannung halten und dann beim Ausatmen bewusst lösen) wie oben beschrieben und macht sie vor.]

Achten Sie darauf, wie aus der Anspannung von eben jetzt Entspannung wird … Was genau spüren Sie?

[Der Tr. lenkt dadurch, dass er fragt »Was genau spüren Sie?« statt »Spüren Sie etwas?« den Wahrnehmungsfokus: Er löst damit einen mentalen Suchprozess nach konkreten Veränderungen aus anstatt einer Suche, ob sich überhaupt etwas verändert hat. Teilnehmende berichten von ihrem Empfinden – in der Regel von Kribbeln im Arm, Wärme, Schwere, Leichtigkeit, Entspannung.]

Warum wirkt der Wechsel von Anspannung und Entspannung? Was glauben Sie?

[Tr. nennt vier Faktoren sollten genannt werden. Diese können auch erklärt werden:

(1) *erhöhte Durchblutung der Muskeln*
(2) *Abbau von Stresshormonen durch Bewegung*
(3) *Nach Anspannung gehen Muskeln automatisch kurz in eine Erschöpfungsphase, die ausgenutzt wird.*
(4) *Der Aufmerksamkeitsfokus wird auf den Unterschied zwischen Anspannung und Entspannung gelenkt. Das Signal an die Amygdala: Die Anspannung lässt nach – also ein Gefahrenreiz weniger.]*

Schritt 3. Die Teilnehmer üben den Bewegungsablauf zur Progressiven Muskelentspannung ein. Sie sollten, bevor sie sich bei der kombinierten Übung (s. u.) mit geschlossenen Augen möglichst vollständig auf die Entspannung einlassen, die Bewegungen mindestens einmal gesehen – besser noch selbst durchgeführt haben. Der Trainer macht die Bewegungen kommentiert vor. Er nutzt diese Gelegenheit auch, um den Teilnehmern wichtige Hinweise für die Durchführung zu geben.

In der kombinierten Übung sollten alle Muskelgruppen zweimal nacheinander angespannt werden. In der Vorübung reicht jedoch ein einmaliges Anspannen jeder Muskelgruppe. Im Folgenden sind die wesentlichen Hinweise aufgelistet. Die Beschreibung der Bewegungsabläufe wird weiter unten (kombinierte Übung) ausführlich beschrieben.

Hinweise zur Durchführung der Progressiven Muskelentspannung

Um Verletzungen oder Verschlechterungen des körperlichen Zustandes der Teilnehmer vorzubeugen, sollte der Trainer unbedingt auf folgende Dinge achten:

(1) Die Spannung wird stets mit einem bewussten langen und tiefen Ausatmen gelöst.
(2) Das Anspannen sollte niemals übertrieben werden (besonders beim Zusammenbeißen der Zähne und Anspannen von Rücken und Nacken) um Verletzungen wie Muskelzerrungen zu vermeiden.
(3) Teilnehmer, die zu Wadenkrämpfen neigen, sollten ihre Fußspitzen immer in Richtung Nase ziehen um Krämpfen vorzubeugen.

Vorschlag für die Vermittlung der Vorübung

Folie 2.32

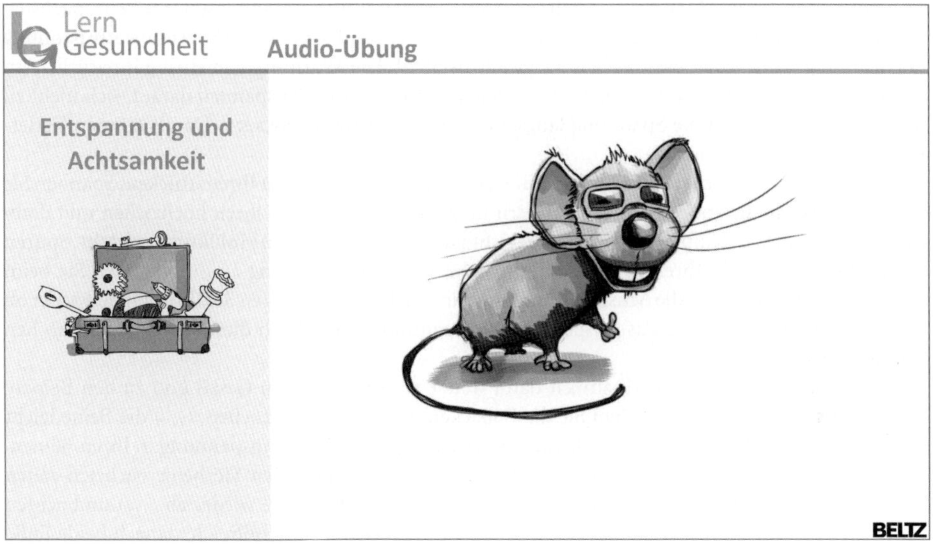

Diese Übung ist eine Übung für Ihren Strategiekoffer. Zuerst werden wir die Progressive Muskelentspannung gemeinsam als »Trockenübung« machen; danach eine Übung, in der Achtsamkeit und Entspannung kombiniert werden. Die Übung, die Sie gleich durchführen, beginnt mit der Achtsamkeitsübung und geht dann in die Muskelentspannung über.

Wir trainieren die Muskelentspannung zunächst, indem wir getrennt vier Muskelgruppen anspannen und wieder loslassen: Zuerst die Arme und die Schultern, dann das Gesicht, dann den Nacken und den Rücken und zuletzt den Bauch, das Gesäß und die Beine. Beim Loslassen atmen wir bewusst tief und lange aus. Um Entspannung zu trainieren, werden Sie in den nächsten zwei Wochen diese vier Muskelgruppen getrennt anspannen. Im zweiten Modul werden Sie – für drei Wochen – alle Muskeln in Ihrem Körper gleichzeitig anspannen und wieder loslassen und zum Ende des Trainings lernen Sie im dritten Modul, nur noch über das Loslassen und über das Ausatmen einen Zustand der Entspannung herbeizuführen. Wir starten jetzt mit der »Trockenübung«, damit Sie die Bewegungen schon einmal gesehen und ausprobiert haben. Setzen Sie sich bequem hin, und machen Sie einmal mit:

[Tr. macht die Bewegungen jeweils vor.]

Spannen Sie zunächst Ihre Arme und Schultern an, indem Sie die Hände zu Fäusten ballen, (…) die Fäuste nach innen winkeln, (…) die Unterarme an die Oberarme kippen (…) und die Fäuste zu den Schultern führen, sodass auch diese stramm angespannt sind. Spüren Sie die Anspannung in Ihren Muskeln (…) halten Sie die Anspannung (…) und lassen Sie beim nächsten tiefen Ausatmen die Muskeln ganz langsam wieder los (…) legen Sie Ihre Hände wieder ab (…) und achten darauf, wie aus Anspannung Entspannung wird. Das machen Sie gleich zweimal. Sie sollten dabei beachten, dass Sie jedes Loslassen Ihrer Muskeln an Ihr Ausatmen anpassen. Dadurch unterstützen Sie den Entspannungseffekt. Nehmen Sie sich ruhig die Zeit, dann auszuatmen und loszulassen, wenn Sie so weit sind – und lassen Sie sich nicht durch meine Anleitung hetzen.

Bevor Sie jetzt alle Muskeln in Ihrem Gesicht anspannen, möchte ich noch eine kleine Warnung loswerden: Beißen Sie gleich die Zähne nicht so fest aufeinander, dass Sie dabei verkrampfen – leichte

Anspannung ist manchmal besser als übertriebene Anspannung. Widmen Sie jetzt Ihre Aufmerksamkeit Ihrem Gesicht. Spannen Sie dort alle Muskeln an, indem Sie die Zähne zusammenbeißen, (...) die Mundwinkel nach außen ziehen, (...) die Zunge gegen den Gaumen drücken, (...) die Augen vorsichtig zusammenkneifen (...) und die Stirn ganz leicht in Falten legen. Spüren Sie die Anspannung in Ihren Muskeln (...) halten Sie die Anspannung (...) und lassen Sie beim nächsten tiefen Ausatmen die Muskeln ganz langsam wieder los (...) und achten darauf, wie aus Anspannung Entspannung wird. Auch das machen Sie gleich zweimal. Die Warnung von eben gilt natürlich im besonderen Maße für Ihren Nacken und Rücken. Achten Sie beim Anspannen darauf, sich nicht zu stark anzuspannen und die Spannung langsam, nicht ruckartig, zu lockern. Damit können Verletzungen vorgebeugt werden.

Gehen Sie jetzt mit Ihrer Aufmerksamkeit weiter zum Nacken und zu Ihrem Rücken. Spannen Sie dort alle Muskeln an, indem Sie die Schultern möglichst nahe an die Ohren hochziehen und dann nach hinten drücken. Kippen Sie Ihre Hüfte leicht nach vorne, sodass ein Hohlkreuz entsteht. Spüren Sie die Anspannung in Ihren Muskeln (...) halten Sie die Anspannung (...) und lassen Sie beim nächsten tiefen Ausatmen die Muskeln ganz langsam wieder los (...) legen Sie Ihre Hände wieder ab (...) und achten darauf, wie aus Anspannung Entspannung wird. Auch diese Bewegungen machen Sie gleich zweimal.

Gehen Sie mit Ihrer Aufmerksamkeit dann weiter zum Bauch, zum Gesäß und zu den Beinen. Spannen Sie die Muskeln an, indem Sie die Pobacken fest zusammen kneifen, (...) die Beine leicht anheben (...) und die Fußspitzen nach vorne strecken. Spüren Sie die Anspannung in Ihren Beinen, im Bauch und im Gesäß (...) halten Sie die Anspannung und lassen Sie beim nächsten tiefen Ausatmen die Muskeln ganz langsam wieder los (...) stellen Ihre Füße wieder ab (...) und achten darauf, wie aus Anspannung Entspannung wird. Für die meisten ist es hilfreich, danach beide Füße auf den Boden zu stellen, weil dadurch die Bauchmuskulatur entlastet wird. Auch diesen Bewegungsablauf machen Sie gleich zweimal. Beim zweiten Mal ziehen Sie jedoch die Fußspitzen in Richtung Nase. Sollten Sie zu Wadenkrämpfen neigen, empfehle ich, in beiden Durchgängen die Fußspitzen zur Nase zu ziehen.

Kombinierte Übung

Nach der Vorbereitung führen die Teilnehmer jetzt die kombinierte Übung (Achtsamkeit und Entspannung) durch. Der Trainer liest entweder den Text *Achtsamkeit und Entspannung – Modul 1* (s. Onlinebereich) vor oder spielt die zum Training dazugehörige MP-3 (s. Trainings-App) ab.

Im Anschluss an diese Übung kann der Trainer die Teilnehmer fragen, wie sie diese Übung erlebt haben. Die meisten Teilnehmer beschreiben die Erfahrung als angenehm. Mit Blick auf das regelmäßige Trainieren dieser Übung kann es hilfreich sein, wenn der Trainer im Vorfeld eine positive Erwartungshaltung bei den Teilnehmern aufbaut. Das kann durch Sätze wie »Es freut mich, dass diese Übung so vielen von Ihnen gut getan hat. Sie können sich jetzt schon darauf freuen, sich in der nächsten Woche regelmäßig mit dieser Übung etwas Gutes tun zu können.« geschehen.

Übungen der SIS-Transfer-App

Um den Transfer in den Alltag zu unterstützen, bietet die SIS-Transfer-App erstens Mini-Impulse mit Entspannungs- und Achtsamkeitsübungen, deren Durchführung zwischen 10 und 30 Sekunden dauert. Von den zwei täglichen Impulsen bezieht sich mindestens einer auf Achtsamkeit oder Entspannung.

Beispiel

Spanne deinen Unterkiefer ganz leicht an (3 s Zähne aufeinander beißen) und entspanne die Muskeln beim Ausatmen wieder (10 s).

Zweitens finden sich in der App die Audiodateien zum Durchführen der eben beschriebenen Achtsamkeits- und Entspannungsübung.

6.3.3 Achtsamkeit im Alltag

Achtsamkeitsübungen können nicht nur als »Atemübungen«, wie sie oben beschrieben sind, ausgeführt werden. Es können auch Achtsamkeitsübungen beim Verrichten alltäglicher Tätigkeiten praktiziert werden. Die Ziele von Achtsamkeitsübungen im Alltag sind:

- das Abschweifen der Aufmerksamkeit zu bemerken und sie wieder zurück zum Wahrnehmungsobjekt zu holen
- Interpretationen und Bewertungen, die beispielsweise in Form automatischer Gedanken ausgelöst werden, zu bemerken und ihnen nicht »anzuhaften« (stattdessen die Aufmerksamkeit zurück auf das Wahrnehmungsobjekt zu lenken)

Dadurch wird erstens die Fähigkeit der Aufmerksamkeitslenkung trainiert. Zweitens werden das Bemerken und das Distanzieren von automatischen Bewertungen eingeübt. Diese Fähigkeiten begünstigen das gedankliche Umbewerten, das im dritten Modul (siehe Kapitel 13: Stellschraube Gedanken) trainiert wird.

Um diese Ziele zu erreichen, kann grundsätzlich alles zum Objekt der Aufmerksamkeit werden. Um Achtsamkeit im Alltag zu praktizieren, bieten sich typischerweise alltägliche Tätigkeiten wie Gehen, Essen, Trinken oder Waschen an.

Im Folgenden wird beispielhaft vorgeschlagen, wie den Teilnehmern das achtsame Gehen vermittelt werden kann. Diese Übung lässt sich auf viele Bereiche des Lebens, wie die oben genannten, anpassen. Bei der Durchführung von Achtsamkeitsvorhaben im Alltag sollten bereits bei der Planung in der Trainingssitzung einige Aspekte beachtet werden:

- Einige Teilnehmer neigen dazu, sich selbst durch unrealistische Zielsetzung zu überfordern (s. o.). Das Gelingen von Achtsamkeit im Alltag hängt von realistischen und im Alltag praktikablen Zielen ab: Vorteilhaft ist es, das Einüben von Achtsamkeit an kleine, überschaubare Tätigkeiten zu koppeln, die häufig wiederkehren. Teilnehmer, die sich beispielsweise vornehmen, ab jetzt jeden Weg achtsam gehen zu wollen, werden mit großer Wahrscheinlichkeit scheitern und darüber frustriert sein. Sie untergraben auf diesem Weg auch ihre (Selbst-)Wirksamkeitserwartung. Teilnehmer, die sich vornehmen, nur eine bestimmte Treppe auf dem Weg ins Büro oder immer die letzten Meter bis zu Haustür achtsam gehen zu wollen, haben eine deutlich größere Gelingens-Wahrscheinlichkeit. Gleiches gilt auch für andere Tätigkeiten, die zukünftig achtsam ausgeführt werden sollen.

- Das Achtsamkeitsvorhaben sollte möglichst an eine konstante äußere Bedingung gekoppelt werden: Immer, wenn ein Teilnehmer einen bestimmten Wegabschnitt geht, geht er ihn achtsam oder er isst immer die ersten Bissen des zweiten Frühstücks achtsam.
- Trotz begrenzter Achtsamkeitsvorhaben und trotz realistischer Planung vergessen viele Teilnehmer im Alltag immer wieder, dass sie bestimmte Wege achtsam gehen oder bestimmte Tätigkeiten achtsam ausführen wollten. Hier gilt es, die Teilnehmer im Vorfeld genau darauf vorzubereiten: Sie sollten sich in diesem Fall nicht selbst »beschimpfen« (»Ich bin doch ein Idiot, dass ich das nicht hinbekomme!«) oder resignieren (»Solche Übungen bringen doch eh nichts, weil man das im Alltag nicht durchhält!«). Eine sinnvollere Haltung besteht darin, (1) das Vergessen als »normal« anzunehmen, weil das achtsame Ausführen dieser Tätigkeit noch keine Verhaltensgewohnheit ist, (2) sich darüber zu freuen, dass es einem noch aufgefallen ist, (3) sich vorzunehmen, beim nächsten Mal daran zu denken, und (4) sich über jedes Gelingen zu freuen (Selbstverstärkung). Je häufiger diese vier Schritte im Alltag wiederholt werden, desto wahrscheinlicher wird es, dass die Teilnehmer im richten Augenblick an ihre Achtsamkeitsübung denken.
- Es ist ratsam, die Tätigkeit, die achtsam ausgeführt werden soll, bereits innerhalb der zweiten Einheit exemplarisch durchzuspielen. Der Trainer lenkt dabei die Aufmerksamkeit auf das sinnliche Erleben dieser Tätigkeit. Allerdings kann hier nicht auf jede mögliche Tätigkeit eingegangen werden, die Teilnehmer in ihrem Alltag achtsam praktizieren. Deswegen werden alle eingeladen z. B. achtsam zu gehen, achtsam zu essen oder zu trinken. Der Transfer auf das eigene Achtsamkeitsvorhaben liegt in der Hand der Teilnehmer.

Vorschlag für die Vermittlung des achtsamen Gehens

Folie 2.33

[Nachdem die Tn. von ihrem Erleben in der Achtsamkeits- und Entspannungsübung berichtet haben (s. Abschn. 6.3.2).]

Achtsamkeit lässt sich nicht nur in solchen formalisierten Übungen wie dem achtsamen Atmen trainieren. Vielmehr geht es darum, dass Sie in Ihrem Alltag möglichst häufig achtsam sind. Und weil sich das einfacher anhört, als es tatsächlich ist, möchte ich Sie gleich zu einer weiteren Übung einladen: Erfahrungsgemäß ist es sinnvoll, zunächst einige Strecken im normen Alltag achtsam zu gehen. Was achtsames Gehen ist, das probieren wir jetzt einmal:

Stehen Sie gleich auf und gehen achtsam durch den Raum. Versuchen Sie Ihre Aufmerksamkeit auf Ihre Schritte zu lenken. Nehmen Sie wahr, was in diesem Augenblick ist. Werden Sie abgelenkt, führen Sie Ihre Aufmerksamkeit zurück. Begegnen Sie einem anderen Teilnehmer, einer anderen Teilnehmerin, nehmen Sie diese achtsam wahr und gehen weiter. Probieren Sie es einmal für einige Minuten. Auf geht's.

[Tn. gehen etwa drei Minuten achtsam durch den Raum. Dabei erhalten sie Impulse zu Aufmerksamkeitslenkung durch den Tr.]

(1) Achten Sie zunächst nur darauf, wie es sich anfühlt, wenn Ihre Füße den Boden berühren. Werden Sie abgelenkt, machen Sie sich – wie gewohnt – eine mentale Notiz und führen Ihre Aufmerksamkeit zurück.

(2) Achten Sie jetzt auf Ihre Körperhaltung. Wie ist Ihr Rücken? Wie Ihr Kopf? Wie Ihre Arme?
(3) Achten Sie dann auf Ihren Atem. Wo sitzt er gerade? Eher im Brustraum? Oder im Bauchraum? Halten Sie ihn fest oder kann er frei fließen?
(4) Nehmen Sie schließlich wahr, welche Empfindungen Sie spüren, wenn Sie dem nächsten, der Ihnen begegnet, in die Augen sehen.

Gehen Sie jetzt – in Ihrem Tempo – zurück zu Ihrem Platz. Wie war es?

Genauso achtsam können Sie in Ihrem Alltag gehen. Ich möchte Sie jetzt einladen, ein kurzes Stück Ihrer täglichen Wege auszuwählen – vielleicht eine Treppe oder den Weg zu Ihrer Haustür – das Sie achtsam gehen.

Vielleicht möchten Sie in Ihrem Alltag auch eine andere Tätigkeit regelmäßig achtsam durchführen. Vielleicht wollen Sie lieber achtsam essen oder achtsam trinken, vielleicht auch sich achtsam waschen … Wählen Sie jetzt eine regelmäßig wiederkehrende Tätigkeit aus, die Sie in Zukunft achtsam ausführen wollen. Schließen Sie jetzt die Augen – und wenn Sie eine Tätigkeit gefunden haben, öffnen Sie die Augen wieder und sehen mich an. Wenn mich alle ansehen, machen wir weiter.

[Tr. wartet.]

Typische Schwierigkeiten

Ein typischer Fehler von Teilnehmern liegt darin, Achtsamkeit mit Entspannung oder Erholung zu verwechseln. Diese Fehlannahme wird dann offenkundig, wenn die Teilnehmer gebeten werden, sich das achtsame Ausführen ihrer Tätigkeit im Alltag vorzustellen. Hier kommen dann Einwände wie:

- »Ich würde mich bestimmt ärgern, wenn mich jemand anspricht, während ich achtsam bin – das bringt mich dann komplett aus der Entspannung!«
- »Soll ich mich dann im Alltag abschirmen? Und was denken meine Kollegen / meine Familie?
- »Ich kann mich im Alltag nicht erholen – das ist zu stressig!«

Wenn solche Einwände kommen, ist es angezeigt, noch einmal klarzustellen, dass Achtsamkeit zwar einen entspannenden oder erholungsfördernden Effekt haben kann, dass es jedoch nicht das primäre Ziel ist. In der Übung geht es nur darum, mit der Aufmerksamkeit da zu sein, wo man gerade ist und Ablenkungen zu bemerken. Folgende Zen-Geschichte kann hilfreich sein, um das Prinzip zu illustrieren:

Eine Zen-Geschichte über das Glück

Es kamen einmal ein paar Suchende zu einem alten Zenmeister.

»Herr«, fragten sie, »was tust du, um glücklich und zufrieden zu sein? Wir wären auch gerne so glücklich wie du.«

Der Alte antwortete mit mildem Lächeln: »Wenn ich liege, dann liege ich. Wenn ich aufstehe, dann stehe ich auf. Wenn ich gehe, dann gehe ich, und wenn ich esse, dann esse ich.«

Die Fragenden schauten etwas betreten in die Runde. Einer platzte heraus: »Bitte, treibe keinen Spott mit uns. Was du sagst, tun wir auch. Wir schlafen, essen und gehen. Aber wir sind nicht glücklich. Was ist also dein Geheimnis?«

Es kam die gleiche Antwort: »Wenn ich liege, dann liege ich. Wenn ich aufstehe, dann stehe ich auf. Wenn ich gehe, dann gehe ich und wenn ich esse, dann esse ich.«

Die Unruhe und den Unmut der Suchenden spürte der Meister und fügte nach einer Weile hinzu: »Sicher liegt auch ihr und ihr geht auch und ihr esst. Aber während ihr liegt, denkt ihr schon ans Aufstehen. Während ihr aufsteht, überlegt ihr, wohin ihr geht, und während ihr geht, fragt ihr Euch, was ihr essen werdet. So sind eure Gedanken ständig woanders und nicht da, wo ihr gerade seid. In dem Schnittpunkt zwischen Vergangenheit und Zukunft findet aber das eigentliche Leben statt. Lasst euch auf diesen nicht messbaren Augenblick ganz ein und ihr habt die Chance, wirklich glücklich und zufrieden zu sein.«

(Quelle unbekannt)

6.4 Aufgaben der Woche: Achtsamkeit und Entspannung

In der Abschlussphase wird erstens die Aufgabe der Woche besprochen (s. Abschn. 6.4.1) und deren Umsetzung im Alltag geplant (s. Abschn. 6.4.2). Zweitens haben die Teilnehmer in einem Abschlussblitzlicht noch einmal die Gelegenheit, ein kurzes Feedback über die Einheit zu geben und ggf. noch Fragen zu klären (s. Abschn. 6.4.3). Tabelle 6.4 gibt einen Überblick über Ziele, Inhalte und Organisationsformen der Abschlussphase.

Tabelle 6.4 Überblick über die Abschlussphase (Dauer: ca. 15 Minuten)

Thema	Ziele	Inhalt	Organisation
6.6 Aufgaben der Woche (Dauer: ca. 10 Minuten)	► Die Teilnehmer lernen ihre Hausaufgabe kennen.	► Aufgaben der Woche besprechen (Abschn. 6.6.1)	interaktiver Kurzvortrag
	► Die Aufgaben der Woche werden individuell angepasst, um eine Umsetzung möglichst sicherzustellen.	► Transferplanung (Abschn. 6.6.2)	
6.7 Abschlussblitzlicht (Dauer: ca. 5 Minuten)	► Einheit positiv beenden ► ggf. Fragen klären	► Feedback	Feedback-Blitzlicht

6.4.1 Aufgaben der Woche

Die Aufgaben der Woche (s. Folie 2.35) bestehen darin, die Achtsamkeits- und Entspannungsübung möglichst häufig zu trainieren. Empirische Belege deuten darauf hin, dass es sinnvoll ist, mindestens viermal pro Woche diese Übung durchzuführen. Trainieren Teilnehmer weniger, sinkt die Effektivität deutlich ab. Allerdings gilt: Einmal trainieren ist besser als keinmal.

Eine weitere Übung ist das Durchführen des Achtsamkeitsvorhabens im Alltag (s. Abschn. 5.5). Hierfür gelten die oben beschriebenen Kriterien.

6.4.2 Transferplanung

Die Wirksamkeit des Trainings hängt maßgeblich davon ab, ob und in welchem Umfang die Teilnehmer zwischen den einzelnen Einheiten trainieren. In Anlehnung an das HAPA-Modell (s. Abschn. 3.1) sollen zum Abschluss der Einheit (1) eine Intentionsbildung sowie (2) eine Handlungs- und (3) eine Bewältigungsplanung erarbeitet werden, um die Wahrscheinlichkeit zwischenzeitlichen Trainierens zu erhöhen.

(1) Intentionsbildung

In der ersten Einheit wurde bereits eine generelle Trainingsmotivation aufgebaut (siehe Kapitel 6.4). Diese generelle Trainingsmotivation soll nun in eine spezifische Motivation überführt werden, in der die Teilnehmer festlegen, was sie in welchem Umfang bis zur nächsten Einheit trainieren wollen (Folie 2.36). Dabei spielen drei Elemente eine zentrale Rolle, die durch den Trainer gefördert werden:

(a) Die erlebte positive Wirkung von Achtsamkeit und Entspannung wird noch einmal in Erinnerung gerufen.
(b) Der Trainer stellt – wenn möglich – Verknüpfungen zu den Problemen der Teilnehmer her: Wer beispielsweise grübelbedingte Schlafstörungen hat, der könnte mittelfristig von den zu erwerbenden Fähigkeiten, sich zu entspannen und achtsam zu sein, sehr profitieren. Wichtig ist, dass der Trainer den Teilnehmern bewusst macht, dass manche Wirkungen nicht unmittelbar spürbar sind. Hierfür ist es notwendig, die Zielbindung der Teilnehmer zu stärken.
Mit Blick auf das HAPA-Modell: Das Anknüpfen an benannte Problemlagen bedeutet, die Risikowahrnehmung zu aktualisieren. Zugleich werden hier die Handlungs-Ergebnis- und die Selbstwirksamkeitserwartungen gefördert, indem verhaltensorientierte Lösungsmöglichkeiten (Trainieren von Achtsamkeit und Entspannung) angeboten werden.
(c) Einige Teilnehmer haben Zweifel, ob diese Übungen auch für sie bzw. ihre Probleme hilfreich sind. Wenn es keine begründeten Gegenargumente gibt (siehe z.B. Kontraindikationen), werden die Teilnehmer zum Experimentieren eingeladen: »Diese Übungen sind generell sehr wirksam. Es kann jedoch keiner sagen, ob Ihnen diese Übungen helfen. Das müssen Sie selbst herausfinden. Probieren Sie es einfach einmal zwei Wochen lang aus. In der nächsten Woche können wir ja mal eine kleine Zwischenbilanz ziehen.«

Idealerweise werden diese motivationalen Aspekte bereits im Laufe der zweiten Einheit erarbeitet (s.o.), sodass sie in dieser Phase nur noch abgerufen werden müssen. Am Ende dieses Prozesses steht die Intentionsbildung: Die Teilnehmer formulieren erstens, welche Übung sie wie häufig innerhalb der nächsten Woche durchführen wollen, und zweitens, warum sie für die Durchführung dieser Übungen bereit sind, auch Unannehmlichkeiten in Kauf zu nehmen (Trainingsbegründung). Die Schritte dieser Intentionsbildung werden von Folie 2.37 begleitet und finden sich im Begleitheft auf Seite 5.

(2) Handlungsplanung

Im nächsten Schritt wird die Umsetzung der konkreten Vorsätze soweit konkretisiert, dass Handlungspläne daraus abgeleitet werden können (Handlungsplanung; Folie 2.38). Dabei ist es für die Aufgaben der Woche dieser Einheit vor allem notwendig, das Durchführen der Audioübungen zu terminieren und die Durchführungsbedingungen der Achtsamkeitsübung im Alltag festzulegen. Diese werden im Begleitheft auf Seite 5 eingetragen.

(3) Bewältigungsplanung

Im Alltag wird es verschiedenste Gründe geben, warum Teilnehmer ihre Vorsätze nicht umsetzen. In diesem Schritt geht es darum, (1) mögliche Hindernisse zu antizipieren und (2) geeignete Strategien zu entwickeln, sie zu überwinden (s. Begleitheft S. 6). Die Bewältigungsplanung endet (3) mit einer Partnerübung, in der die Trainingsvorsätze immunisiert werden.

(1) Um mögliche Hindernisse zu antizipieren, sind die Teilnehmer eingeladen, sich in einer kurzen Partnerübung auszutauschen, woran die Vorsätze in der nächsten Woche scheitern könnten. Sie werden auch ausdrücklich eingeladen, innere Hindernisse (den inneren Schweinehund) zu explizieren. Im Anschluss an das kurze Partnergespräch werden diese auf im Begleitheft (S. 6) notiert. Zur visuellen Unterstützung dient Folie 2.39.

(2) Die meisten Menschen kennen nicht nur ihre inneren und äußeren Hindernisse, sie kennen in der Regel auch Bewältigungsstrategien, die sie in ihrem Leben bereits erfolgreich eingesetzt haben. Diese sind jedoch in den Situationen, in denen sie benötigt werden (hier: bei der Umsetzung der Vorsätze) mental häufig nicht zugänglich. Deswegen sollen die Teilnehmer im Begleitheft (S. 6) erfolgversprechende Überwindungsstrategien notieren. Zur visuellen Unterstützung dient Folie 2.40.

(3) Zur Immunisierung der Trainingsvorsätze und zur Stärkung der Überwindungsstrategien wird die Partnerübung »Advocatus Diaboli« durchgeführt. Der Kern der Übung besteht darin, dass Partner A versucht, Partner B seine Trainingsvorsätze auszureden. Da dieser die wichtigsten (inneren) Hindernisse bereits kennt (s. Antizipieren von Hindernissen), kann er punktgenau gegen die Vorsätze seines Partners argumentieren. Gestärkt durch die zuvor aktualisierten Überwindungsstrategien hält Partner B den Argumenten stand und verteidigt seine Vorsätze. Durch den moderaten Überzeugungsversuch »Du schaffst es ja sowieso nicht!« wird psychologische Reaktanz ausgelöst, die bei den meisten zu einem »Jetzt-erst-recht!«-Gefühl führt. Dadurch wenden die Teilnehmer ihre erarbeiteten Überwindungsstrategien beim Verteidigen nicht nur an, sie immunisieren durch die ausgelöste Reaktanz gleichzeitig noch ihre Vorsätze. Im Folgenden wird illustriert, wie die Übung angeleitet werden kann. Zur visuellen Unterstützung dient Folie 2.41.

Vorschlag für die Vermittlung der Bewältigungsplanung

Folie 2.39

Meistens kommt es im Alltag dann doch anders – es kommen Hindernisse, die Sie vom Trainieren abhalten – vielleicht ist auch Ihr innerer Schweinehund am Werk … Wie auch immer: Ich unterstelle Ihnen, dass Sie heute schon wissen, was mit Ihren Vorsätzen so alles schiefgehen kann. Erzählen Sie jetzt Ihrer Nachbarin oder Ihrem Nachbarn, was Sie vom Trainieren abhalten könnte. Danach notieren Sie Ihre Hindernisse im Begleitheft auf Seite 6. Sie haben dafür etwa drei Minuten Zeit.

Folie 2.40

Wenn Sie sich nun einmal die Liste der möglichen Hindernisse ansehen, werden Ihnen die meisten wie alte Bekannte vorkommen. Das Gute daran: Sie wissen bei den meisten schon jetzt, wie Sie die überwinden können. Sammeln Sie jetzt einmal im Begleitheft auf Seite 6 Ideen, wie Sie trotz Hindernis, trotz innerem Schweinehund doch noch trainieren. Nehmen Sie sich dafür etwa drei Minuten Zeit.

Folie 2.41

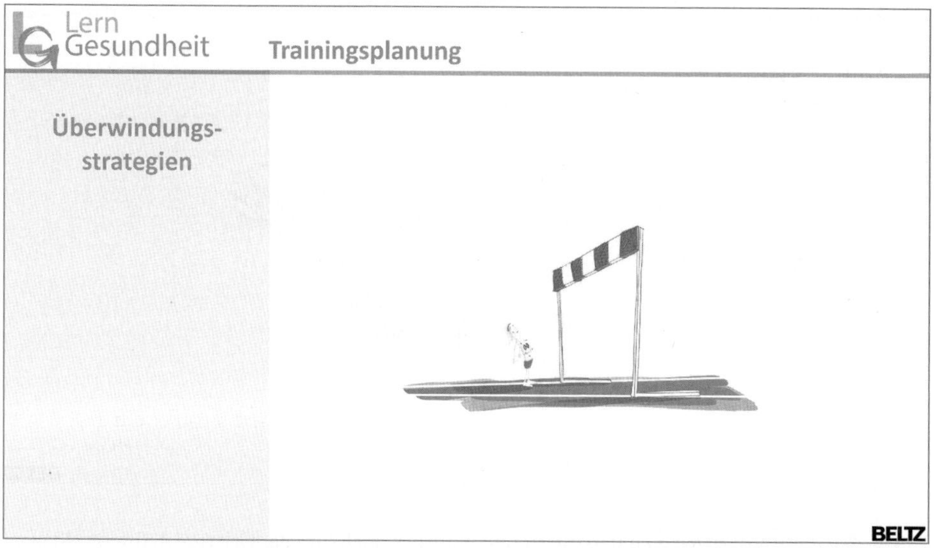

So, jetzt habe ich eine schlechte Nachricht für Sie: Sie haben Ihrem Nachbarn oder Ihrer Nachbarin eben erzählt, was Sie alles vom Trainieren abhalten könnte. Zumindest haben Sie geglaubt, dass es Ihre Nachbarin, Ihr Nachbar war. In Wirklichkeit aber saß da der Advokat des Teufels – nur eben in Gestalt Ihrer Nachbarin, Ihres Nachbarn. Und dummerweise nutzt der Advokat des Teufels nun das ihm eben anvertraute Wissen, um Ihnen Ihren Vorsatz auszureden. Ihre Aufgabe ist es jetzt, ihn davon zu überzeugen, dass Sie es doch schaffen – trotz der zu erwartenden Hindernisse. Verteidigen Sie jetzt gleich Ihre Vorsätze!

Die kleine Übung sieht also so aus: Ihre Nachbarin oder Ihr Nachbar beginnt, Ihnen Ihren Vorsatz auszureden: »Was? Du willst fünfmal in der nächsten Woche trainieren? Das kriegst du doch nie hin! Die Unlust wird dich niederringen, und du wirst letztlich doch nur vor dem Fernseher landen.« So oder so ähnlich könnte das aussehen. Und Sie argumentieren, warum Sie es doch schaffen werden. Legen Sie jetzt die Rollen fest, wer als Advokat des Teufels startet … Sie haben jetzt eine Minute lang Zeit, Ihrer Nachbarin, Ihrem Nachbarn den Vorsatz auszureden. Nach einer Minute klatsche ich einmal, dann tauschen Sie die Rollen. Gibt es noch Fragen zu der Übung?

[Tr. klatscht nach einer Minute und dann noch einmal nach einer weiteren Minute, um die Übung zu beenden.]

Ok, wer von Ihnen geht heute hier mit einem Trainingsvorsatz raus und glaubt, diesen auch tatsächlich umzusetzen?

[Tr. erbittet Handzeichen.]

Das freut mich. Sie haben eben argumentiert, warum Sie trotz Hindernissen und trotz innerem Schweinehund Ihren Vorsatz umsetzen. Notieren Sie sich jetzt in Stichworten im Begleitheft auf Seite 6 weitere Überwindungsstrategien.

Folie 2.42

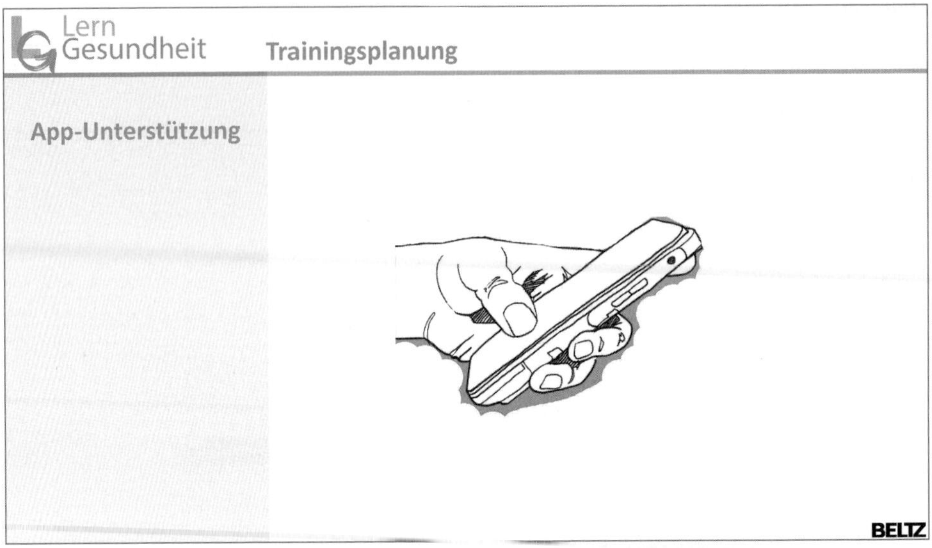

Um Sie bei Ihren Vorsätzen zu unterstützen und natürlich auch, um das Gelernte in Ihrem Alltag zu verankern, bekommen Sie wie gewohnt täglich zwei Impulse mit Mini-Übungen.

6.5 Abschlussblitzlicht

Die Ziele des Abschlussblitzlichts sind:

(1) Die Einheit positiv zu beenden: Teilnehmer bewerten in der Regel die zweite Einheit sehr positiv, weil sie mit der Entspannung und Achtsamkeit Methoden kennen gelernt haben, deren Effekt schnell spürbar ist. Ein positiver Anfang und ein positiver Abschluss wirken sich überproportional auf die Gesamtbewertung einer Einheit aus. Eine positive Gesamtbewertung wirkt sich wiederum auf die Trainingsadhärenz aus.

(2) Mögliche Fragen oder Schwierigkeiten benennen: Die meisten Fragen, Probleme oder Schwierigkeiten sollten im Laufe der Einheit besprochen und geklärt worden sein. Trotzdem bleiben manchmal Fragen offen, die am Ende noch geklärt oder ggf. gezielt verschoben werden können.

Vorschlag für die Durchführung des Abschlussblitzlichtes

Folie 2.43

(Folie 2.43 finden Sie im Foliensatz 2 im Onlinebereich.)

Schwerpunkt heute war die Achtsamkeits- und Entspannungsübung und das achtsame Gehen. Sie haben gerade eine Strategie erarbeitet, wie es Ihnen gelingen kann, die Achtsamkeits- und Entspannungsübung im Alltag zu trainieren. Denken Sie auch an das achtsame Gehen. Am besten, Sie gehen jetzt gleich einmal die Strecke achtsam, die Sie ausgewählt haben.

Aber vorher – und bevor wir für heute auseinandergehen – würde ich gerne noch einmal wissen, wie es heute für Sie war. Starten wir einfach eine kurze Blitzlichtrunde.

Folie 2.44

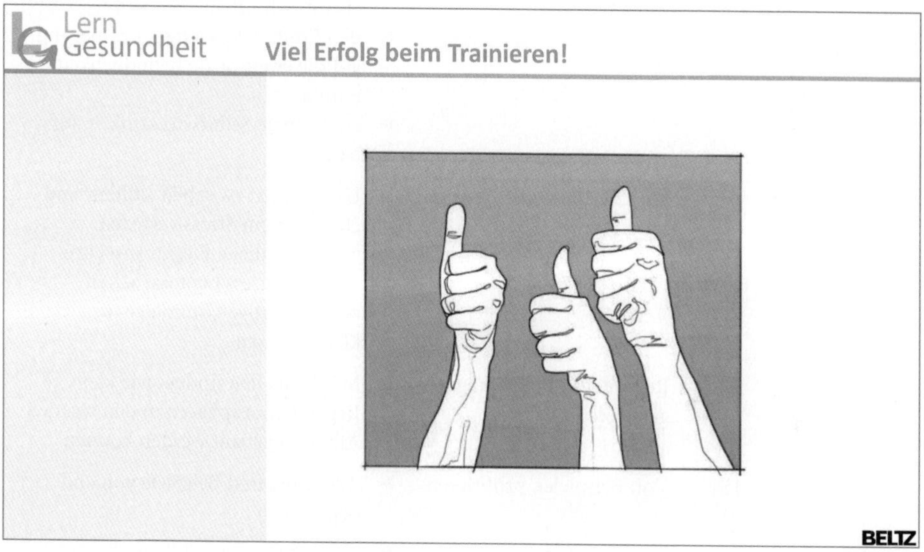

Nun bleibt mir nur noch, Ihnen für die Woche alles Gute zu wünschen. Und viel Erfolg beim Trainieren!

7 Regeneration und hilfreiche Emotionen (Einheit 3)

7.1 Zeitlicher Ablauf von Einheit 3

Phase	Zeit	Thema	Ziele
Einstieg	15'	Begrüßung und Trainingserfahrung reflektieren	▶ Selbstwirksamkeit stärken ▶ ggf. Schwierigkeiten beim Trainieren überwinden
Hauptteil	20'	Hilfreiche Emotionen abrufen	▶ hilfreiche Emotionen zugänglich und abrufbar machen ▶ den Einfluss lebendiger Erinnerung auf die emotionale Befindlichkeit erfahren ▶ emotionale Selbstwirksamkeit aufbauen
	10'	Hintergründe von Regeneration	▶ Unterschied zwischen akutem und chronischem Stress vertiefen ▶ gesundheitliche Folgen von chronischem Stress herausarbeiten ▶ argumentative Grundlage für viele kleine Pausen
	10'	Regeneration im Alltag organisieren	▶ Möglichkeiten finden, wie kleinere Regenerationsphasen in den eigenen Alltag eingebaut werden können
	15'	Von Beispielen profitieren	▶ Anregung und Beispiele von anderen bekommen
Abschluss	15'	Transfer planen	▶ konkrete Vorsätze bilden ▶ Hindernisse antizipieren und Überwindungsstrategien entwickeln
	5'	Wie gehe ich nach Hause?	▶ Mini-Reflexion der dritten Einheit

7.2 Einstieg: Würdigen der Aufgaben und besprechen von Schwierigkeiten

Den Einstiegen in die jeweiligen Einheiten liegt immer die gleiche Struktur zugrunde. Diese wurde bereits in Einheit 2 ausführlich dargestellt (s. Abschn. 6.2): Erfolge und Bemühungen werden gewürdigt und Schwierigkeiten werden ggf. analysiert und überwunden, sodass vor allem die Selbstwirksamkeitserwartung gestärkt wird. Deswegen wird an dieser Stelle (und in allen weiteren Kapiteln) auf die ausführliche Darstellung des Einstieges in die zweite Einheit verwiesen. In diesem Abschnitt werden jedoch die spezifischen Schwierigkeiten dargestellt, die beim Durchführen der Aufgaben zwischen Einheit 2 und Einheit 3 auftreten können. Tabelle 7.1 gibt einen Überblick über die Einstiegsphase der dritten Einheit.

Tabelle 7.1 Überblick über die Einstiegsphase (Dauer: etwa 15 Minuten)

Thema	Ziel	Inhalt	Organisation
Begrüßung und Trainingserfahrung reflektieren	Selbstwirksamkeit stärken	kurze Einstiegsrunde zu den Fragen: ▶ Wie ist es Ihnen mit der Übung (Hausaufgabe) ergangen?	Blitzlichtrunde
	▶ verstärken, was gut war	▶ Was ist Ihnen gut gelungen (Bemühungen)? ▶ Wie hat sich bei Ihnen die Wirkung gezeigt?	
	▶ Schwierigkeiten überwinden	▶ ggf.: Welche Schwierigkeiten gab es? ▶ Wie lassen sie sich überwinden?	

Schwierigkeiten

Die Aufgaben der Woche bestanden erstens aus dem mindestens viermaligen Durchführen der kombinierten Achtsamkeits- und Entspannungsübung und zweitens aus dem achtsamen Gehen. Für die kombinierten Achtsamkeits- und Entspannungsübung stand eine MP3-Version zur Verfügung (s. Trainings-App). Tabelle 7.2. enthält typische Schwierigkeiten und Ursachen sowie mögliche Überwindungsstrategien. Tabelle 7.3 bezieht sich auf die Durchführung der achtsamen Tätigkeit. Neben den aufgabentypischen Schwierigkeiten können allerdings auch die in Tabelle 6.2 dargestellten Probleme in Betracht gezogen werden (s. Abschn. 5.2).

Tabelle 7.2 Typische Schwierigkeiten bei der Durchführung der kombinierten Übung, mögliche Ursachen und Lösungswege

typische Schwierigkeiten / Probleme	mögliche Ursachen	mögliche Lösungswege
Übung löst Widerstände aus.	▶ Tn. mag die Stimme nicht, die die Achtsamkeit und Entspannung anleitet.	▶ Tn. kann die Übung selbst einsprechen oder von Freunden / Bekannten einsprechen lassen. ▶ Im Internet gibt es kostenlose Entspannungsvideos oder -audios. ▶ Stimme einfach ertragen: mentale Notiz machen, wenn sie stört – die Übung trotzdem weiter machen

Tabelle 7.2 (Fortsetzung)

typische Schwierigkeiten / Probleme	mögliche Ursachen	mögliche Lösungswege
	▶ Tn. meint, Entspannungsübungen sollten im Liegen gemacht werden.	▶ ermutigen, die Übung doch im Sitzen zu probieren; erklären, dass es mittelfristig darum geht, Entspannung im Alltag abrufen zu können ▶ ggf. freistellen, ob die Übung auch im Liegen gemacht wird (Allerdings sollte auf die Vorteile des Sitzens hingewiesen werden.)
	▶ Tn. wird unruhig bei der Übung.	▶ mögliche Kontraindikationen (s. Abschn. 6.3) erfragen.
Es tritt kein Entspannungseffekt ein.	▶ zu wenig Praxis (Manche Tn. brechen die Übung bereits nach dem ersten Mal ab, wenn sie keine Entspannung bemerken.)	▶ ermutigen, weiterzumachen und nach vier- bis fünfmal Üben erneut zu bewerten
	▶ Tn. spannt zu stark an (bis hin zu Verkrampfungen).	▶ leichteres Anspannen erproben
	▶ Tn. fällt das Loslassen schwer.	▶ leichteres Anspannen erproben ▶ Der Tn. kann ggf. autogenes Training ausprobieren.
Achtsamkeit funktioniert nicht.	▶ Tn. erwartet, dass Achtsamkeit zu Entspannung führt.	▶ klären, dass Entspannung eine Nebenwirkung von Achtsamkeit sein kann, dass es aber v. a. um das Bemerken von Ablenkungen und das Zurückholen der Aufmerksamkeit geht
	▶ Tn. ärgert sich über ständige Ablenkungen (»Ich kann das nicht!«).	▶ klären, dass das Bemerken von Ablenkung Ziel der Übung ist (In diesem Sinne ist der Tn. erfolgreich!)

Tabelle 7.3 Typische Schwierigkeiten bei der Durchführung der achtsamen Tätigkeit im Alltag, mögliche Ursachen und Lösungswege

typische Schwierigkeiten / Probleme	mögliche Ursachen	mögliche Lösungswege
»Ich kann doch nicht alles um mich herum ausblenden!«	▶ Tn. verwechselt achtsam sein (im Hier und Jetzt) mit tranceähnlichen Zuständen.	▶ Sinn der Übung noch einmal besprechen

Tabelle 7.3 (Fortsetzung)

typische Schwierigkeiten / Probleme	mögliche Ursachen	mögliche Lösungswege
	▶ Tn. hat hohes Kontrollbedürfnis (»Ich muss immer 150 % da sein und alle Eventualitäten schon im Vorfeld bedenken!«).	▶ Sinnhaftigkeit dieser Aussage gemeinsam mit Tn. überprüfen (Achtung: empathisches Vorgehen, um die Compliance nicht zu gefährden oder Tn. vor den Kopf zu stoßen!) ▶ ggf. andere Rahmenbedingungen suchen (statt achtsames Gehen im Büro → achtsames Gehen im eigenen Treppenhaus)
»Ich ärgere mich, wenn mich jemand aus der Achtsamkeit rausbringt!«	▶ Tn. verwechselt achtsam sein (im Hier und Jetzt) mit tranceähnlichen Zuständen.	▶ Sinn der Übung noch einmal besprechen ▶ achtsam wahrnehmen, dass gerade ein Ziel aktiviert ist (mentale Notiz) ▶ Ärger achtsam wahrnehmen (mentale Notiz)
»Ich finde die Übung langweilig!«	▶ Tn. erwartet große Effekte.	▶ Sinn der Übung noch einmal besprechen ▶ Langeweile achtsam wahrnehmen (mentale Notiz)
	▶ Einige Menschen brauchen hohe Aktiviertheit, sonst entsteht Unwohlsein.	▶ Unwohlsein bzw. Langeweile achtsam wahrnehmen (mentale Notiz) ▶ ggf. Übungsumfang reduzieren ▶ ermutigen, darauf neugierig zu sein, wie Tn. Veränderungen bemerkt

7.3 Hilfreiche Emotionen aufbauen und abrufen

Im ersten Hauptteil der dritten Einheit geht es um das Aufbauen und Abrufen hilfreicher Emotionen. Es konnte gezeigt werden, dass sich erstens das häufige Erleben hilfreicher oder angenehmer Emotionen positiv auf die Stressbewältigung auswirkt (z. B. Greenberg, 2002). Die Fähigkeit, gezielt hilfreiche Emotionen abrufen zu können, kann zweitens als eine Form der Gegenregulation und Selbstberuhigung eingesetzt werden.

Die Teilnehmer bauen in dieser Übung gezielt hilfreiche Emotionen auf und verknüpfen diese assoziativ mit einem Anker (einem Symbol, einem Bild oder einem

Wort, das sie innerlich abrufen). Der Sinn dieser Übung besteht darin, später die hilfreiche Emotion durch das innerliche Abrufen des Ankers zu aktivieren.

Die Teilnehmer erfahren zunächst die Hintergründe, den Sinn und den Aufbau der Übung (s. Abschn. 7.3.1). Dann führen sie die Übung durch (s. Abschn. 7.3.2). Für Teilnehmer, die zum Katastrophisieren neigen oder sich erwartbare emotional schwierige Situationen immer wieder imaginieren (Rumination), kann es sehr hilfreich sein, in der Imagination der schwierigen Situation bereits hilfreiche Emotionen gezielt abzurufen. Der Trainer kann in diesem Fall auf die didaktische Reserve zurückgreifen (s. Abschn. 7.3.3). Tabelle 7.4 gibt einen Überblick über den ersten Hauptteil der dritten Einheit.

Tabelle 7.4 Überblick über den Aufbau und das Abrufen von hilfreichen Emotionen (Hauptteil 1; Dauer: etwa 20 Minuten)

Thema	Ziele	Inhalt	Organisation
7.3.1 Hinführung zur Übung	▶ Sinn der Übung kennenlernen ▶ Funktionsweise der Übung verstehen	▶ Rückgriffe auf das Mäuse-Experiment: Konditionieren von emotionalem Erleben ▶ besprechen, warum das Erleben hilfreicher Emotionen sinnvoll ist ▶ Aufbau der Übung vorstellen	Kurzvortrag / Plenumsgespräch
7.3.2 Durchführung der Übung	▶ hilfreiche Emotionen zugänglich und abrufbar machen ▶ den Einfluss lebendiger Erinnerung auf die emotionale Befindlichkeit erfahren ▶ emotionale Selbstwirksamkeit aufbauen	▶ hilfreiche Emotion auswählen ▶ Situation finden, in der die hilfreiche Emotion erlebt wurde ▶ Situation imaginieren ▶ hilfreiche Emotion verankern ▶ Anker prüfen	Einzelarbeit / Imagination
7.3.3 Auf schwierige Situationen anwenden	▶ Anker mental anwenden	▶ schwierige Situation finden ▶ prüfen, ob Anker passt ▶ schwierige Situation imaginieren ▶ Ankerabruf in der imaginierten schwierigen Situation	didaktische Reserve

7.3.1 Hinführung zur Anker-Übung

Die Teilnehmer kennen das Prinzip, dass emotionale Zustände konditioniert werden können, bereits aus dem Mäuse-Experiment (s. Abschn. 5.2.2). Das Verankern von hilfreichen Emotionen basiert auf einem sehr ähnlichen Prinzip. Deswegen ergibt es Sinn, zur Erklärung auf das Mäuse-Experiment zurückzugreifen, um an Bekanntes anzuknüpfen.

Die theoretische Erklärung der Anker-Übung kann sehr kurz gehalten werden. Wichtiger ist es, dass die Teilnehmer verstehen, dass Sie mit dieser Übung eine Möglichkeit der emotionalen Gegenregulation bekommen: Ist beispielsweise der Ärger so stark, dass keine vernünftige Interaktion mehr möglich ist, kann mit dem Abruf von Gelassenheit der Ärger in seiner Intensität beeinflusst werden.

Vorschlag für die Hinführung zur Anker-Übung

Folie 3.4

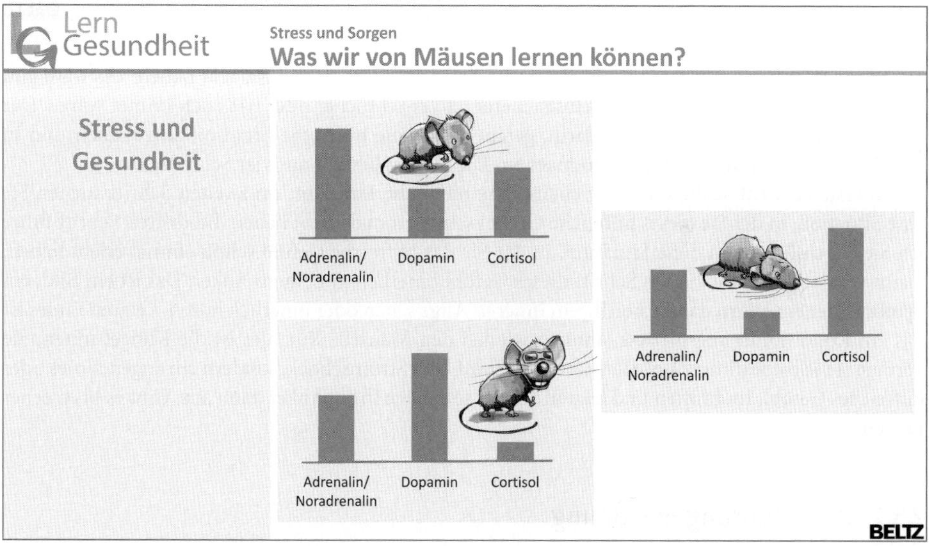

Vor zwei Wochen hatten wir über dieses Experiment gesprochen. Wer erinnert sich noch daran?

[Tn. fassen das Experiment zusammen, ggf. unterstützt Tr.]

Sie lernen nun eine Übung kennen, mit deren Hilfe Sie positive bzw. hilfreiche Gefühle gezielt aufbauen und abrufen können. Sie werden sehen, dass die Übung ganz ähnlich wie dieses Experiment aufgebaut ist – nur eben für hilfreiche Emotionen.

Folie 3.5

Lern Gesundheit **Hilfreiche Emotion**

Anker für hilfreiche Emotionen

5 Schritte

1. hilfreichen Zustand finden
2. Situation finden
3. Situation nacherleben
4. Gefühl ankern
5. Anker abrufen

BELTZ

Sie alle kennen bestimmt Situationen, in denen Sie sich schon einmal gedacht haben: »Es wäre gut, wenn ich jetzt gelassener, mutiger, selbstsicherer, zuversichtlicher oder wie auch immer wäre.« Der Kern der nächsten Übung besteht darin, genau solch eine hilfreiche Emotion aufzubauen und in schwierigen Situationen verfügbar zu machen. Die Übung besteht aus vier Schritten:

Im ersten Schritt suchen Sie eine ebensolche hilfreiche Emotion. Im zweiten Schritt suchen Sie eine Situation, in der Sie dieses hilfreiche Gefühl schon einmal erlebt haben. Im dritten Schritt führe ich Sie durch Fragen in diese Situation, in der Sie das hilfreiche Gefühl schon einmal erlebt haben. Dann verbinden Sie im vierten Schritt dieses Gefühl innerlich mit einem Anker: Das ist ein Bild, ein Symbol oder ein Wort, das Sie vor Ihrem inneren Auge sehen oder innerlich hören. Letzten Endes ist das ein Konditionierungsprozess, ähnlich wie bei den Mäusen. Nur hier ist die Klingel innen, Sie können sie selbstbestimmt auslösen, und es kommt kein Stromschock, sondern ein angenehmes oder hilfreiches Gefühl. Im fünften und letzten Schritt testen Sie Ihren Anker dann aus. Gibt es bis hierher Fragen?

7.3.2 Durchführung der Übung

Die Durchführung der Ankerübung geschieht in fünf Schritten. Zunächst suchen die Teilnehmer eine hilfreiche Emotion oder einen hilfreichen emotionalen Zustand, den sie im Alltag abrufbereit haben möchten (Schritt 1). Dann suchen sie eine Situation, in der sie diesen Zustand bereits erlebt haben (Schritt 2). Sie erleben die Situation mental mit möglichst allen Sinnen nach (Schritt 3) und verankern den so hervorgerufenen hilfreichen emotionalen Zustand (Schritt 4). Schließlich erproben sie, ob ihr Anker funktioniert (Schritt 5).

Die Teilnehmer sollten jeden Schritt (sowie unten dargestellt) nacheinander durchführen. Dazu wird die Gruppe gebeten, solange zu warten, bis alle den jeweiligen Schritt erledigt haben. Gemeinsam wird dann jeweils der nächste Schritt begonnen.

Schritt 1: Hilfreiche Emotion finden

Im ersten Schritt suchen die Teilnehmer einen emotionalen Zustand bzw. eine Emotion, die sie in emotional schwierigen Situationen abrufen möchten. Der Suchbegriff ist mit »hilfreiche Emotion« und »hilfreicher emotionaler Zustand« bewusst breit gewählt. So fallen auch Zustände mit in das Suchfeld, die keine reinen Emotionen sind, sondern kognitive Aspekte wie Bewertungen mit einschließen. Ein typisches Beispiel ist Gelassenheit. Gelassenheit wird in einigen Emotionstheorien nicht als Emotion gewertet (z.B. Scherer, 1997), während andere Gelassenheit durchaus als Emotion ansehen (Berking, 2010). Um dieses theoretische Problem zu umgehen, wird bei dieser Übung von hilfreichen emotionalen Zuständen gesprochen.

Es kann für die Teilnehmer unterstützend sein, wenn der Trainer einige mögliche hilfreiche emotionale Zustände nennt (z.B. Gelassenheit, Geduld, Zuversicht, Humor etc.).

Schritt 2: Situation finden

Wenn jeder einen hilfreichen emotionalen Zustand gefunden hat, werden die Teilnehmer gebeten, eine Situation zu finden, in der sie diesen Zustand bereits erlebt haben. Da unser Gedächtnis biographische Episoden zusammen mit dem dazugehörigen emotionalen Erleben abspeichert, wird durch das Abrufen dieser episodischen Erinnerung auch das entsprechende emotionale Erleben aktiviert. Dabei ist es jedoch notwendig, dass die Teilnehmer eine möglichst konkrete Situation erinnern.

Vorschlag für die Durchführung der Schritte 1 und 2

Folie 3.5

Ok, dann würde ich vorschlagen, dass wir jetzt starten:

Als erstes bitte ich Sie, ein hilfreiches Gefühl zu suchen. Welches wollen Sie abrufbereit haben? Gelassenheit? Zuversicht? Innere Ruhe? Ein Gefühl von innerer Stärke? Suchen Sie bitte jetzt ein Gefühl, das für Sie hilfreich ist, und sehen Sie mich an, wenn Sie eins gefunden haben. Erst wenn mich alle ansehen, weiß ich, dass wir weitermachen können.

[Tr. wartet.]

Als zweites suchen Sie jetzt eine Situation, in der Sie dieses hilfreiche Gefühl schon einmal erlebt haben. Sie kennen es ja bereits: Sie schauen mich erst an, wenn Sie soweit sind.

[Tr. wartet.]

Schritt 3: Emotion aufbauen

Damit durch das Nacherleben der Situation der gewünschte emotionale Zustand aktiviert wird, ist es notwendig, die Erinnerung so lebendig wie möglich zu gestalten. Im Rahmen der Hypnotherapie wurde das VAKOG-Modell entwickelt, um lebendiges Nacherleben zu unterstützen und zu fördern (z.B. Peter, 2015).

VAKOG bezieht sich auf die einzelnen Sinnesmodalitäten:
V = visuell
A = auditiv
K = kinästhetisch
O = olfaktorisch
G = gustatorisch

Der Text zur Imagination der ausgewählten Situation findet sich im Kasten *Ankerübung.* und berücksichtigt alle Sinnesmodalitäten. Jedoch sollte der Terainer, bevor diese Übung mit geschlossenen Augen durchgeführt wird, den Ablauf so vorstellen, dass die Teilnehmer bei der Durchführung wissen, was sie tun sollen. Dadurch müssen sie sich weniger auf die Anweisung konzentrieren und haben mehr kognitive Kapazitäten für das Erinnern der Situation frei.

Erfahrungsgemäß fällt es einigen Teilnehmern schwer, sich an einen Geruch oder einen Geschmack zu erinnern. Der Trainer kann das dadurch unterstützen, dass er erstens den Druck, sich daran erinnern zu müssen, reduziert und zweitens selbst ein Beispiel vorgibt. Konkret könnte der Trainer beispielsweise sagen: »Wir wissen, dass das Erinnern von Gerüchen oder eines Geschmacks das emotionale Erleben unterstützt, weil der Geruchssinn und Hirnbereiche für emotionales Erleben neuroanatomisch eng zusammen liegen. Wer beispielsweise diesen besonderen Geruch des Meeres in seiner Erinnerung riechen kann, erlebt schnell die Gelassenheit eines Strandspaziergangs wieder (Beispiel vorgeben). Wir wissen aber auch, dass es einigen schwer fällt, sich an einen Geruch oder einen Geschmack zu erinnern. Wenn ihnen also nichts einfällt, ist das vollkommen in Ordnung (Druck reduzieren).«

Schritt 4: Ankern

Das Ankern findet während Imagination statt (s. Kasten). Die Teilnehmer werden gebeten, sich ein Symbol, ein Bild oder ein Wort auszuwählen, das sie innerlich abrufen können, und dann das Erleben des emotional hilfreichen Zustandes bewusst zu intensivieren. Dadurch entsteht eine assoziative Verknüpfung zwischen Ankerreiz und Emotionserleben. Dieser Vorgang sollte den Teilnehmern vor der Durchführung der Imagination erklärt werden, um sie während der Übung kognitiv zu entlasten.

Vorschlag für die Durchführung der Schritte 3 und 4

Folie 3.5

Ok, jetzt gleich werde ich Sie bitten, die Augen zu schließen und innerlich noch einmal in die Situation zu gehen, in der Sie das hilfreiche Gefühl erlebt haben. Damit Sie wissen, was auf Sie zukommt, wenn Sie die Augen geschlossen haben, werde ich es Ihnen jetzt im Vorfeld verraten: Ich werde mit Fragen alle Sinnesmodalitäten abklopfen: Was Sie in der Situation gesehen haben, was Sie gehört haben, was Sie gespürt haben … Damit meine ich, dass Sie vielleicht noch einmal den Boden unter Ihren Füßen spüren, wenn Sie gestanden haben – oder den Untergrund, auf dem Sie gesessen oder gelegen haben. Dann könnten da noch Empfindungen wie Wind auf der Haut oder Wärme oder vielleicht ganz andere sein. Ich werde Sie dann fragen, ob Sie sich noch an einen Geruch oder einen Geschmack erinnern können. Das kann sehr hilfreich sein, denn unser Geruchssystem ist sehr eng mit unseren Emotionen verknüpft. Aber vielleicht erinnern Sie sich auch nicht an einen Geruch oder Geschmack – dann ist das auch nicht weiter schlimm.

Und während Sie die Situation mit allen Sinnen nacherleben, werde ich Sie bitten, darauf zu achten, wo in Ihrem Körper Sie den hilfreichen emotionalen Zustand empfinden und wie er sich anfühlt. Gelassenheit könnten Sie beispielsweise als warmes, angenehmes Gefühl in Ihrem Bauch spüren – oder vielleicht als weites Gefühl im Brustraum. Es könnte aber auch sein, dass Sie es als kühles Kribbeln im kleinen Zeh spüren. Das kann also sehr unterschiedlich sein. Seien Sie einfach gespannt, wie und wo Sie Ihre hilfreiche Emotion spüren.

Und während Sie das Gefühl noch einmal nacherleben, werde ich Sie bitten, sich einen Anker – also ein Wort, ein Symbol oder ein Bild – zu suchen und dann noch einmal dieses hilfreiche Gefühl zu aktivieren.

Ich würde vorschlagen, dass wir jetzt starten. Ok?

[Tr. liest bzw. spricht die Ankerübung (s. Kasten).]

Ankerübung

Setzen Sie sich zunächst bequem hin und atmen tief ein und wieder aus. Schließen Sie dann Ihre Augen, und gehen innerlich noch einmal in die Situation, in der Sie das hilfreiche Gefühl erlebt haben (...) Was haben Sie in dieser Situation gesehen? (...) Waren Sie alleine (...) oder waren andere bei Ihnen? (...) Schauen Sie sich noch einmal um (...) Und achten Sie jetzt darauf, was Sie in dieser Situation hören konnten (...) Vielleicht waren da Stimmen oder Geräusche oder Musik (...) Nehmen Sie dann wahr, was Sie gespürt haben (...) vielleicht noch einmal den Boden unter Ihren Füßen spüren, wenn Sie gestanden haben – oder den Untergrund, auf dem Sie gesessen oder gelegen haben (...) Dann könnten da noch Empfindungen sein wie Wind auf der Haut oder Wärme – oder vielleicht sind da auch ganz andere Empfindungen (...) Vielleicht können Sie sich noch an einen Geruch oder einen Geschmack erinnern (...) Während Sie die Situation mit allen Sinnen nacherleben, achten Sie einmal darauf, wo in Ihrem Körper Sie den hilfreichen emotionalen Zustand empfinden und wie er sich anfühlt (...)

Und während Sie das Gefühl noch einmal nacherleben, suchen Sie sich bitte einen Anker – also ein Wort, ein Symbol oder ein Bild (...) Wenn Sie den gefunden haben, aktivieren Sie noch einmal dieses hilfreiche Gefühl. Nehmen Sie sich jetzt die Zeit, die Sie dafür brauchen – und öffnen Sie erst die Augen, wenn Sie so weit sind.

[Tr. wartet, bis alle soweit sind.]

Schritt 5: Anker erproben

Direkt im Anschluss an die Imaginationsübung sollte der Trainer erfragen, wer (zumindest teilweise) den hilfreichen emotionalen Zustand gespürt hat. Dadurch, dass die Teilnehmer sich das noch einmal bewusst machen, werden die emotionale und die aufgabenbezogene Selbstwirksamkeit gefördert.

Danach werden die Teilnehmer aufgefordert, ihren Anker zu erproben: Sie sollen noch einmal die Augen schließen und versuchen, durch das Abrufen des Ankerreizes den emotionalen Zustand zu aktivieren.

Abschließend sollte der Trainer darauf hinweisen, dass erstens die Verbindung zwischen Ankerreiz und Erleben nur durch häufiges Abrufen des Ankers gestärkt wird (Training) und dass zweitens das ausschließliche Abrufen des Ankers in belastenden oder emotional schwierigen Situationen eine nicht gewollte Assoziation zwischen Ankerreiz und Belastungserleben zur Folge haben könnte. Deswegen ist es wichtig, dass der Ankerreiz immer wieder zwischendurch abgerufen und das ursprüngliche, hilfreiche Erleben aktiviert wird.

Vorschlag für die Durchführung von Schritt 5

Folie 3.5

Ok, ich bin einmal gespannt, wer von Ihnen etwas gespürt hat. Mögen Sie einmal ein Handzeichen geben? (...) Das freut mich. Wenn Sie nichts gespürt haben, kann das zwei Gründe haben: Entweder war das nicht Ihre Herangehensweise – das kann es geben. Oder Sie brauchen einfach noch ein bisschen mehr Übung. Für alle, die etwas gespürt haben, kommt jetzt die Bewährungsprobe: Schließen Sie bitte noch einmal die Augen und versuchen Sie über Ihren Anker das hilfreiche Gefühl erneut zu aktivieren. Nehmen Sie sich wieder die Zeit, die Sie brauchen.

[Tr. wartet, bis alle soweit sind.]

Wer von Ihnen hat über den Anker noch einmal das hilfreiche Gefühl aktivieren können? (...) Das freut mich. Jetzt habe ich allerdings eine schlechte Nachricht: Nur weil es heute geklappt hat, hilft Ihnen das noch nicht. Damit Sie das hilfreiche Gefühl zuverlässig abrufen können, müssen Sie es schnell und sicher abrufbar machen – und das geht durch häufiges Üben. Die gute Nachricht ist: Sie brauchen nicht viel Zeit zum Üben und Sie können das Abrufen des Ankers quasi überall – ob im Fahrstuhl, an der Bushaltestelle oder in der Schlange an der Kasse – trainieren.

Zum Schluss noch eines: Das Ganze funktioniert nur, weil es ein Konditionierungsprozess ist. Und wenn Sie Ihren Anker jetzt nur noch in schwierigen und belastenden Situationen abrufen, geht der positive Effekt verloren. Aus diesem Grund müssen Sie Ihren Anker pflegen und immer wieder nur die positiven Emotionen genießen. Das machen Sie so, wie wir es heute gemacht haben. Gibt es bis hierhin Fragen?

7.3.3 Exkurs: Schwierige Situationen imaginieren – hilfreiche Emotionen nutzen

In diesem Abschnitt ist eine zusätzliche Anwendung vorgeschlagen, die in der zeitlichen Planung der dritten Einheit nicht berücksichtigt ist. Diese Übung kann dann sinnvoll sein, wenn einige oder gar viele Teilnehmer sich bereits im Vorfeld oder im Nachhinein Belastungssituationen bzw. emotional schwierige Situationen sehr lebhaft vorstellen (Grübelsituation). Die Logik der Übung besteht darin, dass die Teilnehmer bewusst diese emotional schwierige Situation imaginieren und während der Imagination ihren Anker für hilfreiche emotionale Zustände abrufen. Das ist eine Möglichkeit, belastende Phantasien umzugestalten.

Entscheidet sich der Trainer dafür, diese Übung durchzuführen, sollte er bei der Planung und Gestaltung der dritten Einheit zwei Dinge berücksichtigen:

(1) Die vorgegebene Zeitplanung muss verändert werden. Das heißt konkret, dass der zweite Hauptteil, in dem es um Regeneration geht (s. Abschn. 7.4) gekürzt werden muss. Alternativ kann die dritte Einheit um etwa 15 Minuten verlängert werden. Dies sollte im Vorfeld mit den Teilnehmern besprochen werden.

(2) Die Teilnehmer sollten bei der Auswahl der hilfreichen Emotion (s. Abschn. 7.3.2, Schritt 1) bereits die häufig imaginierte belastende Situation berücksichtigen: Die hilfreiche Emotion sollte auch für diese Situation nützlich sein.

Teilnehmer, die sich im Alltag eher selten mit lebendigen Vorstellungen emotional schwieriger Situationen belasten, können bei der Durchführung dieser Übung die Anwendung ihres Ankers (s. Abschn. 7.3.2) in einer Alltagssituation imaginieren.

Aufbau der Übung

(1) Problem- bzw. Grübelsituation finden
(2) Problem- bzw. Grübelsituation nacherleben (Imagination)
(3) Anker in der Imagination abrufen
(4) Übung reflektieren

Auch diese Übung muss im Alltag trainiert werden, damit sie wirksam ist.

7.4 Regeneration: Im Alltag leben

Im zweiten Hauptteil der dritten Einheit geht es thematisch um Regeneration. Erholungserleben ist das Pendent von sympathischer Aktivierung, wie es im Stresserleben üblich ist. Der Wichtigkeit des Wechsel von Aktivierung (Stress) und Erholung soll hier zunächst psychoedukativ vermittelt werden (s. Abschn. 7.4.1). Daran anschließend werden die Teilnehmer eingeladen, in ihrem eigenen Alltag Erholung einzuplanen (s. Abschn. 7.4.2). Abschließend stellen einzelne Teilnehmer ihre Ideen oder bereits gelingende Praxis vor, sodass andere Teilnehmer von ihren Beispielen profitieren können (s. Abschn. 7.4.3). Tabelle 7.5 gibt einen Überblick über die Planung des zweiten Hauptteils.

Tabelle 7.5 Überblick über die Vermittlung und Planung von Regeneration im Alltag (Hauptteil 2; Dauer: etwa 35 Minuten)

Thema	Ziele	Inhalt	Organisation
7.4.1 Hintergründe von Regeneration	► die Relevanz von Regeneration im Alltag verstehen	► Wechsel von Sympathikus und Parasympathikus ► Folgen mangelnder Regeneration	Kurzvortrag / Plenumsgespräch

Tabelle 7.5 (Fortsetzung)

Thema	Ziele	Inhalt	Organisation
	▶ die Wirkung regelmäßiger kleiner Erholungspausen erkennen	▶ Grundprinzip steigender Ermüdung während der Arbeitszeit ▶ Grundprinzip sinkender Ermüdung in der Pause ▶ Kombination der beiden Grundprinzipien	
7.4.2 Regeneration im Alltag organisieren	▶ Erholungsintentionen entwickeln ▶ Erholungsmöglichkeiten im Alltag entdecken	▶ Möglichkeiten finden, zwischendurch kleine Pausen zu machen ▶ individuell passende Wege finden, wie Abschalten zwischendurch gelingt	Partnergespräch
7.4.3 Von Beispielen anderer profitieren	▶ Verstärkung aufgabenbezogener Selbstwirksamkeit zur Regeneration im Alltag ▶ Ideen austauschen, wie Regeneration gelingen kann	▶ Einzelne Teilnehmer stellen Ideen oder bereits praktizierte Möglichkeiten vor.	Gespräch in der ganzen Gruppe (Begleitheft, Seite 7)

7.4.1 Hintergründe von Regeneration

Bei der Vermittlung der Hintergründe wird zunächst auf das bereits bekannte Wechselmodell der Aktivierung (vgl. Abschn. 5.2.2) zurückgegriffen (Folie 3.6 und 3.7). Es wird herausgearbeitet, dass langanhaltender Stress bzw. langanhaltende Aktivierung dauerhaft zu gesundheitlichen und mentalen Problemen führen kann. Einige Teilnehmer unterscheiden zwischen sogenanntem Eustress und Disstress. Diese Unterscheidung kann hier zu dem Trugschluss führen, dass nur langanhaltender Disstress gesundheitsschädlich ist, nicht aber Eustress. In solchen Fällen ist es wichtig, die Unterscheidung zwischen sympathischer und parasympathischer Aktivierung zu betonen. Die Aufgaben, die jemand hat, können durchaus Spaß machen oder als nicht belastend empfunden werden – solange sie mit sympathischer Aktivierung einhergehen, bedarf es trotzdem des Wechsels zur parasympathischen Aktivierung.

Einige wenige Teilnehmer reagieren mit starken Widerständen auf die nachfolgende Aufgabe, Regeneration in ihren eigenen Alltag zu implementieren (s. Abschn. 7.4.2). Die Gründe für solche Widerstände können in kognitiven Einschärfungen oder Glaubensmustern liegen (z. B. »Erst die Arbeit, dann das Vergnügen!«). Manchmal kommt auch noch hinzu, dass Teilnehmer, die lange Zeit ihre eigenen Bedürfnisse und ihren Erholungsbedarf übergangen haben, es als bedrohlich empfinden, sich mit diesem Thema auseinanderzusetzen (z. B. »Wenn ich erst einmal runterfahre, schaffe ich am Ende gar nichts mehr!«).

Der Umgang mit solchen Widerständen im Rahmen eines Trainings ist eine Gratwanderung: Auf der einen Seite ist es wünschenswert, dass die Teilnehmer mit Regeneration im Alltag experimentieren (s. u.). Auf der anderen Seite ist das Bearbeiten oben genannter Überzeugungen oder Befürchtungen nur bedingt im Rahmen des Trainings möglich und angezeigt. In manchen Fällen kann das die Aufgabe von Psychotherapie sein. Damit diese Gratwanderung gelingt, ist die vorbereitende Psychoedukation besonders wichtig. Der Trainer sollte zunächst einmal durch seine Haltung klar machen, dass er wissenschaftliche Erkenntnisse zum Thema Regeneration vermittelt (und nicht missionieren will). Gleichzeitig ist es wichtig, dass er sich auf den Wechsel von sympathischer und parasympathischer Aktivierung bezieht (s. o.). Dabei sollte er deutlich machen, dass Regeneration nicht erst angezeigt ist, wenn man bereits vollkommen erschöpft ist, sondern dass regelmäßiges, präventives Erholungsverhalten notwendig ist, damit man möglichst erst gar nicht in einen Zustand der Erschöpfung gerät.

Ein weiterer relevanter Punkt, der zunächst psychoedukativ erarbeitet werden sollte, betrifft die Möglichkeit, im Alltag kleine Pausen zu integrieren. Dazu wird zunächst vermittelt, dass viele kleine Pausen zwischendurch Vorteile gegenüber langen und wenigen Pausen haben. Der Trainer sollte hier folgende Haltung zeigen:

(1) Jeder ist letztlich selbst für das, was er tut, verantwortlich: also auch für sein Erholungsverhalten. In der Regel erwarten andere von uns vielfältige Dinge, Erholung gehört nicht dazu. Hier ist die Selbstverantwortung besonders gefragt, weil die Fremdsteuerung entfällt. Es gilt also: Zunächst sollten die Teilnehmer sich dafür entscheiden, Erholungspausen in ihren Alltag zu integrieren. Erst danach wird nach konkreten Umsetzungsmöglichkeiten gesucht (Folie 3.8). Dieses Vorgehen ist hilfreich, weil sich einige Teilnehmer erfahrungsgemäß gegen Erholung im Alltag entscheiden, wenn sie keine Möglichkeiten sehen, Pausen zu implementieren.

(2) Es ist nicht das Ziel, kurzfristige Erholung, sondern längerfristig stabilisierende Effekte von Erholung zu erreichen.

(3) Mit Blick auf mögliche Zweifel an der Realisierbarkeit: Es geht meistens mehr, als man denkt, und meistens weniger, als man wünscht. Es gilt also, Möglichkeiten auszuloten, die unter den konkreten Bedingungen der einzelnen Teilnehmer realistisch sind.

Diese Haltung zieht sich durch den gesamten zweiten Hauptteil.

Vorschlag für die Vermittlung der Hintergründe von Regeneration

Folie 3.6

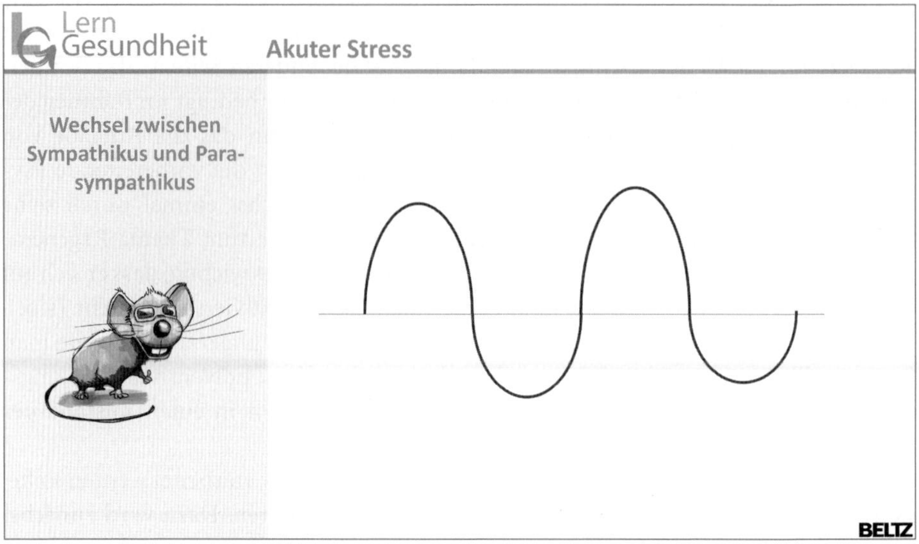

Es geht nun darum, wie Sie Ihren Akku im Alltag wieder aufladen können – wir sprechen also über Regeneration. Doch bevor Sie Ihre Möglichkeiten ausloten, werden wir noch einmal schauen, warum das für die Stressbewältigung so wichtig ist.

Dazu zunächst eine kleine Wiederholung: Stress als solcher ist nicht schlimm oder schädlich. Ganz im Gegenteil: Im Stress wird unser Sympathikus aktiviert und befähigt uns, Aufgaben anzugehen. Nach einer akuten Stressaktivierung fährt unser Körper in der Regel von ganz alleine wieder herunter – der Sympathikus wird durch den Parasympathikus abgelöst. Wir können uns erholen: Zellen erneuern sich, es bleibt Zeit für Verdauung und Immunabwehr. Für den Wechsel von Sympathikus und Parasympathikus – von Anspannung und Entspannung – ist unser Körper gut ausgelegt.

Folie 3.7

Problematisch wird es erst dann, wenn Sie langfristig in keine Entspannungs- bzw. Regenerationsphase mehr kommen. Das hat Folgen für die Immunabwehr, wirkt sich auf die Verdauung, auf Ihr Herz-Kreislauf-System, auf die mentale Gesundheit und natürlich auf Ihr Wohlbefinden aus. Langfristig sinken Ihre Leistungsfähigkeit und Ihre Konzentration. Häufig geraten auch menschliche Beziehungen in Mitleidenschaft. Kurz: Chronischer, langandauernder Stress ist gesundheitsschädlich. Also sind Pausen zum Durchatmen zwischendurch sehr wichtig. Und das hat in der Regel keine Zeit bis zum nächsten Urlaub.

[Tr. bietet hier die Gelegenheit zu Nachfragen oder für Gespräche.]

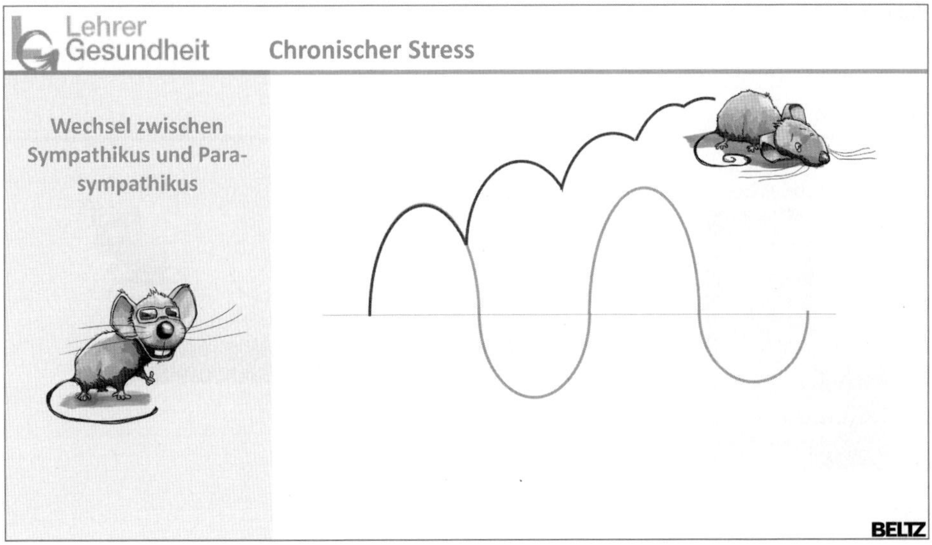

Folie 3.8

Ganz wichtig ist dabei die Erkenntnis, dass nur Sie Ihr Erholungsverhalten steuern können. Und damit sind Sie für die letzte Meile verantwortlich: Ihr Arbeitgeber, Ihre Familie oder andere äußere Umstände können es Ihnen vielleicht schwer machen, sich zwischendurch zu erholen. Aber die Verantwortung tragen in letzter Instanz Sie selbst – weil auch Sie diejenigen sind, die die unmittelbaren Konsequenzen tragen.

Folie 3.9

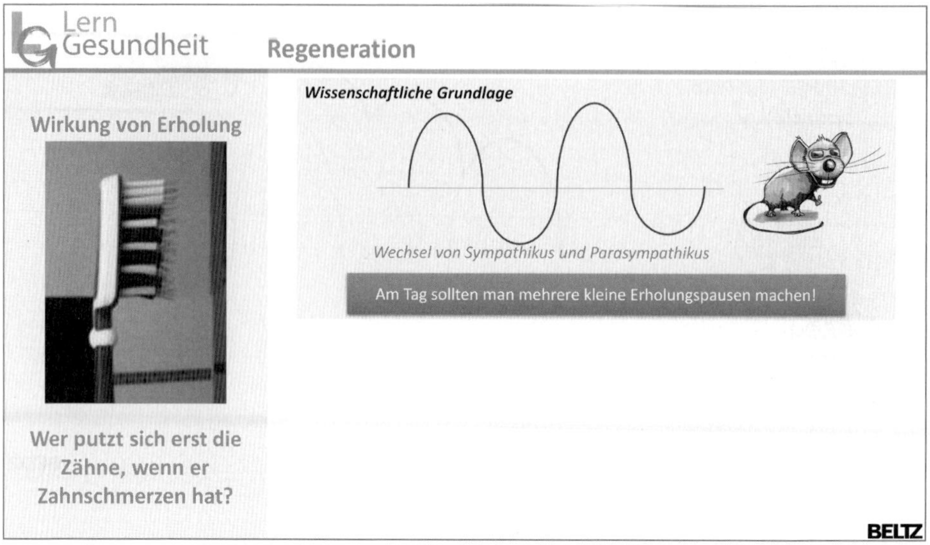

Schauen wir uns das noch einmal genauer an: Wir wissen aus unterschiedlichen Studien sehr gut, dass der Wechsel von Sympathikus und Parasympathikus – also der Wechsel von Aktivierung und Erholung – wichtig ist. Und wir wissen auch, dass dieser Wechsel täglich mehrmals stattfinden sollte. Also: Der Jahresurlaub reicht für Erholung nicht aus, das muss schon täglich (und möglichst mehrmals) passieren. Viele kleine Pausen sind effektiver als wenige lange Pausen.

Das sind die zentralen wissenschaftlichen Erkenntnisse dazu. Es ist ein wenig wie mit dem Zähneputzen: Das sollten Sie auch regelmäßig und gleich mehrmals täglich tun. Die wenigsten fangen erst dann an, ihre Zähne zu putzen, wenn sie wehtun. Und übrigens: Auch angenehme Aktvierungen können dazu führen, dass wir ermüden oder erschöpft sind. Also brauchen Sie auch dann, wenn Ihnen Ihre Arbeit Spaß macht, Erholungspausen. Es geht hier um den Wechsel von Sympathikus und Parasympathikus, nicht um angenehme und unangenehme Anspannung. Kennen Sie das? Sie haben Dinge getan, die eigentlich ganz ok oder sogar angenehm waren – und trotzdem sind Sie nach einiger Zeit erschöpft oder ermüdet?

[Der Tr. kann ggf. ein kurzes Gespräch zulassen, damit Tn. ihre Erfahrungen mit den referierten Inhalten verknüpfen können.]

Folie 3.10

Obwohl die Fakten auf der Hand liegen, erholen sich viele in ihrem Alltag kaum. Einige Teilnehmer in Trainings sagen an dieser Stelle: »Ich würde ja gerne, aber …« Meistens sind es die Umstände, die ihnen Erholungsverhalten im Alltag schwer machen.

Ich habe jetzt eine schlechte Nachricht für Sie: Jeder muss die Entscheidung selbst treffen, ob und wieviel er sich erholen will. Wenn Sie keine klare Entscheidung treffen, überlassen Sie Ihre Erholung – also das Auftanken Ihres Akkus – dem Zufall. Und der schlechte Teil der Nachricht lautet: Sie müssen auf Wichtiges verzichten, um noch Wichtigeres zu machen. Und solange das regelmäßige Aufladen Ihres Akkus nicht das Wichtigere ist, wird Ihnen Erholung im Alltag nicht gelingen.

Darf ich einmal fragen: Wer von Ihnen hat in letzter Zeit einmal gedacht: »Heute habe ich etwas viel gearbeitet« oder: »Heute war es etwas viel«? Einmal bitte ein Handzeichen. *[Tr. wartet Hand-*

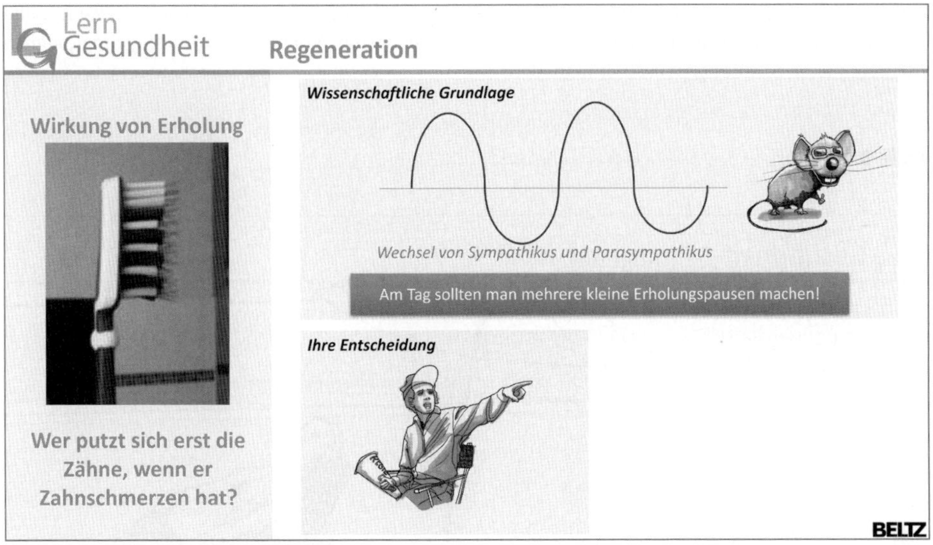

zeichen ab.] Die Lüge daran ist das Wort »heute« *[freundlich-provokant]*. Bei den meisten zumindest. Sie **müssen** sich entscheiden, dass Sie sich erholen möchten – dass Sie täglich mehrere kleine Erholungspausen machen möchten.

Folie 3.11

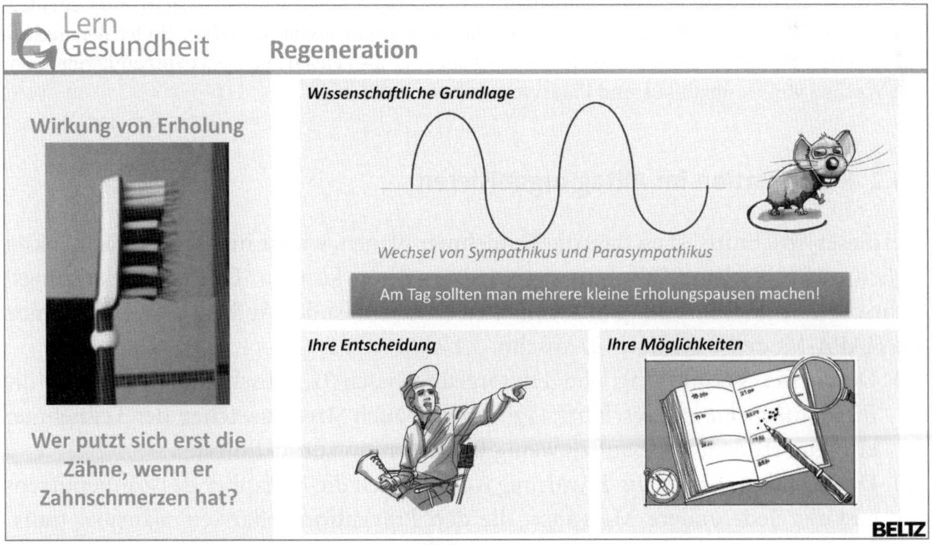

Und erst wenn Sie sich dafür entschieden haben, sollten Sie nach Möglichkeiten suchen, wie Sie sich erholen können. Wer zuerst nach Möglichkeiten sucht, läuft Gefahr, davon seine Entscheidung abhängig zu machen. Sie sind gleich eingeladen, erstens eine Entscheidung zu fällen, ob und in welchem Maße Sie Erholung in Ihrem Alltag einbauen möchten, und im zweiten Schritt erst können Sie dann überlegen, wie es Ihnen in Ihrem Alltag in der nächsten Woche ganz konkret gelingt, täglich mehrere kleine Erholungspausen einzubauen.

Folie 3.12

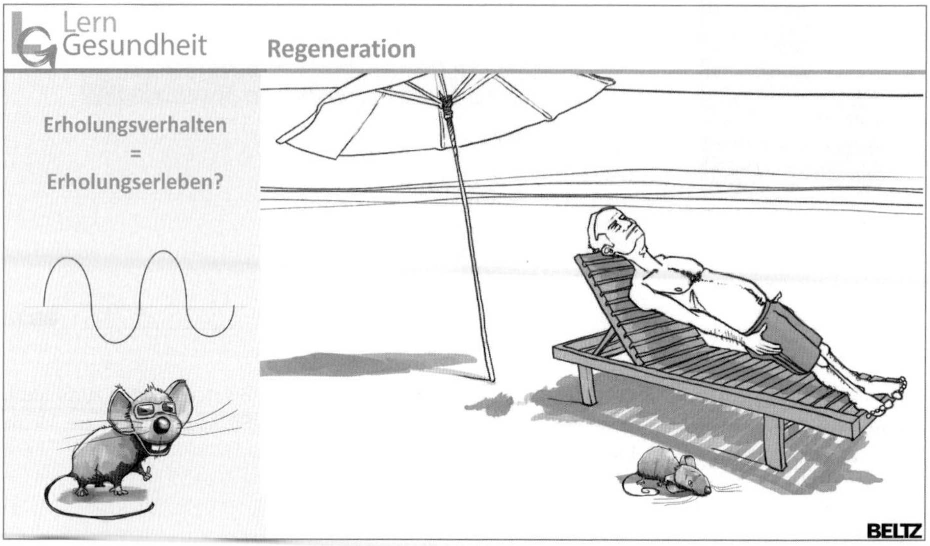

Grundsätzlich gilt aber: Erholungsverhalten und Erholungserleben können sich unterscheiden. Während sich der eine besonders gut erholen kann, wenn er etwas Ruhe hat, findet der nächste kleine nette Gespräche besonders wohltuend. Schauen Sie also gleich auch, was Sie tun können, um den Wechsel von Sympathikus und Parasympathikus zu fördern.

7.4.2 Regeneration im Alltag organisieren

Ziel dieses Abschnitts ist es, dass die Teilnehmer planen, wie sie in ihrem Alltag konkret täglich mehrere kleine Erholungspausen integrieren können. Um die Umsetzungswahrscheinlichkeit im Alltag tatsächlich zu erhöhen, ist der Aufbau dieses Abschnitts am HAPA-Modell orientiert (s. Abschn. 3.1):

(1) Durch die Vermittlung von Hintergrundwissen (s. Abschn. 7.4.1) wurde die *Risikowahrnehmung* geschärft. Ggf. können auch Stressanzeichen der Teilnehmer erfragt werden, die sie auf zu wenig Regeneration zurückführen.

(2) Die *Handlungs-Ergebnis-Erwartung* wurde durch die Metapher des Zähneputzens gestärkt. Jede andere Metapher, die den Präventionsgedanken plausibel transportiert, ist genauso geeignet. Bei den Teilnehmern soll die Erwartung aufgebaut werden: »Wenn ich regelmäßig kleine Pausen einlege, wirkt sich das insgesamt positiv auf mein Wohlbefinden und stabilisierend auf meine (mentale) Gesundheit aus.« Weil dieser Effekt nicht unmittelbar erfahrbar ist, kann eine Metapher

hilfreich sein. Möglicherweise kann auch auf Erfahrungen von Teilnehmern zurückgegriffen werden.

(3) Die *aufgabenbezogene Selbstwirksamkeit* (»Ich bin in der Lage, solche Erholungspausen in meinen Alltag zu integrieren!«) ist bei vielen Teilnehmern eher niedrig ausgeprägt und führt häufig dazu, dass keine tragfähigen Erholungsintentionen ausgebildet werden. Damit die Teilnehmer trotzdem tragfähige Intentionen ausbilden, wird hier die Reihenfolge umgekehrt: Bevor die Teilnehmer nach Möglichkeiten suchen (aufgabenbezogene Selbstwirksamkeit: »Bei mir geht es ja doch.«), entschließen sie sich dazu, dass sie Erholungspausen in den Alltag integrieren möchten (Intentionsbildung). Sie nehmen sozusagen einen »Selbstwirksamkeitskredit« auf, der durch die Haltung des Trainers (»Es geht immer mehr, als man glaubt – und immer weniger, als man sich wünscht: Wollen Sie trotzdem?«) begünstigt wird. Die Intentionsbildung (»Ich bin entschlossen, Möglichkeiten zu finden, wie ich mich erholen kann!«) wirkt sich meistens nachträglich günstig auf die aufgabenbezogene Selbstwirksamkeit aus, weil die Teilnehmer durch diesen Entschluss Tätigkeiten und Aktivitäten anders in ihrem Alltag priorisieren und dadurch Möglichkeiten zur Erholung finden.

Die Arbeitsphase, die in diesem Abschnitt beschrieben wird, besteht deswegen aus zwei Schritten: erstens der Intentionsbildung (Folie 3.13) und zweitens Konkretisierung (Folie 3.14). Die Intentionsbildung sollte ausdrücklich von der Suche nach Lösungen entkoppelt sein (»Entscheiden Sie erst einmal, wie Sie es mit der Erholung handhaben möchten!«). Die Konkretisierung umfasst sowohl den zeitlichen Rahmen als auch die Frage, wie Erholung im Alltag gelingt. Dabei können die Teilnehmer auf bewährte Strategien zurückgreifen. In der Regel weiß jeder, was bei ihm Erholungseffekte fördert und was nicht.

Vorschlag für die Planung und Gestaltung von Regeneration im Alltag

Folien 3.13–3.14

Folie 3.13: Ich glaube, die Notwendigkeit von kleinen Pausen zwischendurch ist plausibel. Bevor Sie überlegen, wie Ihnen Pausen im Alltag gelingen können, möchte ich Sie bitten, sich zu überlegen, wie Sie es gerne mit Ihrer Erholung halten würden? Welche Gründe haben Sie für Ihre Entscheidung? Treffen Sie bitte jetzt eine Entscheidung, wie Sie es in der nächsten Woche mit der Erholung halten wollen und begründen Sie diese Entscheidung.

Ach ja: Und achten Sie darauf, dass Sie noch nicht planen, wie das gehen soll oder dass Sie Ihre Entscheidung von der vermeintlichen Realisierbarkeit abhängig machen. So viel vorweg: Es geht immer mehr, als man sich denkt, und natürlich oft auch weniger, als man sich wünscht. Aber ohne eine Entscheidung loten die meisten nicht einmal die Möglichkeiten aus, die sie haben. Murmeln Sie jetzt mit Ihrer Nachbarin oder Ihrem Nachbarn darüber: Warum ergibt Erholung für Sie persönlich Sinn?

[Partnerarbeit (ca. 3 Minuten)]

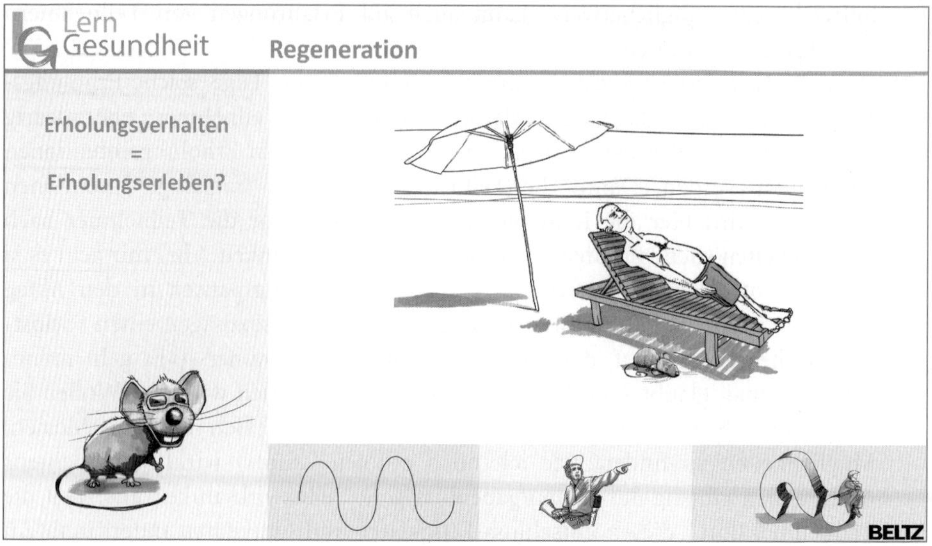

(Abgebildet ist Folie 3.14. Die Folie 3.13 finden Sie im Foliensatz 3 im Onlinebereich.)

Folie 3.14: Jetzt kommen wir zur spannenden Frage: Wie können Sie in Ihrem Alltag die Pausen einbauen? Dafür gibt es keine Rezepte. Für Ihren Alltag sind Sie die Experten – und als solche spreche ich Sie an dieser Stelle an:

Finden Sie jetzt Möglichkeiten, wie Sie in Ihrem Alltag kleine Pausen zwischendurch machen können. Nehmen Sie zunächst einmal nur die nächste Woche vor. Setzen Sie dafür die Gelingensbrille auf und denken Sie daran: Es geht in der Regel mehr, als Sie jetzt denken – es wird aber sicher auch weniger gehen, als optimal wäre. Versuchen Sie es trotzdem! Überlegen Sie auch, wie Ihnen Erholung gelingt: Was passt zu Ihnen? Brauchen Sie eher Ruhe, vielleicht eine Tasse Tee? Oder müssen Sie etwas tun? Oder sich mit anderen unterhalten? Vielleicht praktizieren Sie auch Achtsamkeit oder machen eine Entspannungsübung. Wie entspannen Sie sich am besten zwischendurch?

Murmeln Sie jetzt mit der Nachbarin oder dem Nachbarn darüber, wie Sie in den nächsten sieben Tagen kleine Erholungspausen in Ihren Alltag einbauen können und was Sie machen wollen. Sie haben dafür ungefähr fünf Minuten Zeit.

7.4.3 Von Beispielen anderer profitieren

Nach der Murmelphase (s. Abschn. 7.4.2) können einzelne Teilnehmer ihre Ideen oder die von ihnen bereits gelebte Praxis berichten. Das dient zwei Zielen: Erstens wird der »aufgabenbezogene Selbstwirksamkeitskredit« (s. o.) eingelöst. Durch das Berichten erfahren die Teilnehmer, dass es ihnen möglich ist, Erholung im Alltag zu praktizieren. Am Ende dieses Abschnitts werden sie ermutigt, Erholungsexperimente zu planen (s. Abschn. 7.5). Zweitens können Teilnehmer von den Ideen oder der Praxis anderer profitieren und Anregungen für ihre eigene Praxis bekommen. Bemerkt ein Teilnehmer, dass seine Idee für einen anderen wertvoll war, kann auch das positive Auswirkungen auf dessen aufgabenbezogene Selbstwirksamkeit haben.

In der Regel treten auch Fragen auf, oder Teilnehmer sehen Schwierigkeiten, kleine Pausen im Alltag durchzuführen. Diese möglichen Schwierigkeiten sollten erst in einer zweiten Runde thematisiert werden, um Gelingensvisionen und Schwierigkeiten bzw. Fragen nicht zu vermischen. Daher sollte erst in der zweiten Runde das Überwinden möglicher Schwierigkeiten im Fokus stehen. Es kann ähnlich wie in den Einstiegsrunden verfahren werden (s. Abschn. 6.2).

Typische Schwierigkeiten

Eine typische Schwierigkeit besteht darin, dass Teilnehmer zu lange Pausen planen und diese nicht in ihren Alltag integriert bekommen (z. B. »Ich kann mich nur entspannen, wenn ich schwimmen gehe!«). Die Lösung besteht darin, die entsprechenden Teilnehmer zu ermutigen, Experimente gegen ihre Vorerfahrung durchzuführen. Der Teilnehmer könnte beispielsweise ermutigt werden, täglich viermal drei Minuten Achtsamkeit zu üben. Es geht dabei zunächst um das Machen, der Effekt stellt sich meistens erst später ein. Deswegen ist hier der Experiment-Charakter wichtig: »Erproben Sie das mal eine Woche lang und berichten nächstes Mal, welche Erfahrung Sie gemacht haben!« Auf Experimente können sich viele leichter einlassen.

Eine weitere typische Schwierigkeit besteht darin, dass Teilnehmer keine Möglichkeit finden, sich Zeit für Erholung zwischendurch zu nehmen. Hier sollte die Zielbindung geprüft werden. Häufige Antworten auf die Frage nach der Zielbindung beginnen mit »Ja, es ist mir schon wichtig, aber ...«. Hier kann es hilfreich sein, die zeitliche Perspektive zu wechseln und die Zukunft bei unverändertem Erholungsverhalten zu antizipieren: »Stellen Sie sich bitte einmal vor, Sie machen so weiter wie bisher. Wann treten die ersten negativen Folgen auf? ... Können Sie heute schon erahnen, ob das eher mentale Folgen wie Erschöpfung oder eher körperliche Folgen wie ein Hörsturz sind?« Aus dieser zeitlich veränderten Perspektive (veränderte Risikowahrnehmung) kann der entsprechende Teilnehmer erneut abwägen: »Welche der Tätigkeiten der nächsten Woche, die Sie gerade aufgeführt haben, sind es wert, dass Sie einen Hörsturz in x Jahren riskieren? Welche würden Sie heute zurückstellen, wenn Sie dadurch einen Hörsturz vermeiden könnten?« Solche Konfrontationen sollten jedoch mit einer gehörigen Portion Feingefühl durchgeführt werden!

Einige Teilnehmer berichten, dass Sie keine Erholungspausen brauchen. Hier sollte zunächst geprüft werden, ob sie sich zwischenzeitlich erholen (Wechsel in den Parasympathikus), ohne dass sie es als Erholung verbuchen. In diesem Fall gibt es tatsächlich wenig Handlungsbedarf. Erfahrungsgemäß spüren einige Teilnehmer (noch) keine Erschöpfung, obwohl sie sich dauerhaft nicht ausreichend erholen. Einige von ihnen haben eine sehr geringe Risikowahrnehmung: »Das kann sein, dass zu wenig Erholung dauerhaft ungesund ist, aber mir wird schon nichts passieren!« In solch einem Fall sollte der Trainer auf keinen Fall versuchen, den Teilnehmer zu überzeugen. Die Entscheidung liegt beim Teilnehmer, der Trainer kann höchstens noch einmal auf die erhöhte Wahrscheinlichkeit hinweisen, langfristig ohne ausreichend Regeneration zu erkranken.

Ideen fixieren

Die Teilnehmer haben am Ende der beiden Gesprächsrunden viele Ideen, wie sie Regeneration in ihrem Alltag umsetzen können. Damit diese nicht verlorengehen, können diese Ideen im Begleitheft auf Seite 7 schriftlich festgehalten werden.

Vorschlag für die Planung und Gestaltung von Regeneration im Alltag

Folie 3.15

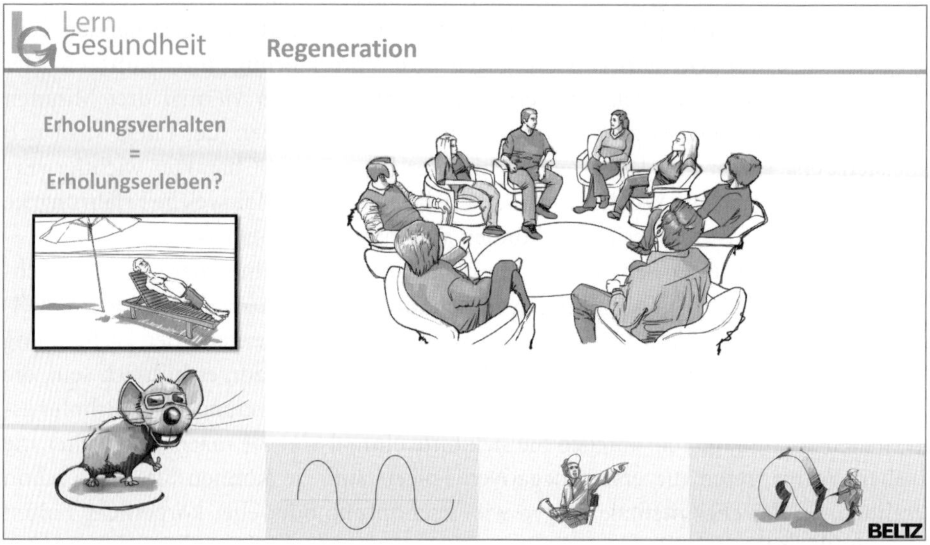

Mich interessiert jetzt, wie Ihre Lösungen für Ihren Alltag aussehen. Lassen Sie uns zunächst bitte nur darüber reden, wie es Ihnen gelingen kann, Zeit für Regeneration zu finden und tatsächlich Erholung zu erleben. Mögliche Schwierigkeiten oder Fragen können wir dann in einer zweiten Runde besprechen. Ok? Wie gelingen Ihnen erholsame kleine Pausen in Ihrem Alltag? Wer mag beginnen?

[Tn. stellen Ideen vor. Tr. exploriert bei Bedarf ressourcenverstärkend.]

Gibt es Fragen oder sehen Sie Schwierigkeiten?

[Tr. geht auf Fragen oder Schwierigkeiten ein. Wichtig ist, die Verantwortung bei den Teilnehmenden zu lassen und nicht deren Probleme zu lösen.]

Ok, dann notieren Sie sich in Ihrem Begleitheft auf Seite 7, wann und wie Sie Erholungspausen in den nächsten sieben Tagen einbauen wollen. Machen Sie sich nur kurze Notizen, damit Ihre Ideen nicht in Vergessenheit geraten.

[ca. 2 bis 3 Minuten Stillarbeit]

7.5 Aufgaben der Woche: Hilfreiche Emotionen und Erholungsphasen nutzen

Die Aufgaben der Woche bestehen (1) in der weiteren Durchführung der Achtsamkeits- und Entspannungsübung (s. Abschn. 6.4.3), (2) im Trainieren des Ankers für hilfreiche Emotionen (s. Abschn. 7.3) und (3) im Experimentieren mit dem persönlichen Erholungsprojekt (s. Abschn. 7.4). In der Abschlussphase dieser Einheit sollen die Handlungs- und die Bewältigungsplanung stattfinden, um die Wahrscheinlichkeit zu erhöhen, dass die Teilnehmer ihre Trainingsvorhaben auch tatsächlich umsetzen.

(1) Das Weitertrainieren der kombinierten Achtsamkeits- und Entspannungsübung knüpft an Vorerfahrung und ggf. auch an die Reflexion der Schwierigkeiten (s. Abschn. 7.2) an. Die Teilnehmer sind eingeladen, sich noch einmal vor Augen zu führen, was hilfreich war bzw. was sie diese Woche anders machen sollten, damit das Trainieren besser gelingt. Wieder legen sie Trainingsziele (z. B. viermal in der Woche) fest und konkretisieren diese nach Möglichkeit (z. B. »am Montag, Mittwoch, Freitag und Samstag«). Zur Unterstützung füllen die Teilnehmer ihren Trainingsplan auf Seite 8 des Begleithefts aus.

(2) Das Abrufen des Ankers benötigt im Vergleich zum Implementieren von Erholungsphasen in der Regel sehr viel weniger Veränderungsmotivation. Daher liegt der Fokus in dieser Phase auf der Handlungs- und Bewältigungsplanung von Regeneration im Alltag. Der Abruf des Ankers wird zusätzlich durch die App-Impulse gefördert.

(3) Im Abschnitt 7.4 wurde an der Intentionsbildung für das Erholungsprojekt gearbeitet. Zudem wurde eine erste Handlungsplanung bereits vorgenommen. Diese sollte jetzt noch einmal überprüft und ggf. modifiziert werden. Dies geschieht dadurch, dass die Teilnehmer eingeladen werden, vor ihrem inneren Auge einen Film ablaufen zu lassen, der eine Art Vorschau darstellt.

Bei der Umsetzung ist mit inneren und äußeren Widerständen zu rechnen. Deswegen sollten die Teilnehmer diese bereits in der Einheit antizipieren und geeignete Überwindungsstrategien entwickeln. Diese können in Partnerarbeit entwickelt werden und sollten im Begleitheft auf Seite 8 notiert werden.

Vorschlag für die Planung der Aufgaben der Woche

Folie 3.16

(Die Folie 3.16 finden Sie im Foliensatz 3 im Onlinebereich.)

Damit sind wir auch schon wieder am Ende dieser Einheit angelangt – und mehr noch, Sie haben jetzt das erste Modul durchgearbeitet. Schön, dass Sie bis hierher dabei waren. In den nächsten Einheiten wird es dann darum gehen, wie Sie in Würde ertragen können, was Sie zunächst nicht ändern können. Das können sowohl Situationen als auch Emotionen sein. Bis dahin haben Sie aber auch wieder Aufgaben für die Woche:

(1) Bleiben Sie mit der Entspannungs- und Achtsamkeitsübung am Ball.

(2) Trainieren Sie zwischendurch möglichst häufig Ihren Anker. Immer dann, wenn Sie daran denken. Außerdem werden Sie von der App einmal täglich daran erinnert.

(3) Probieren Sie in den nächsten sieben Tagen aus, kleine Erholungspausen in Ihren Alltag einzubauen.

Ich möchte Sie jetzt bitten, zu planen, wie Sie das regelmäßige Üben in Ihrem Alltag sicherstellen. Auf Seite 8 in Ihrem Begleitheft finden Sie dazu den Trainingsplan für die kombinierte Achtsamkeits- und Entspannungsübung, die Sie aus der letzten Einheit ja schon kennen: Erstens, legen Sie zunächst fest, wie häufig und wann Sie die Übung bis zum nächsten Mal tatsächlich machen möchten. Stärken Sie Ihren Vorsatz durch eine gute Begründung. Greifen Sie gerne auf Ihren Motivationssatz zurück. *[Tr. wartet etwa 5 Minuten.]* Zweitens, nehmen sie sich jetzt vor, Ihren Anker für hilfreiche Emotionen mehrmals täglich abzurufen. Sie werden einmal täglich durch die Trainings-App daran erinnert. Drittens, nehmen Sie sich jetzt vor, Ihr Erholungsprojekt umzusetzen. Sie haben sich eben bereits Ideen notiert, wie Ihnen Erholung im Alltag gelingt und wie Sie täglich kleine Pausen hinbekommen. Schließen Sie jetzt bitte einmal die Augen und lassen einen inneren Film ablaufen, in dem Sie sehen, wie es gelingt. Wenn Sie merken, dass Sie nachkorrigieren müssen, dann korrigieren Sie solange nach, bis Sie das Gefühl haben: Jetzt passt es. Öffnen Sie die Augen erst, wenn Sie so weit sind.

[Tr. wartet, bis alle soweit sind.]

OK, überlegen Sie schon jetzt, welche Hindernisse auftauchen und Sie davon abhalten werden, täglich kleine Pausen zu machen. Das können innere Einstellungen sein, aber auch äußere Umstände. Tragen Sie die Hindernisse auf Seite 8 im Begleitheft ein und finden Sie zusammen mit ihrer Nachbarin oder ihrem Nachbarn Strategien, diese Hindernisse zu überwinden. Tragen Sie diese ebenfalls in das Begleitheft ein. Sie haben etwa fünf Minuten Zeit.

[Tr. wartet, etwa 5 Minuten.]

7.6 Abschlussblitzlicht

Das Abschlussblitzlicht (Folie 3.17) dient erstens dazu, noch einmal den roten Faden der Einheit aufzuzeigen. Zweitens zielt es wieder darauf ab, die Einheit positiv zu beenden, letzte Fragen aufzunehmen und ggf. zu beantworten und Raum für Kritik zu geben.

Modul 2 Stress und aversive Emotionen annehmen

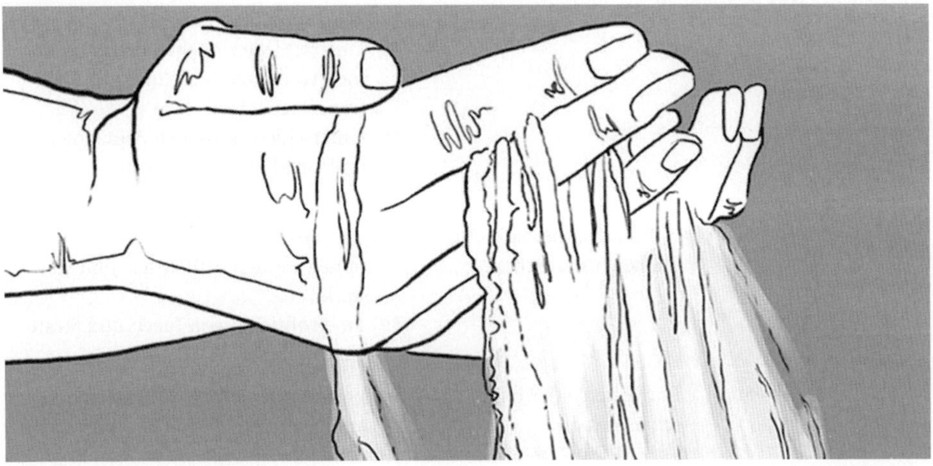

8 Warum Annehmen sinnvoll sein kann (Einheit 4)

8.1 Zeitlicher Ablauf von Einheit 4

Phase	Zeit	Thema	Ziele
Einstieg	15'	Begrüßung und Trainingserfahrung reflektieren	▶ Selbstwirksamkeit stärken ▶ ggf. Schwierigkeiten beim Trainieren überwinden
Hauptteil	10'	Warum das Annehmen von Stress und negativen Emotionen sinnvoll sein kann.	▶ Indikatoren für das Annehmen kennen ▶ Gefahren dysfunktionaler Regulation kennen und erkennen ▶ Unterschiede zwischen dem Annehmen von Situationen und von Emotionen verstehen ▶ Unterschiede zwischen Annehmen und Gut-Finden verstehen
	15'	Strategien zum Umgang mit unveränderbaren Problemen austauschen	▶ Eigene Strategien zum Umgang mit unveränderbaren Problemen / Situationen werden aktualisiert und verstärkt. ▶ Tn. profitieren von Ideen und Strategien anderer Tn.
	5'	Erarbeiten einer biographischen Ressource	▶ Veränderbarkeit und Sinn von Stimmungen und emotionalen Zuständen vor dem Hintergrund biographischer Erfahrungen verstehen
	15'	Herausarbeiten des biographischen Sinnes	▶ Akzeptanz von negativen Emotionen stärken ▶ Sinn schwieriger emotionaler Zustände biographisch erkennen
	10'	Die biographische Ressource erahnen	▶ das Antizipieren einer möglichen biographischen Sinnhaftigkeit als Möglichkeit zur kognitiven Neubewertung erlernen und einüben
Abschluss	15'	Transfer planen	▶ konkrete Vorsätze bilden ▶ Hindernisse antizipieren und Überwindungsstrategien entwickeln
	5'	Wie gehe ich nach Hause?	▶ Mini-Reflexion der vierten Einheit

8.2 Einstieg: Würdigen der Aufgaben und Besprechen von Schwierigkeiten

Auch in dieser Einheit wird wieder der Einstiegsstruktur gefolgt, die bereits aus den vorherigen Kapiteln bekannt ist und im Abschnitt 6.2 ausführlich beschrieben wurde.

Zuerst werden Erfolge und Bemühungen gewürdigt und verstärkt, danach werden Schwierigkeiten analysiert und überwunden. In diesem Abschnitt wird nur auf die spezifischen Schwierigkeiten eingegangen, die bei der Bearbeitung der Aufgaben zwischen der dritten und vierten Einheit typischerweise entstehen können.

Tabelle 8.1 Überblick über die Einstiegsphase (Dauer: etwa 15 Minuten)

Thema	Ziel	Inhalt	Organisation
Begrüßung und Trainingserfahrung reflektieren	Selbstwirksamkeit stärken:	kurze Einstiegsrunde zu den Fragen: ▶ Wie ist es Ihnen mit der Übung (Hausaufgabe) ergangen?	Blitzlichtrunde
	▶ verstärken, was gut war	▶ Was ist Ihnen gut gelungen (Bemühungen)? ▶ Wie hat sich bei Ihnen die Wirkung gezeigt?	
	▶ Schwierigkeiten überwinden	▶ ggf.: Welche Schwierigkeiten gab es? ▶ Wie lassen sie sich überwinden?	

Schwierigkeiten

Die Aufgaben der Woche waren erstens mindestens viermal die kombinierte Übung aus Achtsamkeit und Entspannung weiterzuführen. Es kann hier auch nach der achtsamen Tätigkeit im Alltag gefragt werden. Bei Schwierigkeiten mit diesen Aufgaben kann auf die Ausführungen in Kapitel 7 zurückgegriffen werden (s. Abschn. 7.2).

Zweitens sollten die Teilnehmer täglich möglichst mehrfach ihren Anker für hilfreiche Emotionen abrufen (s. Abschn. 7.3). Weil die Übung sehr leicht durchführbar ist und schnell spürbare Effekte bringt, treten hier so gut wie nie Schwierigkeiten auf. Trotzdem gibt es natürlich auch Teilnehmer, die von dieser Übung nicht profitieren. Das hat typischerweise zwei Gründe: (a) Einige Teilnehmer versuchen sofort, den Anker in emotional sehr schwierigen Situationen abzurufen. Zur Überwindung dieser Schwierigkeit genügt es in der Regel schon, darauf hinzuweisen, dass der Anker zu Übungszwecken einige Zeit einfach nur so, ohne schwierige Situation, abgerufen werden sollte. (b) Andere Teilnehmer bekommen zu dieser Übung keinen Zugang, sie haben möglichweise Schwierigkeiten zu imaginieren. In diesem Fall sollte diesen Teilnehmern vermittelt werden, dass die Übungen ein Angebot darstellen, dass aber jeder für sich entscheiden muss, ob die jeweilige Übung passend und hilfreich ist.

Drittens hatten die Teilnehmer Möglichkeiten erarbeitet, wie sie in ihren Alltag Regenerationsphasen einbauen können (s. Abschn. 7.4). Hier ergeben sich typischerweise zwei Kategorien von Schwierigkeiten: In der ersten Kategorie erleben Teilnehmer keine Erholungseffekte, obwohl sie kleine Pausen in ihren Alltag integriert haben. Dafür kann es verschiedene Ursachen und entsprechende Möglichkeiten zur Überwindung geben (s. Tabelle 8.2.)

Tabelle 8.2 Typische Ursachen und Lösungswege, wenn trotz Pausen kein Erholungseffekt auftritt

Mögliche Ursachen	Mögliche Lösungswege
Tn. hat trotz Pausen deutlich zu viele Anforderungen.	▶ anregen, dass Tn. sich mittelfristig Möglichkeiten sucht, die Belastungen zu reduzieren (ggf. ein Gespräch außerhalb des Trainings anbieten) ▶ anregen, mehr erholsame Aktivitäten (wie Sport, Musik etc.) durchzuführen, die zusätzlich zu den kleinen Pausen regenerative Wirkung haben und dazu beitragen, dass Tn. sich besser distanzieren kann
Tn. grübelt während der kleinen Pausen und schaltet nicht richtig ab.	▶ erfragen, was bei Tn. erholend wirkt – ggf. zunächst auf andere Kontexte blicken (Viele Tn. kennen bereits gut wirksame Strategien.) ▶ anregen, Achtsamkeit zu praktizieren ▶ Ortswechsel anregen, Gedanken und Probleme bewusst zurücklassen ▶ anregen, Pauseneffekt durch Essen und / oder Trinken zu unterstützen (Für die Verdauung wird der Parasympathikus benötigt.) ▶ anregen, sozialen Kontakt zu suchen
Tn. glaubt, sich Erholung nicht erlauben zu können (»Ich muss trotz Pause immer 100 % da sein!«).	▶ Einstellungen hinterfragen ▶ sind Einstellungen schwer zu modifizieren, Tn. bitten, diese im Modul 3 wieder aufgreifen zu dürfen (s. Kap. 13 u. 14)

In der zweiten Kategorie haben Teilnehmer trotz des Vorsatzes keine Erholungspausen in ihren Alltag eingebaut. Hier sollten folgende Aspekte geprüft werden:

Fragen, um festzustellen, warum Teilnehmer keine Erholungspausen durchführen

(1) Ist das zusätzliche Einbauen von Pausen in dem Fall notwendig?
(2) wenn ja: Ist Problembewusstsein vorhanden (Risikowahrnehmung)?
(3) wenn ja: Ist der fragliche Zeitraum repräsentativ? Gab es Besonderheiten in diesem Zeitraum, die das Pauseneinbauen erschwert haben?
(4) wenn ja: Ist affektive Zielbindung vorhanden?
(5) Wie stark ist die Handlungs-Ergebnis-Erwartung (»Kleine Pausen können mir helfen.«) ausgeprägt?
(6) Wie ausgeprägt ist die Selbstwirksamkeitserwartung (»Ich bin in der Lage, kleine Pausen einzubauen!«)?

Der letzte Aspekt wird manchmal von konkurrierenden inneren Überzeugungen und Glaubenssätzen überlagert. Einige Teilnehmer glauben beispielsweise, dass sie sich keine kleinen Pausen leisten dürfen, weil sie dann andere hängenlassen oder weil sie unbedingt bestimmte Leistungen bringen müssen. An dieser Stelle des Trainings können solche Einstellungen behutsam hinterfragt werden. Das führt manchmal dazu, dass Teilnehmer ihre Überzeugungen relativieren und danach in der Lage sind, Pausen einzubauen. Häufig sind diese Überzeugungen jedoch nicht schnell korrigierbar. Der Trainer sollte sie dann zunächst stehen lassen. Im dritten Modul geht es u. a. darum, dysfunktionale Überzeugungen zu korrigieren bzw. zu relativieren (s. Kap. 13 u. 14). Hier können entsprechende Überzeugungen wieder aufgegriffen und ausgiebiger bearbeitet werden.

Erfahrungsgemäß gibt es auch immer wieder Teilnehmer, denen es im Alltag manchmal gelingt, sich zu erholen, und manchmal schwerfällt. Sie berichten jedoch nur von Schwierigkeiten. Es kann dann hilfreich sein, die gelingenden Aspekte zu fokussieren und zu verstärken. Die Teilnehmer sollten ermutigt werden, diese auch bewusst im Blick zu behalten.

8.3 Das Annehmen von Stress und negativen Emotionen

Das Annehmen von Unveränderbarem fällt den meisten Menschen nicht leicht. Um es im Folgenden zu unterstützen, beginnt der Hauptteil der vierten Einheit mit einer kurzen psychoedukativen Einführung (s. Abschn. 8.3.1), in der dargelegt wird, warum das Annehmen von Unveränderbarem sinnvoll sein kann. Im Anschluss tauschen sich die Teilnehmer über ihre besten Strategien aus, mit denen ihnen das Annehmen bislang gelungen ist (s. Abschn. 8.3.2). Im gesamten zweiten Modul werden Strategien vermittelt, die Resilienz fördernd sind und damit die Fähigkeit des Annehmens unterstützen. In der vierten Einheit wird von diesen Strategien das *Herausarbeiten*

Tabelle 8.3 Überblick über den Hauptteil der vierten Einheit (Dauer: etwa 55 Minuten)

Thema	Ziele	Inhalt	Organisation
8.3.1 Warum das Annehmen von Stress und negativen Emotionen sinnvoll sein kann	▶ Indikatoren für das Annehmen kennen ▶ Gefahren dysfunktionaler Regulation kennen und erkennen ▶ Unterschiede zwischen dem Annehmen von Situationen und Emotionen verstehen	▶ Wiederholung des Mäuseexperiments mit Fokus auf Hilflosigkeitserfahrung (Teil 3) ▶ erklären, warum Änderungsversuche von Unveränderbarem mehr Stress erzeugen ▶ Verknüpfung mit biographischen Situationen ▶ formulieren eines Vorsatzes zum Annehmen	Kurzvortrag / Plenumsgespräch

Tabelle 8.3 (Fortsetzung)

Thema	Ziele	Inhalt	Organisation
	▶ Unterschiede zwischen Annehmen und Gut-Finden verstehen		
8.3.2 Teilnehmer tauschen ihre besten Strategien aus	▶ Eigene Strategien zum Umgang mit unveränderbaren Problemen / Situationen werden aktualisiert und verstärkt.	▶ Brainstorming: drei Strategien finden, die hilfreich für das Annehmen unveränderbarer Situationen sind ▶ Die Strategien werden auf Kärtchen geschrieben.	Einzelarbeit (ca. 5 Minuten)
	▶ Tn. profitieren von Ideen und Strategien anderer Tn.	▶ Kärtchen werden an Metaplanwand gepinnt. ▶ Tn. sind eingeladen, einander zu interviewen.	Interview
8.4.1 Erarbeiten einer biographischen Ressource	▶ Veränderbarkeit und Sinn von Stimmungen und emotionalen Zuständen vor dem Hintergrund biographischer Erfahrungen verstehen	▶ Kernidee des biographischen Sinns als Ressource wird präsentiert. ▶ Metapher vom Chinesischen Bauern	Kurzvortrag
8.4.2 Herausarbeiten eines biographischen Sinns	▶ Akzeptanz von negativen Emotionen stärken ▶ Sinn schwieriger emotionaler Zustände biographisch erkennen	▶ Biographisch schwierige Situation finden, deren Sinn heute offenkundig ist ▶ den Sinn oder die Chancen, die in schwierigen Situationen lagen, für die eigene Biographie nachträglich erkennen	Einzel- oder Partnerarbeit
8.4.3 Die biographische Ressource erahnen	▶ das Antizipieren einer möglichen biographischen Sinnhaftigkeit als Möglichkeit zur kognitiven Neubewertung erlernen und einüben	▶ eine aktuelle Situation suchen, in der heute der biographische Sinn zu erahnen ist ▶ Emotionstagebuch an der Situation erarbeiten	Plenum

eines biographischen Sinns vorgestellt (s. Abschn. 8.4.1). Dabei wird aus einer biographischen, emotional schwierigen Situation nachträglich das Sinnhafte herausgearbeitet (s. Abschn. 8.4.2). Diese Sinnhaftigkeitserfahrung wird in der Arbeit mit dem Emotionstagebuch in die Zukunft projiziert, um das aktuell Unveränderbare besser annehmen zu können (s. Abschn. 8.4.3). Tabelle 8.3 gibt einen Überblick über den Hauptteil.

8.3.1 Warum das Annehmen von Stress und negativen Emotionen sinnvoll sein kann

Das Annehmen von Unveränderbarem fällt den meisten Menschen nicht leicht. Obwohl es plausibel erscheint, dass man das annehmen sollte, was man nicht ändern kann, versuchen viele Menschen – wider besseres Wissen – dies doch noch zu ändern. Das Resultat ist häufig emotionale Erschöpfung, Frustration, Hilflosigkeitsgefühle und/oder hohe Anspannung. Bevor es darum gehen wird, wie man Teilnehmende darin unterstützen kann, Unveränderbares annehmen zu können, soll zunächst der Frage nachgegangen werden, warum es vielen so schwer fällt. Dieses Verständnis ist für die Arbeit mit den Teilnehmern wichtig und sollte beim Trainer zu einer empathischen Haltung führen.

Stress und viele Emotionen legen vielfach Handlungstendenzen nahe, die in der Regel dem Annehmen entgegenstehen. Oft geht das Nicht-Annehmen mit scheinbar erträglicheren Emotionen einher als das Annehmen. So reagiert beispielsweise jemand, der eine unveränderbare Tatsache nicht als solche annimmt, wahrscheinlich mit Ärger. Würde er die Unveränderbarkeit in vollem Umfang anerkennen, würde er möglicherweise Trauer spüren. Manchmal stehen dem Annehmen Überzeugungen entgegen, die dieses deutlich erschweren. So glauben beispielsweise einige Teilnehmer, dass sie gleichgültig oder egoistisch wären, wenn sie nicht immer wieder versuchen würden, etwas zu ändern. Andere haben klare Vorstellungen davon, wie ihre Mitmenschen (oder sie selbst) sich verhalten sollten. Dies geht möglicherweise auf Erwartungen zurück, die ursprünglich einmal an sie gerichtet waren und die sie jetzt selbst an sich richten. Für einige ist es schwierig, solche normativen Überzeugungen zu relativieren. Das kann das Gefühl der Hilf- oder Machtlosigkeit auslösen. Einige Teilnehmer verwechseln Annehmen mit Gut-Finden. Sie glauben, dass es bedeutet, die Dinge gut zu heißen, wenn sie diese nicht mit aller Kraft versuchen zu verändern.

Die meisten Menschen, denen das Annehmen bestimmter unveränderbarer Situationen oder auch bestimmter Emotionen schwerfällt, haben gute Gründe dafür. Umso wichtiger ist es, eine ebenso gute Begründung dafür zu finden, warum das Annehmen für sie der sinnvollere Weg sein kann. Das wird in dieser Einheit zunächst psychoedukativ vermittelt. Es geht darum, dass die Teilnehmer im Sinne des cold-learnings erst einmal das Prinzip verstehen, bevor sie es auf eigene Situationen übertragen, die meist affektiv geladen sind (hot-learning; s. Kapitel 4).

Der psychoedukative Einstieg in diese Einheit besteht aus drei Teilen:

(1) Den Teilnehmern wird in einem Kurzvortrag die Grundidee vermittelt, warum und unter welchen Bedingungen das Annehmen sinnvoll sein kann. Hier sollte die Darstellung so logisch aufgebaut sein, dass die Teilnehmer die Inhalte nachvollziehen und in der Theorie als richtig akzeptieren können. Um das zu unterstützen, wird auf das Mäuse-Experiment zurückgegriffen.
(2) Um die als richtig erkannte theoretische Annahme zu untermauern, verknüpfen die Teilnehmer diese mit Erfahrungen, die unterstützend wirken. Dazu sollen die Teilnehmer Situationen erinnern, in denen ihnen das Annehmen zwar schwer fiel, es aber dennoch gelungen ist. Zusätzlich sollten sie das Annehmen im Nachhinein als gute und gesunde Lösung bewerten.
(3) Nachdem die Teilnehmer im Rückblick das Annehmen unter bestimmten Bedingungen als gute und gesunde Möglichkeit bewertet haben, nehmen sie sich für zukünftige Situationen, die nicht veränderbar sind, vor, diese im Sinne eines guten und gesunden Umgangs mit Stress und Emotionen anzunehmen. Sie stärken diesen Vorsatz mit einer individuellen Begründung. Abschließend fixieren sie Vorsatz und Begründung schriftlich (Begleitheft, S. 9).

Vorschlag für die Vermittlung von »Warum Annehmen sinnvoll sein kann.«

Folie 4.4

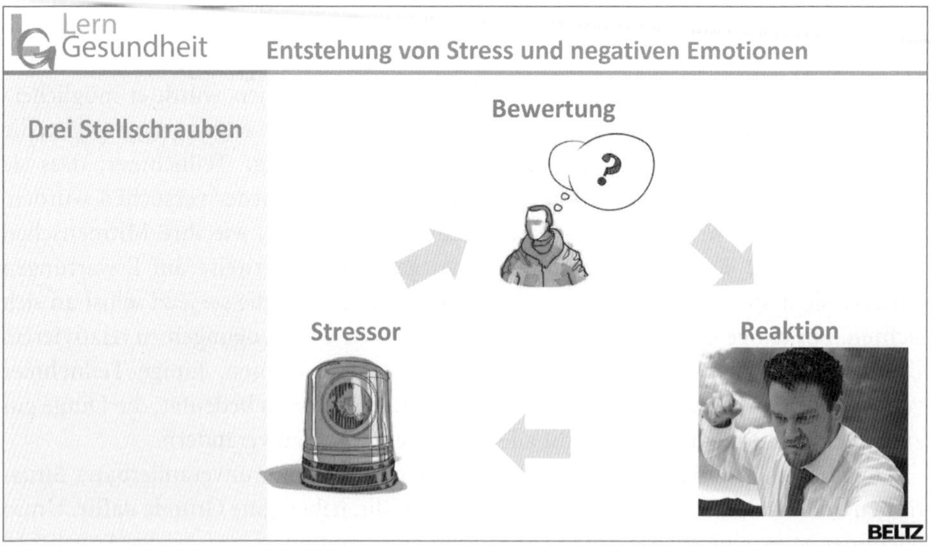

Wiederholen wir noch einmal das zentrale Stressmodell. Wer mag es mit eigenen Worten kurz beschreiben?

[Tn. beschreiben das Modell.]

Genau. Wichtig sind dabei zwei Gedanken: Erstens führt die Stressreaktion *[Tr. zeigt auf Reaktion.]* zur Aktivierung unseres Körpers. Das macht uns handlungsbereit: für Flucht oder Kampf.

Das Annehmen von Stress und negativen Emotionen ist zunächst kein Handlungsimpuls, den unsere Biologie vorsieht. Wir wollen verändern oder vermeiden. Was passiert, wenn das aber nicht funktioniert, können wir uns klar machen, wenn wir uns noch einmal die Mäuse in Erinnerung rufen.

Folie 4.5

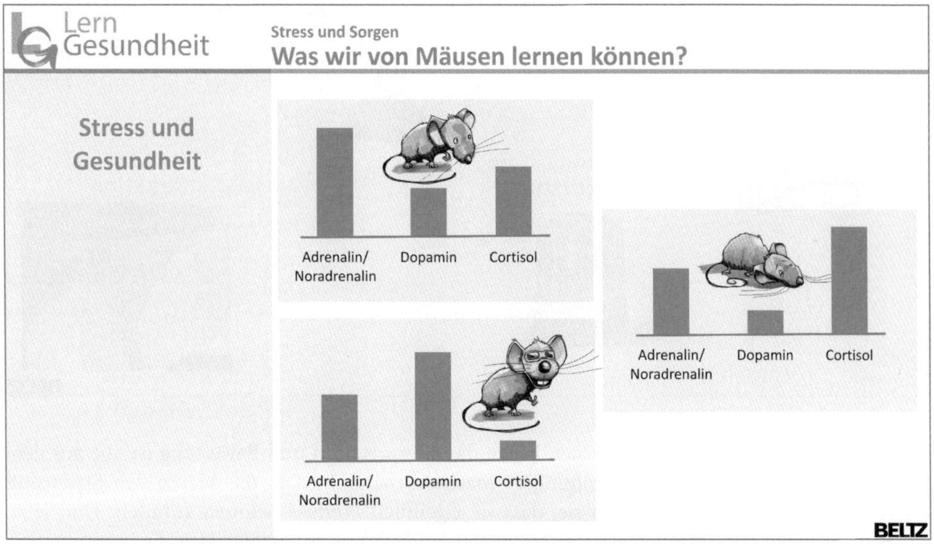

Wer mag noch einmal berichten, was mit der dritten Maus hier *[Tr. zeigt auf die Maus.]* los war?

[Tn. beschreiben den dritten Teil des Experimentes.]

Sie sehen also: Wenn Sie nichts verändern können, besteht die Gefahr, dass aus einer gesunden und hilfreichen Aktivierung – sehen Sie sich die zweite Maus an – chronischer und krankmachender Stress wird. Das Gefühl der anhaltenden Hilflosigkeit und des Kontrollverlusts führt vielfach zu mentalen Problemen wie der Entwicklung von Depression, Angststörungen oder Burnout. Auch bei Menschen konnte dieser Effekt in Studien gut gezeigt werden. Jetzt eine Quizfrage: Wissen Sie noch, warum die erste und die dritte Maus ein so unterschiedliches Blutbild zeigen, obwohl die objektive Situation doch gleich ist? – In beiden Fällen bekommen die Mäuse nach dem Klingelton Stromschläge und können nichts daran ändern.

[Tn. erklären, dass die Maus in der dritten Versuchsanordnung bereits erfahren hatte, dass sie die Gefahr kontrollieren kann. Nun wurde ihr diese Möglichkeit aber genommen. Sie erlebt Kontrollverlust. Sie weiß, dass die Situation prinzipiell veränderbar ist, sie es aber selbst gerade nicht kann – sie erlebt Hilflosigkeit. Tr. unterstützt ggf., sodass die Teilnehmenden diese Antwort finden.]

So ist es. Und damit kommen wir – mit Blick auf das Stressmodell – zum zweiten zentralen Gedanken.

Folie 4.6

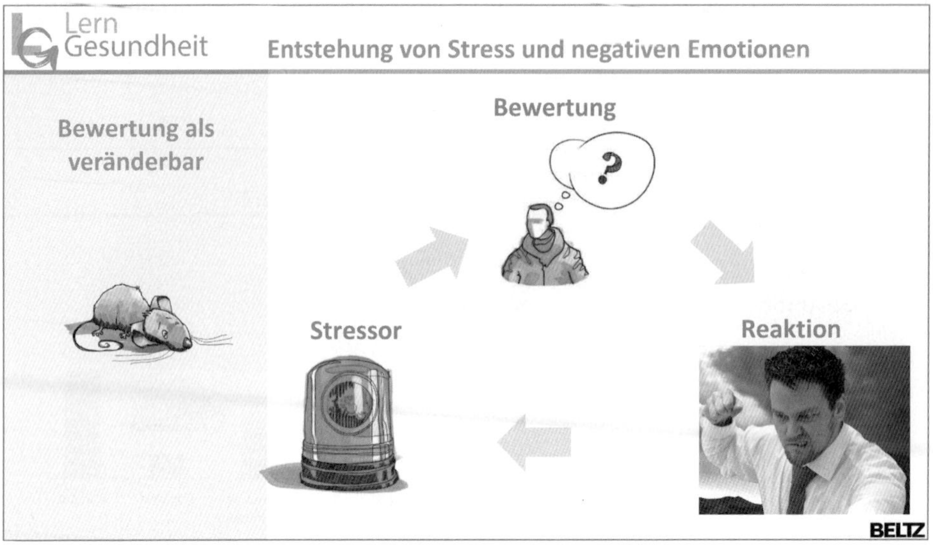

Sie erinnern sich, dass es in den meisten Fällen die Interpretation und Bewertung ist, die aus dem stressauslösenden Reiz den »Säbelzahntiger« machen. Dadurch, dass die Mäuse den Stromstoß als kontrollierbar kannten, wussten sie, dass sie eigentlich Einfluss nehmen könnten. Und jetzt, wo es nicht mehr geht, machen sie eine besondere Hilflosigkeitserfahrung. Also die Interpretation »Eigentlich müsste ich jetzt etwas tun, nur es gelingt mir nicht.« führt zu einer erhöhten Cortisolausschüttung.

In unserem Alltag sind es in aller Regel keine Stromstöße, die wir zu verändern versuchen, sondern eher andere Personen, deren Verhalten oder andere Gegebenheiten. Wenn wir uns aber sagen: »Das darf so nicht sein.« *[Tr. zeigt auf Bewertung.]* dann bereitet sich unser Körper auf Handlung vor. Egal, ob wir es verändern können oder nicht.

Fassen wir also noch einmal zusammen: Durch die Interpretation und Bewertungen »Es muss verändert werden.« und »Es ist veränderbar.« lösen wir eine Stressreaktion aus, die auf Kampf oder Flucht ausgelegt ist. Wenn wir aber weder kämpfen noch fliehen können, entsteht eine zermürbende Hilflosigkeitserfahrung. Was könnte also helfen? *[Tr. wartet Antwort ab.]* Richtig: Annehmen der Situation, so wie sie ist; auch mit all dem Stresserleben und den negativen Emotionen, die mit dieser Situation einhergehen. Wir wissen inzwischen ziemlich gut, dass das Annehmen von Unveränderbarem – ob nun unveränderbare Situationen oder Emotionen – mit größerer Gesundheit einhergeht. Und weil das zwar gut, aber nicht immer ganz einfach ist, werden wir uns in den nächsten beiden Einheiten mit dem Annehmen von Unveränderbaren beschäftigen.

Folien 4.7–4.9

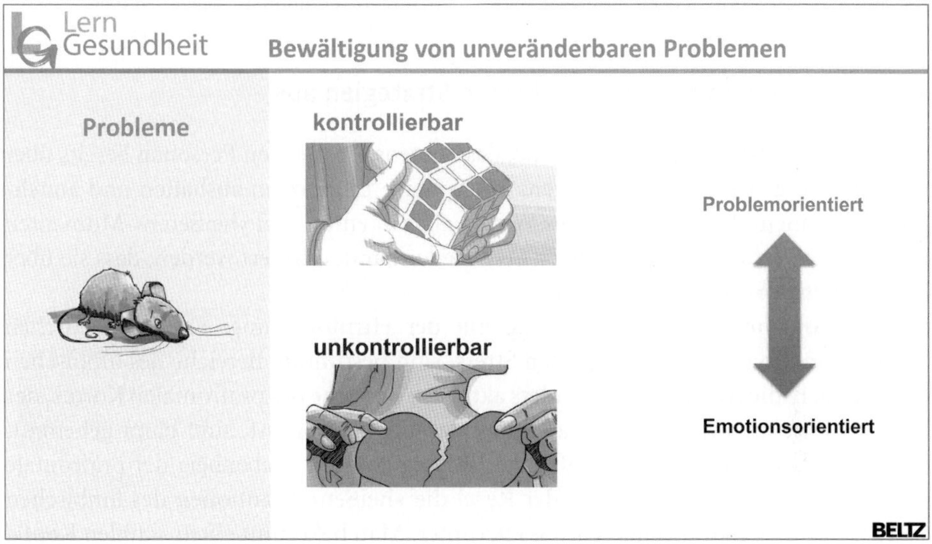

(Abgebildet ist Folie 4.9. Die Folien 4.7 und 4.8 finden Sie im Foliensatz 4 im Onlinebereich.)

Folie 4.7: Bei der Stressbewältigung unterscheidet man zwischen problemorientierter und emotionsorientierter Stressbewältigung. Problemorientiert heißt, Sie lösen das Problem, und der Stress hört auf. Emotionsorientiert heißt, Sie regulieren Ihre eigene emotionale Betroffenheit. Sie ahnen jetzt sicherlich, dass bei unveränderbaren und unkontrollierbaren Problemen die emotionsorientierte Bewältigung hilfreicher und gesünder sein kann.

Folie 4.8: Dabei waren die Stressforscher nicht die ersten, die das erkannten: Sie kennen sicherlich das Gebet: Gib mir die Gelassenheit, Dinge hinzunehmen, die ich nicht ändern kann; den Mut, Dinge zu ändern, die ich ändern kann – und die Weisheit, das eine vom anderen zu unterscheiden. Das Unterscheiden-Können ist hier natürlich wichtig.

Folie 4.9: Gerade zu erkennen, was nicht veränderbar ist, ist nicht immer ganz einfach. Wir hatten ja gesagt, unser Gehirn will eigentlich verändern oder vermeiden. Gibt es bis hierhin Fragen?

[Tr. nimmt sich ggf. Zeit, damit die generelle Notwendigkeit des Annehmens von allen Teilnehmenden verstanden wird.]

Sie haben bestimmt schon einmal die Erfahrung gemacht, dass es sinnvoll sein kann, das anzunehmen, was man nicht ändern kann – selbst wenn es nicht ganz einfach ist. Ich möchte Sie jetzt bitten, Ihrer Nachbarin oder Ihrem Nachbarn von solchen Erfahrungen zu erzählen. Und Achtung: Annehmen heißt nicht, dass Sie mit dem Unveränderbaren auch einverstanden sind. Was war das für eine Situation? Und warum war es gut, das Unveränderbare anzunehmen? Nehmen Sie sich für diesen Austausch so etwa drei bis vier Minuten Zeit.

[Tn. tauschen sich etwa 3 Minuten aus.]

Sie werden ähnliche Situationen sicherlich auch in der Zukunft erleben. Situationen, in denen das Annehmen sinnvoll ist – und das, obwohl es schwer fällt. Forschungsergebnisse zeigen, dass das Annehmen dann besser funktioniert, wenn wir es uns erstens vornehmen und wenn wir zweitens diesen Vorsatz für uns sinnvoll begründen können. Deswegen möchte ich Sie jetzt bitten, einen Vorsatz zu formulieren und diesen zu begründen. Unter welchen Umständen wollen Sie Unveränderbares annehmen – und warum? In Ihrem Begleitheft auf Seite 9 finden Sie ein Feld, in das Sie sich diesen Vorsatz und seine Begründung schreiben können.

[Tn. formulieren ihren Vorsatz und begründen ihn (Dauer: etwa 3 Minuten).]

Und weil das nicht ganz einfach ist, möchte ich Sie im nächsten Schritt dazu einladen, einmal zu überlegen, welche erfolgreichen Strategien Sie kennen, um Unveränderbares anzunehmen.

8.3.2 Teilnehmer tauschen ihre besten Strategien aus

Diese Übung basiert auf der Annahme, dass erstens die meisten Personen bereits über die notwendigen Strategien verfügen, um aversive Emotionen aushalten und annehmen zu können. Zweitens ist dieses Wissen aber in emotional »heißeren« Momenten weniger gut verfügbar. Viele müssen erst wieder daran erinnert werden, dass sie über entsprechende Strategien verfügen.

Diese Annahme steht im Einklang mit der Hirnforschung: Erleben Menschen »heiße« Emotionen oder drängenden Stress, sind bestimmte Bereiche des limbischen Systems (z. B. die Amygdala) besonders aktiviert. Bereiche des präfrontalen Kortex, der beispielsweise an strategischer Handlungsplanung beteiligt ist, sind dann gehemmt. Durch das bewusste Erinnern hilfreicher Strategien wird »nebenbei« der präfrontale Kortex aktiviert. Das reguliert in der Regel die »heißen« Emotionen des limbischen Systems (oder den drängenden Stress) herunter. Man bekommt einen »kühlen Kopf«. Wenngleich diese Erklärung die komplexen Prozesse stark vereinfacht, hilft sie sowohl den Teilnehmern als auch dem Trainer zu verstehen, worauf es in dieser Übung ankommt.

Ein zweiter Wirkfaktor, den wir annehmen, ist die Förderung emotionaler Selbstwirksamkeit: Wenn Teilnehmer sich daran erinnern, dass sie bereits über Strategien zum Annehmen von Stress und Emotionen verfügen, werden sie zukünftigen Situationen optimistischer begegnen. Durch die Erwartung, emotional selbst etwas bewirken zu können, wird es ihnen in der Regel besser gelingen, aversive Emotionen anzunehmen und auszuhalten.

Diese Übung besteht aus zwei Teilen: Im ersten Teil werden die Teilnehmer eingeladen, ihre drei besten Strategien auf jeweils ein Kärtchen zu schreiben. Dafür haben sie etwa 5 Minuten Zeit.

Arbeitsauftrag

Jeder von Ihnen hat es in der Vergangenheit geschafft, sehr erfolgreich Situationen oder Emotionen auszuhalten, die nicht veränderbar waren. Ich bitte Sie, jetzt einmal Ihre drei besten Strategien aufzuschreiben, wie es Ihnen gelungen ist – oder immer noch gelingt – Unveränderbares anzunehmen und sich nicht daran aufzureiben. Jeder von Ihnen bekommt jetzt drei Kärtchen, schreiben Sie bitte auf jedes Kärtchen eine Strategie.

Im zweiten Teil der Übung sollen die Teilnehmer sich ihre besten Strategien gegenseitig vorstellen. Um das zu erreichen, gibt es drei verschiedene Möglichkeiten, die sowohl von der Gruppengröße als auch dem Gruppenklima abhängen. Jede Variante sollte etwa zehn Minuten dauern.

Variante 1: Vorstellen im Plenum. Diese Variante sollte man nur bei kleinen Gruppen wählen. Sie ist dann vorteilhaft, wenn der Trainer die Befürchtung hat, dass dysfunktionale Strategien (z. B. Alkohol trinken oder Frustessen) genannt werden. Die Teilnehmer kommen nacheinander zur Metaplanwand, heften die Karte mit ihrer besten Strategie an und erläutern der Gruppe kurz, wie sie es schaffen, Unveränderbares anzunehmen. Neben dem hohen zeitlichen Aufwand hat diese Variante noch den Nachteil, dass die Teilnehmer sich sehr konzentrieren müssen, wenn sie allen zuhören.

Variante 2: An die Metaplanwand pinnen – und sich gegenseitig interviewen. Diese Variante bietet mehr Freiraum. Die Teilnehmer müssen nicht mehr jedem zuhören. Jeder Teilnehmer pinnt seine Karten (mit seinem Namen drauf) an die Metaplanwand. Es ist vorteilhaft, wenn es mehrere oder breite Metaplanwände gibt. Dann gehen alle Teilnehmer im Raum herum und lesen sich die Karten der anderen durch. Anschließend können die Teilnehmer sich gegenseitig zu den einzelnen Strategien interviewen. Somit erfordert diese Variante auch weniger Zeit bzw. ist auch in größeren Gruppen möglich als Variante 1. Trotzdem kann der Trainer an der Metaplanwand sehen, was die Teilnehmer schreiben. Werden dysfunktionale Strategien angepinnt hat, kann Trainer entweder den Teilnehmer direkt ansprechen oder die entsprechende Strategie im Plenum noch einmal mit der ganzen Gruppe besprechen (Vorsicht, der entsprechende Teilnehmer darf sich keinesfalls bloßgestellt fühlen). Problematisch kann diese Variante werden, wenn einzelne Teilnehmer sozial isoliert sind und nicht in den Interviewprozess miteingebunden sind.

Variante 3: Gesprächsmühle. Zur Umsetzung dieser Variante bilden die Teilnehmer einen Innen- und einen Außenkreis mit gleich vielen Stühlen, sodass sich immer zwei Teilnehmer gegenüber sitzen (einer im Innen- einer im Außenkreis). Sie haben dann jeweils drei Minuten Zeit, sich gegenseitig über ihre besten Strategien zu intervieren. Nach drei Minuten rücken die Teilnehmer des Innenkreises einen Stuhl nach links, während die Teilnehmer des Außenkreises sitzen bleiben. Diese Variante sichert, dass alle Teilnehmer in den Interviewprozess eingebunden sind. Sie hat jedoch die Nachteile, dass erstens der Trainer mögliche dysfunktionale Strategien nicht mitbekommt und dass zweitens die Teilnehmer ihre Interviewpartner (und damit auch die Strategien, über die sie sprechen) nicht interessengeleitet wählen.

8.4 Erarbeiten sinnstiftender biographischer Ressourcen

Obwohl die meisten Teilnehmer bereits über Strategien verfügen, die ihnen das Annehmen von Unveränderbarem erleichtern, sollen diese Strategien im Training systematisch erweitert werden.

Die Strategie, einen biographischen Sinn aus emotional schwierigen Situationen herauszuarbeiten, beruht auf der kognitiven Neubewertung des Unveränderbaren: Die meisten Menschen haben im Laufe ihres Leben Situationen erlebt oder waren mit

Gegebenheiten konfrontiert, die für sie emotional schwierig waren und die sie nicht beeinflussen konnten. Mit genügend zeitlichem Abstand betrachtet haben viele dieser Situationen zu Entscheidungen geführt oder Möglichkeiten nach sich gezogen, die aus heutiger Sicht als sinnstiftend wahrgenommen werden.

Beispiel

Vor etwa zwölf Jahren hat sich Herr Müller von seiner Frau getrennt. Diese Trennung war für ihn sehr schmerzhaft. Er hatte das Gefühl, seine Welt bricht zusammen. Heute lebt er glücklich mit seiner Freundin zusammen, mit der er zwei Kinder hat, die er sehr liebt.

Ohne die schmerzhafte Trennung würde er heute anders (vielleicht nicht so glücklich) leben. Somit kann er die Trennung nachträglich als sinnstiftend für sein Leben betrachten.

Das finale Ziel dieser Strategie ist es, dass die Teilnehmer aktuellen Gegebenheiten, die unveränderbar und emotional schwierig sind, mit der Einstellung begegnen können: »Wer weiß, wozu es noch gut ist!«. Diese Einstellung soll nicht das Schmerzliche, Ärgerliche, Beängstigende oder Traurige der aktuellen Situation nivellieren. Aber es soll den Teilnehmern dabei helfen, das besser zu ertragen und anzunehmen, was sie nicht ändern können.

Im Training und im Alltag wird diese Strategie an deutlich weniger dramatischen Ereignissen eingeübt, als das Beispiel suggeriert. Es geht hier vielmehr um die täglichen Ärgernisse (z. B. Ärger über die Schwiegermutter oder Enttäuschung, weil der Sohn trotz besten Zuredens in Mathe eine Fünf in Kauf nimmt).

Diese Übung wird in drei Schritten vermittelt. Im ersten Schritt wird den Teilnehmern die Übung und deren Sinn vorgestellt (s. Abschn. 8.4.1). Im zweiten Schritt wählen die Teilnehmer eine bereits bewältigte emotional schwierige Situation aus, aus der sie das biographisch Sinnstiftende herausarbeiten (s. Abschn. 8.4.2). Im dritten Abschnitt übertragen die Teilnehmer diese Erkenntnis auf aktuelle bzw. zukünftige schwierige Situationen, die sie systematisch im Emotionstagebuch verarbeiten (s. Abschn. 8.4.3).

8.4.1 Erarbeiten einer biographischen Ressource

In diesem ersten Schritt sollen die Teilnehmer den Sinn der Strategie verstehen. Die Strategie kann an einem fiktiven Lebenslauf verdeutlicht werden (s. Folie 4.12). Es werden graphisch die Stimmungshöhen und die Stimmungstiefen im Lebenslauf dargestellt. Um die Strategie zu erklären, kann ein Stimmungstief herausgenommen werden (z. B. die Scheidung) und es kann gefragt werden, wozu diese rückblickend gut bzw. sinnvoll war.

Der Trainer sollte bereits beim Erarbeiten am Beispiel eine dialektische Haltung einnehmen: Das Erkennen eines Sinnes aus heutiger Sicht hebt den damals empfundenen Schmerz oder die damals empfundenen Emotionen nicht auf. Sinn und Schmerz (oder Ärger, Angst, Trauer usw.) können nebeneinander stehen. Erfahrungsgemäß fällt diese Haltung einigen Teilnehmern schwer. Für sie ist es »einfacher«, die Welt schwarz oder weiß zu sehen. In der Regel sind es aber genau diese Teilnehmer, die von der Arbeit mit dieser Strategie profitieren, wenn es ihnen gelingt, sich darauf einzulassen.

Die Arbeit mit dieser Strategie berührt Biographisches und hat deswegen das Potential, sehr »heiß« (im Sinne des hot-learnings) zu werden (s. Abschn. 4.1). Das sollte im Training jedoch vermieden werden. Deswegen wird der nächste Schritt, das Finden und Bearbeiten einer eigenen biographischen Situation mit dieser Strategie, bereits in diesem Abschnitt gut vorbereitet: Der Trainer sollte unbedingt klar machen, dass es nicht darum geht, unverarbeitetes Leid zu aktivieren und im Rahmen des Trainings zu verarbeiten. Die Teilnehmer sollen vielmehr im nächsten Schritt an biographischen Situationen oder Gegebenheiten arbeiten, die sie hinreichend gut verarbeitet haben.

Um den Sinn dieser Strategie zu verdeutlichen, kann der Trainer die Parabel vom chinesischen Bauern und seinem Sohn erzählen.

Die Parabel vom chinesischen Bauern und seinem Sohn

Der Bauer und sein Sohn sind sehr arm und leben mehr schlecht als recht. Die einzige Hilfe bei der Arbeit ist ein altes Pferd.

Eines Tages läuft dieses Pferd weg. Alle Nachbarn kommen und bedauern den Bauern wegen dieses Unglücks. Der Bauer bleibt ruhig und fragt zurück: Woher wisst ihr, dass dies ein Unglück ist?

Nach einer Woche kommt das Pferd zurück und bringt 10 Wildpferde mit, die der Bauer und sein Sohn einfangen können. Wieder kommen die Nachbarn. Diesmal gratulieren sie ihm zu diesem Glück. Der Bauer entgegnet: Woher wisst ihr, dass dies ein Glück ist?

Beim Zureiten der Wildpferde stürzt der Sohn vom Pferd und bricht sich das Bein. Die Nachbarn kommen gelaufen und bedauern den Bauern wegen dieses Unglücks. Der Bauer entgegnet wiederum: Woher wisst ihr denn, dass dies ein Unglück ist?

Dann bricht ein Krieg aus und viele junge Männer sterben – nicht aber der Sohn des Bauern, da er wegen des Beinbruchs nicht in den Krieg ziehen musste.

(Quelle: aus dem Huainanzi)

Vorschlag für die Vermittlung der Strategie »Herausarbeiten eines biographischen Sinns«

Folie 4.11

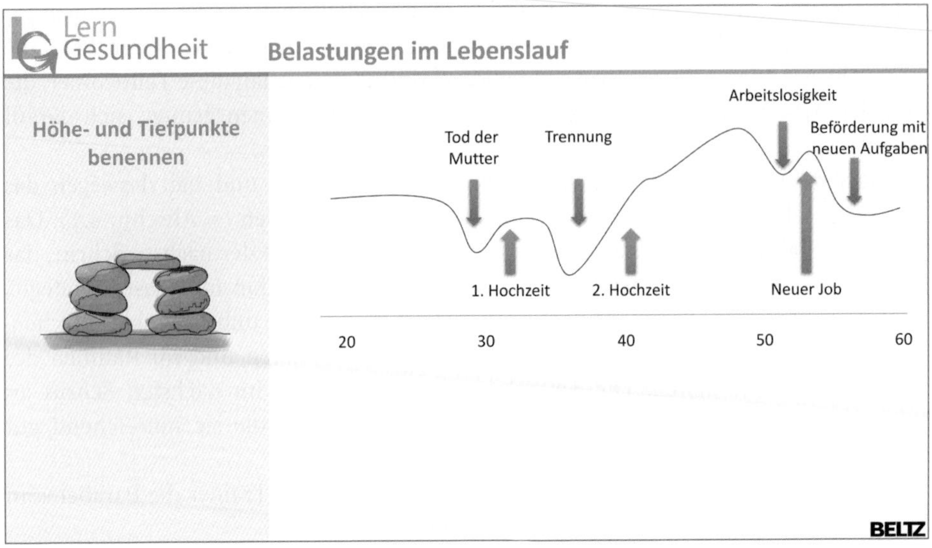

Ich stelle Ihnen nun eine Strategie vor, die das Annehmen von Unveränderbaren erleichtern kann. Die Kernidee besteht darin, dass das meiste Leid, das wir erleben, irgendwann einmal in unserem Leben einen Sinn ergibt. Schauen Sie sich zum Beispiel diese Biographie von Herrn Müller an. Hier ist das Alter und hier ist die Stimmung eingezeichnet. Hier stehen die jeweiligen Ereignisse. *[Tr. zeigt an der Folie.]* Nehmen wir einmal die Scheidung: Damals war das eine sehr schmerzhafte und leidvolle Zeit. Rückblickend ist Herr Müller aber dafür dankbar, weil er sonst nicht mit seiner jetzigen Frau und seinen Kindern zusammenleben würde.

Solche Beispiele gibt es viele – und sicherlich auch in Ihrem Lebenslauf. Ich möchte Sie jetzt einladen, ein wenig biographische Forschungsarbeit zu betreiben. Wählen Sie bitte gleich einen Tiefpunkt aus Ihrem Lebenslauf aus, mit dem Sie inzwischen hinreichend ausgesöhnt sind. Bitte achten Sie bei der Auswahl wirklich darauf, dass Sie ein Ereignis oder eine Situation auswählen, die Sie bereits gut verarbeitet haben.

[Hilfreich ist es, wenn der Tr. hier ein Beispiel aus seiner eigenen Biographie gibt.]

Der Fokus Ihrer Forschungsarbeit liegt darauf herauszuarbeiten, welchen Sinn – jetzt im Nachhinein – dieses Ereignis für Sie hat. Vielleicht finden Sie auch heraus, welche positiven Auswirkungen das Ereignis auf Ihr jetziges Leben hat. Dazu möchte ich Ihnen eine Parabel aus China erzählen, die von einem chinesischen Bauern und seinem Sohn handelt:

[Tr. liest die Parabel vom chinesischen Bauern und seinem Sohn (s. o) vor.]

Vielleicht sagen Sie sich: Wie soll ich glücklich darüber sein, dass sich ein lieber Mensch von mir getrennt hat oder sogar gestorben ist? Aber darum geht es hier nicht. Es geht vielmehr darum, die Dinge anzunehmen, wie sie sind, und zu sehen, dass das Leben weitergeht. Vielleicht können Sie eines Tages dankbar zurückblicken. Oder Sie wachsen an Dingen, die schwierig sind. Nachträglich einen Sinn zu entdecken, heißt nicht, den Schmerz, die Trauer, den Ärger oder die Angst zu verneinen. Es heißt vielmehr, diesen Gefühlen einen Sinn zu verleihen. Sie können dann Negatives, z. B. Trauer, auf der einen Seite und Positives auf der anderen Seite nebeneinander stehen lassen. Eine Trennung kann sehr schmerzhaft sein *[Tr. zeigt auf die Folie.]* – kann aber auch neue Türen im Leben öffnen *[Tr. zeigt auf 2. Hochzeit.]*. Auch der Tod eines geliebten Menschen kann sehr, sehr schmerzhaft sein – nach einiger Zeit tauchen häufig schöne Erinnerungen auf, die uns vielleicht zum Lächeln bringen oder die uns mit Dankbarkeit erfüllen, diesen Menschen gekannt zu haben. Das geschieht in der Regel dann, wenn wir uns mit dem Ereignis, was immer es ist, ausgesöhnt haben.

8.4.2 Herausarbeiten eines biographischen Sinns

In diesem zweiten Schritt füllen die Teilnehmer diese Strategie mit Leben, indem sie sie auf eine eigene Situation anwenden. Dazu suchen sie eine schwierige biographische Situation, mit der sie bereits ausgesöhnt sind – oder die sie zumindest hinreichend verarbeitet haben. Es geht nicht darum, vergangene Leiden (oder gar Traumata) aufzuarbeiten. Das Ziel ist vielmehr, anhand einer bereits verarbeiteten Situation die vorgestellte Strategie durch eigene Erfahrungen anzureichern.

Haben die Teilnehmer eine Situation oder ein Ereignis gefunden, erforschen sie, welchen Sinn oder welche sinnstiftenden Elemente diese Situation oder dieses Ereignis für ihr Leben hatte. Typische sinnstiftende Elemente sind:

- neue Möglichkeiten im Leben
- Erwerb neuer / wichtiger Kompetenzen
- identitätsstiftende Erfahrungen
- Erfahrungen, von denen der Teilnehmer oder andere profitieren können (im Sinne von Lebensweisheit)

Die Teilnehmer besprechen im Partnergespräch die Situation sowie deren sinnstiftenden Elemente. Dafür sollten etwa zehn Minuten veranschlagt werden. Abschließend können zwei bis drei Teilnehmer vor der Gruppe ihre Situation vorstellen.

Das abschließende Gruppengespräch sollte auch genutzt werden, um mögliche Schwierigkeiten zu klären. Diese bestehen meistens darin, dass Teilnehmer keinen Sinn bzw. keine sinnstiftenden Elemente in der Situation finden können. Dieser Schwierigkeit kann grundsätzlich auf zwei Arten begegnet werden:

(1) Der Trainer sucht gemeinsam mit dem Teilnehmer nach sinnstiftenden Elementen. Es kann allerdings sein, dass ein Teilnehmer (noch) nicht bereit ist, auch ganz offensichtlich sinnstiftende Elemente zu erkennen oder als solche anzuerkennen. Deswegen sollte der Trainer hier sehr einfühlsam vorgehen. Wenn der Teilnehmer keinen Bezug zu den sinnstiftenden Elementen bekommt, sollte der Trainer nicht versuchen, den Teilnehmer zu überzeugen. Hier ist dann die zweite Möglichkeit angezeigt.

(2) Ziel der Übung ist es, die vorgestellte Strategie mit eigenen Erfahrungen zu bebildern und anzureichern. Nicht alle schwierigen Situationen oder Erlebnisse bieten sich hierfür gleich gut an. Der Trainer kann den Teilnehmer einfach ermutigen, eine besser passende Situation zu finden. Es empfiehlt sich, das Ziel der Übung noch einmal transparent zu machen.

Eine weitere Schwierigkeit kann darin bestehen, dass einige Teilnehmer glauben, sie würden ihre schmerzvolle Erfahrung »verraten«, wenn sie auf einmal etwas Gutes in dem Ereignis finden sollen. Hier kann der Trainer klar machen, dass beides nebeneinander stehen kann (s. o.). Wenn das dem Teilnehmer an dieser Stelle noch nicht gelingt, kann auch zunächst eine andere Situation gesucht werden.

> **!** Auch wenn der Trainer sehr deutlich sagt, dass die Teilnehmer keine unverarbeiteten Situationen oder Ereignisse für diese Übung nutzen sollen, kann es vorkommen, dass vereinzelte Teilnehmer an schwierige unverarbeitete Ereignisse erinnert werden (z. B. Verlust eines lieben Menschen). Manche werden dann von Emotionen überflutet. Häufig verlassen sie dann den Raum.
>
> Obwohl das auf die Gruppe erschreckend oder dramatisch wirken kann, ist das in der Regel nicht schlimm. Filme oder Lieder können das gleiche bewirken. Der Trainer sollte eine ruhige, sichere und fürsorgliche Haltung einnehmen. Dabei sollte er unbedingt Kontakt zu dem Teilnehmer aufnehmen und Unterstützung anbieten (nicht aufdrängen!). Meistens wollen Teilnehmer dann alleine sein und kommen nach kurzer Zeit wieder in die Gruppe zurück. Der Gruppe gegenüber sollte der Trainer kommunizieren, dass so etwas passieren kann und dass es vollkommen in Ordnung ist.
>
> Sollten jedoch starke Traumatisierungen getriggert worden sein, kann der Trainer gemeinsam mit dem Teilnehmer überlegen, wo dieser Hilfe bekommen kann. Wichtig ist, dass kein Teilnehmer destabilisiert nach Hause geht.

Vorschlag für die Verbindung der Strategie »Herausarbeiten eines biographischen Sinns« mit eigenen Erfahrungen

Folie 4.12

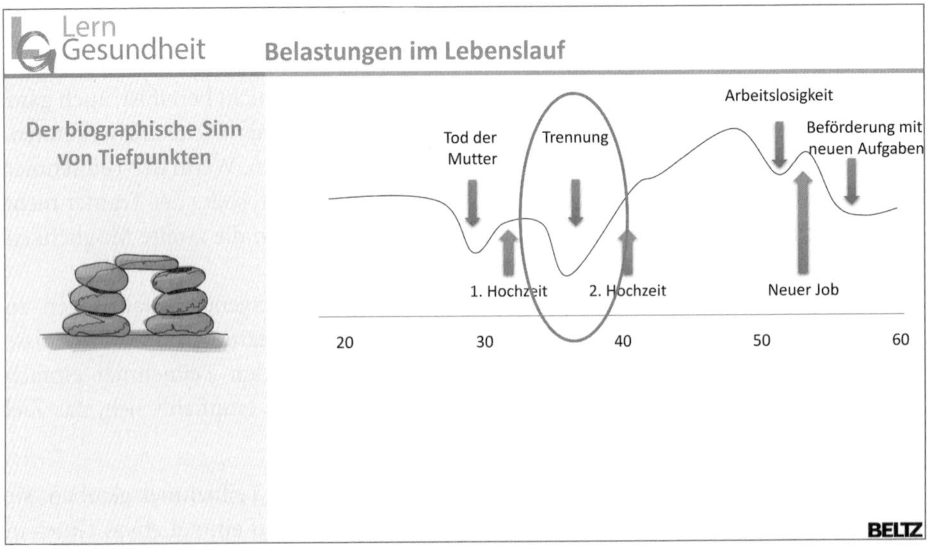

Ich möchte Sie jetzt bitten, dass Sie ein Lebensereignis aus Ihrer Biographie auswählen, das zu einem Stimmungstiefpunkt geführt hat – und das Sie bereits so gut verarbeitet haben, dass Sie es hier auch berichten können.

[Tr. betont letzten Teil besonders.]

Beantworten Sie für sich folgende Fragen so gut es geht:

- Wozu kann dieses Ereignis gut gewesen sein?
- Welchen Sinn könnte dieses Ereignis – jetzt mit Abstand betrachtet – gehabt haben?
- Was würde ich in meinem Leben heute vermissen, wenn es dieses Ereignis nicht gegeben hätte?
- Gibt es etwas, das Sie möglicherweise gelernt haben?

Sprechen Sie mit Ihrer Sitznachbarin oder Ihrem Sitznachbarn darüber.

[Tn. bekommen ca. 10 Minuten Zeit. Danach stellen zwei bis drei Tn. ihre biographische Situation vor. Abschließend werden die Tn. noch nach möglichen Schwierigkeiten gefragt.]

8.4.3 Biographische Ressourcen erahnen

Im dritten Schritt übertragen die Teilnehmer diese Strategie, die bislang auf die Vergangenheit gerichtet war, auf die Gegenwart bzw. die Zukunft. Dazu müssen sie bereit und in der Lage sein, einen zukünftigen Sinn in gegenwärtig schwierigen Situationen zu antizipieren. Die Erkenntnis leitende Frage lautet also: »Wozu könnte das irgendwann vielleicht einmal sinnvoll sein?«. Häufig lässt sich diese Frage nicht oder nur schwer beantworten, denn ein möglicher Sinn liegt noch weit in der Zukunft. Eine hohe persönliche Betroffenheit erschwert zusätzlich die Suche nach einem künftigen biographischen Sinn. Deswegen reicht häufig schon die Haltung: »Wer weiß, wozu es noch einmal gut sein wird.« aus. Damit Teilnehmer diese Haltung für sich überzeugend einnehmen können, ist es hilfreich, wenn sie diese mit Erfahrungen untermauern. Das wurde im vorherigen Abschnitt erarbeitet (s. Abschn. 8.4.2).

Fällt es Teilnehmern schwer, die *Wer-weiß-wozu-das-gut-ist-Haltung* einzunehmen, kann der Trainer sie darin unterstützen, indem er auf die entsprechenden Erfahrungen verweist. Allerdings sollte er die Teilnehmer nicht überreden, sondern vielmehr durch geschicktes Fragen (»Hätten Sie damals gedacht, dass Sie heute so über dieses Ereignis denken?«) den Teilnehmern selbst die Möglichkeit geben, dass entsprechende Einsichten und Haltungen aus ihnen selbst heraus wachsen können. Um den Prozess kognitiv zu rahmen, kann der Trainer auf das Rilke-Zitat (s. u.) zurückgreifen.

> Wenn man die Fragen lebt,
> lebt man vielleicht allmählich,
> ohne es zu merken,
> eines fremden Tages
> in die Antworten hinein.
> [Rainer Maria Rilke, Brief an Franz Xaver Kappus, 1903]

Das oben beschriebene Herangehen wird durch die Einführung des Emotionstagebuchs umgesetzt (s. Begleitheft, S. 10). Das Emotionstagebuch besteht aus drei Spalten (s. Tab. 8.4): In die erste Spalte wird die Situation bzw. das auslösende Ereignis in kurzen Stichworten beschrieben. In der zweiten Spalte werden die begleitenden

Tabelle 8.4 Emotionstagebuch der vierten Einheit

Situation	Emotion	Sinn
Mein Sohn räumt sein Zimmer nie auf und ignoriert meine Aufforderungen.	Ich könnte platzen (Wut und Hilflosigkeit).	Ich kann mich in Geduld üben. Geduld fehlt mir in vielen Bereichen.
Ich hatte das ganze Wochenende schlechte Laune und habe meine Mitmenschen angegiftet.	Ich habe mich im Nachhinein geschämt.	Das könnte mir zeigen, dass ich lernen sollte, direkt anzusprechen, was mich stört.

Emotionen notiert und in der dritten Spalte wird schließlich der antizipierte Sinn eingetragen.

Um die Arbeit mit dem Emotionstagebuch kennen zu lernen, suchen die Teilnehmer während der vierten Einheit zwei Situationen oder Ereignisse der nahen Vergangenheit aus (z. B. aus der letzten Woche), die für sie emotional schwierig waren, die sie aber nicht ändern können. Diese Übung wird in Partnerarbeit durchgeführt.

Für manche besteht die erste Herausforderung bereits darin, das entsprechende Ereignis in Kürze zu schildern. Gerade für Personen, die zum Grübeln neigen, nimmt ein emotional schwieriges Ereignis gedanklich viel Raum ein. Fällt es Teilnehmern schwer, sich genug von dem Ereignis zu distanzieren, kann es hilfreich sein, ihnen zunächst einmal den Raum zu geben, davon zu berichten. Danach werden sie gebeten, das noch einmal so kurz zusammen zu fassen, dass es ins Emotionstagebuch passt. Das Zusammenfassen kann bereits das gedankliche Distanzieren fördern. Damit das in der Partnerarbeit gelingt, wird diese Strategie schon beim Vorstellen der Übung angesprochen. Wichtig dabei ist, dass Teilnehmer, die ein hohes Mitteilungsbedürfnis haben, nicht im Vorfeld stigmatisiert werden. Formulierungen wie »Manchmal ist man selbst noch so nah an der Situation, dass es einem nicht sofort gelingt, diese in Kürze zu beschreiben. Wenn Sie das bei Ihrem Partner merken, hören Sie erst einmal zu. Vielleicht gelingt es danach ja besser, das Ereignis kurz zusammenzufassen.« können eine wertschätzende Atmosphäre unterstützen.

Merkt der Trainer während der Partnerarbeit, dass ein Teilnehmer den vorgegebenen Rahmen wegen hoher Betroffenheit überschreitet, kann er intervenieren und ggf. ein Gespräch nach der Einheit anbieten.

In die zweite Spalte werden die Emotionen eingetragen, die die Teilnehmer erleben. Dieser Teil dient zwei Zielen zugleich: Erstens kann das Benennen der Emotionen mehr Klarheit bringen (z. B. Berking, 2010) und somit Orientierung bieten, was der mögliche Sinngehalt des Ereignisses sein kann. Die Aussage »Ich könnte platzen!« (s. Abb. 9.1) kann dem betreffenden Teilnehmer bewusst machen, dass er häufig wenig Geduld hat – und dass er sich in Geduld üben sollte. Zweitens fällt es vielen Menschen schwer, zu erkennen und zu benennen, welche Emotionen sie gerade empfinden. Diese Fähigkeit wird im Modul 3 zum Verändern von Emotionen benötigt. Daher besteht ein zweites Ziel darin, die Teilnehmer auf die Regulation von Emotionen und Stress bereits an dieser Stelle vorzubereiten, indem das Erkennen und Benennen von Emotionen geübt wird.

In der dritten Spalte wird schließlich der antizipierte zukünftige Sinn notiert. Wichtig dabei ist, dass sich dieser angenommene Sinn über die Zeit verändern kann und wahrscheinlich auch verändern wird. Der hier formulierte sinnstiftende Charakter des Ereignisses sollte als Hypothese angesehen werden. Finden Teilnehmer keinen Sinn oder sind sie noch nicht bereit dazu, können sie stattdessen Fragen formulieren (z. B. »Was ist gut daran, dass ich durch diese Prüfung gefallen bin?«). Diese Fragen sollten jedoch keine rein rhetorischen Fragen sein, die die vermeintliche Sinnlosigkeit des Ereignisses noch untermauern. Vielmehr sollten die Teilnehmer beim Formulieren der Fragen eine ehrlich neugierige Haltung annehmen. Das ist manchmal schwer und kann dadurch unterstützt werden, dass sie sich die in Abschnitt 8.4.2 erarbeiteten Referenzsituationen vergegenwärtigen. Zudem sollte man sich auch klar machen, dass die Strategie, nach sinnstiftenden Elementen zu forschen, nur eine von vielen Strategien ist und nicht jedem Ereignis gerecht wird.

! Diese *Wer-weiß-wozu-das-gut-ist-Haltung* fällt vielen schwer. In der Regel wird es einfacher, wenn dieser Perspektivwechsel einige Zeit geübt wird. Teilnehmer, die also nicht sofort einen erleichternden Effekt verspüren, sollten zu Geduld und Beharrlichkeit ermutigt werden.

Vorschlag für die Vermittlung der Arbeit mit dem Emotionstagebuch

Folie 4.13

Lern Gesundheit

Emotionstagebuch

Der (biographische) Sinn von Tagesärgernissen

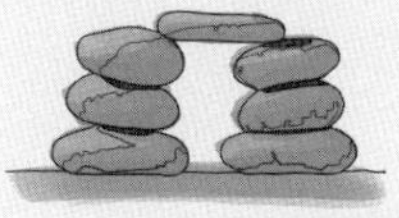

Situation	Emotion	Sinn

Wagen Sie einen Blick in die Zukunft - und schauen Sie von dort zurück:

Was denken oder sagen Sie in einem Jahr darüber?

- Zu was kann dieses Ereignis gut gewesen sein?
- Welchen Sinn könnte dieses Ereignis - jetzt mit Abstand betrachtet - gehabt haben?
- Was würde ich in meinem Leben heute vermissen, wenn es dieses Ereignis nicht gegeben hätte?

BELTZ

Sie haben eben auf eine Situation, die emotional schwierig war, zurückgeblickt. Dabei haben Sie geschaut, welchen Sinn diese Situation oder dieses Ereignis aus heutiger Sicht für Sie macht. Jetzt gehen wir einen Schritt weiter: Wir wenden uns einer aktuellen Situation zu, die für Sie emotional schwierig ist. Das soll eine Situation sein, die Sie nicht ändern können oder wollen – die Sie also in Würde ertragen müssen. Das ist ja meistens schwerer, als es sich hier anhört. Eine Strategie, mit der einem das Annehmen etwas leichter fällt, besteht darin, sich zu überlegen, welchen Sinn die schwierige Situation für einen haben kann. Was können Sie daraus lernen? Was könnte sich auf lange Sicht in Ihrem Leben verbessern oder wofür sonst könnte die Situation für Sie gut sein?

Ich möchte Sie jetzt einladen, ein wenig Forschungsarbeit zu betreiben. Dafür werde ich Ihnen die Arbeit mit dem Emotionstagebuch vorstellen. Das finden Sie auf Seite 10 in Ihrem Begleitheft. In die erste Spalte tragen Sie in kurzen Stichworten die Situation oder das Ereignis ein. In der zweiten Spalte notieren Sie, welche Emotion bzw. Emotionen Sie empfunden haben. Kern der Übung ist die dritte Spalte. Dafür versetzen Sie sich in die Zukunft und blicken von da aus zurück. Machen Sie es so, wie wir es eben mit den Tiefpunkten aus Ihrer Biographie gemacht haben: Fragen Sie sich, wozu diese Situation möglicherweise gut sein könnte. Was würden Sie z. B. in einem Jahr darüber sagen oder denken? Ziel der Übung ist es, dass Sie in Ihrem Alltag lernen, gedanklich die Perspektive zu wechseln. Heute geht es um die zeitliche Perspektive. Gibt es Fragen dazu?

Dann starten Sie jetzt zu zweit: Jeder von Ihnen sucht eine emotional schwierige Situation, die Sie jedoch nicht verändern können oder wollen. Interviewen Sie sich gegenseitig: Zuerst erzählt Partner A seine Situation, findet heraus, welche Emotionen im Spiel waren und versucht zu erahnen, welchen Sinn diese schwierige Situation einmal haben könnte. *[Tr. unterstützt die Erklärung durch Zeigen an der Folie.]* Partner B fragt interessiert nach und hilft so A, seine Gedanken zu ordnen. Dafür haben Sie etwa vier Minuten Zeit. Dann wechseln Sie die Rollen.

Zwei Dinge noch bevor es losgeht: Erstens kann es sein, dass Sie nicht sofort erahnen, welchen Sinn die Situation einmal haben könnte. Das ist nicht schlimm. Formulieren Sie dann einfach Fragen, die Sie ehrlich meinen. Vielleicht hilft Ihnen dieses Zitat von Rainer Maria Rilke:

Wenn man die Fragen lebt,
lebt man vielleicht allmählich,
ohne es zu merken,
eines fremden Tages
in die Antworten hinein.

Zweitens: Manchmal ist man selbst noch so nah an der Situation, dass es einem nicht sofort gelingt, diese in Kürze zu beschreiben. Wenn Sie das bei Ihrem Partner merken, hören Sie erst einmal zu. Vielleicht gelingt es danach ja besser, das Ereignis kurz zusammenzufassen.

Nach der Partnerübung sollte noch eine kurze Besprechung im Plenum stattfinden. Es hat sich bewährt, zunächst einige Beispiele vorstellen zu lassen, die die Teilnehmer als hilfreich empfunden haben. Danach sollte es Raum für Fragen und zur Klärung möglicher Schwierigkeiten geben.

8.5 Aufgaben der Woche: Emotionstagebuch

Die Teilnehmer bekommen folgende Aufgaben der Woche (Folie 4.14):

(1) Achtsamkeits- und Entspannungsübung. Mit Beginn dieses Moduls bekommen die Teilnehmer eine verkürzte Version der bekannten Übung. In dieser Sequenz werden nach einer kurzen Achtsamkeitsübung alle Muskelpartien gemeinsam angespannt und danach wieder losgelassen. Die Audiodatei für diese Übung befindet sich auf der

App. Der Text für diese Übung findet sich im Abschnitt 8.7. Die Übung sollte kurz mit den Teilnehmern besprochen werden. Die meisten Teilnehmer finden diese verkürzte Version weniger entspannend als die lange Version aus Modul 1. Es hat sich als hilfreich herausgestellt, darauf hinzuweisen. Der Trainer sollte klarstellen, dass es darum geht, Entspannung in kurzer Zeit abrufen zu können. Daher sollten die Teilnehmer jetzt schon einmal mit einer verkürzten Version der Entspannungsübung trainieren. Voraussetzung dafür ist jedoch, dass die Teilnehmer die lange Version hinreichend oft geübt haben.

(2) Führen des Emotionstagebuchs. Die Teilnehmer sollen möglichst täglich eine emotional schwierige Situation mit dem Emotionstagebuch bearbeiten. Es sollte unbedingt darauf hingewiesen werden, dass es um kleine tägliche Ärgernisse geht und sich nicht um sehr dramatische Ereignisse handeln muss. Ziel ist es, den zeitlichen Perspektivwechsel und damit die gedankliche Umbewertung zu üben.

(3) Weiterführung der Ankerübung und der Achtsamkeit im Alltag. Diese Übungen sollten inzwischen einigermaßen gut im Alltag der Teilnehmer eingebunden sein. Der Trainer sollte trotzdem noch einmal darauf hinweisen.

Damit die Übungen im Alltag auch durchgeführt werden, wird in gewohnter Weise die Transferplanung vorgenommen: (1) sich Motivation vergegenwärtigen und ggf. erneuern, (2) konkrete Handlungsintentionen formulieren und (3) in die Struktur der nächsten Woche möglichst terminiert einbinden sowie (4) eine Analyse möglicher Hindernisse und Widerstände durchführen und (5) Überwindungsstrategien entwickeln bzw. bewusst machen.

8.6 Abschlussblitzlicht

Das Abschlussblitzlicht wird ebenfalls in gewohnter Weise durchgeführt (Folie 4.15). Allerdings kann es zum Abschluss dieser Einheit sein, dass einige Teilnehmer wegen der biographischen Fokussierung betroffener sind oder noch »Reste« haben, die sie loswerden müssen. Dafür sollte der Trainer unbedingt sensibel sein.

Hat der Trainer bei Teilnehmern das Gefühl, dass diese noch Gesprächsbedarf haben, sollte er ihnen die Möglichkeit zu einem Gespräch anbieten. Das kann auch im Anschluss an diese Einheit sein.

8.7 Achtsamkeit und Entspannung für das zweite Modul (Kurzversion)

Im zweiten Modul wird eine kürzere Version der Achtsamkeits- und Entspannungsübung trainiert, in der alle Muskeln gleichzeitig angespannt und wieder losgelassen werden. Den Text für diese Übung *Achtsamkeit und Entspannung – Modul 2* finden Sie im Onlinebereich.

9 Belastbarkeit stärkende Maßnahmen (Einheit 5)

9.1 Zeitlicher Ablauf von Einheit 5

Phase	Zeit	Thema	Ziele
Einstieg	15'	Begrüßung und Trainingserfahrung reflektieren	▶ Selbstwirksamkeit stärken ▶ ggf. Schwierigkeiten beim Trainieren überwinden
	5'	Belastbarkeit stärken – aber wie?(Hinführung)	eigene Erfahrungen und theoretisches Wissen verbinden: ▶ wissen, dass Stress und negative Emotionen nicht ewig anhalten ▶ erkennen, dass Kognitionen die Dauer von Stress und negativen Emotionen beeinflussen ▶ erfahren, mit welchen Ansätzen in dieser Einheit das Annehmen gestärkt wird
Hauptteil	15'	Belastbarkeit stärken: Nektar saugen	▶ Selbstkomplexität prüfen ▶ Entwicklungsimpulse zur Steigerung der Selbstkomplexität formulieren
	20'	Belastbarkeit stärken: soziales Netz	systemische Ressourcen stärken: ▶ Funktionen im eigenen sozialen Netz erkennen ▶ Erweiterungsbedarf erkennen ▶ Entwicklungsimpulse formulieren
	10'	Ein persönliches Resilienzprojekt entwickeln	▶ aus Entwicklungsimpulsen ein Entwicklungsziel formulieren ▶ erste Schritte festlegen
	10'	Belastbarkeit stärken: biographische Ressourcen aktivieren	▶ Förderung emotionaler Selbstwirksamkeit
Abschluss	10'	Transfer planen	▶ konkrete Vorsätze bilden ▶ Hindernisse antizipieren und Überwindungsstrategien entwickeln
	5'	Wie gehe ich nach Hause?	▶ Mini-Reflexion der fünften Einheit

9.2 Einstieg: Würdigen der Aufgaben und Besprechen von Schwierigkeiten

Das Würdigen bzw. Verstärken von wünschenswertem Trainingsverhalten geschieht wie im Abschnitt 7.2 dargestellt. In dieser Einheit wird der Fokus in der Einstiegsrunde vor allem auf das Führen des Emotionstagebuchs bzw. auf das Annehmen-Können von Unveränderbarem gelegt (s. Abschn. 9.2.1). Bereits in der Einstiegsphase wird in einem zweiten Schritt zum Thema dieser Einheit hingeführt (s. Abschn. 9.2.2). Tabelle 9.1 gibt einen Überblick über die Einstiegsphase.

Tabelle 9.1 Überblick über die Einstiegsphase (Dauer: etwa 15 Minuten)

Thema	Ziel	Inhalt	Organisation
9.2.1 Begrüßung und Trainingserfahrung reflektieren	Selbstwirksamkeit stärken:	kurze Einstiegsrunde zu den Fragen: ▶ Wie ist es Ihnen mit der Übung (Hausaufgabe) ergangen?	Blitzlichtrunde
	▶ verstärken, was gut war	▶ Was ist Ihnen gut gelungen (Bemühungen)? ▶ Wie hat sich bei Ihnen die Wirkung gezeigt?	
	▶ Schwierigkeiten überwinden	▶ ggf.: Welche Schwierigkeiten gab es? ▶ Wie lassen sie sich überwinden?	
9.2.2 Hinführung: Belastbarkeit stärken – aber wie? (Psychoedukation)	eigene Erfahrungen und theoretisches Wissen verbinden: ▶ wissen, dass Stress und negative Emotionen nicht ewig anhalten	▶ typischer Verlauf von Stress und negativen Emotionen	deduktives Vorgehen: Input durch den Trainer
	▶ erkennen, dass Kognitionen die Dauer von Stress und negativen Emotionen beeinflussen	▶ eigene Erfahrungen über typische Dauer von Stress und negativen Emotionen und darüber, wie man sie aufrechterhält, austauschen	vom Input ausgehend eigene Erfahrungen suchen (Partnergespräch / Induktives Vorgehen)
	▶ erfahren, mit welchen Ansätzen in dieser Einheit das Annehmen gestärkt wird	▶ Möglichkeiten vorstellen, die das Annehmen fördern: (a) Erhöhung der Selbstkomplexität (b) Stärkung des sozialen Netzes (c) Belastbarkeitserfahrungen bewusst und abrufbar machen	Impulsvortrag

9.2.1 Trainingserfahrung reflektieren

Manche Teilnehmer berichten, dass ihnen das Führen des Emotionstagebuchs zwar nicht so gut gelungen sei, dass sie aber das Gefühl haben, Unveränderbares im Alltag besser annehmen zu können. Das Annehmen-Können sollte auf jeden Fall gewürdigt werden. Mit etwas Geschick gelingt es dem Trainer sogar, durch das Würdigen die Wahrscheinlichkeit zu erhöhen, dass die Teilnehmer künftig ihr Emotionstagebuch erfolgreicher führen. Hier kann eine Attribuierung der Erfolge auf die erlernte Strategie wirksam sein, wenn sie an eine Vorwegnahme künftigen Verhaltens gekoppelt ist. Der Trainer kann beispielsweise sagen: »Ich freue mich richtig, wie gut es Ihnen gelingt, diese Strategie im Alltag anzuwenden. Sie haben eben gesagt, dass Sie abends nicht mehr daran gedacht haben, das Emotionstagebuch zu führen. Tagsüber ist es Ihnen aber anscheinend gelungen, diese Strategien abzurufen und anzuwenden. Ich bin überzeugt, dass es Ihnen bis zum nächsten Mal auch gelingt, häufiger das Emotionstagebuch zu führen. Ich bin auf jeden Fall sehr gespannt!« Diese Vorwegnahme kann der Trainer beim Abschlussblitzlicht am Ende noch einmal unterstreichen, indem er die entsprechenden Teilnehmer noch einmal darauf anspricht.

Einige Teilnehmer berichten von inneren Widerständen, das Emotionstagebuch zu führen. Diese können unterschiedliche Ursachen haben. Tabelle 9.2 führt die gängigsten Ursachen und mögliche Strategien zu deren Überwindung auf. Grundsätzlich

Tabelle 9.2 Typische Ursachen und Lösungswege, wenn es Teilnehmern schwer fällt, das Emotionstagebuch zu führen

Mögliche Ursachen	Mögliche Lösungswege
Es ist nicht klar, wozu das Emotionstagebuch gut ist.	▶ klären, ob der Tn. Schwierigkeiten hat, Unveränderbares anzunehmen; Wenn nicht, dann ist die Übung für ihn nicht wirklich notwendig. ▶ sonst: Noch einmal Zweck klären
Tn. findet keine Situationen oder Ereignisse, die er mit dem Emotionstagebuch bearbeiten kann.	▶ klären, ob der angelegte Maßstab sinnvoll ist; Einige Tn. glauben, es ginge nur um dramatische Ereignisse. Hier ggf. korrigieren: Es geht um normale tägliche Ärgernisse. Ziel ist es, den Perspektivwechsel zu trainieren.
Tn. kommt sich albern vor, Situationen im Emotionstagebuch aufzuschreiben.	▶ erneute Motivationsklärung, die zu einer klaren Intentionsbildung führt ▶ ggf. klären, warum Tn sich dabei albern vorkommt ▶ ermutigen, es eine Woche lang auszuhalten, etwas »Albernes« zu tun
Schwierigkeiten, sich von der Situation bzw. dem Ereignis genügend zu distanzieren.	▶ anregen, dass Tn zunächst mit einer Person über die Ereignisse spricht und seine Betroffenheit darstellt; Das kann auch eine Person aus der Gruppe sein. ▶ erst im zweitens Schritt das Ereignis zusammenfassen (s. Abschn. 8.4.3)

sollte der Trainer auch hier eine unterstützende und keine missionierend-überredende Haltung zeigen.

9.2.2 Belastbarkeit stärken – aber wie?

Es sollte zunächst noch einmal geklärt werden, warum und unter welchen Umständen es sinnvoll sein kann, Unveränderbares anzunehmen (s. Folie 5.4). Möglicherweise wird das bereits während der Einstiegsrunde geklärt.

Bei der Hinführung zum Thema kann an die Idee der Stimmungsbiographie (s. Abschn. 8.4) angeknüpft werden (Folie 5.5). Viele Menschen verwechseln globale Stimmungen, die länger anhalten können, mit aktuellen Emotionen, die in der Regel nicht so lange andauern. So kann man nach dem Verlust eines geliebten Menschen für längere Zeit in einer trauernden Stimmungslage sein. Trotz dieser überdauernden Stimmung kann man sich zwischendurch ärgern, sich fürchten, sich freuen usw. Diese Unterscheidung ist wichtig, weil viele Menschen glauben, dass Emotionen sehr lange anhalten können und deswegen unerträglich sind. Es fällt ihnen dann schwer, Situationen anzunehmen, von denen sei glauben, dass sie solche Emotionen auslösen (z. B. »Dann ärgere ich mich wieder drei Tage lang!«). Deswegen sollte einleitend der Unterschied zwischen Stimmungen und Emotionen erarbeitet und geklärt werden, dass Emotionen in der Regel nicht ewig andauern (Folie 5.6).

Es ist also hilfreich, wenn die Teilnehmer erstens merken, dass Emotionen nicht ewig anhalten und dass zweitens sie selbst die Dauer von Emotionen durch bestimmte Kognitionen mitbestimmen können. Dazu sollen sie auf ihre eigenen Erfahrungen zurückgreifen. Manche Teilnehmer berichten von Emotionen, die bei Ihnen sehr lange anhielten. In diesem Fall sollte der Trainer nicht versuchen, die Teilnehmer zu überzeugen, dass Emotionen vorübergehen. Wichtig ist es, solche Aussagen ernst zu nehmen. Fühlt der Teilnehmer sich ernst genommen und verstanden, kann der Trainer behutsam erfragen, was der Teilnehmer sich sagt oder denkt, damit die Emotion so lange anhält. Dahinter steht die Annahme, dass die physiologische Reaktion der Emotion (s. Abschn. 1.6) nicht lange aufrechterhalten wird. Allerdings kann diese Reaktion durch bestimmte Kognitionen (z. B. ständiges Grübeln über die Ärgersituation) verlängert werden. Auch das Anspannen von bestimmten Muskeln kann zu einer Aufrechterhaltung von Emotionen beitragen (z. B. Kiefermuskeln permanent anspannen).

Obwohl es für viele bereits hilfreich zu wissen ist, dass Emotionen und Stress nicht ewig anhalten, sind aversive Emotionen für viele Menschen trotzdem schwer zu ertragen. Deswegen werden in der fünften und sechsten Einheit weitere Strategien vermittelt, die Annehmen-Können stärken. Die Strategien, die in der fünften Einheit vermittelt werden, sind (1) Aufbau von Selbstkomplexität, (2) gezieltes Stärken von Funktionen im sozialen Netz und (3) Erstellen eines Belastbarkeitsankers. Es sollte unbedingt vermittelt werden, dass diese Strategien nur mittel- bis langfristig wirken. Diese Strategien können also nicht dann angewendet werden, wenn aversive Emotionen entstehen, sondern sollten bereits vorher ihre Wirkung zeigen. Teilnehmern kann man das durch folgende Metapher deutlich machen: Man kann Brände auf zwei Wegen bekämpfen. Einerseits kann man sie dann löschen, wenn es brennt. Andererseits kann man Häuser schon so bauen, dass sich Brände nicht gut ausbreiten können und schwerer entstehen. Die Steigerung der Selbstkomplexität und das Stärken des sozialen Netzes wirken wie bauliche Brandschutzmaßnahmen. Das Installieren eines Belastbarkeitsankers wirkt hingegen eher wie das Löschen eines Brandes.

In der Hinführung werden die drei Strategien (1) Steigerung der Selbstkomplexität, (2) Funktionen im sozialen Netz stärken und (3) entwickeln eines Belastungsankers in Kürze vorgestellt. Die Impulsen zur Steigerung der Selbstkomplexität und zur Stärkung des sozialen Netzes sind Grundlage eines persönlichen Resilienzprojekts.

(1) Steigerung der Selbstkomplexität. Menschen ziehen ihre Kraft und ihre Identität aus verschiedenen Quellen. Die Anzahl und die Integration der verschiedenen Quellen werden als Selbstkomplexität bezeichnet. Hat eine Person viele Kraft- und Identitätsquellen zur Verfügung, die zudem noch gut in die Selbststruktur der Person integriert sind, können darüber Stress und emotionale Turbulenzen abgepuffert werden. Läuft es beispielsweise beruflich nicht gut, ist das für jemanden, der sich nur über seinen Beruf identifiziert, viel schwerer auszuhalten als für jemanden, der seine Identität aus vielfältigen Quellen bezieht. Das Ziel in dieser Einheit ist es, die eigenen Kraft- und Identitätsquellen zu analysieren und ggf. gezielt zu erweitern. Es werden jeweils Entwicklungsimpulse formuliert.

(2) Gezielt die Funktionen im sozialen Netz stärken. Verschiedene Funktionen im sozialen Netz von Menschen tragen zur emotionalen Stabilität bei. Je aktiver und vielfältiger das soziale Netz genutzt wird, desto besser können Personen Stress und aversive Emotionen aushalten und annehmen. Unter Funktionen im sozialen Netz versteht man beispielsweise aktives Zuhören und offen Reden-Können, aber auch fachliche oder emotionale Unterstützung zu erhalten und zu geben. Insgesamt werden acht verschiedene Funktionen unterschieden. Das Ziel in dieser Einheit besteht darin, die Funktionen im eigenen sozialen Netz zu prüfen und gezielt zu erweitern. Es werden jeweils Entwicklungsimpulse formuliert.

(3) Belastungsanker. In der Regel haben die meisten Personen die Erfahrung gemacht, Stress und aversive Emotionen gut aushalten zu können. Diese Erfahrungen können unterschiedlich gut aus dem Gedächtnis abgerufen werden. Je besser und lebhafter der Abruf gelingt, desto überzeugender kann man sich sagen, dass man auch die aktuellen Emotionen oder den aktuellen Stress aushalten kann. Um den Abruf solcher Referenzerfahrungen zu erleichtern, wird in dieser Einheit die Ankertechnik verwendet, die die Teilnehmer aus der dritten Einheit bereits kennen.

Vorschlag für die Hinführung, wie die eigene Belastbarkeit gesteigert werden kann

Folie 5.5

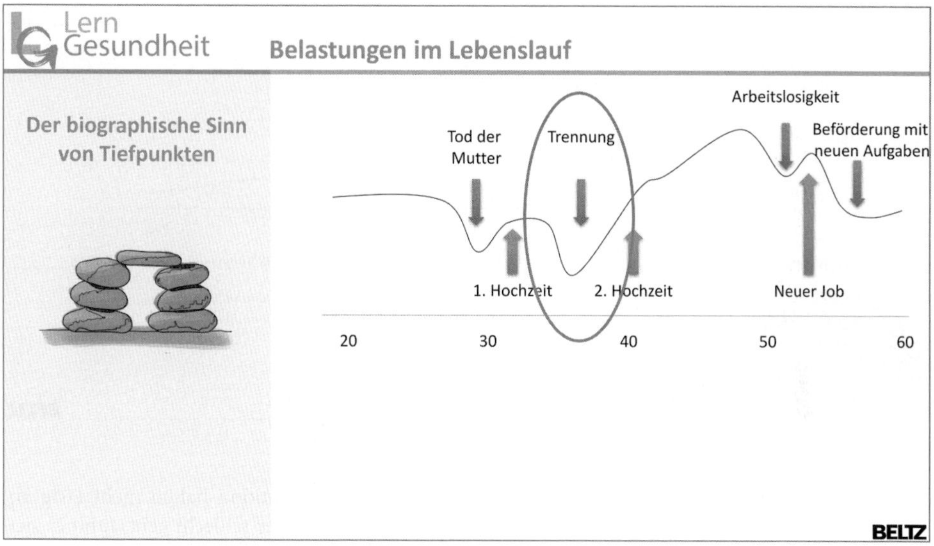

Wir haben uns beim letzten Mal angesehen, dass es im Laufe des Lebens Höhe- und Tiefpunkte gibt – und die gibt es natürlich nicht nur im Laufe eines Lebens: Es gibt auch Tageshöhe- und Tagestiefpunkte. Und dann gibt es noch Emotionen, die in der Regel viel kürzer andauern. Wir unterscheiden zwischen Stimmungslagen, Stimmungen und Emotionen. Sie können beispielsweise in einer traurigen Stimmungslage sein, weil Sie einen lieben Menschen verloren haben. Trotzdem werden Sie sich zwischendurch ärgern, Sie werden mal lachen, sich freuen, sich ängstigen usw. – all das, obwohl Ihre überdauernde Stimmungslage Trauer ist.

Es kann auch sein, dass Sie sich über etwas ärgern und diese ärgerliche Stimmung länger als nur einen Augenblick anhält. Dann sprechen wir von einer Stimmung und unterscheiden diese von Emotionen, die schnell kommen und wieder gehen. Für die meisten sind es die Emotionen – nicht die Stimmungen – die schwerer auszuhalten sind. Deswegen schauen wir uns das Kommen und Gehen von Emotionen jetzt einmal näher an.

Folie 5.6

Jeder Stress und jede negative Emotion geht auch wieder vorbei. In der Regel dauert es von einigen Minuten bis hin zu ein bis zwei Stunden.

Sie erinnern sich vielleicht, dass bei Stress und negativen Emotionen Cortisol ausgeschüttet wird. Das erreicht so etwa nach 20 Minuten seinen Höhepunkt, dann ist die Cortisol-Ausschüttung so richtig angekurbelt – und wenn Sie dann nichts mehr tun, um den Stress oder die negativen Emotionen aufrecht zu erhalten, ebbt der Cortisol-Pegel in Ihrem Blut wieder ab. Murmeln Sie mit Ihrer Nachbarin oder Ihrem Nachbarn jetzt über diese zwei Fragen:

- Erstens: Wie ist das bei Ihnen? Erinnern Sie sich an Stress oder an negative Emotionen? Wie lange haben Sie die spüren können?
- Zweitens: Was sagen Sie sich normalerweise – oder woran denken Sie, was stellen Sie sich vor, was tun Sie –, damit Ihr Stress oder Ihre negativen Emotionen länger andauern?

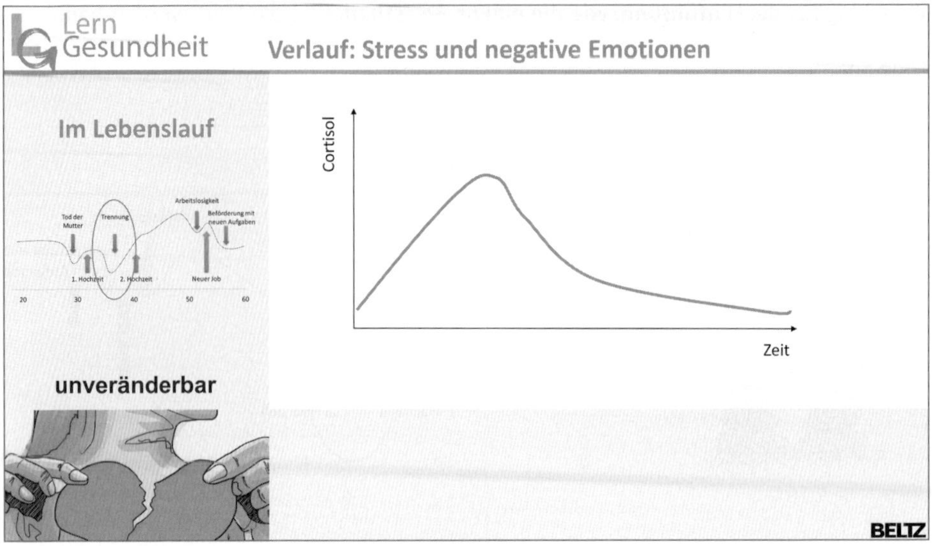

[Tn. tauschen sich etwa eine Minute lang aus.]

Eine Kernbotschaft hier lautet, jeder Stress und jede negative Emotion halten nicht ewig an, sondern gehen auch wieder vorbei. Das klingt banal – wenn es uns aber schlecht geht, fühlt es sich häufig anders an. Deswegen ist dieses Wissen wichtig. Allerdings kann man das auch beeinflussen. Sie haben gerade darüber gemurmelt, was Sie tun können, damit Ihre negativen Emotionen noch ein bisschen länger anhalten. Vielleicht nennen Sie mal so zwei bis drei Beispiele. *[Tn. nennen Beispiele.]*

Folie 5.7

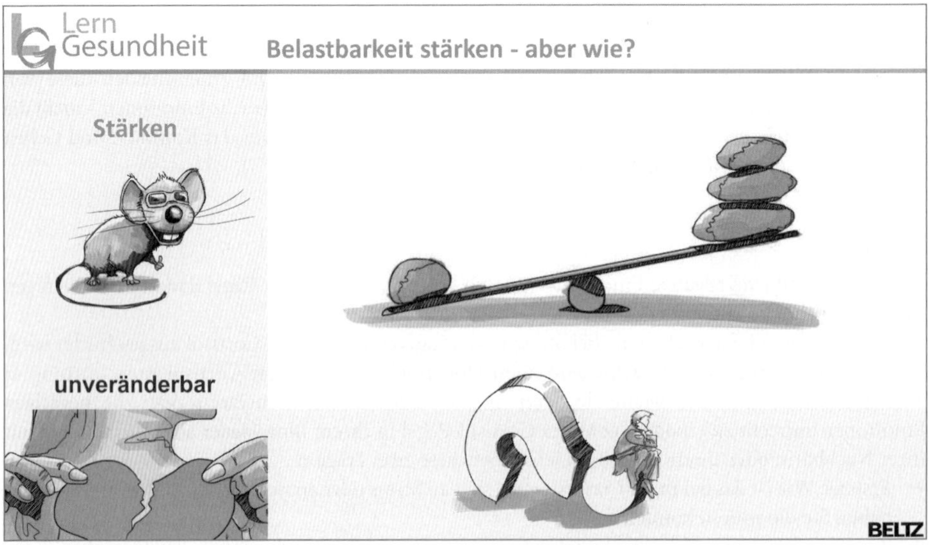

Es hilft häufig schon zu wissen, dass Gefühle nicht ewig andauern. Trotzdem ist es nicht immer ganz einfach, Stress und negative Emotionen auszuhalten und sie nicht dysfunktional regulieren zu wollen – z. B. durch Impulshandlungen wie Rumschreien oder übermäßiges Essen, Alkohol trinken oder Grübeln. Deswegen schauen wir uns jetzt an, wie Sie Ihre eigene Belastbarkeit stärken können.

Folien 5.8–5.10

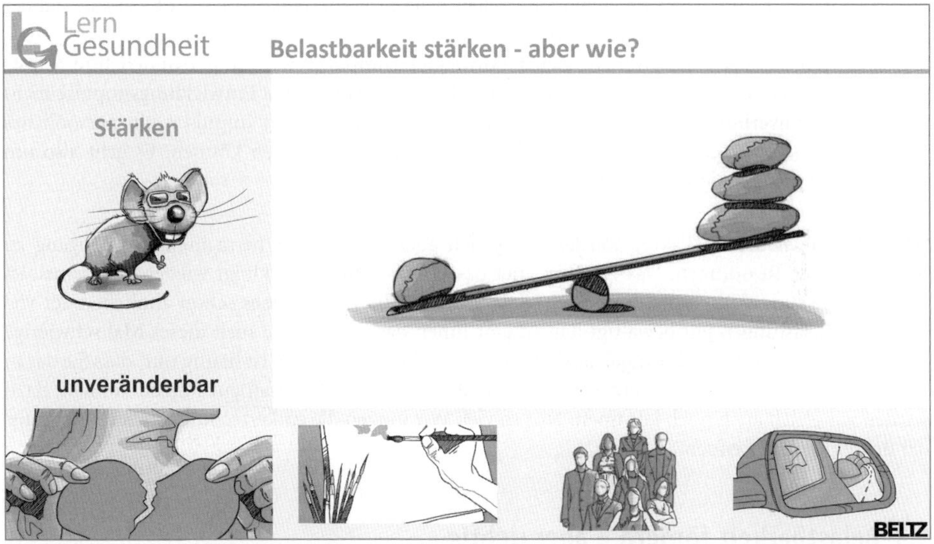

(Abgebildet ist Folie 5.10. Die Folien 5.8 und 5.9 finden Sie im Foliensatz 5 im Onlinebereich.)

Folie 5.8: Viele Studien konnten zeigen, dass Menschen, die aus mehreren Quellen Kraft schöpfen, Krisen, Konflikte und Belastungen besser aushalten als Menschen, die nur eine oder wenige Kraftquellen haben. Das Schlagwort heißt hier: Selbstkomplexität.

Stellen Sie sich zum Beispiel vor, dass zwei Lehrer in eine ähnliche Situation geraten: Sie kommen mit der Klasse nicht zurecht, in der sie die meisten Stunden unterrichten. Die Eltern wettern lautstark über die beiden Lehrer, die Schulleitung und das Kollegium unterstützen sie nicht. Einer der beiden Lehrer definiert sich fast ausschließlich über die Lehrerrolle – der andere ist im Sportverein aktiv, macht in einer Band Musik, mit der er öfters auftritt. Zudem ist er familiär sehr eingebunden.

Was glauben Sie, wer die berufliche Krise besser aushalten und verkraften kann? Richtig, wahrscheinlich wird es der Lehrer sein, der aus mehreren Bereichen Kraft schöpft und sich nicht fast ausschließlich über seinen Beruf definiert. Dieser Lehrer hat die höhere Selbstkomplexität. Sie sind gleich eingeladen, Ihre eigene Selbstkomplexität zu prüfen und sie systematisch zu erweitern.

Folie 5.9: Aber zuvor schauen wir uns noch einen anderen Faktor an: das soziale Netz. Wir wissen aus Untersuchungen in den verschiedensten Bereichen, dass Menschen Stress, negative Emotionen und Belastungen dann besser aushalten und annehmen können, wenn sie das sichere Gefühl haben, auf soziale Unterstützung zurückgreifen zu können. Ist jemand da, wenn es mir nicht gut geht? Kann ich mich an jemanden wenden, ohne ihm gleich auf den Wecker zu fallen? Dabei spielt es nicht allein eine Rolle, ob ich tatsächlich Menschen um mich habe, auf die ich zählen kann – ebenso wichtig ist es, dass ich auch darum weiß und innerlich ein sicheres Gefühl habe, dass ich es könnte. Beides – Menschen zu haben, auf die ich zählen kann, und ganz sicher darum zu wissen – ist wichtig. Deswegen schauen wir uns gleich auch beides an.

Hier ist es mir noch einmal wichtig zu betonen: Die beiden Strategien – Selbstkomplexität steigern und Ihr soziales Netz stärken – sind keine Strategien, die Sie unmittelbar in der emotional schwierigen Situation anwenden können. Es ist auch hier ein bisschen wie bei der Bekämpfung von Feuer. Sie können einerseits das Feuer löschen, andererseits können Sie Gebäude so bauen, dass es unwahrscheinlicher ist, dass ein Brand ausbricht und wenn doch, dass dieser sich schwerer ausbreiten kann. Die Strategien Selbstkomplexität steigern und Ihr soziales Netz stärken sind eher mit baulichen Brandschutzmaßnahmen zu vergleichen. Sie stellen sich mittel- bis langfristig so auf, dass Sie stabiler stehen, wenn es emotional schwierig wird.

Wie gehen wir vor? Sie sammeln gleich Entwicklungsimpulse, wie Sie persönlich Ihre Selbstkomplexität steigern und Ihr soziales Netz stärken können. Damit diese Entwicklungsimpulse nicht vollkommen unverbindliche Ideen bleiben, entwickeln Sie aus diesen Impulsen ein persönliches Resilienzprojekt, das Sie dann in Ihrem Alltag verfolgen und umsetzen können. Es geht also um umsetzbare Ziele, die Sie sich stecken.

Folie 5.10: Einen dritten Faktor werden wir gleich auch noch näher betrachten: den Zugang zu biographischen Ressourcen. Das ist dann eher das Feuerlöschen. Das klingt wieder ganz banal, ist aber sehr wirkungsvoll: Wenn Sie wissen, dass Sie im Laufe Ihres Lebens schon ähnliche oder viel schwerere Belastungen gut bewältigt haben, gibt Ihnen das Zuversicht, auch dieses Mal schwierige Emotionen, Stress oder Belastungen aushalten zu können. Das Problem ist häufig nur, dass Sie das in akuten Belastungssituationen vergessen. Wie Sie das Wissen im Ernstfall gut nutzen können, dazu werden wir gleich auch noch kommen. Nur so viel: Wir nutzen die Ankertechnik, die Sie bereits aus der dritten Einheit kennen.

9.3 Belastbarkeit fördern – aber richtig

Im Hauptteil dieser Einheit werden zur Förderung der Belastbarkeit die Strategien (1) Selbstkomplexität analysieren und fördern (s. Abschn. 9.3.1) und (2) Funktionen im sozialen Netz erkennen und stärken (s. Abschn. 9.3.2) als mittel- bis langfristige Strategien vermittelt, die im Resilienzprojekt (s. Abschn. 9.3.3) konkretisiert und an den Alltag der Teilnehmer angepasst werden. Anschließend wird noch das Abrufen biographischer Referenzsituationen als Akut-Strategie vermittelt (s. Abschn. 9.3.4). Tabelle 9.3 gibt einen Überblick über Ziele, Inhalte und Organisationsformen.

Tabelle 9.3 Überblick über den Hauptteil der fünften Einheit (Dauer: etwa 55 Minuten)

Thema	Ziele	Inhalt	Organisation
9.3.1 Selbstkomplexität analysieren und fördern	► Selbstkomplexität prüfen	► Bilanz ziehen, woher in den letzten vier Wochen aktiv Kraft und Identität bezogen wurden	informierende Instruktion
	► Entwicklungsimpulse zur Steigerung der Selbstkomplexität formulieren	► prüfen, ob es Änderungsbedarf gibt ► Entwicklungsimpulse zur Überwindung des Änderungsbedarfes formulieren	Impuls geleitete Partnerarbeit

Tabelle 9.3 (Fortsetzung)

Thema	Ziele	Inhalt	Organisation
9.3.2 Funktionen im sozialen Netz erkennen und stärken	▶ Funktionen im eigenen sozialen Netz erkennen	▶ Vorstellung der Funktionen in sozialen Netzen ▶ jeweils Abgleich mit eigenem sozialen Netz	Impulsvortrag mit Murmelpausen
	▶ Erweiterungsbedarf erkennen ▶ Entwicklungsimpulse formulieren	▶ Erweiterungsbedarf analysieren ▶ Impulse zur Erweiterung entwickeln	Partnerarbeit
9.3.3 Resilienzprojekt planen	▶ Konkretisierung und Realisierung von Resilienzimpulsen	▶ aus Entwicklungsimpulsen konkrete Ziele formulieren ▶ erste Schritte festlegen	Partnerarbeit, Arbeitsblatt »Resilienzprojekt« im Begleitheft S. 12
9.3.4 Biographisches Gedächtnis nutzen	▶ Förderung emotionaler Selbstwirksamkeit	▶ Referenzsituationen finden	Instruktion und Partnerarbeit
		▶ Erfahrung von Belastbarkeit nacherleben ▶ Erfahrung von Belastbarkeit verankern	Phantasiereise

9.3.1 Selbstkomplexität analysieren und fördern

Eine höhere Selbstkomplexität wirkt Resilienz und damit Akzeptanz fördernd, indem sie die Ablösung von unerreichbaren Zielen erleichtert (s. Abschn. 4.2.3). Ziel dieser Übung ist es, die Selbstkomplexität schrittweise zu erhöhen. (1) Nachdem die Teilnehmer die Idee der Selbstkomplexität verstanden haben, (2) reflektieren bzw. analysieren sie ihre eigene Selbstkomplexität. Das dient als Grundlage für die (3) Motivation, die eigene Selbstkomplexität zu steigern und (4) entsprechende Entwicklungsimpulse zu formulieren.

(1) Hintergrund erklären. Bevor die Teilnehmer ihre eigene Selbstkomplexität analysieren, sollte das Konzept der Selbstkomplexität noch einmal kurz vorgestellt werden, sodass sichergestellt ist, dass alle Teilnehmer wissen, warum sie es tun (Folie 5.11). Dabei reicht es, die Informationen, die sich im Abschnitt 9.2.2 finden, zusammenfassend zu wiederholen. Noch besser ist es, wenn die Informationen von den Teilnehmern wiederholt werden. Es sollte vor allem klargestellt werden, dass die Wirkung nur durch kontinuierliches Durchführen kraft- und identitätsstiftender Aktivitäten erzeugt werden kann. In den Folien wurde die Metapher »Nektar saugen« gewählt, weil dieses Bild eingängiger ist als der sperrige Begriff der Selbstkomplexität.

Erfahrungsgemäß gibt es Teilnehmer, die glauben, es reicht, Kraft oder Identität zu schöpfen, wenn sie aktuell unter Stress sind oder aversive Emotionen erleben. Natürlich können Kraftquellen in Form angenehmer Aktivitäten auch dann hilfreich sein (vgl. Hautzinger, 2013), wenn es einem aktuell nicht gut geht. Allerdings sollte diese Übung als langfristig stabilisierend verstanden werden.

(2) Selbstkomplexität analysieren. Die Teilnehmer legen eine Liste an, auf der sie die Aktivitäten aufzählen, die für sie in den letzten vier Wochen kraft- oder identitätsstiftend waren (Begleitheft, S. 11). Es sollte unbedingt Wert darauf gelegt werden, dass die Aktivitäten innerhalb der letzten vier Wochen ausgeführt wurden. Ausnahmen könnten beispielsweise darin bestehen, dass jemand regelmäßig zum Chor geht, dieser aber eine sechswöchige Sommerpause hat. Dann werden die einzelnen Aktivitäten hinsichtlich der Kraft und der Identität bewertet, die sie spenden. Die Bewertung findet auf einer Skala von 0 (= gar nicht) bis 10 (= sehr viel) statt. Es ist sinnvoll, beide Dimensionen (Kraft und Identität) einzeln zu bewerten, weil es Tätigkeiten gibt, die nur das eine oder nur das andere spenden. Wenn jemand beispielsweise regelmäßig ins Fitness-Studio geht, tankt er damit möglicherweise viel Kraft, aber wenig Identität. Umgekehrt kann hohes ehrenamtliches Engagement in der Kirche sehr identitätsstiftend sein, während es in der Summe wenig Kraft gibt.

Die Analyse der Selbstkomplexität sollte dazu führen, dass die Teilnehmer Entwicklungsimpulse daraus ableiten, die zu wenige oder zu einseitige Quellen von Kraft und Identität nutzen (s. u.). Um diese Impulse abzuleiten, sollten die Teilnehmer in Partnerarbeit zunächst bewerten, ob sie ausreichend viel Identität und Kraft schöpfen. Dabei spielt nicht nur die Quantität, sondern auch die Qualität eine entscheidende Rolle. Allerdings sollte deutlich gemacht werden, dass ganz wenige Quellen von Kraft und Identität (Quantität) nicht durch hohe Qualität dieser wenigen Quellen ausgeglichen werden können. Denn wenn eine dieser Quellen belastet wird, führt das in der Regel zu hohem Stresserleben. Wer beispielsweise nur aus seinem Beruf und aus der Partnerschaft schöpft, den wirft es wahrscheinlich stark aus der Bahn, wenn es berufliche und/oder partnerschaftliche Probleme gibt. Zusätzlich sollten die Teilnehmer prüfen, ob sie zu einseitig nur Kraft oder nur Identität schöpfen.

(3) Entwicklungsimpulse finden. Nachdem die Teilnehmer ihre Selbstkomplexität analysiert haben, suchen sie Entwicklungsimpulse, die darauf ausgerichtet sind, die Selbstkomplexität zu stärken. Diese Impulse können darauf ausgerichtet sein,

(a) generell die Quantität von Aktivitäten zu steigern, also Ideen für neue Aktivitäten zu suchen, oder Aktivitäten, die früher zu Kraft und Identität geführt haben, erneut aufzunehmen,

(b) die Qualität zu fördern (ggf. auf Kosten der Quantität), also bestimmte Aktivitäten, die bereits durchgeführt werden, zu intensivieren (Möglicherweise werden andere Aktivitäten dafür gekürzt.) und

(c) einseitige Kraft- oder Identitätsquellen durch entsprechende Gegengewichte zu ergänzen, also wer zu einseitig nur Kraft schöpft, sollte Möglichkeiten suchen, die identitäts- und sinnstiftend sind.

Diese Übung soll in Partnerarbeit durchgeführt werden. Beim Erzählen entstehen manchmal Ideen, die nicht kämen, wenn man alleine vor einem Arbeitsblatt sitzt.

Fallen Teilnehmern keine möglichen Entwicklungsimpulse ein, kann die Frage nach früheren Aktivitäten hilfreich sein.

Manche Teilnehmer bremsen sich selbst damit aus, dass sie sofort die Realisierbarkeit bewerten (»Wann soll ich das denn noch machen?«). Obwohl die Realisierbarkeit ein wichtiger Faktor für die Nachhaltigkeit ist, sollten Teilnehmer bei der Ideenfindung ermutigt werden, diesen strengen Zensor zunächst in den Hintergrund zu verbannen. Bei der Planung des Resilienzprojektes (s. Abschn. 9.3.3) geht es dann wieder verstärkt um Realisierbarkeit.

Vorschlag für das Analysieren und Steigern der Selbstkomplexität

Folie 5.11

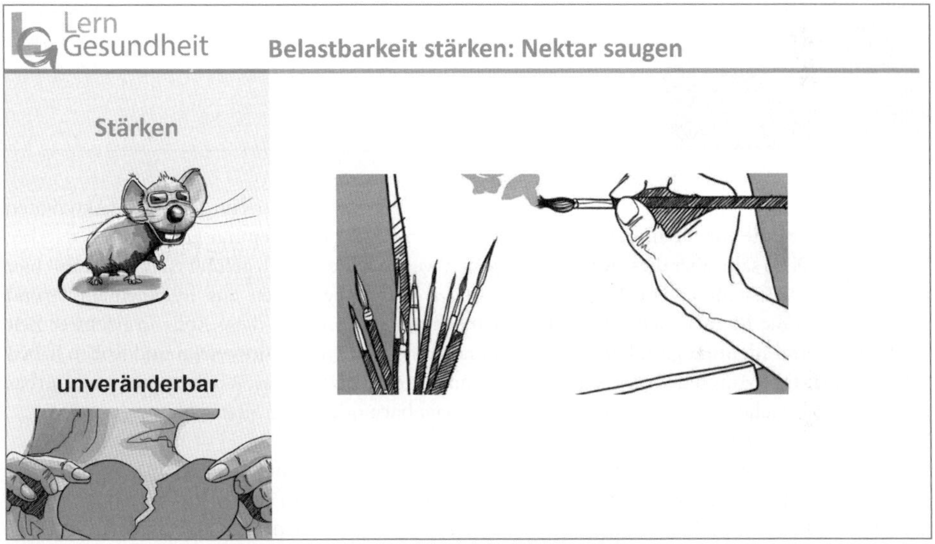

Starten wir bei den Aktivitäten, die Ihnen Kraft und Identität geben – kurz: aus denen Sie Nektar saugen. Wer mag noch mal erklären, warum das wichtig ist und wie diese Übung wirkt?

[Tn. erklären.]

Legen Sie im ersten Schritt nun eine Liste mit Aktivitäten an, die für Sie Kraft spendend und / oder identitätsstiftend sind oder waren.

Folie 5.12

Lern Gesundheit

Belastbarkeit stärken: Nektar saugen

Stärken

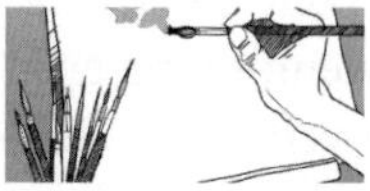

Aktivität	Kraft (1 - 10)	Identität (1 - 10)
Musik machen	6	4
Kassenwart im Sportverein	3	5
...		

unveränderbar

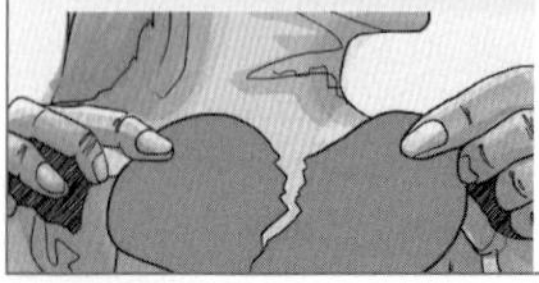

In Ihrem Begleitheft auf Seite 11 finden Sie eine Tabelle, die in etwa so aussieht: Tragen Sie Aktivitäten oder Rollen ein, die für Sie in den letzten vier Wochen Kraft oder Identität gestiftet haben. Also: Taufpate von X zu sein, aber diese Rolle in letzter Zeit weder bedient noch gefühlt zu haben, zählt hier nicht. Einzige Ausnahme: Die letzten vier Wochen waren bei Ihnen aus irgendeinem Grund untypisch und Sie können sich selbst ehrlich versichern, wann Ihnen diese Rolle in nächster Zeit wieder Kraft und Identität gibt. Für das Suchen und Aufschreiben der Aktivitäten und Rollen haben Sie ungefähr drei Minuten Zeit. Denken Sie daran: In den letzten vier Wochen muss es spürbar gewesen sein! Machen Sie das gerne mit Ihrem Sitznachbarn oder Ihrer Sitznachbarin zusammen.

[Tr. unterbricht nach ca. 3 Minuten.]

Tauschen Sie sich jetzt mit Ihrer Nachbarin oder Ihrem Nachbarn aus, ob Sie genügend Kraft und Identität tanken können. Brauchen Sie vielleicht noch mehr Quellen, aus denen Sie Nektar saugen können – oder müssen Sie möglicherweise das Nektarsaugen bei bereits vorhandenen Quellen intensivieren? Sind Ihre Kraft- und Identitätsquellen ausgewogen? Tauschen Sie sich jetzt aus!

[Tr. unterbricht nach ca. 3 Minuten.]

Überlegen Sie jetzt gemeinsam mit Ihrem Sitznachbarn, wie Sie mehr Kraft oder Identität schöpfen können. Machen Sie sich zunächst noch keine Gedanken darüber, wann und wie Sie das genau anstellen. Jeder entwickelt – am besten im Gespräch mit der Nachbarin, dem Nachbarn – zwei bis drei Ideen. Überlegen Sie auch schon gleich, wie viel Kraft und Identität Sie erwarten. Wenn Sie eine Idee haben, notieren Sie diese gleich auf Seite 11. Falls Sie keine Ideen haben, überlegen Sie vielleicht einmal, was Sie früher gemacht haben oder was Freunde, Verwandte oder Bekannte machen.

[Tr. unterbricht nach ca. 3 Minuten.]

So, wer von Ihnen hatte jetzt schon Ideen?

[Tn. geben ein Handzeichen.]

Gut. Wie Sie das umsetzen, dazu kommen wir später.

9.3.2 Funktionen im sozialen Netz erkennen und stärken

Nach Pines, Aronson und Kafry (1981) bestehen die Funktionen des sozialen Netzes in (1) offenem Reden, (2) aktivem Zuhören, (3) fachliche Anerkennung geben und annehmen, (4) fachliche Herausforderung geben und annehmen, (5) emotionale Unterstützung geben und annehmen, (6) emotionale Herausforderung geben und annehmen, (7) gemeinsame Erfahrungen teilen und (8) machen. Das gezielte Aktivieren dieser Funktionen dient der Resilienzbildung und der Stärkung einer akzeptierenden Haltung (s. Abschn. 4.3.3).

Die Struktur dieser Übung ist vergleichbar mit der Übung zur Selbstkomplexität (s. Abschn. 9.3.1): (1) Zunächst bekommen die Teilnehmer notwendiges Hintergrundwissen vermittelt, (2) dann analysieren sie die Funktionen in ihrem sozialen Netz und (3) bewerten, an welchen Stellen sie Entwicklungsbedarf haben. (4) Dieser Entwicklungsbedarf wird in Entwicklungsimpulse überführt. Allerdings laufen die ersten beiden Schritte parallel ab. Der Trainer stellt jeweils eine Funktion vor. Die Teilnehmer sind dann eingeladen zu überlegen, wie diese Funktion in ihrem sozialen Netz abgedeckt wird. Danach wird die jeweils nächste Funktion besprochen. Bei jeder Funktion spielen sowohl das Geben als auch das Empfangen eine Rolle.

Beispiel

Man kann jemandem die Möglichkeit geben, offen über das zu reden, was ihn bewegt. Man kann aber auch selbst bei jemandem über das reden, was einen bewegt.

Vorschlag für das Erkennen und Stärken der Funktionen im sozialen Netz

Folie 5.13

Als weiteren Faktor, der Ihre Belastbarkeit stärkt, haben wir über das soziale Netz gesprochen.

Folie 5.14

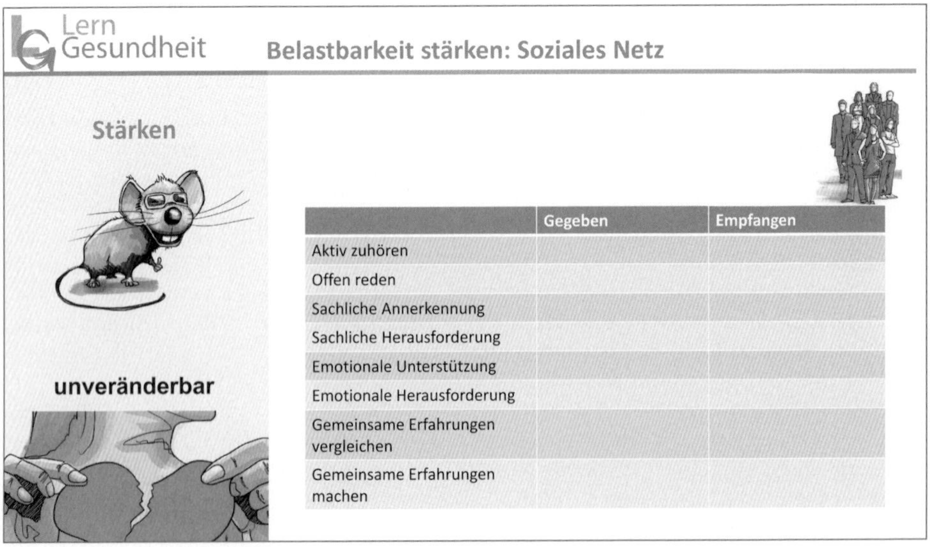

	Gegeben	Empfangen
Aktiv zuhören		
Offen reden		
Sachliche Annerkennung		
Sachliche Herausforderung		
Emotionale Unterstützung		
Emotionale Herausforderung		
Gemeinsame Erfahrungen vergleichen		
Gemeinsame Erfahrungen machen		

Auf Seite 11 in Ihrem Begleitheft finden Sie in etwa so eine Tabelle. Die gehen wir jetzt einmal gemeinsam Zeile für Zeile durch. Jede Zeile enthält eine wichtige Funktion eines sozialen Stützsystems. In der Tabelle können Sie notieren, wem Sie eine Stütze waren, und wer Ihnen einen Stütze war.

Fangen wir gleich einmal an: Es geht nun um das Zuhören. Jemand hat ein Problem und Sie hören einfach nur zu und versuchen es zu verstehen – ganz ohne sofortigen Ratschlag. Bei wem haben Sie in den letzten vier bis sechs Wochen aktiv zugehört? Und wer hat Ihnen aktiv zugehört? Ist das bei Ihnen so ok, wie es ist? Oder möchten Sie hier einen Entwicklungsimpuls formulieren?

[Tr. unterbricht nach etwa 90 Sekunden.]

Kommen wir jetzt zum offenen Reden: Bei wem konnten Sie das? Wer hat es bei Ihnen getan? Offen reden kann große Überschneidungen mit der ersten Zeile haben – muss aber nicht. Schauen Sie einfach mal bei sich selbst – wie ist es bei Ihnen? Ist das bei Ihnen so ok, wie es ist? Oder möchten Sie hier einen Entwicklungsimpuls formulieren?

[Tr. unterbricht nach etwa 90 Sekunden.]

Ok, kommen wir zur sachlichen Anerkennung: Sachliche Anerkennung hat eine ermutigende Wirkung – vorausgesetzt, sie kommt von einem Fachmann oder einer Fachfrau. Von wem haben Sie sachliche Anerkennung erbeten und bekommen, wem haben Sie sie gegeben. Wieder: in den letzten vier bis sechs Wochen. Ist das bei Ihnen so ok, wie es ist? Oder möchten Sie hier einen Entwicklungsimpuls formulieren?

[Tr. unterbricht nach etwa 90 Sekunden.]

Sich sachlich herausfordern zu lassen, heißt: nicht in Routinen zu versinken, Neues zu wagen, vielleicht auch sich zu messen. Wen haben Sie in letzter Zeit sachlich herausgefordert? Wer hat Sie sachlich herausgefordert? Ist das bei Ihnen so ok, wie es ist? Oder möchten Sie hier einen Entwicklungsimpuls formulieren?

[Tr. unterbricht nach etwa 90 Sekunden.]

Wenn es uns schlecht geht – aber manchmal auch nur so – brauchen wir Menschen, die zu uns stehen, uns annehmen und uns Wärme und Geborgenheit geben. Wir brauchen emotionale Unterstützung. Von wem haben Sie in letzter Zeit emotionale Unterstützung erhalten? Und wen haben Sie in letzter Zeit emotional unterstützt? Ist das bei Ihnen so ok, wie es ist? Oder möchten Sie hier einen Entwicklungsimpuls formulieren?

[Tr. unterbricht nach etwa 90 Sekunden.]

Viel schwieriger zu nehmen – und auch viel schwieriger zu geben – ist die emotionale Herausforderung. In der Regel geht das nur unter guten Freunden. Sie stellen Erklärungen und Entschuldigungen, vielleicht auch Entscheidungen, Interpretationen oder Bewertungen von uns in Frage. Daran kann man wachsen – es kann aber auch wehtun. Ein Beispiel: Sie sind jedes Mal verletzt, wenn Ihr pubertierender Sohn eines Ihrer gutgemeinten Angebote ablehnt. Ein Freund, der Sie emotional herausfordert, könnte Sie fragen, warum Sie diese Angebote immer wieder machen? Welche Erwartungen Sie damit verknüpfen? Vielleicht sagt er Ihnen sogar, dass er die Angebote gar nicht so selbstlos findet, wie Sie diese darstellen. Aber so etwas kann, wie gesagt, nicht jeder. Es braucht auf beiden Seiten Mut und Vertrauen. Von wem konnten Sie in letzter Zeit eine emotionale Herausforderung annehmen, wem eine geben, die er oder sie annehmen konnte? Ist das bei Ihnen so ok, wie es ist? Oder möchten Sie hier einen Entwicklungsimpuls formulieren?

[Tr. unterbricht nach etwa 90 Sekunden.]

Es tut vielfach gut, wenn wir uns mit Menschen einfach nur austauschen, die in ähnlichen Situationen sind wie wir. Wir werden noch einmal anders verstanden und können von ihnen lernen. Mit wem haben Sie in letzter Zeit gemeinsam Ihre Erfahrungen verglichen? Ist das bei Ihnen so ok, wie es ist? Oder möchten Sie hier einen Entwicklungsimpuls formulieren?

[Tr. unterbricht nach etwa 90 Sekunden.]

Ok, zuletzt noch: Für Freundschaften ist gemeinsames Erleben wohltuend – es schafft ein Wir-Gefühl. Mit wem hatten Sie in letzter Zeit dieses Wir-Gefühl oder ein wohltuendes gemeinsames Erleben?

[Tr. unterbricht nach etwa 90 Sekunden.]

Jetzt haben Sie Ihr soziales Netz analysiert. Vielleicht ist es nicht an allen Stellen so, wie Sie es sich wünschen – das ist auch eher die Regel als die Ausnahme. Murmeln Sie bitte einmal mit der Nachbarin oder dem Nachbarn darüber, welches ein sinnvoller nächster Entwicklungsimpuls für Ihr soziales Netz sein könnte. Notieren Sie dann ein bis zwei Ideen unten auf Seite 11.

[Tr. unterbricht nach etwa 5 Minuten.]

9.3.3 Resilienzprojekt planen

Die Teilnehmer haben sowohl Entwicklungsimpulse zur Steigerung der Selbstkomplexität (s. Abschn. 9.3.1) als auch Entwicklungsimpulse zur Stärkung bestimmter Funktionen in ihrem sozialen Netz (s. Abschn. 9.3.2) gesammelt. In diesem Schritt geht es darum, dass aus den Impulsen ein Resilienzprojekt entworfen wird, das im Alltag der Teilnehmer und mit den verfügbaren Ressourcen realisierbar ist.

Um das zu erreichen, (1) sichten die Teilnehmer noch einmal ihre Entwicklungsimpulse und (2) formulieren ein einziges kleines Entwicklungsziel. Das bedeutet, dass nur ein oder höchstens zwei Entwicklungsimpulse berücksichtigt werden können. Dafür ist eine Priorisierung nötig: Wichtiges muss zugunsten von noch Wichtigerem verschoben werden. In den Prozess der Prioritätenfindung sollten Spürbarkeit der Veränderung und Realisierbarkeit eine Rolle spielen. Steht das Entwicklungsziel fest, (3) werden ersten Schritte geplant. Weil es in der Regel gegen ersten Schritte innere Widerstände oder äußere Hindernisse gibt, (4) formulieren die Teilnehmer Strategien, wie sie am Ball bleiben können. (5) Schließlich wird noch ein Termin fixiert, an dem die Teilnehmer eine erste Zwischenbilanz vornehmen, um zu überprüfen, ob sie die ersten Schritte erfolgreich umgesetzt haben. Diese erste Zwischenbilanz sollte so früh wie möglich stattfinden. Schon kleinste Erfolge sollten die Teilnehmer würdigen (Selbstverstärkung).

Die Folie 5.15 unterstützt visuell die Struktur des Vorgehens. Die einzelnen Schritte sollten in Partnerarbeit geplant werden. Es empfiehlt sich, dass der Trainer jeden einzelnen Schritt anleitet und die Teilnehmer ihn dann bearbeiten. Erst wenn alle soweit sind, wird der nächste Schritt gemeinsam in Angriff genommen. Im Begleitheft (S. 12) können die Ergebnisse der einzelnen Schritte notiert werden.

9.3.4 Biographisches Gedächtnis nutzen

Die meisten Menschen wissen, wenn sie sich in ruhigen Momenten besinnen, dass sie schon viele aversive Emotionen und viel Stress ausgehalten haben. Die meisten wissen sogar in solchen Momenten, wie es sich anfühlt, den emotionalen Turbulenzen gewachsen zu sein. Dieses Gefühl, das einem die Sicherheit vermittelt, viel aushalten zu können und stark genug zu sein, ist für das Annehmen-Können von Unveränderbarem förderlich.

Forschungen zeigen, dass sich das Abrufen von Erinnerungen an innere Stärke und die damit verbundenen Gefühle positiv auf die Stressbewältigung auswirkt (Kuhl, 2001). Allerdings scheinen viele Personen Schwierigkeiten zu haben, diese Gefühle der inneren Belastbarkeit und der inneren Stärke dann abzurufen, wenn starke aversive Emotionen oder Stresserleben auftreten (Kuhl, 1992). Um diese Schwierigkeit zu überwinden, wird im Training die Essenz der Erfahrungen, innerlich stark zu sein, geankert. Das Erstellen eines Belastbarkeitsankers funktioniert ähnlich wie das Erstellen eines Ankers für hilfreiche Emotionen (s. Abschn. 7.3).

Vorschlag für das Erstellen eines Belastbarkeitsankers

Folie 5.15

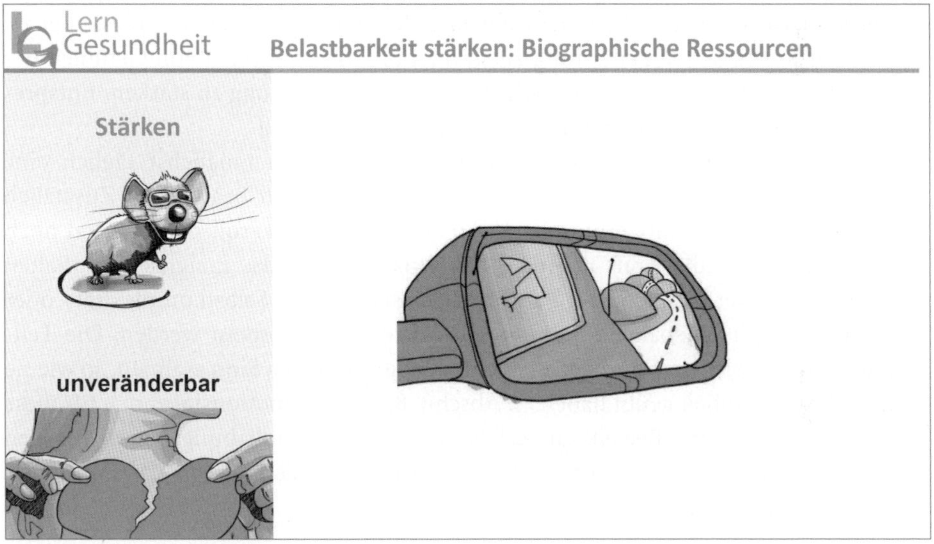

Auch biographische Ressourcen sind ein guter innerer Überlastungsschutz. Hier gehen wir ähnlich vor wie beim Ankern hilfreicher Gefühle. Sie werden gleich noch einmal ins Erleben geführt und suchen sich dann einen Belastbarkeits-Anker, also ein Wort, ein Symbol oder ein Bild, auf dem Sie dieses Erleben verankern. Suchen Sie zunächst drei oder vier Situationen, in denen Sie Belastungen, Stress oder negative Gefühle gut ausgehalten haben. Murmeln Sie über diese Situationen kurz mit Ihrem Nachbarn oder Ihrer Nachbarin.

[Tr. unterbricht nach etwa 2 Minuten.]

Manchmal ist es tagesformabhängig, ob man mehr oder weniger belastbar ist. Und häufig weiß man es schon recht früh: Heute wirft mich so schnell nichts aus der Bahn. Kennen Sie dieses Gefühl? Ok, dann schließen Sie bitte die Augen und gehen Sie gedanklich noch einmal zurück in eine solche Situation. Rufen Sie sich noch einmal in Erinnerung, wie es dort um Sie herum aussah, (…) was Sie in der Situation hören könnten. (…) Gab es bestimmte Gerüche oder sogar etwas zu schmecken? (…) Was konnten Sie fühlen? (…) Während Sie die Situation jetzt noch einmal mit allen Sinnen nacherleben, fragen Sie sich, woher Sie wissen, dass Sie nichts so schnell aus der Bahn werfen kann. Woran merken Sie das? (…) Ist das eine körperliche Empfindung oder vielleicht eine Melodie, die sie summen? (...) Woran merken Sie, dass Sie heute stark und unverwundbar sind? Nehmen Sie sich jetzt einen Moment Zeit, diese Gewissheit noch einmal zu erleben (...) Und während Sie diese Gewissheit jetzt noch einmal spürbar erleben, denken Sie sich einen Belastbarkeits-Anker aus – ein Wort, ein Symbol oder ein Bild – und gehen dann wieder ins Erleben dieser Zuversicht oder Stärke. Nehmen Sie sich jetzt die Zeit, die Sie brauchen, und öffnen Sie erst dann die Augen, wenn Sie so weit sind. (...) Ok. Als Letztes möchte ich Ihnen noch eine Frage mit auf den Weg geben, die Sie nicht jetzt beantworten sollen – Ihre Antwort soll reifen: Für wen oder was wollen Sie belastbar sein?

9.4 Aufgaben der Woche: Emotionstagebuch und Resilienzprojekt

Die Teilnehmer bekommen folgende Aufgaben der Woche (Folie 5.16):

(1) Achtsamkeits- und Entspannungsübung. Die Teilnehmer üben regelmäßig mit der verkürzten Version der Achtsamkeits- und Entspannungsübung weiter, die als Audiodatei auf der Transfer-App abrufbar ist (s. Abschn. 4.6) und im Onlinebereich vorliegt.

(2) Belastungsanker. Die Teilnehmer rufen täglich mehrmals ihren Belastungsanker ab, um die entsprechende Verknüpfung zu stärken und das Auftreten von Gefühlen der Belastbarkeit und der emotionalen Selbstwirksamkeitserwartung zu stärken. Entsprechende Impulse der App erinnern an den regelmäßigen Abruf.

(3) Führen des Emotionstagebuchs. Die Teilnehmer sollen möglichst täglich eine emotional schwierige Situation mit dem Emotionstagebuch bearbeiten. Zusätzlich zu der Frage nach dem biographischen Sinn (s. Abschn. 8.4.3) sollen sie ab jetzt noch notieren, woher sie die Kraft nehmen, die Situation oder das Ereignis auszuhalten (Resilienzsatz). Der Resilienzsatz kann aus Selbstaspekten (Selbstkomplexität) oder aus dem Antizipieren soziale Funktionen (soziales Netz) gespeist werden. Die Teilnehmer können selbstverständlich auch einen biographischen Sinn erahnen, so wie sie es in der letzten Einheit geübt haben (s. Abschn. 8.4). Das Emotionstagebuch für diese Einheit findet sich im Begleitheft auf Seite 14. Die Handhabung sollte mit den Teilnehmern besprochen und konkretisiert werden. Tabelle 9.4 zeigt das Emotionstagebuch der fünften Einheit.

Tabelle 9.4 Emotionstagebuch der Einheit 5

Situation	Emotion	Resilienzsatz Sinn
Mein Chef erwartet zusätzliche Aufgaben von mir. Ich kann nicht ablehnen.	Mischung aus Wut und Resignation	Ich denke daran, was mein Freund Thomas in dieser Situation zu mir sagen würde: »Hey, mach's dir selbst nicht noch schwerer!«

(4) Umsetzung des Resilienzprojektes. Die Teilnehmer sollen die ersten Schritten unternehmen, um ihr Resilienzprojekt umzusetzen. Günstig ist es, wenn sie sich für ihre Zwischenbilanz mit einem anderen Teilnehmer zu einem festen Zeitpunkt verabreden. Dieser Austausch kann telefonisch oder per Mail (bzw. WhatsApp oder SMS) erfolgen.

Wie in allen anderen Einheiten sind zur Förderung der Nachhaltigkeit wieder folgende Schritte günstig: (1) sich Motivation vergegenwärtigen und ggf. erneuern, (2) konkrete Handlungsintentionen formulieren und (3) in die Struktur der nächsten Woche möglichst terminiert einbinden sowie (4) eine Analyse möglicher Hindernisse und Widerstände durchführen und (5) Überwindungsstrategien entwickeln bzw. bewusst machen.

9.5 Abschlussblitzlicht

Der Fokus im Abschlussblitzlicht dieser Einheit liegt auf dem Aufbau von Ressourcen (Selbstkomplexität und Funktionen im sozialen Netz) und dem Erinnern der eigenen Belastbarkeit. Um den Fokus zu unterstützen kann der Trainer den Blick nach vorne richten, indem er nach dem Aufzeigen des roten Fadens dieser Einheit sagt: »Sie haben in dieser Einheit erarbeitet, wie Sie im Alltag Ihre Ressourcen aktivieren können. Ich bin gespannt, was Sie in der nächsten Woche berichten, wie es Ihnen gelungen ist. Vielleicht wagen wir heute zum Abschluss ein kleines Experiment. Blicken Sie jetzt gleich im Blitzlicht zurück auf diese heute Einheit. Allerdings stellen Sie sich dabei vor, es wäre schon nächste Woche. Beamen Sie sich also jetzt – so gut Sie es können – eine Woche in die Zukunft und sagen, was für Sie hilfreich war und/oder was sie noch gebraucht hätten.«

10 (Selbst-)Wertschätzung aufbauen und pflegen (Einheit 6)

10.1 Zeitlicher Ablauf von Einheit 6

Phase	Zeit	Thema	Ziele
Einstieg	15'	Begrüßung und Trainingserfahrung reflektieren	▶ Selbstwirksamkeit stärken ▶ Trainingserfahrung austauschen ▶ würdigen, dass man »am Ball geblieben« ist
	5'	Hinführung: Das Effort-Reward-Balance Modell	▶ Belastung als Balance zwischen Anforderung und Gewinn verstehen ▶ (Selbst-)Wertschätzung als zentrale Kompensationsmöglichkeit für Belastungen erkennen
Hauptteil	25'	Aufbau von Selbstwertschätzung	▶ selbstwertförderliche Informationen salient machen ▶ spürbare Steigerung des positiven Affekts durch selbstwertrelevante Informationen ▶ Umgang mit inneren Widerständen
	20'	Gezielte Förderung von Fremdwertschätzung	▶ Senkung der Hemmschwelle, positive Selbstinformationen darzustellen ▶ spürbar erfahren, dass Wertschätzung besonders effektiv ist, wenn sie mit Selbstwertschätzung kombiniert wird
	10'	Würdigen, was gut war Alternativ: »Unsympathen« wertschätzen	▶ Förderung von emotionaler Selbstwirksamkeit und Dankbarkeit
Abschluss	10'	Transfer planen	▶ konkrete Vorsätze bilden ▶ Hindernisse antizipieren und Überwindungsstrategien entwickeln
	5'	Wie gehe ich nach Hause?	▶ Mini-Reflexion der sechsten Einheit

10.2 Einstieg: Würdigen der Aufgaben und Besprechen von Schwierigkeiten

In der Einstiegsphase werden wie gewohnt Trainingserfahrungen, -erfolge und -bemühungen reflektiert und mögliche Schwierigkeiten überwunden (s. Abschn. 9.2.1). Direkt daran anschließend wird zum Thema Wertschätzung hingeleitet (s. Abschn. 10.2.2). Tabelle 10.1 gibt einen Überblick über die Ziele und Inhalte der Einstiegsphase.

Tabelle 10.1 Überblick über die Einstiegsphase (Dauer: etwa 15 Minuten)

Thema	Ziel	Inhalt	Organisation
10.2.1 Begrüßung und Trainingserfahrung reflektieren	Selbstwirksamkeit stärken:	kurze Einstiegsrunde zu den Fragen: ▶ Wie ist es Ihnen mit der Übung (Hausaufgabe) ergangen?	Blitzlichtrunde
	▶ verstärken, was gut war	▶ Was ist Ihnen gut gelungen (Bemühungen)? ▶ Wie hat sich bei Ihnen die Wirkung gezeigt?	
	▶ Schwierigkeiten überwinden	▶ ggf.: Welche Schwierigkeiten gab es? ▶ Wie lassen sie sich überwinden?	
10.2.2 Hinführung: Das Effort-Reward-Imbalance Modell (Psychoedukation)	▶ Belastung als Balance zwischen Anforderung und Gewinn verstehen	▶ Vorstellen des Effort-Reward-Imbalance Modells (inkl. Auswirkungen von Imbalance)	Impulsvortrag
	▶ (Selbst-)Wertschätzung als zentrale Kompensationsmöglichkeit für Belastungen erkennen	▶ Fokussierung auf Wertschätzung anhand der Studie von Lehr et al. (2008)	

10.2.1 Trainingserfahrungen reflektieren

Wie in den vorangegangenen Einheiten werden die Trainingserfahrungen der Teilnehmer auch in dieser Einheit reflektiert. Dabei werden Erfolge und Bemühungen wieder verstärkt und ein konstruktiver Umgang mit Schwierigkeiten gesucht. In diesem Abschnitt werden typische Schwierigkeiten aufgezeigt, die Teilnehmer mit den Aufgaben der Woche (s. Abschn. 9.4) haben können.

(1) Achtsamkeits- und Entspannungsübung. Mögliche Schwierigkeiten mit der Achtsamkeits- und Entspannungsübung sollten an dieser Stelle bereits überwunden sein. Falls Strategien zur Überwindung von Trainingsschwierigkeiten mit Achtsamkeit und Entspannung in der vorangegangenen Einheit entwickelt wurden, sollten diese evaluiert werden.

(2) Belastungsanker. Die meisten Teilnehmer haben mit dieser Übung keine Schwierigkeiten. Einige berichten jedoch, dass es ihnen schwerfällt, Kraft zu schöpfen, wenn sie an belastende Situationen denken. In diesem Fall hilft es meistens, zwischen (a) dem

Gefühl der Belastung in der imaginierten Situation und (b) dem Gefühl, die Belastung ausgehalten und überwunden zu haben, zu trennen. Bei der Übung *Belastungsanker* geht es um den Abruf des Gefühls, Belastungen überwunden zu haben. Einige Teilnehmer wählen auch Situationen aus, die für diese Übung ungeeignet sind. Hinweise darauf, dass die Auswahl der Situation ungünstig war, liefern Aussagen wie diese: »Immer wenn ich daran denke, glaube ich, so etwas nicht noch einmal durchstehen zu können.« Der Trainer sollte einerseits die besondere Belastung anerkennen, die der Teilnehmer erlebt hat – andererseits sollte er den Teilnehmer sehr behutsam mit der Tatsache konfrontieren, dass er es trotz aller Schwierigkeiten geschafft hat, die Belastung auszuhalten, auch wenn es sehr schwer war. Der Teilnehmer sollte sich eine neue Situation suchen, die weniger belastend war. Für den Trainer ist es wichtig, im Blick zu behalten, dass es nicht nur schwarz oder weiß, belastend oder nicht belastend gibt. Vielmehr ist das eine Chance, die »Grautöne« auszuloten.

(3) Führen des Emotionstagebuchs. Einigen Teilnehmern fällt es schwer, das Emotionstagebuch täglich zu führen. Der Trainer sollte es einerseits würdigen, wenn es diesen Teilnehmern überhaupt gelungen ist, das Tagebuch zu führen – sollte aber andererseits darauf hinweisen, dass die Wirkung des Emotionstagebuchs erst durch die regelmäßige Bearbeitung entsteht. Es sollten individuell passende Strategien entwickelt werden, damit ein regelmäßiges Bearbeiten des Tagebuchs gelingt.

Anderen Teilnehmern fällt es schwer, den intendierten Perspektivwechsel vorzunehmen und sich so von der Situation zu distanzieren. Hier kann es hilfreich sein zu fragen, was der entsprechende Teilnehmer einem Freund oder Bekannten raten würde, der eine solche Situation erlebt. Weiterhin können Ideen in der Gruppe gesammelt werden. Zudem kann auf das Rilke-Zitat (s. Abschn. 8.4.3) verwiesen werden: Manchmal reicht es schon, sich zu fragen, wozu es gut sein könnte, was andere dazu sagen würden etc.

(4) Umsetzung des Resilienzprojektes. Der Trainer sollte in der Einstiegsrunde ganz explizit nach dem Resilienzprojekt fragen. Viele Teilnehmer unterschätzen dessen Wirkung, weil es nicht unmittelbar zu spürbaren Erfolgen führt. Der Trainer sollte bei Schwierigkeiten hier die mittel- bis langfristige Wirksamkeit thematisieren und die Teilnehmer ermutigen, am Ball zu bleiben. Mit organisatorischen Schwierigkeiten (z.B. keine Zeit) sollte in üblicher Weise verfahren werden: Zunächst muss die Motivation geklärt werden, dann sollten realisierbare Möglichkeiten ausgelotet werden und schließlich sollte eine verbindliche und terminierte Festlegung erster Schritte erfolgen (Intentionsbildung + Wenn-Dann-Pläne). Das Initiieren und Durchführen des Resilienzprojektes ist für die Wirkung des Trainings so entscheidend, dass hierfür ggf. mehr Zeit zur Überwindung von Schwierigkeiten benötigt wird. In diesem Fall kann das Wertschätzen von Unsympathen (s. Abschn. 10.3.3) gekürzt oder weggelassen werden.

10.2.2 Hinführung: Das Effort-Reward-Imbalance Modell

Das Effort-Reward-Imbalance Modell (Siegrist, 2006) geht davon aus, dass nicht nur allein die Anforderungen zu Belastungserleben führen, sondern auch ein Ungleichgewicht zwischen den Anforderungen an eine Person und deren daraus resultierender Gewinn. Das bedeutet, dass Menschen, die zwar geringere Anforderungen haben, aber noch weniger Gewinn daraus ziehen, sich tendenziell belasteter fühlen als solche, die höhere Anforderungen haben, aus denen sie aber einen höheren Gewinn ziehen. Der Gewinn ist dabei nicht nur der materielle Gewinn, sondern auch Zuwendung, Anerkennung, Respekt, Verbesserung der Arbeitsbedingungen etc. Ob ein Ungleichgewicht (Imbalance) vorliegt, hängt von den subjektiven Bewertungskriterien der betroffenen Person ab.

In einer Studie fanden Lehr und Kollegen (2008) heraus, dass ein wahrgenommenes Ungleichgewicht von Anstrengung und Lohn wie auch ein subjektiv wahrgenommenes Ungleichgewicht von Anstrengung und Arbeitsplatzbedingungen (z. B. Aufstiegschancen) jeweils zu einem etwa dreifach erhöhten Risiko führen, an einer Depression zu erkranken. Ein wahrgenommenes Ungleichgewicht von Anstrengung und Wertschätzung bzw. Anerkennung führt hingegen zu einem etwa sechsfach erhöhten Risiko, an einer Depression zu erkranken.

Wie sehr eine Person dieses Ungleichgewicht wahrnimmt, hängt unter anderem von ihrer Bedürfnislage ab. Wer ein erhöhtes Bedürfnis nach Wertschätzung hat, der wünscht sich stärker eine Anerkennung für seine Leistungen oder Anstrengungen. Erfolgt keine oder eine zu geringe Anerkennung, führt das schneller zu einem wahrgenommenen Ungleichgewicht als bei einer Person, die sich von äußerer Wertschätzung weniger abhängig macht. Deswegen wird in dieser Einheit das Thema Wertschätzung behandelt.

Wertschätzung besteht aus Selbst- und Fremdwertschätzung. Einige Forschungsarbeiten weisen darauf hin, dass eine Erhöhung der Selbstwertschätzung das Bedürfnis nach Fremdwertschätzung zumindest teilweise kompensiert. Deswegen geht es zunächst um Selbstwertschätzung (s. Abschn. 10.3.1), bevor die Fremdwertschätzung fokussiert wird (s. Abschn. 10.3.2 und 10.3.4).

Im hinführenden Impulsvortrag soll den Teilnehmern diese Argumentation vermittelt werden. Es hat sich als hilfreich erwiesen, wenn entsprechende Äußerungen von Teilnehmern aufgegriffen werden, die sie im Laufe des Trainings gemacht haben (z. B. »Für meinen Chef gilt: Nicht geschimpft ist gelobt genug!«). Ein besonderer Knackpunkt ist die Fokussierung auf Selbstwertschätzung. Einige Teilnehmer wünschen sich so sehr Wertschätzung durch andere (die sie aber nicht bekommen), dass sie die Möglichkeit abwerten, sich selbst wertzuschätzen. An dieser Stelle sollte zunächst nur darauf hingewiesen werden, dass Selbstwertschätzung sich im Sinne einer Kompensation als stabilisierend gezeigt hat. Eine ausgiebige Diskussion darüber ist nach der ersten Übung vorgesehen. Teilnehmer sollten gebeten werden, sich bis dahin zu gedulden.

Andere Teilnehmer verwechseln Selbstwertschätzung mit Eigenlob. Sätze wie »Eigenlob stinkt!« erschweren es für diese Teilnehmer, sich auf die nachfolgende Übung einzulassen. Hier kann der Trainer bereits vor der Übung klarstellen, dass Selbstwertschätzung und Eigenlob nicht identisch sind: Eine positive Selbsteinschätzung ist in vielen Bereichen des Lebens hilfreich und steht zudem im Zusammenhang mit mentaler Gesundheit. Eine Selbstüberhöhung ist im Gegenteil häufig fragil und eher mit mentalen und sozialen Problemen verbunden (z. B. in Form von Narzissmus). In dieser Einheit geht es jedoch um eine positive Selbstwertschätzung. Auch hier sollte eine ausführliche Diskussion erst nach der Übung geführt werden. Allerdings ist es manchmal notwendig, bereits an dieser Stelle das Eigenlob betreffende Befürchtungen von Teilnehmern ernst zu nehmen, aufzugreifen und entsprechend zu korrigieren.

Vorschlag für das Vermitteln des Effort-Reward-Imbalance Modells (Psychoedukation)

Folie 6.4

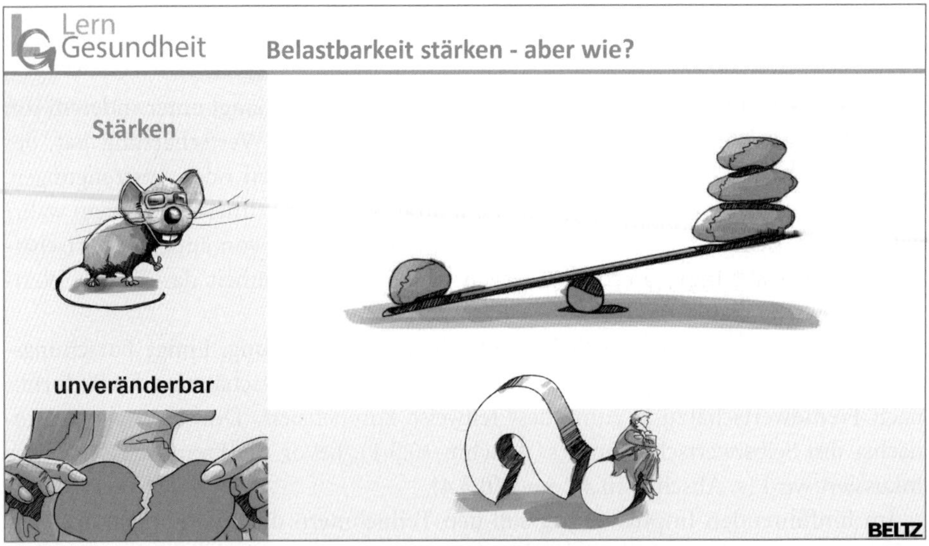

Beim letzten Mal hatten wir gesagt, dass Selbstkomplexität (»Ich beziehe Kraft und Identität aus mehreren Quellen.«), dass wahrgenommene soziale Unterstützung und dass emotionale Selbstwirksamkeitserwartung (»Ich habe schon viel aushalten können, deswegen schaffe ich es auch dieses Mal.«) die seelische Widerstandkraft erhöhen. Ich möchte Ihnen nun noch ein Modell vorstellen, aus dem wir einen weiteren wichtigen Schutzfaktor ableiten werden.

Folie 6.5

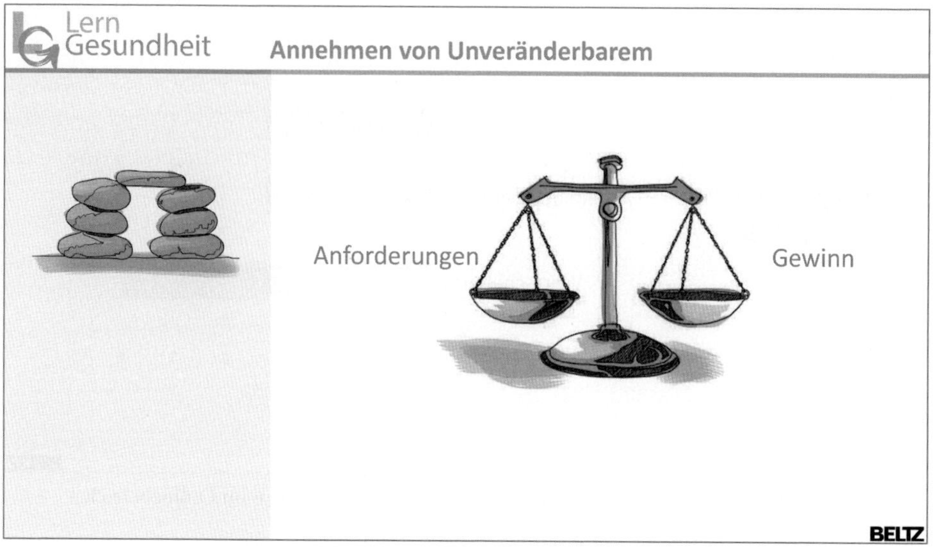

Das ist das Effort-Reward-Imbalance Modell, das auf Siegrist, einen Medizinsoziologen, zurückgeht. Der Name des Modells ist komplizierter als das Modell selbst. Siegrist hat sich die Frage gestellt, warum es einige Menschen gibt, die trotz hoher Anstrengung und hoher Anforderungen zufrieden und gesund sind, und warum sich andere bei offenbar geringeren Anforderungen hoch belastet fühlen. Die Antwort ist bestechend einfach: Es liegt nicht alleine an der Anstrengung, sondern auch daran, wie viel Belohnung ich dafür subjektiv erhalte. Wenn ich das Gefühl habe, das Verhältnis von Anstrengung und Belohnung oder Gewinn stimmt, halte ich eine ganze Menge aus. Wenn ich allerdings das Gefühl habe, da gibt es ein Ungleichgewicht, dann steigert sich das empfundene Belastungserleben. Kennen Sie das? Haben Sie Beispiele aus Ihrer Erfahrung?

[Tr. wartet Antworten ab.]

Vielen Dank, das macht es, glaube ich, deutlich.

Folien 6.6–6.9

Folie 6.6: Wir wissen inzwischen gesichert, dass ein wahrgenommenes Ungleichgewicht mittel- bis langfristig Depression oder Burnout begünstigen kann. Ein Forscherteam hat sich einmal angeschaut, welche Belohnungen bei wahrgenommenem Ungleichgewicht wie stark ins Gewicht fallen.

Folie 6.7: Wenn Sie das Gefühl haben, Sie strengen sich beruflich sehr an und bekommen dafür schmerzlich zu wenig Lohn/Gehalt, dann haben Sie ein dreifach erhöhtes Risiko, eine Depression oder einen Burnout zu bekommen.

Folie 6.8: Haben Sie hingegen das Gefühl, dass Sie sich sehr anstrengen, aber die Arbeitsbedingungen, die Ihnen im Gegenzug geboten werden, stehen in keinem angemessenen Verhältnis dazu, haben Sie ebenfalls ein ungefähr dreifaches Risiko, an einer Depression zu erkranken oder einen Burnout zu bekommen.

Folie 6.9: Stimmt jedoch das gefühlte Verhältnis von Anstrengung und dafür erhaltener Wertschätzung nicht, haben Sie ein sechsfach (!) erhöhtes Risiko. Wahrgenommene Wertschätzung und Anerkennung ist also ein zentraler Schutzfaktor. Und deswegen werden wir uns jetzt ein wenig näher mit Wertschätzung auseinandersetzen.

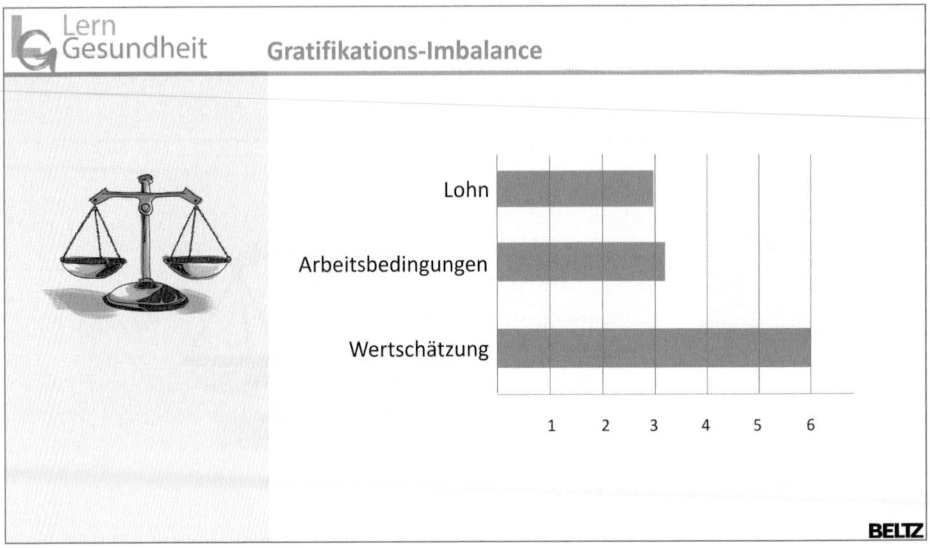

(Abgebildet ist Folie 6.9. Die Folien 6.6 bis 6.8 finden Sie im Foliensatz 6 im Onlinebereich.)

Folie 6.10

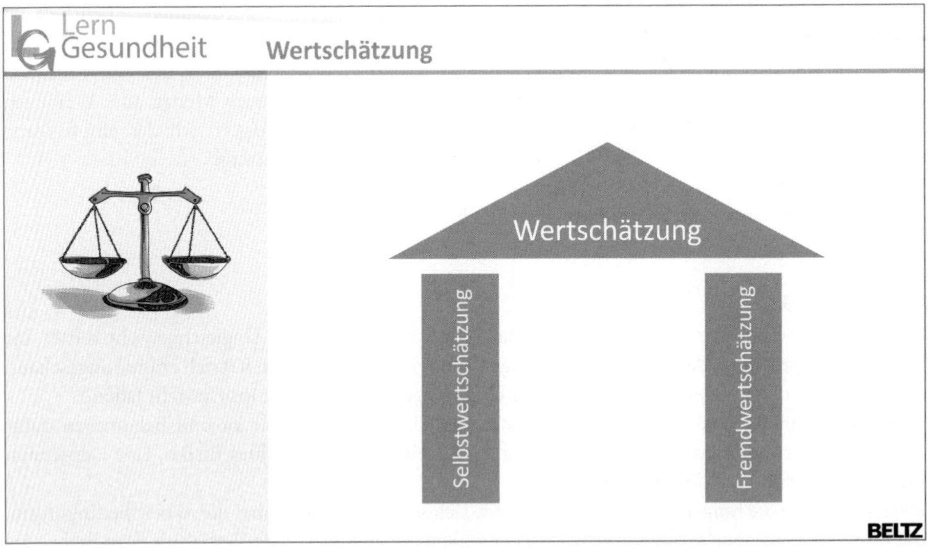

Wertschätzung wird von zwei Säulen getragen: der Selbstwertschätzung und der Fremdwertschätzung. Sie können noch so viel Fremdwertschätzung bekommen, wenn Sie sich nur minimal selbst wertschätzen können, ist alles, was von außen kommt, nicht nachhaltig. Und manchmal ist es sogar so, dass es von außen kaum Wertschätzung gibt. Dann ist die Selbstwertschätzung besonders wichtig.

10.3 Wertschätzung fördern

Wertschätzung wird in dieser Einheit gefördert, indem zunächst die Selbstwertschätzung gestärkt (s. Abschn. 10.3.1) und dann die Fremdwertschätzung eingeübt wird (s. Abschn. 10.3.2). Das Würdigen dessen, was gut war, und den eigenen Anteil daran zu identifizieren, ist eine weitere Form der Wertschätzung, die hier eingeübt wird (s. Abschn. 10.3.3). Alternativ kann das Wertschätzen von »Unsympathen« erarbeitet werden (s. Abschn. 10.3.4). Dies ist dann indiziert, wenn es vielen Teilnehmern schwer fällt, Personen wertzuschätzen, die ihnen unsympathisch sind, und wenn gleichzeitig

Tabelle 10.3 Überblick über den Hauptteil der sechsten Einheit (Dauer: etwa 55 Minuten)

Thema	Ziele	Inhalt	Organisation
10.3.1 Selbstwertschätzung fördern	▶ selbstwertförderliche Informationen salient machen	▶ Selbstwertstärkung durch Bearbeiten des Arbeitsblattes Selbstwertstärkung	Einzelarbeit; Begleitheft S. 15
	▶ spürbare Steigerung des positiven Affekts durch selbstwertrelevante Informationen	▶ Wirkung genießen	Partnergespräch
	▶ Umgang mit inneren Widerständen	▶ Widerstände ernstnehmen und besprechen	Gruppendiskussion
10.3.2 Gezielte Förderung von Fremdwertschätzung	▶ Senkung der Hemmschwelle, positive Selbstinformationen darzustellen	▶ durchführen der Übung in vier Schritten: (1) Situationen darstellen, die erfolgreich waren (2) durch aktives Zuhören das Explorieren stärken (3) Erfragen von eigenen Anteilen am Erfolg (Selbstwertschätzung induzieren) (4) authentische Fremdwertschätzung ▶ danach Wechsel der Rollen	(1) durch Partnerinterview
	▶ spürbar erfahren, dass Wertschätzung besonders effektiv ist, wenn sie mit Selbstwertschätzung kombiniert wird	▶ reflektierende Nachbesprechung	Gespräch in der Gruppe

Tabelle 10.3 (Fortsetzung)

Thema	Ziele	Inhalt	Organisation
10.3.3 Würdigen, was gut war	▶ Förderung von emotionaler Selbstwirksamkeit und Dankbarkeit	▶ Übung *Tagesschätze finden* ▶ Erweiterung: Herausarbeiten des eigenen Anteils	Imagination
10.3.4 »Unsympathen« wertschätzen (als Alternative)	▶ Spielraum gewinnen bei der Bewertung von »Unsympathen« ▶ emotionale Selbstbestimmung	▶ einen »Unsympathen« festlegen ▶ »Heranekeln« üben	Partnerarbeit

das Ärgern über diese Personen das eigene Wohlbefinden einschränkt. Allerdings können diese Übungen (*Würdigen, was gut war* oder *Unsympathen wertschätzen*) zugunsten anderer Prioritäten (z. B. Nachschärfen der Resilienzprojekte) gekürzt oder weggelassen werden. Tabelle 10.2 gibt einen Überblick über die Ziele und Inhalte dieses Abschnitts.

10.3.1 Selbstwertschätzung fördern

Die Übung besteht aus drei Phasen: Die erste Phase findet während der sechsten Einheit statt und besteht darin, selbstwertrelevante Informationen zu sammeln. Die zweite Phase findet zwischen den Einheiten statt: Die Teilnehmer machen die gesammelten Informationen im Alltag abrufbereit. Die dritte Phase dient dazu, in stressvollen oder emotional belastenden Situationen selbstwertdienliche Informationen abzurufen. Die Grundidee dieser Übung (Phase I) stammt aus dem Training emotionaler Kompetenzen (Berking, 2010) und ist um den Aspekt der Belastbarkeit und der verfügbaren Kraftquellen sowie um den gezielten Übungsaspekt systematisch erweitert worden.

Phase I

Die Übung wird in drei Schritten durchgeführt:

(1) Die Teilnehmer erarbeiten fünf Kategorien von selbstwertrelevanten Informationen.
(2) Die Teilnehmer lesen sich ihre Aufzeichnungen durch und lassen diese einen Moment lang auf sich wirken. Danach besprechen sie im Partnergespräch, wie sie das Durchlesen erlebt haben.
(3) Die Übung wird in der gesamten Gruppe reflektiert. Hier werden nicht nur positive Erlebnisse besprochen, sondern auch Schwierigkeiten diskutiert.

(1) Erarbeiten der selbstwertrelevanten Informationen

In einer Einzelarbeit werden fünf Kategorien von selbstwertrelevanten Informationen im Begleitheft auf Seite 15 notiert. Die Teilnehmer bekommen pro Kategorie 90 Sekunden Zeit. Am Ende dieses ersten Schrittes schreiben sie ihren Namen in das mittlere Feld.

Selbstwertrelevante Kategorien

Kategorie 1: Erfolge (Folie 6.13). Die Übung beginnt damit, dass die Teilnehmer aufschreiben, welche Erfolge sie in ihrem Leben bereits erreicht haben (Begleitheft S. 15; Feld oben links). Sie sollten explizit ermutigt werden, auch kleinere Erfolge zu notieren. Ebenso sollten Erfolge berücksichtigt werden, die zu keiner Auszeichnung geführt haben (z. B. Kindererziehung). Es ist sinnvoll, dass der Trainer einige Beispiele für kleine Erfolge und für Erfolge ohne Auszeichnungen gibt. Bei Teilnehmern, die sehr perfektionistisch sind, kann der Trainer dadurch unterstützen, dass er diese Teilnehmer bittet, sich darauf einzulassen, auch kleinste Erfolge aufzuschreiben.

Kategorie 2: Fähigkeiten, Fertigkeiten und Kompetenzen (Folie 6.14). Danach sollen die Teilnehmer aufschreiben, welche Fähigkeiten, Fertigkeiten und Kompetenzen sie brauchten, um diese Erfolge zu erreichen (Begleitheft S. 15; Feld oben rechts). Sie werden ausdrücklich eingeladen, weitere Fähigkeiten, Fertigkeiten und Kompetenzen aufzuschreiben, die sie haben.

Kategorie 3: soziale Anerkennung (Folie 6.15). Nach etwa 90 Sekunden notieren die Teilnehmer, was andere an ihnen mögen (Begleitheft S. 15; Feld unten links). Dabei sollte ausdrücklich darauf hingewiesen werden, dass es hier nicht um Faktenwissen geht. Häufig können die Teilnehmer nur vermuten, was das sein kann. Aber genau um diese Vermutungen geht es.

Kategorie 4: leistungsunabhängige Selbstwertschätzung (Folie 6.16). Die Teilnehmer notieren, was sie leistungsunabhängig an sich mögen (Begleitheft S. 15; Feld unten rechts). Das kann sich auf Eigenschaften (z. B. humorvoll, gutaussehend) oder auf wertbezogenes Handeln (z. B. »Ich versuche, stets aufrichtig zu sein.«) beziehen. Ausdrücklich sollte darauf hingewiesen werden, dass es durchaus Überschneidungen mit Kategorie 3 geben kann.

Kategorie 5: eigene Belastbarkeit (Folie 6.17). Die Teilnehmer notieren sich, welche Belastungen sie bereits ausgehalten haben (Feld Mitte links) und woher sie die Kraft dafür hatten (Feld Mitte rechts). Es sollte unbedingt darauf hingewiesen werden, dass bei jeder Belastung sogleich die Kraftquelle notiert wird. Einige Teilnehmer laufen sonst Gefahr, ihren Fokus nur auf die Belastungen zu legen. Das sollte vermieden werden. Anders als beim Belastungsanker geht es hier nicht darum, die eigene Belastbarkeit abrufbereit zu machen, sondern um eine Wertschätzung dessen, was man auszuhalten in der Lage ist.

(2) Übung auf sich wirken lassen

Nachdem die Teilnehmer ihren Namen in das mittlere Feld eingetragen haben, (s. Folie 6.18)lesen sie sich das Arbeitsblatt durch und lassen es auf sich wirken. Sie besprechen die Wirkung zunächst im Partnergespräch.

(3) Diskussion in der Gruppe

Der Trainer fragt, wie die Teilnehmer das Durchlesen empfunden haben. Erfahrungsgemäß berichten die meisten von einer wohltuenden Wirkung. Einige sind erstaunt, wie viel sie schon in ihrem Leben erreicht haben.

Berichten Teilnehmer von Schwierigkeiten beim Aufschreiben, sollte der Trainer zunächst fragen: »Und wie ist es jetzt, wenn Sie sich das noch einmal durchlesen?« Einige Teilnehmer werden dann den wohltuenden Effekt bestätigen. Das kann zum Anlass genommen werden, um über den Unterschied zwischen Ausführung und Wirkung zu diskutieren: Obwohl es Überwindung kostet, positive Dinge über sich aufzuschreiben, ist die Wirkung wohltuend.

Anderen Teilnehmern fällt es schwer, die positive Wirkung zu erleben. Ihnen ist es peinlich oder unangenehm, Positives über sich zu sagen oder zu schreiben. Der Trainer sollte auf keinen Fall versuchen, diese Teilnehmer davon zu überzeugen, wie hilfreich es ist, Positives an sich zulassen zu können. Es gibt im Grunde drei Möglichkeiten, damit umzugehen:

(a) Der Trainer lässt das ausdrücklich so stehen. Nicht jede Übung ist für jeden zu jeder Zeit gleichermaßen geeignet.

(b) Der Trainer fragt, ob es nichts gibt, was der jeweilige Teilnehmer an sich schätzt. Er kann auch fragen, woher der Teilnehmer seine Selbstwertschätzung bezieht. Ziel ist es, Ausnahmen bzw. Varianten zu finden, die für den Teilnehmer annehmbar sind. Diese Möglichkeit ist vor allem dann geeignet, wenn moralische Vorbehalte den Teilnehmer daran hindern, Positives an sich zu sehen. Ungeeignet ist diese Möglichkeit, wenn der Teilnehmer ein hohes Maß an Selbstverachtung oder ein geringes Selbstwertgefühl hat. In diesem Fall ist je nach Situation Möglichkeit (a) oder (c) zu bevorzugen.

(c) Der Trainer ermutigt zu einem kleinen Experiment: Obwohl es schwerfällt, etwas Positives über sich anzunehmen, kann der Teilnehmer bis zur nächsten Einheit jeden Tag für eine begrenzte Zeit (z. B. eine Stunde lang) so tun, als ob er Eigenschaften, Fähigkeiten usw. hätte, die schätzenswert wären. In dieser Stunde hat der innere Kritiker ein Schweigegebot. Zu Beginn der nächsten Einheit (s. Abschn. 11.2) sollte dieses Experiment reflektiert werden. Diese Möglichkeit sollte mit viel Fingerspitzengefühl vorgeschlagen, geplant und umgesetzt werden. Sehr wichtig ist es, dass der jeweilige Teilnehmer eine positive Erfahrung macht.

Diskussionen, die auf generelle normative Vorstellungen abzielen (z. B. »Eigenlob stinkt.«), sollten sokratisch geführt werden: Statt einer Gegenargumentation sollte die Stichhaltigkeit der Argumente geprüft werden. In der Regel hält eine solche Argumentation einer Überprüfung nicht stand. Dem Teilnehmer bleibt es selbst überlassen, ob er sich selbst wertschätzen möchte (im Sinne von Möglichkeit a). Ziel dieser

Diskussion ist es, herauszustellen, dass die normative Vorstellung nicht für alle Teilnehmer gilt.

Phase II

Damit die selbstwertförderlichen Aussagen dieser Übung zu automatischen (oder zumindest abrufbaren) Gedanken werden, kleben die Teilnehmer in ihre alltägliche Umgebung kleine Klebepunkte (z. B. ins Portemonnaie oder in die Besteckschublade). Stoßen sie bei der Verrichtung alltäglicher Aufgaben auf so einen Punkt, lesen sie sich bei nächster Möglichkeit einen selbstwertförderlichen Aspekt (laut) vor. Als Variante geht es auch, sich diesen innerlich leise zu sagen (wenn z. B. lautes Vorlesen unangebracht ist).

Phase III

Die Teilnehmer üben, die inzwischen abrufbereiten selbstwertdienlichen Informationen in stressvollen oder emotional belastenden Situationen abzurufen. Wurde die Phase II ausgiebig und konsequent trainiert, kann bereits nach zwei bis drei Tagen die dritte Phase gestartet werden. Erfolge und Bemühungen können im Emotionstagebuch verzeichnet werden.

Bevor die Teilnehmer in »Echtzeit« mit dieser Phase beginnen, können sie bereits im Emotionstagebuch nachträglich Ideen notieren, welche passenden selbstwertdienlichen Sätze sie sich in den emotional schwierigen Situationen sagen können.

Vorschlag für das Fördern von Selbstwertschätzung (Phase I)

Folie 6.11

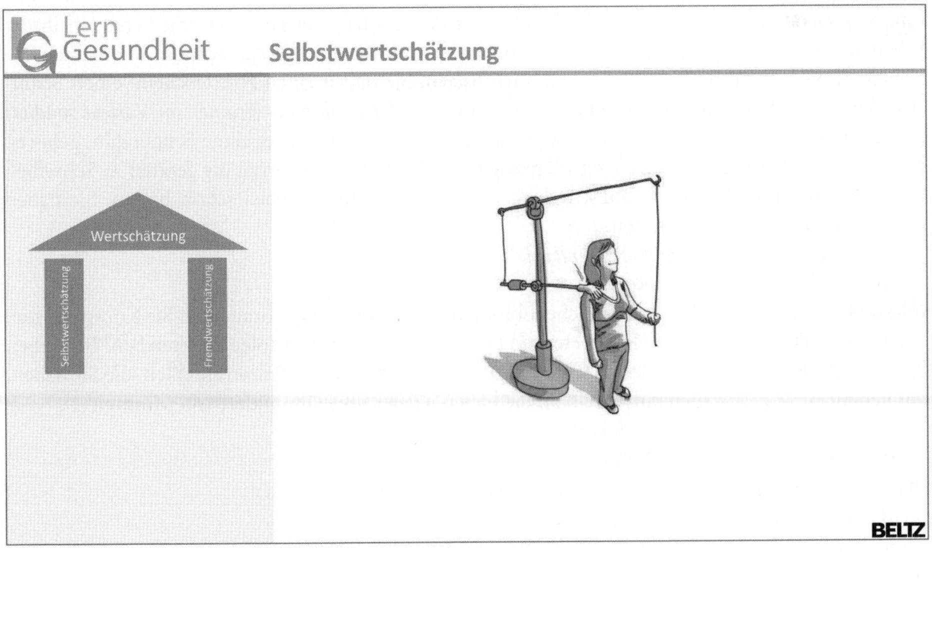

Um die Selbstwertschätzung zu fördern, wäre eine solche Vorrichtung hin und wieder schon ganz gut. Und genau so eine Vorrichtung konstruieren wir uns jetzt. Was Sie brauchen, ist Ihr Begleitheft, das Sie auf Seite 15 aufschlagen.

Folien 6.12–6.17

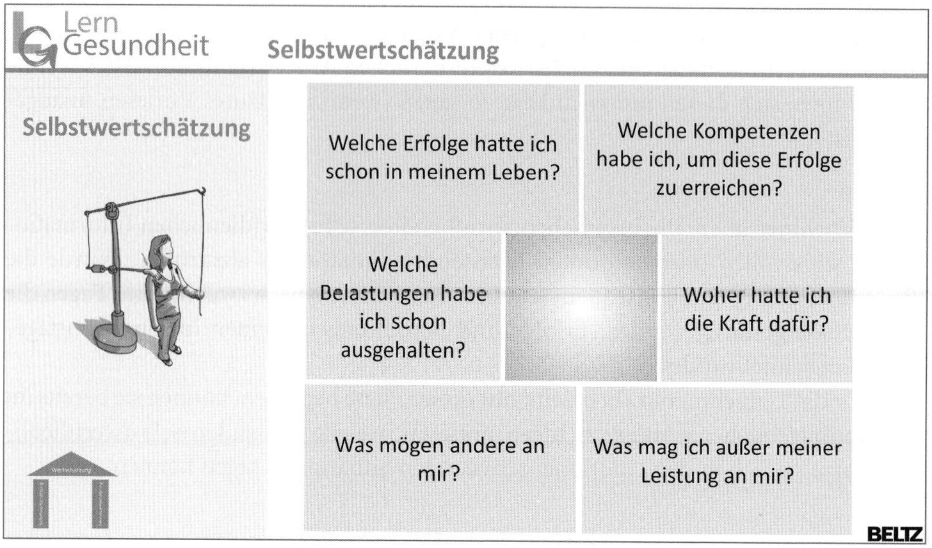

(Abgebildet ist Folie 6.17. Die Folien 6.12 bis 6.16 finden Sie im Foliensatz 6 im Onlinebereich.)

Folie 6.12: Dort finden Sie in etwa so eine Anordnungen von Kästen, wie Sie sie hier auf der Folie sehen. Haben Sie alle einen Stift zur Hand?

Folie 6.13: Dann schreiben Sie bei sich oben links in den Kasten, welche Erfolge Sie bereits in Ihrem Leben hatten. Das sollten nicht nur die nobelpreisverdächtigen Erfolge sein, sondern auch die kleineren, die wir häufig für selbstverständlich halten. Sie haben einen Führerschein, einen Schulabschluss, eine Berufsausbildung oder ein Studium … *[Hier sollte der Trainer im Vorfeld sondiert haben, um Fettnäpfchen zu vermeiden.]* Aber nicht nur Erfolge, für die es einen Schein gibt, gehören hier rein: Sie haben vielleicht Kinder groß gezogen, und die sind ganz anständig geraten … Schreiben Sie also in das Kästchen oben links, welche Erfolge Sie in Ihrem Leben schon hatten. Sie haben ungefähr anderthalb Minuten Zeit.

[Tr. unterbricht nach etwa 90 Sekunden.]

So, beenden Sie den Gedanken …

Folie 6.14: Um all diese Erfolge zu erreichen, brauchten Sie Fähigkeiten, brauchten Sie Kompetenzen.

Welche Fähigkeiten, welche Kompetenzen besitzen Sie, um diese Erfolge zu erreichen? Schreiben Sie diese in das Kästchen oben rechts. Falls Ihnen noch weitere Kompetenzen einfallen, die Sie haben, können Sie diese gerne auch aufschreiben. Sie haben wieder ungefähr anderthalb Minuten.

[Tr. unterbricht nach etwa 90 Sekunden.]

So, beenden Sie den Gedanken …

Folie 6.15: Unten links schreiben Sie jetzt auf, was andere an Ihnen mögen.

[Tr. unterbricht nach etwa 90 Sekunden.]

So, beenden Sie den Gedanken …

Folie 6.16: Oben haben Sie aufgeschrieben, was Sie leistungsbezogen an sich mögen: Ihre Erfolge und Ihre Fähigkeiten. Schreiben Sie unten rechts einmal auf, was Sie außer Ihrer Leistung noch an sich mögen. Das können vielleicht wertbezogene Eigenschaften sein: Ich bin ehrlich oder ich bin eigentlich ganz kommunikativ ... Möglicherweise sind es aber auch ganz andere Eigenschaften: Sie mögen Ihren Gang, Ihre Frisur oder Ihre Brille an sich ... Schreiben Sie jetzt in das Kästchen unten rechts, was Sie leistungsunabhängig an sich mögen.

[Tr. unterbricht nach etwa 90 Sekunden.]

So, beenden Sie den Gedanken ...

Folie 6.17: Und dann schreiben Sie noch in das mittlere Kästchen links, welche Belastungen Sie bereits ausgehalten haben – und rechts schreiben Sie dann, woher Sie die Kraft dafür hatten. Sie sollten schauen, dass Sie beide Kästen gleichmäßig ausfüllen. Nicht erst alle Belastungen – und dann bleibt keine Zeit mehr für die Kraftquellen.

[Tr. unterbricht nach etwa 90 Sekunden.]

So, beenden Sie den Gedanken ... und schreiben Sie in das blaue Kästchen in der Mitte Ihren Namen. Lesen Sie sich jetzt einmal durch, was Sie geschrieben haben, und lassen Sie es einen Moment auf sich wirken. Sie können gerne mit dem Nachbarn oder der Nachbarin darüber murmeln.

[Tr. unterbricht nach etwa 90 Sekunden.]

Wie war das für Sie? Wie ist es, sich das anzuschauen, was Sie aufgeschrieben haben?

[Diskussion]

10.3.2 Gezielte Förderung von Fremdwertschätzung

Fremdwertschätzung lässt sich nicht erzwingen (Folie 6.20). Allerdings kann man die Wahrscheinlichkeit auf zwei Wegen erhöhen, Fremdwertschätzung zu bekommen: Erstens kann man eigene Erfolge oder Bemühungen anderen mitteilen (ohne dabei anzugeben). Zweitens kann man selbst andere in seiner Umgebung wertschätzen. Die folgende Übung zielt auf beide Möglichkeiten ab.

Die Teilnehmer führen ein Partnerinterview durch (Folie 6.21). Der Interviewte wird gebeten, von einer Sache zu erzählen, die ihm in letzter Zeit gut gelungen ist und die nach Möglichkeit noch kaum jemand mitbekommen hat.

Schritt 1: Aktives Zuhören

Der Interviewer hört aktiv zu. Er versucht zu verstehen, was der Interviewte an dieser Sache berichtenswert findet. Er versucht zu verstehen, warum sein Gesprächspartner das wertschätzt. Allein das aktive Zuhören wird von vielen bereits als wertschätzend erlebt.

Beispiel

Interviewter: Wir waren letztens auf einer Familienfeier. Meine Schwiegermutter hat ständig gestichelt. Ich war innerlich total aufgebracht. Aber trotzdem bin ich ruhig geblieben und habe mich nicht aus der Reserve locken lassen.
Interviewer: Fällt es dir normalerweise schwer, ruhig zu bleiben?
Interviewter: Und wie. Häufig sag ich ihr die Meinung – meistens bin ich dabei schon sehr ärgerlich, und es bringt nichts. Nur schlechte Stimmung.
Interviewer: Dir ist es wichtig, ruhig zu bleiben?

Interviewter: Ja. Ich möchte mich nicht so provozieren lassen. Wenn ich reagiere, hat meine Schwiegermutter, was sie will.
Interviewer: Das kann ich verstehen.

Schritt 2: Selbstwertschätzung erfragen

Der Interviewer erfragt die Selbstwertschätzung des Interviewten. Er wählt einen Aspekt der Handlung oder Haltung aus, die der Interviewte berichtet hat, und erfragt, wie dem Gegenüber dies gelungen ist. Das gibt die Gelegenheit, selbstwertdienliche Informationen zu aktualisieren. Dieser Schritt ist für das Gelingen der Übung zentral. Er braucht bei einigen etwas Übung. Der Trainer sollte diesen Aspekt selbst gut beherrschen.

Beispiel

Interviewer: Mich würde einmal interessieren, wie es dir gelungen ist, ruhig zu bleiben. Das stelle ich mir nicht leicht vor …
Interviewter: Nein, leicht war es nicht. Ich habe mir gesagt, dass es nichts bringt.
Interviewer: Und das hat geklappt.
Interviewter: Na ja, ich kann mich – wenn es mir rechtzeitig einfällt – gut distanzieren und schaffe es dann, cool zu bleiben.
Interviewer: Das kann aber auch nicht jeder …
Interviewter: Ich glaube, dass ich das schon ganz gut kann … (leicht verlegen)

Schritt 3: Fremdwertschätzung

Der Interviewer sucht sich einen Aspekt heraus, den er authentisch wertschätzen kann, und benennt diesen.

Beispiel

Interviewer: Das halte ich für eine großartige Fähigkeit. Manchmal wünschte ich, ich könnte das auch. Besonders wenn ich mich in Diskussionen verstricke. Dafür beneide ich dich.

Das Interview dauert in etwa drei Minuten. Danach wechseln die Teilnehmer die Rollen. Es empfiehlt sich, dass der Trainer das Interview einmal mit einem freiwilligen Teilnehmer demonstriert.

Auswertung

In der Auswertung (Gruppengespräch) wird zunächst erfragt, wie die Teilnehmer das Interview erlebt haben. Es kann bei Bedarf thematisiert werden, dass das Erfragen der Selbstwertschätzung der zentrale Aspekt ist.

Im Anschluss sollte der Trainer die zwei Wege vermitteln, um die Wahrscheinlichkeit von Fremdwertschätzung zu erhöhen (s. o.): Gutes erzählen und andere wertschätzen. Die Teilnehmer bekommen die Aufgabe (s. Abschn. 10.4), in ihrem Alltag täglich einmal andere zu wertschätzen. Einen besonderen Fokus sollten sie darauf legen, die Selbstwertschätzung zu erfragen.

10.3.3 Würdigen, was gut war (Würdigungstagebuch)

Diese Übung ist eine systematische Erweiterung der Übung *Tagesschätze finden* (s. Abschn. 5.4). Ziel ist es, die Stimmung nachhaltig zu verbessern und emotionale Selbstbestimmung zu fördern. Wie in der Übung *Tagesschätze finden* erleben die Teilnehmer zwischen dieser und der nächsten Einheit täglich drei angenehme Momente mit allen Sinnen, die sie abends bewusst nacherleben und würdigen.

Die Erweiterung der Übung besteht darin, dass sie sich zu jeder erinnerten Situation die Frage stellen, was ihr eigener Anteil daran war. Es gibt Ereignisse, bei denen nicht sofort ersichtlich ist, was der Anteil des Teilnehmers ist. Sich daran zu erfreuen, im Park ein Eichhörnchen gesehen zu haben, könnte ein solches Ereignis sein. Hier haben viele Teilnehmer Schwierigkeiten, den eigenen Anteil zu erkennen. In dem genannten Beispiel besteht der eigene Anteil darin, dass die Person in den Park gegangen und aufmerksam genug war, das Eichhörnchen zu bemerken. Zudem hat sie sich Zeit genommen, es zu beobachten.

Das Herausarbeiten des eigenen Anteils erhöht die emotionale Selbstbestimmung, weil die Teilnehmer so implizit erfahren, dass sie zwar auf äußere und häufig zufällige Gegebenheiten emotional reagieren, dass sie jedoch immer einen Anteil daran haben und so ihr emotionales Erleben mitgestalten können.

Das Erinnern mit allen Sinnen und das nachfolgende Herausarbeiten des eigenen Anteils sollte einmal gemeinsam durchgeführt werden. Diese Übung sollte dann jedoch in Form eines Würdigungstagebuchs (Begleitheft S. 18) täglich gemacht werden.

Würdigen, was gut war

Setzen Sie sich bitte bequem hin und suchen Sie ein Ereignis, das sie in letzter Zeit erlebt haben und das für Sie angenehm war. Wenn Sie das gefunden haben, schauen Sie mich an. Wenn mich alle ansehen, machen wir weiter…

Ok, dann schließen Sie jetzt bitte Ihre Augen und gehen gedanklich noch einmal in die Situation, in der Sie dieses angenehme Ereignis erlebt haben. (…) Sehen Sie sich um (…) Was können Sie sehen? (…) Und was können Sie hören? (…) Welche Körperempfindungen erinnern Sie? Vielleicht den Boden unter Ihren Füßen? Oder den Untergrund, auf dem Sie gesessen oder gelegen haben? (…) Sind da noch andere Empfindungen? (…) Erinnern Sie noch einen Geschmack oder Geruch, der in der Situation war? (…) Während Sie die Situation jetzt mit allen Sinnen erinnern, würdigen Sie noch einmal, dass Sie diese Situation erlebt haben (…)

und dann fragen Sie sich jetzt, was ihr Anteil daran war, dass Sie das erlebt haben. Nehmen Sie sich für die Antwort einen Moment Zeit und öffnen Sie die Augen, wenn Sie so weit sind.

10.3.4 Unsympathen wertschätzen (alternativ zum Würdigungstagebuch)

Eine besondere Herausforderung besteht darin, Personen wertzuschätzen, die einem unsympathisch sind. Das ist allerdings vielfach vorteilteilhaft, weil das häufige Erleben aversiver Emotionen anderen Menschen gegenüber die eigene Lebensqualität einschränkt. Wer es jedoch schafft, für sogenannte Unsympathen echte Wertschätzung zu empfinden, bereichert nicht nur dessen Leben, sondern gelangt auch zu mehr emotionaler Selbstbestimmung. Deswegen ist es sinnvoll, diese Fähigkeit zu trainieren (Folie 6.22).

In der Regel braucht es eine gute Begründung, warum man Unsympathen wertschätzen sollte. Es hat sich deshalb als nützlich erwiesen, diese gemeinsam mit den Teilnehmern zu erarbeiten, bevor die Übung durchgeführt wird. Dabei sollte der Trainer einführend zwar einige Vorteile darlegen (s. o.), allerdings die Teilnehmer nicht überzeugen wollen. Sinnvoller ist es, die Teilnehmer selbst danach zu fragen, warum und unter welchen Bedingungen man auch Unsympathen wertschätzen sollte.

Die Übung dazu ist sehr einfach: (1) Die Teilnehmer schreiben einige Unsympathen aus ihren alltäglichen Bezügen auf (ggf. mit Pseudonymen). (2) Dann kategorisieren sie diese in drei Klassen: Extrem unsympathisch, mittelmaßig unsympathisch und etwas unsympathisch. (3) Schließlich beginnen sie, Pluspunkte für eine etwas unsympathische Person zu sammeln, die sie im Alltag häufiger einmal sehen. Das bedeutet, die Teilnehmer machen sich Aspekte der Person bewusst, die schätzenswert sind. Dazu kann es auch gehören, die Perspektive zu wechseln: Die Teilnehmer versuchen wohlwollend zu verstehen, warum die Person so handelt, wie sie handelt. (4) Die Hausaufgabe besteht in einem Alltagsexperiment: Bei jeder Begegnung mit dieser Person sollen sie sich diese positiven Aspekte bewusst machen und beobachten, was sich verändert.

10.4 Aufgaben der Woche

Die Teilnehmer bekommen folgende Aufgaben der Woche (Folie 6.24):

(1) Achtsamkeits- und Entspannungsübung. Die Teilnehmer üben regelmäßig mit der verkürzten Version der Achtsamkeits- und Entspannungsübung weiter, die als Audiodatei auf der Transfer-App abrufbar ist (s. Abschn. 8.6).

(2) Belastungsanker. Die Teilnehmer rufen täglich mehrmals ihren Belastungsanker ab, um die entsprechende Verknüpfung zu stärken und das Auftreten von Gefühlen der Belastbarkeit und der emotionalen Selbstwirksamkeitserwartung zu stärken. Entsprechende Impulse der App erinnern an den regelmäßigen Abruf.

(3) Umsetzung des Resilienzprojektes. Die Teilnehmer werden an weitere Schritte ihres Resilienzprojektes erinnert.

(4) Automatisieren selbstwertdienlicher Gedanken. Die Teilnehmer verteilen Klebepunkte an mehrere Orte ihres Alltags (z. B. Besteckschublade oder Portemonnaie). Jedes Mal, wenn sie auf einen solchen Punkt stoßen, lesen sie sich eine selbstwertdienliche Information (wenn möglich laut) vor (Begleitheft S. 15). Dazu empfiehlt es sich, dass diese Seite kopiert oder abgeschrieben als Zettel in der Tasche mitgeführt wird.

(5) Führen des Emotionstagebuchs. Die Teilnehmer bearbeiten möglichst täglich eine emotional schwierige Situation mit dem Emotionstagebuch. Dieses Mal liegt der Fokus darauf, sich selbst durch selbstwertdienliche innere Sätze zu unterstützen. Wenn zusätzlich das Erahnen eines biographischen Sinns (s. Abschn. 8.4.2) oder das gedankliche Nutzen von Kraftquellen oder des sozialen Netzes (s. Abschn. 9.4) sinnvoll ist, können diese Strategien angewandt werden. Tabelle 10.4 zeigt das Emotionstagebuch, das in dieser Einheit verwendet wird. Im Begleitheft ist es auf Seite 19 zu finden.

Tabelle 10.4 Emotionstagebuch der Einheit 6

Situation	**Emotion**	**Selbstwürdigung** ***Resilienzsatz*** ***Sinn***
Selbstabwertung nach einer mittelmäßigen Prüfung	Scham Ärger	»Du hast schon viel in deinem Leben erreicht. Diese Prüfung hast du neben all den anderen Tätigkeiten gemacht – und du hast sie bestanden. Darauf kam es an!«

(6) Fremdwertschätzung im Alltag. Die Teilnehmer würdigen vor anderen ihr eigenes Handeln (z. B. wenn etwas gelungen ist) oder erwischen andere dabei, wenn diese etwas Bemerkenswertes getan oder gesagt haben. Dabei sollte der Aspekt Selbstwertschätzung erfragen im Fokus sein.

(7a) Würdigungstagebuch führen. Die Teilnehmer erleben täglich drei Situationen bewusst, die angenehm sind, und erinnern sich abends an diese. Für jede Situation identifizieren sie ihren Anteil daran. Die Ergebnisse sollten im Begleitheft (S. 18) kurz notiert werden.

(7b) »Unsympathen« wertschätzen. Die Teilnehmer wählen einen oder zwei etwas (höchstens mittelmäßig) unsympathische Mitmenschen aus, die sie im Alltag häufig sehen. Sie machen sich täglich mehrmals klar, was an diesen Personen schätzenswert ist. Bei jeder Begegnung führen sie sich dann die positiven Seiten dieser Person(en) noch einmal vor Augen. Sie beobachten, welche Veränderungen das auf Ihre eigene Befindlichkeit (in Anwesenheit der Person) hat und welche Auswirkungen sie auf die Interaktionsqualität mit dieser Person feststellen können.

Die Aufgaben der Woche dieser Einheit sind zwar zahlreich, allerdings sind die meisten wenig zeitaufwendig. Um die Teilnehmer bei der Durchführung zu unterstützen, und damit der Überblick über die vielen kleinen Aufgaben nicht verlorengeht, sollten die Teilnehmer das Aufgaben-Protokoll aus dem Begleitheft nutzen (S. 20).

10.5 Abschlussblitzlicht

Mit dieser Einheit endet auch das zweite Modul. Einleitend zum Abschlussblitzlicht sollte der Trainer noch einmal den roten Faden dieses Moduls nachzeichnen:

(1) Zu Beginn wurde erarbeitet, warum und wann das Annehmen von Unveränderbarem sinnvoll sein kann.
(2) Die Teilnehmer haben Strategien zum Annehmen (und Aushalten) aktiviert, die bei ihnen in der Vergangenheit erfolgreich waren (Ressourcenaktivierung).
(3) Es wurde der mögliche biographische Sinn emotional schwieriger Situationen erarbeitet, sodass das Annehmen leichter gelingen kann.
(4) Mit Blick auf die Selbstkomplexität und das soziale Netz wurde ein Resilienzprojekt entwickelt und angeschoben. Das hilft mittel- bis langfristig, Unveränderbares anzunehmen.
(5) Über den Belastungsanker wurde emotionale Selbstwirksamkeitserwartung für schwierige unveränderbare Situationen abrufbereit gemacht.
(6) Die Selbstwertschätzung und Aspekte der Fremdwertschätzung wurden systematisch gestärkt. Das stabilisiert in unveränderbaren emotional schwierigen Situationen.
(7) Die Teilnehmer sollen zukünftig das würdigen, was gut war, und ihren eigenen Anteil daran identifizieren. Das stärkt die emotionale Selbstwirksamkeit und wirkt grundlegend stimmungsstabilisierend. Dieser Punkt sollte nur genannt werden, wenn er tatsächlich durchgeführt wurde.

Nach dem Aufzeigen des roten Fadens wird das Abschlussblitzlicht wie gewohnt durchgeführt.

Modul 3 Stress und Emotionen verändern

11 Stellschraube Körper (Einheit 7)

11.1 Zeitlicher Ablauf von Einheit 7

Phase	Zeit	Thema	Ziele
Einstieg	15'	Begrüßung und Trainingserfahrung reflektieren	► Selbstwirksamkeit stärken ► Trainingserfahrung austauschen ► würdigen, dass man »am Ball geblieben« ist
	5'	Hinführung: Wie kann man Emotionen verändern?	► zentrale Modelle des Trainings in Erinnerung rufen ► Wissen: Bevor man Emotionen verändern kann, muss man sie annehmen. ► Stellschrauben Körper, Gedanken und Verhalten kennenlernen ► Wirkungen und Nebenwirkungen von Regulation berücksichtigen
Hauptteil	25'	Grundidee der Stellschraube Körper erarbeiten	► spürbare emotionale Veränderungen über Veränderungen der Körperhaltung/-spannung induzieren
	25'	Stellschraube Körper auf eigene Situationen anwenden	► das Prinzip anwendungsbezogen einüben ► konkrete Möglichkeiten der Anwendung erarbeiten ► Stärkung emotionaler Selbstwirksamkeit
	10'	Reflexion: Gelingensmodelle und Schwierigkeiten vorstellen	► Förderung von emotionaler Selbstwirksamkeit ► mögliche Nachkorrekturen
Abschluss	10'	Transfer planen	► konkrete Vorsätze bilden ► Hindernisse antizipieren und Überwindungsstrategien entwickeln
	5'	Wie gehe ich nach Hause?	► Mini-Reflexion der siebten Einheit

11.2 Einstieg: Würdigen der Aufgaben und Besprechen von Schwierigkeiten

Mit dieser Einheit beginnt das Modul *Stress und Emotionen verändern*. Deswegen wird das Thema Verändern von Emotionen schon in der Einstiegsphase hergeleitet (s. Abschn. 11.2.2). Zuvor werden jedoch Trainingserfahrungen, -erfolge und -bemühungen reflektiert und mögliche Schwierigkeiten überwunden (s. Abschn. 11.2.1). Tabelle 11.1 gibt einen Überblick über die Ziele und Inhalte der Einstiegsphase.

Tabelle 11.1 Überblick über die Einstiegsphase (Dauer: etwa 15 Minuten)

Thema	Ziel	Inhalt	Organisation
11.2.1 Begrüßung und Trainingserfahrung reflektieren	Selbstwirksamkeit stärken:	kurze Einstiegsrunde zu den Fragen: ▶ Wie ist es Ihnen mit der Übung (Hausaufgabe) ergangen?	Blitzlichtrunde
	▶ verstärken, was gut war	▶ Was ist Ihnen gut gelungen (Bemühungen)? ▶ Wie hat sich bei Ihnen die Wirkung gezeigt?	
	▶ Schwierigkeiten überwinden	▶ ggf.: Welche Schwierigkeiten gab es? ▶ Wie lassen sie sich überwinden?	
11.2.2 Wie lassen sich Emotionen verändern?	▶ zentrale Modelle des Trainings in Erinnerung rufen	▶ Wiederholung von emotions- und problemfokussierter Bewältigung	Kurzvortrag
	▶ wissen, dass man Emotionen annehmen muss, bevor man sie verändern kann	▶ vorstellen des Modells Annehmen zum Verändern (Wahrnehmen, Annehmen, Verändern)	
	▶ Stellschrauben Körper, Gedanken und Verhalten kennenlernen ▶ Wirkungen und Nebenwirkungen von Regulation berücksichtigen	▶ vorstellen der Stellschrauben Körper, Gedanken, Verhalten	

11.2.1 Trainingserfahrungen reflektieren

Bei der Reflexion der Trainingserfahrungen werden Erfolge und Bemühungen weiterhin verstärkt und ein konstruktiver Umgang mit Schwierigkeiten gesucht. In diesem Abschnitt werden typische Schwierigkeiten aufgezeigt, die die Teilnehmer mit den Aufgaben der Woche (s. Abschn. 10.4) haben können.

(1) Achtsamkeits- und Entspannungsübung. Siehe Abschnitt 10.2.1

(2) Belastungsanker. Siehe Abschnitt 10.2.1

(3) Umsetzung des Resilienzprojektes. Siehe Abschnitt 10.2.1

(4) Automatisieren selbstwertdienlicher Gedanken. Die Teilnehmer sollten Klebepunkte an mehrere Orte ihres Alltags verteilen. Jedes Mal, wenn sie auf einen solchen Punkt stoßen, sollten sie sich eine selbstwertdienliche Information (wenn möglich laut) vorlesen.

Einige Teilnehmer spüren erfahrungsgemäß innere Widerstände gegen diese Übung. In der Reflexion können die Widerstände identifiziert, benannt und ggf. bearbeitet werden. Das Vorgehen entspricht dem im Abschnitt 10.3.1 dargestellten Umgang mit Widerständen.

Eine weitere Schwierigkeit kann darin bestehen, dass Teilnehmer keine Wirkung spüren. Falls das nicht an inneren Widerständen liegt, kann es sein, dass die Kategorien bzw. die in der Übung erarbeiteten Sätze (s. Abschn. 10.3.1) für den Teilnehmer nicht passend sind. In diesem Fall lohnt es sich meistens, diese noch einmal anzupassen.

(5) Führen des Emotionstagebuchs. Grundsätzlich gilt auch hier, was bereits im Abschnitt 10.2.1 besprochen wurde. Allerdings wurde das Führen des Emotionstagebuchs um den Aspekt erweitert, passende selbstwertförderliche Sätze in die dritte Spalte zu schreiben. Auch hier können oben genannte Widerstände auftreten. Diese sollten identifiziert, benannt und ggf. bearbeitet werden (s. o.).

(6) Fremdwertschätzung im Alltag. Die Teilnehmer sollten erstens vor anderen ihr eigenes Handeln würdigen oder zweitens Mitmenschen dabei erwischen, wenn diese etwas Bemerkenswertes getan oder gesagt haben. Dabei sollte deren Selbstwertschätzung erfragt werden.

Eine typische Schwierigkeit kann darin bestehen, dass Teilnehmer es als Prahlerei ansehen, wenn sie vor anderen ihr eigenes Handeln würdigen sollen. Hier kann der Unterschied zwischen berechtigter Selbstwürdigung und Angeberei erarbeitet werden. Dafür kann es hilfreich sein, nach Personen aus dem Umfeld des Teilnehmers zu fragen, die angeben (negatives Modell), und nach Personen, denen es gelingt, die eigenen Erfolge auf eine angemessene Art anderen mitzuteilen (positives Modell). Der Teilnehmer wird eingeladen, sich von der zweiten Person innerlich »eine Scheibe abzuschneiden« und diese als Rollenmodell zu nutzen.

Auch das Wertschätzen anderer kann einigen Teilnehmern schwerfallen. Hier können innere Sätze oder Einstellungen wie »Ich kann doch nicht jede Kleinigkeit loben!« die Ursache sein. Zur Überwindung dieser Schwierigkeit kann der Trainer erfragen, was denn lobenswert wäre. Daran anschließend kann (falls notwendig) ein sokratischer Dialog über Ansprüche an sich und an andere geführt werden (für Details: Stavemann, 2002).

Einige Teilnehmer berichten von Problemen, die Selbstwertschätzung bei ihrem Gegenüber zu erfragen. Häufig haben sie das Gefühl, das sei etwas zu künstlich oder zu plump. In der Regel bewahrheiten sich solche Befürchtungen in der tatsächlichen Praxis nicht. Deswegen sollten die Teilnehmer ermutigt werden, mit dem Erfragen von

Selbstwertschätzung im Alltag zu experimentieren und dabei die Wirkung auf den Gesprächspartner zu beobachten.

(7a) Würdigungstagebuch führen. Die Teilnehmer sollten täglich drei Situationen bewusst erleben, die angenehm waren, und sich abends an diese erinnern. Für jede Situation sollten sie ihren Anteil daran identifizieren.

Die häufigsten Schwierigkeiten, die bei dieser Übung auftreten, haben die Teilnehmer mit dem Identifizieren des eigenen Anteils. Ein sinnvoller Zwischenschritt kann es sein, mit einem Freund, dem Partner oder einem Bekannten gemeinsam zu überlegen, was der eigene Anteil sein könnte. So bekommen sie nach und nach ein Gefühl dafür, was sie zu den angenehmen Situationen beitragen.

(7b) »Unsympathen« wertschätzen. Die Teilnehmer sollten sich einen oder zwei mittelmäßig unsympathische Mitmenschen auswählen und sich täglich klar machen, was an diesen Personen schätzenswert ist. Bei jeder Begegnung sollten sie sich dann die positiven Seiten dieser Person(en) noch einmal vor Augen führen.

Diese Übung ist für viele Teilnehmer eine besondere Herausforderung, denn sie verlangt von ihnen, dass sie über ihren eigenen Schatten springen. Der Trainer sollte bei Schwierigkeiten mit dieser Übung zunächst viel Verständnis zeigen. Dann sollte er die Motivation für die Übung mit den Teilnehmern besprechen. Bei hinreichender Motivation sollten die Teilnehmer ermutigt werden, weiterhin im Alltag zu experimentieren. Dabei kann es hilfreich sein, die Übung zunächst mit Menschen durchzuführen, die ein bisschen weniger unsympathisch sind.

Einige Teilnehmer haben auch schlicht mit der Vielzahl der Aufgaben Schwierigkeiten. In diesem Fall sollte eine Priorisierung erfolgen. Diese richtet sich nach den Trainingszielen der Teilnehmer.

11.2.2 Wie lassen sich Emotionen verändern?

In dem vorangegangenen Modul haben die Teilnehmer trainiert, das anzunehmen, was sie nicht verändern können. Dazu gehören auch unveränderbare Emotionen. Es ist in vielen Bereichen (klinischen wie nicht-klinischen) gut belegt, dass das Zusammenspiel beider Fähigkeiten – Emotionen aushalten und verändern zu können – notwendig für die mentale Gesundheit und für das Gesundheitsverhalten ist. Zudem sind beide Fähigkeiten für die Lebenszufriedenheit und für erfolgreiche soziale Interaktionen bedeutsam. Deswegen ist es das Ziel dieses Moduls, die Fähigkeit zur gezielten Veränderung von Emotionen und von Stresserleben zu trainieren.

Die Zugänge erfolgen über das Verändern (1) von Körperhaltung, Körperspannung und Bewegung (Stellschraube Körper), (2) von Gedanken, Interpretationen und Bewertungen (Stellschraube Gedanken) und (3) von Verhalten (Stellschraube Verhalten). In der Hinführung werden diese drei Stellschrauben aus den bisher erarbeiteten Modellen hergeleitet.

Im ersten Schritt wird das Annehmen aufgegriffen, das im vorangegangenen Modul im Fokus stand (s. Folie 7.4, 7.5 und 7.6). Es wird eine Verbindung zum Verändern von

Emotionen hergestellt (s. Folie 7.7): Um Emotionen gezielt verändern zu können, müssen diese erst wahrgenommen und angenommen werden (z. B. »Ich ärgere mich, und so ist es gerade.«). Erst durch das Wahrnehmen und Annehmen können Emotionen in einem nächsten Schritt gezielt verändert werden. Um die Zugänge zu den Stellschrauben herzuleiten, wird auf das Stress-Modell zurückgegriffen (s. Folie 7.8). Da dieses als bekannt vorausgesetzt werden kann, beschreiben die Teilnehmer das Modell kurz in eigenen Worten. Es werden daran anschließend die Stellschrauben Körper, Gedanken und Verhalten abgeleitet (s. Folie 7.9).

Die Folien 7.10 bis 7.12 stellen das allgemeine Vorgehen dar, so wie es bei jeder der drei Stellschrauben angewendet wird:

Im ersten Schritt macht man sich klar, was das jeweilige Handlungs- bzw. Veränderungsziel ist (s. Folie 7.10). Das ist notwendig, weil Emotionen uns spezifische Handlungsziele nahelegen, die im Einklang oder im Gegensatz zu unseren eigentlichen Handlungszielen stehen können. Beispielsweise tendiert Ärger dazu, uns ein offensiv-aggressives Verhalten nahezulegen, während Angst uns zu mehr Vorsicht rät. Ist es mein eigentliches Handlungsziel, in der Situation umsichtig zu agieren, so ist es sinnvoll, Ärger herab zu regulieren. Halte ich es aber für angemessen, jemandem eine Grenze aufzuzeigen, so kann es hilfreich sein, den Ärger anzunehmen oder ggf. sogar zu intensivieren. Es sollten drei Dinge klar werden: Erstens kann es manchmal nützlich sein, auch scheinbar negative Emotionen zu nutzen und nicht herab zu regulieren. Dafür muss man sie annehmen (s. Modul 2). Zweitens können Emotionen so verändert werden, dass sie unsere (langfristigen) Handlungsziele unterstützen. Drittens ist jeder Co-Regisseur seiner eigenen Emotionen.

Manchmal haben Teilnehmer die Sorge, dass sie nicht mehr authentisch sind, wenn sie nicht jede Emotion ausleben. Hier kann darauf hingewiesen werden, dass es nicht darum geht, reflexhaft Emotionen zu verändern. Es gibt jedoch Situationen, in denen sie unangemessen oder sogar destruktiv sind. Wer beispielsweise hoch eifersüchtig ist, tendiert dazu, dem Partner zu misstrauen und ihn einzuengen. Eifersucht schafft Interpretationen, die sich selbst bestätigen: Jede Geste des Partners kann als Zeichen als mögliche Untreue interpretiert werden. Hier ist ein authentisches Ausleben dysfunktional. Es sollte also geklärt werden, dass Emotionen hilfreiche Informationen und Handlungsimpulse liefern können, wenn sie in der Situation angemessen sind. Manchmal sind sie zwar angemessen und dann liefern sie hilfreiche Informationen – aber trotzdem kann ihre »Handlungsempfehlung« in der Situation unangemessen sein. Der Ärger über das Verhalten des Chefs kann berechtigt sein, und trotzdem kann die Situation verlangen, höflich zu reagieren. In diesem Fall kann die Information zur Kenntnis genommen werden, indem die Emotion zunächst angenommen wird. Danach kann die Emotion so in ihrer Intensität oder Qualität verändert werden, dass sie nicht zu dysfunktionalen Handlungen (z. B. Chef anschreien) motiviert.

Diese Gedanken können durch gezielte Fragestellungen gemeinsam mit den Teilnehmern erarbeitet werden, sodass der Trainer nicht oberlehrerhaft auftreten muss. Wichtige Impulse sind hier, Handlungstendenz und Informationen, die eine Emotion bereitstellt, zu trennen und nach möglichen Ausnahmen zu fragen.

Beispiel für eine Trainerantwort

Da haben Sie Recht, Emotionen können uns hilfreiche Informationen geben. Und es wäre sicherlich unvorteilhaft, diese zu ignorieren. Können Sie sich trotzdem Situationen vorstellen, in denen das Ausleben berechtigter Emotionen unangemessen sein könnte?

Es sollte auch vermittelt werden, dass das Regulieren von Emotionen mit Nebenwirkungen einhergehen kann (s. Folie 7.11). Diese Nebenwirkungen sollte man beim zieldienlichen Regulieren mitbedenken.

Folie 7.12 stellt die *Kopfstand-Technik* vor, die für jede der drei Stellschrauben angewendet werden kann, um Emotionen zu verändern. Der Kerngedanke der Kopfstand-Technik ist sehr einfach: Vielfach haben die Teilnehmer zwar keine Idee, wie sie die Emotion herabregulieren können, sie wissen jedoch, wie sie diese verstärken können. Macht man sich das bewusst, kann daraus abgeleitet werden, wie man die Intensität der Emotion abschwächt: Man handelt entgegengesetzt.

Beispiel

Wenn ich meinen Ärger über eine Person intensivieren möchte, balle ich die Fäuste und presse die Kiefer zusammen (Stellschraube Körper), stelle mir vor, dass diese Person mir mit Absicht schaden möchte (Stellschraube Gedanken) und fange an, über diese Person zu schimpfen (Stellschraube Verhalten).

Um den Ärger abzuschwächen, könnte ich die Hände öffnen und entspannt nach oben drehen und ein entspanntes Lächeln probieren (Stellschraube Körper), mir klar machen, dass die Person mich nicht absichtlich schädigen möchte (Stellschraube Gedanken) und mit jemandem sachlich und neutral das Verhalten der Person besprechen (Stellschraube Verhalten).

In den drei Einheiten des Moduls *Stress und Emotionen verändern* wird jede Stellschraube separat erarbeitet. Am Ende des Moduls sollen die Teilnehmer jedoch in der Lage sein, alle drei Stellschrauben im Zusammenspiel zu nutzen.

Vorschlag für die Hinführung: Wie lassen sich Emotionen verändern?

Folie 7.4

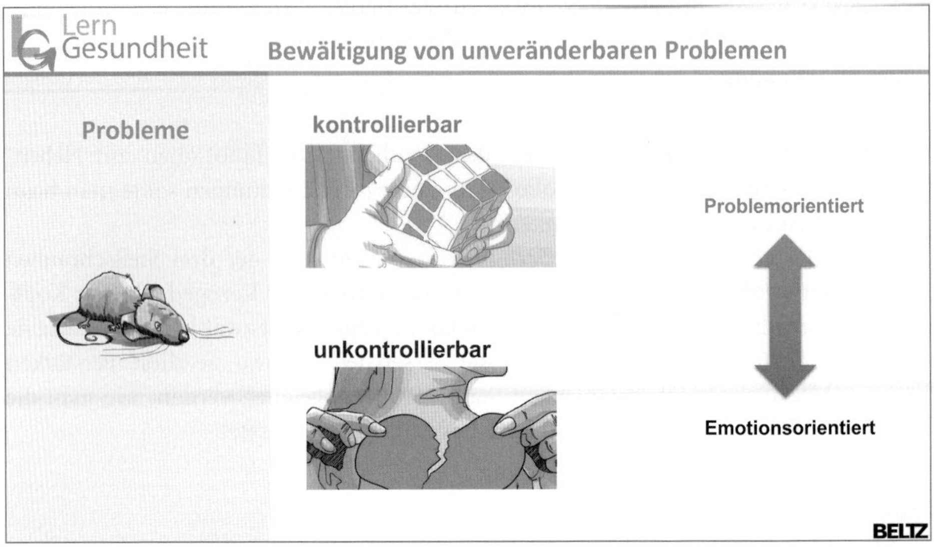

Wir beschäftigen uns jetzt mit der Frage, wie man Emotionen verändern kann. Sie erinnern sich noch, dass wir über zwei übergeordnete Bewältigungsstrategien von Stress gesprochen hatten: problemorientiert (immer dann, wenn Sie das Problem beeinflussen können) und emotionsorientiert (also die eigene Betroffenheit regulieren, wenn Sie das Problem nicht beeinflussen können). Wir werden weiterhin über Probleme sprechen, die Sie nicht unmittelbar beeinflussen können.

Folien 7.5–7.6

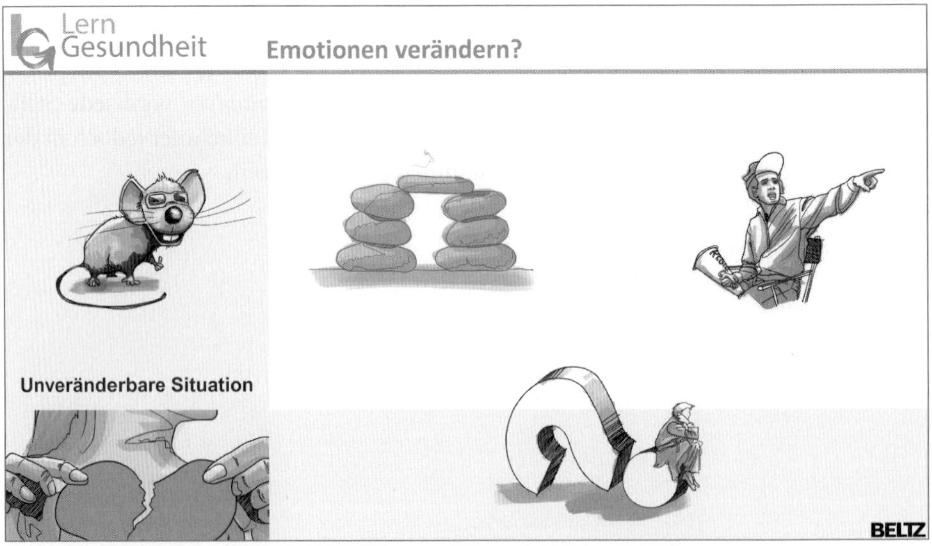

(Abgebildet ist Folie 7.6. Folie 7.5 finden Sie im Foliensatz 7 im Onlinebereich.)

Folie 7.5: Wir hatten zusätzlich gesagt, dass das Annehmen von Unveränderbarem sinnvoll sein kann. Das gilt nicht nur für Situationen, sondern auch für Emotionen. Diese können Sie annehmen oder verändern, auch oder gerade dann, wenn die Situation unveränderbar ist.
Folie 7.6: Wir werden uns jetzt ansehen, wie Sie Emotionen verändern können.

Folie 7.7

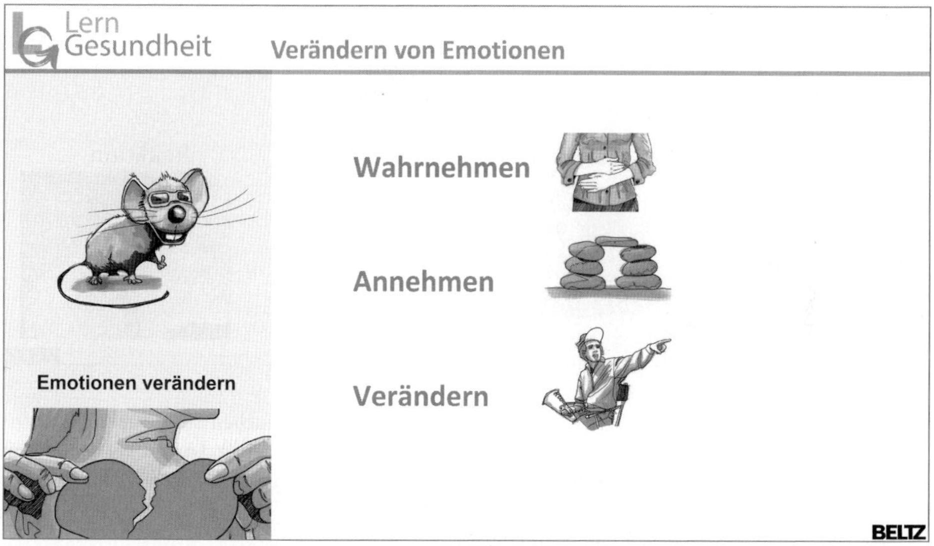

Dafür ist es zunächst wichtig, dass Sie die Emotion erst einmal wahrnehmen und dann annehmen. Danach können Sie beginnen, die Emotion zu verändern. Es gilt also, sich zunächst einmal klarzumachen: Was fühle ich eigentlich? Und dann ergibt es Sinn, es genauso zu akzeptieren, wie es ist. Nur wenn Ihnen das gelingt, können Sie nebenwirkungsbewusst ihre Emotionen verändern. Möglicherweise stellen Sie sogar fest, dass die Emotion – obwohl sie unangenehm ist – Ihnen hilft. Dann gilt es, sie anzunehmen und sie nicht willentlich zu verändern, so wie wir es in den letzten drei Einheiten trainiert haben.

Folie 7.8

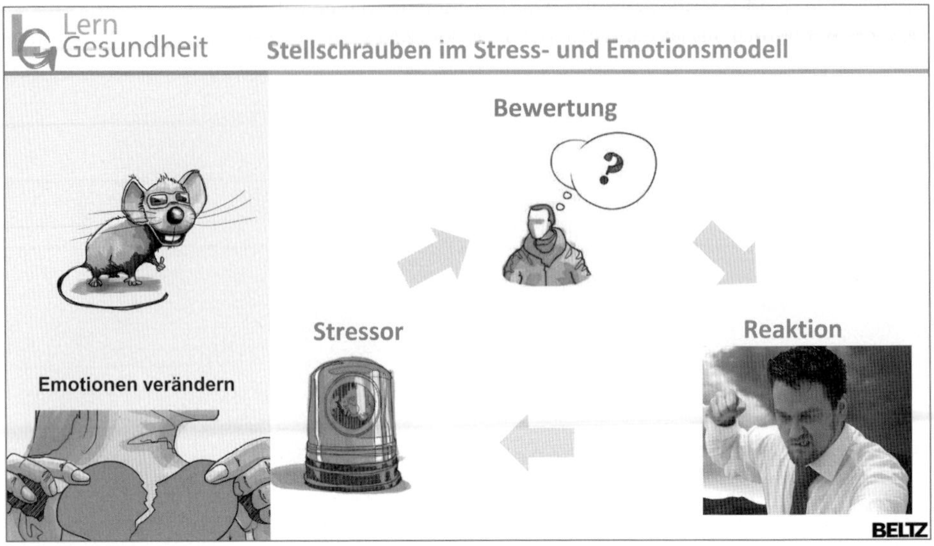

Wenn Sie aber sehen, dass es besser ist, die Emotion zu verändern, brauchen Sie Wege, dies tun zu können. Darum wird es in dieser und den nächsten beiden Einheiten gehen. Um zu verstehen, wie sich Emotionen verändern lassen, schauen wir uns noch einmal unser grundlegendes Stress- und Emotionsmodell an. Wer mag es kurz beschreiben?

[Tn. beschreiben das Modell. Tr. unterstützt ggf.]

Folie 7.9

Daraus können wir drei Stellschrauben ableiten: Sie können auf der körperlichen Ebene Ihre Emotionen beeinflussen und gestalten, Sie können es auf der kognitiven Ebene tun – also durch Ihre Gedanken, Ihre Interpretationen, Bewertungen und Ihre Vorstellungen – und Sie können Ihre Gefühle durch Ihr Verhalten beeinflussen, z. B. indem Sie eine bestimmte Situation überhaupt erst aufsuchen oder indem Sie auf verschiedene Dinge stärker oder weniger stark beachten.

Folien 7.10–7.11

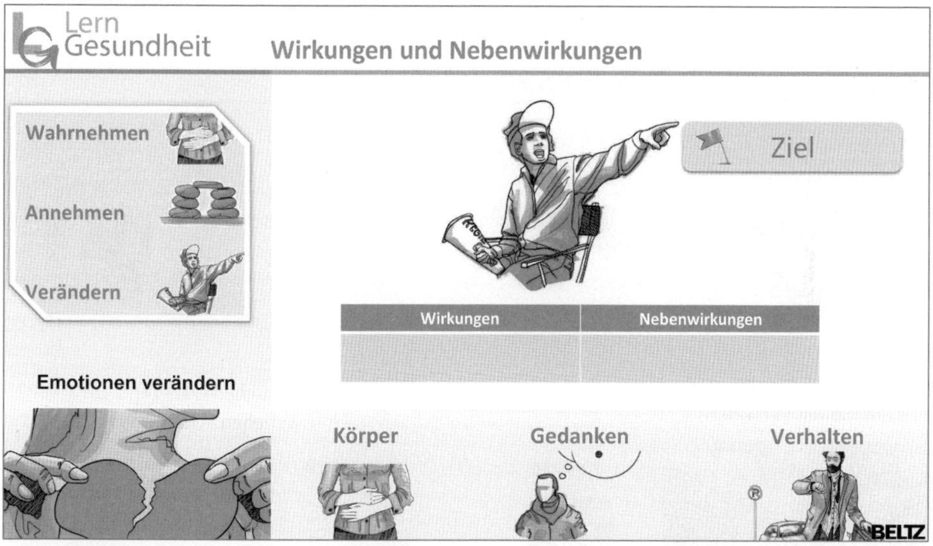

(Abgebildet ist Folie 7.11. Die Folie 7.10 finden Sie im Foliensatz 7 im Onlinebereich.)

Folie 7.10: Heute werden wir uns der Stellschraube Körper zuwenden. Aber zuvor schauen wir uns einmal das generelle Vorgehen an, so wie Sie es bei allen Stellschrauben anwenden werden. Grundsätzlich gilt: Sie sind mindestens Co-Regisseur und gestalten mit. Dafür ist es wichtig, dass Sie sich klar machen, was Ihr Ziel ist. Das klingt banal, ist aber häufig das Schwierigste, weil es sein kann, dass Sie mehrere unvereinbare Ziele gleichzeitig haben: Sie möchten beispielsweise jemandem ganz deutlich eine Grenze aufzeigen – hier ist erstmal Ärger da, Ärger darüber, dass jemand Ihre Grenze überschritten hat. Gleichzeitig möchten Sie aber auch keinen Konflikt mit der Person. Zudem möchten Sie nicht riskieren, Ablehnung zu erfahren. Zusätzlich ist also wahrscheinlich auch noch etwas Angst (z. B. vor Ablehnung) im Spiel. Was genau wäre in diesem Fall Ihr Ziel?

[Tr. fordert Tn. zum Mitdenken auf. Je nach den Beiträgen könnte die Tr-Antwort ungefähr so ausfallen:]

Wenn Sie sich entscheiden, dass es wichtig ist, die Grenze aufzuzeigen, dann könnten Ihre emotionalen Ziele folgende sein: den Ärger in seiner Intensität so zu verändern, dass Sie Ihre Grenze in sozial angemessener Weise deutlich machen können, und die Angst vor dem Konflikt in dem Rahmen, in dem es möglich ist, herab zu regulieren.

Folie 7.11: Hier sollen drei Dinge ganz deutlich werden: Erstens hat das Regulieren Wirkungen und Nebenwirkungen, die Sie beachten sollten. Regulieren Sie z. B. Ärger zu stark herab, fehlt Ihnen die Überzeugungskraft. Regulieren Sie Ärger zu stark herauf, schießen Sie möglicherweise über das Ziel hinaus. Zweitens sehen Sie, wofür das Wahrnehmen, Annehmen und Verändern notwendig ist. Wenn Sie gar nicht mitkriegen, dass Sie Angst haben und diese nicht im ersten Schritt annehmen, gestaltet sich das gezielte Regulieren als fast unmöglich. Drittens kommt Ihnen diese Art des Regulierens vermutlich eher wie Schachspielen vor. Und genau das kann es auch sein – gerade, wenn es um schwierige Situationen geht. Sie werden solche Situationen zunächst nur im Nachgang bearbeiten. Aber jedes Mal, wenn Sie das tun, werden Sie daran wachsen. Sie werden lernen und wenn die Situation in ähnlicher Form wiederkehrt, können Sie anders darauf reagieren. Manchmal ist es aber auch nicht so komplex. Dann geht es natürlich auch einfacher.

Folie 7.12

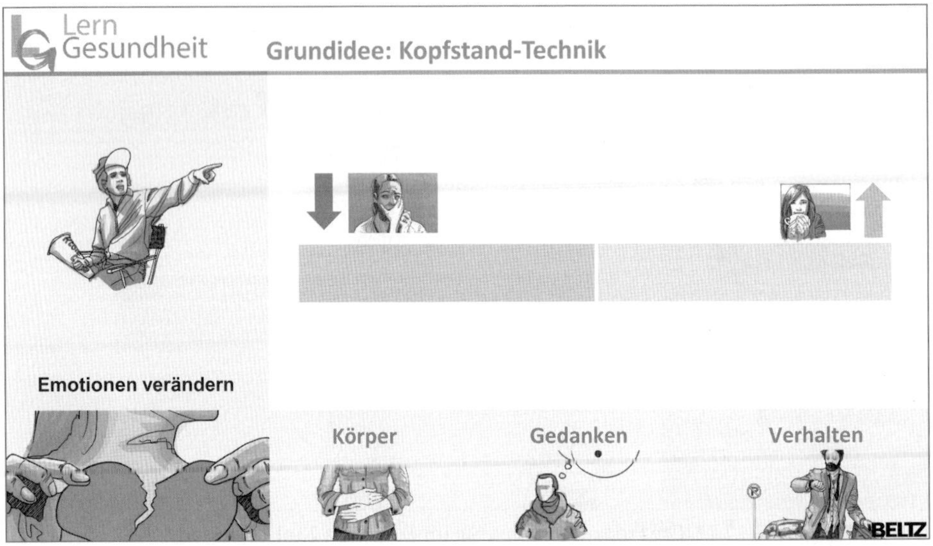

Wir haben aber bislang noch nicht beantwortet, wie Sie konkret Ihre Emotionen verändern. Dazu schauen wir uns jetzt die Kopfstand-Technik an. Die Logik ist bestechend einfach: In aller Regel wissen wir zwar nicht, was wir tun können, damit es uns besser geht, wir wissen aber sehr wohl, was es braucht, damit es uns schlechter geht. Und damit haben wir einen Hebel identifiziert, mit dem wir unsere Gefühle verändern können.

11.3 Erarbeiten der Stellschraube Körper

Das Erarbeiten der Stellschraube Körper geschieht in drei Schritten. Erstens wird die Grundidee vorgestellt und durch interessante wissenschaftliche Befunde illustriert. Daran anschließend erproben die Teilnehmer diese Grundidee in einem kleinen Experiment (s. Abschn. 11.3.1). Zweitens wird das vorgestellte Vorgehen (s. o.) nun auf emotional schwierige Situationen der Teilnehmer angewendet (s. Abschn. 11.3.2). Schließlich wird die Arbeit mit der Stellschraube Körper gemeinsam reflektiert (s. Abschn. 11.3.3). Tabelle 11.2 gibt einen Überblick über die Ziele und Inhalte des Hauptteils dieser Einheit.

Tabelle 11.2 Überblick über den Hauptteil der sechsten Einheit (Dauer: etwa 45 Minuten)

Thema	Ziele	Inhalt	Organisation
11.3.1 Grundidee der Stellschraube Körper	▶ Einblick in die Forschungslage bekommen	▶ wissenschaftliche Grundlagen vorstellen	Kurzvortrag
	▶ spürbare emotionale Veränderungen über Veränderungen der Körperhaltung/-spannung induzieren	▶ Anwenden der Kopfstandtechnik	Einzelarbeit
		▶ Reflexion über die Übung	Gruppengespräch
11.3.2 Anwendung der Stellschraube auf emotional problematische Situationen	▶ das Prinzip anwendungsbezogen verankern ▶ konkrete Möglichkeiten der Anwendung erarbeiten	▶ In Partnerarbeit (a) findet jeder eine Situation, in der er seine Emotionen regulieren möchte, (b) überprüft die Körperhaltung, die er in der Situation hatte, (c) verändert die Körperhaltung systematisch.	Partnerarbeit/Körperarbeit
	▶ Stärkung emotionaler Selbstwirksamkeit	▶ Das Vorgehen und die Wirkung werden im Partnergespräch reflektiert.	
11.3.3 Reflexion: Gelingensmodelle und Schwierigkeiten vorstellen	▶ Förderung von emotionaler Selbstwirksamkeit	▶ Vorstellung von eigenen Erfolgen	Gruppengespräch
	▶ mögliche Nachkorrekturen	▶ Nachfragen, Anmerkungen etc.	

11.3.1 Die Grundidee der Stellschraube Körper

In diesem Abschnitt lernen die Teilnehmer die Grundidee der Stellschraube Körper kennen. Es werden zunächst das Grundprinzip sowie einige interessante Befunde aus der aktuellen Forschung vorgestellt.

Grundprinzip der Stellschraube Körper

Unsere Emotionen haben erstens einen Einfluss auf die Körperspannung, die Körperhaltung und unsere Bewegungen. Wer sich schämt, macht sich klein und bewegt sich möglichst unauffällig. Das Prinzip lässt sich zweitens aber auch umdrehen: Das Verändern von Körperspannung, Körperhaltung und Bewegungen verändert die emotionale Befindlichkeit. Wer eine entgegengesetzte Körperhaltung annimmt oder sich entgegengesetzt bewegt, ruft eine komplementäre Emotion hervor oder schwächt die aktuelle Emotion zumindest ab (vgl. Bohus & Wolf-Arehult, 2013). Wer sich von der Emotion Scham nicht zu einer geduckte Körperhaltung und unauffälligen Bewegungen verleiten lässt, sondern sich groß macht und die eigene Präsenz im Raum erhöht, kann dadurch das Gefühl der Scham reduzieren (s. Folie 7.13).

Exkurs

Befunde aus der Sozialpsychologie

Welchen Einfluss die Körperhaltung auf unsere Emotionen, unseren Stress und unser Verhalten hat, konnte die amerikanische Sozialpsychologin Amy Cuddy in aktuellen Studien sehr beeindruckend zeigen (z. B. Cuddy et al., 2015): Personen, die zwei Minuten lang eine *Siegerpose* (s. u.) einnehmen, dominieren in nachfolgenden Diskussionen und verhalten sich mutiger, als Menschen, die zuvor zwei Minuten lang in einer *Verliererpose* (s. u.) gestanden haben. Analysen des Blutes und des Speichels zeigten, dass das Einnehmen einer Siegerpose zu einem Anstieg des Testosteronspiegels (Dominanz) und zu einer Reduzierung des Cortisolspiegels (Stress) führt (s. Folie 7.14).

Die *Siegerpose* ist eine Körperhaltung, wie wir sie bei Sportlern häufig sehen, wenn sie gewonnen haben: Sie nehmen die Arme hoch und stellen sich mit herausgestreckter Brust schulterbreit hin. Eine Variante ist die Chefhaltung: Fast flegelhaft zurückgelehnt, Schultern zurück und Beine ausgestreckt.

Die *Verliererpose* ist das Gegenteil der Siegerpose: eingezogene Schultern, eingefallener Brustraum und hängender Kopf, der ggf. auch noch in den Händen vergraben wird. Im Sitzen können auch noch die Füße unter dem Stuhl zurückgezogen und übereinander geschlagen werden.

Einführung der Kopfstand-Technik

Nach dieser Einführung in die Hintergründe erproben die Teilnehmer die Kopfstand-Technik an der Stellschraube Körper in einem Experiment selbst: Sie werden gebeten aufzustehen und sowohl ihre Stimmung als auch ihre Aktivierung auf jeweils einer Skala von 0 (sehr schlechte Stimmung bzw. keine Aktivierung) bis 10 (sehr gute Stimmung bzw. sehr hohe Aktivierung) einzuschätzen. Danach werden sie gebeten, den Kopf hängen und die Schultern nach vorne fallen zu lassen, sodass der Brustraum ein wenig eingefallen ist. Dabei können sie gerne etwas gebeugt und mit eng beieinander stehenden Füßen stehen. Sie schätzen dann erneut auf beiden Skalen ihre Stimmung und ihre Aktivierung ein. Schließen stellen sie sich aufrecht hin, nehmen die Schultern nach hinten, strecken die Brust heraus, sodass sie frei atmen können und platzieren die Füße schulterbreit nebeneinander. Sie heben den Blick leicht und setzen ein leichtes, entspanntes Lächeln auf. Nachdem sie einen Moment so stehen, schätzen sie wieder Stimmung und Aktivierung ein.

Danach wird die Übung gemeinsam besprochen. In der Regel schätzen die Teilnehmer ihre Stimmung und ihre Aktivierung höher ein, wenn sie sich aufrecht hinstellen und den Blick leicht anheben. Es kann allerdings auch genau anders herum sein oder eine Skala steigt, während die andere sinkt. Die zentrale Botschaft dieses Experimentes besteht darin, dass durch Veränderungen der Körperhaltung die Befindlichkeit verändert werden kann. Wie das geht, kann individuell sehr verschieden sein. Deswegen sollte jeder erproben, wie es für ihn (in der jeweiligen Situation) passend ist.

Vorschlag für die Vermittlung der Grundidee der Stellschraube Körper

Folie 7.13

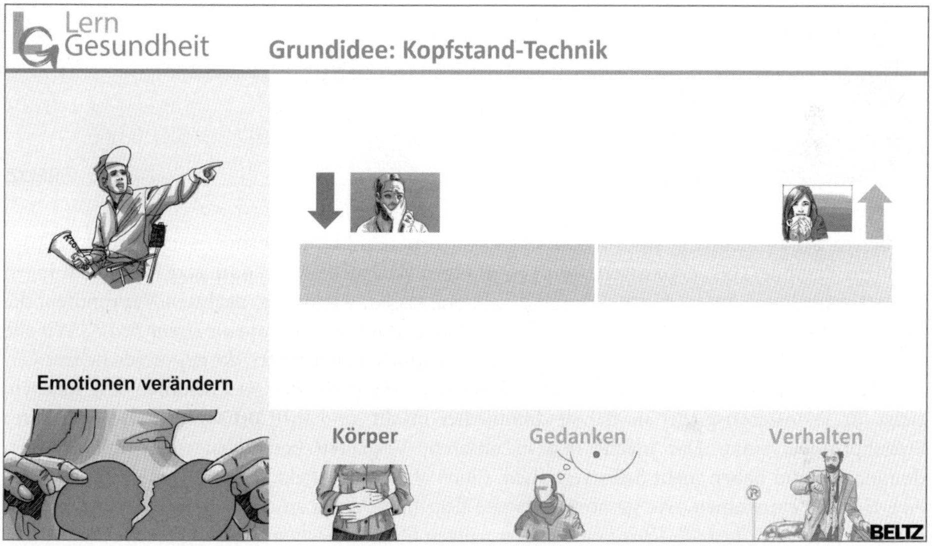

Wir werden jetzt gleich die Kopfstand-Technik auf die Stellschraube Körper anwenden. Wir wissen, dass Emotionen einen Einfluss auf unsere Körperhaltung, unsere Körperspannung und unsere Bewegungen haben: Sind wir beispielsweise verärgert, spannen wir unseren Kiefer an, ballen unsere Fäuste, machen uns größer und bewegen uns etwas polterig.

Die Grundidee dieser Stellschraube besteht nun darin, dass wir durch entgegengesetztes Handeln unsere Emotionen beeinflussen können, wenn wir es wollen. Wir können beispielsweise den Kiefer bewusst loslassen und ein leichtes Lächeln aufsetzen. Wir können unsere Hände öffnen und eine entspannte Körperhaltung – anstatt einer »aufgeblähten« – einnehmen. Dann können wir versuchen, uns leiser zu bewegen. Inzwischen gibt es viele Forschungsarbeiten, die belegen, wie effektiv das ist.

Folie 7.14

In diesem Zusammenhang sind die Arbeiten von Amy Cuddy, einer amerikanischen Sozialpsychologin, besonders bemerkenswert. Ihr ist es gelungen, nachzuweisen, dass unsere Körperhaltungen sich tatsächlich auf unsere Hormone auswirken: Sie wissen, wie unsere nächsten Verwandten, die Affen, Überlegenheit demonstrieren. *[Tr. demonstriert es durch Klopfen auf die eigene Brust.]* Wir alle tragen dieses Erbe genetisch in uns. Haben Sie einmal Sportler beobachtet, die gewonnen haben? *[Tr. reißt beide Arme hoch und stellt sich in eine Siegerpose.]* Wenn Sie das zwei Minuten lang machen, steigt ihr Testosteronspiegel an, der sie dominanter macht, und Ihr Cortisolwert, also eines ihrer Stresshormone, sinkt. Das macht sich in unserem Verhalten bemerkbar: Wir sind mutiger, dominanter und haben mehr Selbstvertrauen. Einen ähnlichen Effekt erreichen Sie auch, wenn Sie eine Haltung einnehmen, wie sie normalerweise flegelhafte Chefs an den Tag legen. *[Tr. lehnt sich zurück und legt ggf. die Füße hoch.]* Einen gegenteiligen Effekt erreichen Sie, wenn Sie die Beine unter ihrem Stuhl verstecken *[Tr. kreuzt die Beine unter dem Stuhl und zieht sie dabei zurück.]* und nach unten schauen. Dann sinkt Ihr Testosteron und Ihr Cortisol steigt.

Folie 7.15

(Folie 7.15 ist identisch mit Folie 7.13. Sie finden Folie 7.15 im Foliensatz 7 im Onlinebereich.)

Wir probieren das jetzt einmal in einem kleinen Experiment aus: Stehen Sie bitte alle einmal auf und gehen ein paar Schritte schweigend durch den Raum. Nehmen Sie bitte jetzt einmal wahr, wie es Ihnen geht. Wie ist Ihre Stimmung auf einer Skala von 0 (sehr schlecht) bis 10 (sehr gut)? Und wie aktiviert sind Sie in diesem Moment auf einer Skala von 0 (fast im Koma) bis 10 (Sie könnten die ganze Zeit springen)?

[Tr. wartet einen kurzen Moment, bis die Teilnehmenden sich eingeschätzt haben.]

Ok, ich bitte Sie jetzt, dass Sie weitergehen. Lassen Sie dabei Ihre Schultern hängen, genau, sacken Sie ruhig etwas in sich zusammen. Blicken Sie nach unten, und vielleicht beißen Sie noch leicht – ohne viel Druck – Ihre Kiefer zusammen. Schätzen Sie jetzt noch einmal Ihre Stimmung auf einer Skala von 0 bis 10 ein. Wie geht es Ihnen jetzt? Und schätzen Sie auch noch einmal Ihre Aktivierung auf einer Skala von 0 bis 10 ein?

[Tr. wartet einen kurzen Moment, bis die Teilnehmenden sich eingeschätzt haben.]

Jetzt richten Sie sich bitte gerade auf, nehmen die Schultern zurück, strecken die Brust raus, sodass Sie frei und gut atmen können, und lockern etwas den Kiefer, und heben Sie Ihren Blick, sodass Sie geradeaus blicken. Wie geht es Ihnen jetzt? Schätzen Sie noch einmal Ihre Stimmung und Ihre Aktivierung ein.

[Tr. wartet einen kurzen Moment, bis die Teilnehmenden sich eingeschätzt haben.]

Ok, danke, dann setzen Sie sich jetzt bitte wieder auf Ihren Platz. Wie war die Übung für Sie?

[Tn. berichten.]

Sie sehen, dass die Veränderung von Körperhaltung und Körperspannung einen unmittelbaren Einfluss auf unsere Stimmung hat. Und diese Stellschraube ist für die meisten von uns auch in schwierigen Situationen recht einfach zu handhaben.

11.3.2 Anwendung der Stellschraube auf emotional problematische Situationen

Nachdem die Teilnehmer die Grundidee der Stellschraube kennen gelernt und erprobt haben, geht es in diesem Abschnitt darum, sie auf eigene emotional schwierige Situationen anzuwenden. Diese Übung wird in Partnerarbeit durchgeführt. Derjenige, der die Situation berichtet und die Stellschraube Körper anwenden will, wird im Folgenden *Problemgeber*, der andere *Coach* genannt. Der Trainer sollte die Übung einmal mit einem Freiwilligen vorführen. Folie 7.16 visualisiert die Schritte der Übung, sodass die Teilnehmer sich bei der Durchführung daran orientieren können.

Schritt 1: Situation auswählen

Der Problemgeber wählt eine emotional schwierige Situation aus, die er erlebt hat, und in der die Emotionen verändert werden sollen. Er schildert die problematische Situation. Beide Partner achten darauf, dass der Problemgeber auch wirklich seine Emotion und nicht die Situation bzw. den Interaktionspartner als Veränderungsziel wählt.

Beispiel

Der Problemgeber berichtet, dass er gestern im Streit mit seiner Frau laut geworden ist und Dinge gesagt hat, die ihm im Nachhinein leidtun. Als er sich abends gemütlich hinsetzen wollte, hatte seine Frau ihn bedrängt, einige handwerkliche Dinge am Haus endlich einmal in Angriff zu nehmen. Sie hatte ihn dabei sehr unter Druck gesetzt. Daraufhin ist er ärgerlich und laut geworden und hat letztlich das Haus im Streit verlassen. Er würde nun gerne an seinem Ärger arbeiten.

Schritt 2: Veränderungsziel festlegen

Der Coach erfragt das Veränderungsziel und lässt es so genau wie möglich definieren.

Beispiel

Coach: Was genau möchtest du erreichen?
Problemgeber: Ich möchte mich weniger ärgern. Das führt doch zu nichts.
Coach: Kannst du den Zustand benennen, den du stattdessen erreichen möchtest?
Problemgeber: Ja. Gelassener möchte ich sein.

Schritt 3: Wirkungen und Nebenwirkungen prüfen

Es ist die Aufgabe des Coaches, zusammen mit dem Problemgeber die Funktionalität des Zielgefühls zu überprüfen und dabei mögliche Nebenwirkungen im Blick zu behalten. Es kann sich dabei ergeben, dass es durchaus sinnvoll ist, die Emotion auszuhalten und nicht zu verändern. Das hängt davon ab, ob die Vorteile der Zielemotion die Vorteile der ursprünglichen Emotion aufwiegen. Diese Entscheidung liegt allein in der Verantwortung des Problemgebers, und sie sollte immer mit Blick auf die mittel- bis langfristigen Handlungsziele gefällt werden. Eventuell verändert sich in diesem Schritt auch das Veränderungsziel noch einmal. Der nächste Schritt sollte erst erarbeitet werden, wenn der Problemgeber sich nach dem Abwägen für das Verändern entschieden hat. Andernfalls wird eine andere Situation für die Übung benötigt (zurück zu Schritt 1).

Beispiel

Coach: Du willst also mehr Gelassenheit.
Problemgeber: Ja.
Coach: Was ändert sich, wenn du in dieser Situation gelassener bist?
Problemgeber: Mir geht es besser, ich kann klarer denken und sage keine Dinge, die ich später gerne zurücknehmen würde.
Coach: Das kann ich verstehen. Meistens sind die Emotionen, die wir empfinden, ja für etwas gut. Hast du eine Idee, wobei dir der Ärger, den du empfunden hast, helfen könnte?
Problemgeber: (überlegt) Also, es könnte sein, dass ich mich meiner Frau gegenüber abgrenzen muss, weil sonst alles nach ihrer Pfeife tanzt – und ich auch. Wenn ich ärgerlich werde, dann schaffe ich es besser, mich abzugrenzen. Aber ich möchte nicht immer gleich laut werden.
Coach: Das verstehe ich. Wie viel Ärger möchtest du dir denn in so einer Situation erhalten, damit du dich abgrenzen kannst? Und wie viel Gelassenheit brauchst du, um nicht laut zu werden?
Problemgeber: Wenn ich noch etwa 30 % meines Ärgers behalten würde, wäre das, glaube ich, ganz gut. Dann könnte ich mich meiner Frau gegenüber besser abgrenzen. Aber ich brauche unbedingt eine gehörige Portion Gelassenheit, um dabei nicht gleich aus der Haut zu fahren!

Schritt 4: Szenische Darstellung

Der Problemgeber nimmt noch einmal die Körperhaltung und Körperspannung ein, die er in der Situation eingenommen hatte. Das wird durch ein kleines szenisches Spiel induziert, in dem der Problemgeber den Kern der schwierigen Situation nachstellt.

Der Problemgeber schildert zuerst die Situation. Die Aufgabe des Coaches besteht darin, die Sequenz herauszuarbeiten, die tatsächlich gespielt wird. Häufig umfassen die Schilderungen des Problemgebers viele Aspekte, die nicht unmittelbar zur Kernszene gehören. Es soll hier jedoch eine Sequenz herausgearbeitet werden, in der der Problemgeber durch Körperspannung, Körperhaltung und / oder Bewegungen die problematische Emotion unterstützt. Im Spiel kann und soll er die Körperspannung, Körperhaltung und seine Bewegungen, die die Emotion fördern, leicht verstärken und sich deren Effekte bewusst machen.

Beispiel

Der Problemgeber spielt eine Szene, in der er als Reaktion auf das Drängen seiner Frau die Kiefer zusammenbeißt und die Brustmuskeln anspannt. Relativ schnell springt er erregt von seinem Stuhl auf.

Schritt 5: Stellschraube Körper bedienen

In diesem Schritt geht es darum, die Emotion gezielt durch das Verändern von Körperspannung, Körperhaltung und / oder Bewegungen zu regulieren. Problemgeber und Coach überlegen gemeinsam mögliche Veränderungen auf Grundlage der zuvor gespielten Szene und auf Grundlage des bewussten Wahrnehmens von Körperspannung, Körperhaltung und Bewegungen, die die Emotion gefördert haben. Die Veränderungen werden im szenischen Spiel solange erprobt und angepasst, bis sie für den Problemgeber stimmig sind und spürbar zu dem gewünschten Ziel führen.

Beispiel

Coach: Was hast du eben getan, um deinen Ärger zu verstärken?
Problemgeber: Ich habe meine Kiefer sehr angespannt und meine Brust auch. Aber auch das schnelle Aufspringen hat meinen Ärger noch gestärkt.
Coach: Ok. Was möchtest du versuchen zu ändern, damit du zwar noch etwas ärgerlich bist, so etwa 30 %, aber eben auch deutlich gelassener?
Problemgeber: Ich werde versuchen, meinen Kiefer zu entspannen, aber lächeln möchte ich nicht, weil ich meiner Frau – und mir selbst auch – noch zeigen möchte, dass es mir ernst ist. Und ich kann versuchen, nicht aufzustehen bzw. aufzuspringen, sondern mich stattdessen anzulehnen. Wenn ich es doch tue, weil es ja ein Impuls ist, dann setze ich mich einfach langsam wieder hin und lehne mich dann zurück. Trotzdem werde ich aber leicht angespannt bleiben, damit ich nicht alles hinnehme.

[Beide spielen die Szene einige Male durch und erproben dabei die Veränderungen der Stellschraube Körper, bis der Problemgeber sie als stimmig empfindet.]

Schritt 6: Reflexion
Nach dem Beenden der Szene in Schritt 5 reflektieren beide kurz, wie es war. Der Problemgeber überlegt, wann er diese Ideen im Alltag erproben kann. Dabei kann es sich auch um Situationen oder Interaktionspartner handeln, die zwar mit der gespielten Situation nichts zu tun haben, die aber trotzdem eine gewisse Ähnlichkeit mit dieser aufweisen.

Schritt 7: Rollenwechsel
Danach übernimmt der Problemgeber die Rolle des Coaches und der Coach wird zum Problemgeber.

11.3.3 Reflexion: Gelingensmodelle und Schwierigkeiten vorstellen

Die Ziele dieses Schritts sind:

(1) Die Teilnehmer bekommen unterschiedliche Modelle, wie die Stellschraube Körper erfolgreich angewendet werden kann. Das soll ihnen beim Anwenden im Alltag die Möglichkeit geben, passende Varianten zu finden bzw. zu erproben.
(2) Mögliche Schwierigkeiten, die im vorangegangenen Abschnitt entstanden sind, werden reflektiert und möglichst überwunden.
(3) Der Transfer wird methodisch angebahnt.

Diese Ziele werden folgendermaßen erreicht:

(1) Einige Teilnehmer berichten im Plenum davon, wie sie die Stellschraube Körper erfolgreich angewendet haben. Der Trainer sollte darauf achten, dass in diesem Schritt zunächst nur von erfolgreichen Regulationen berichtet wird. Er sollte explizit darauf hinweisen, dass mögliche Schwierigkeiten später besprochen werden.

Die Teilnehmer berichten erstens über ihren Abwägungsprozess. Zweitens schildern sie, wie sie ihre Emotionen durch Körperspannung, Körperhaltung und Bewegungen gestärkt haben und wie sie diese drittens erfolgreich verändert haben. Folie 7.17 visualisiert diese Aspekte und unterstützt so die Teilnehmer. Berichten Teilnehmer bestimmte Aspekte nicht, kann der Trainer durch Nachfragen unterstützen.

(2) Nach etwa drei Gelingensbeispielen werden mögliche Schwierigkeiten erfragt. Bei der Überwindung von Schwierigkeiten werden grundsätzlich zwei Typen unterschieden:

(a) Wenn die oben genannten Schritte (s. Abschn. 11.3.2) nicht eingehalten oder unsauber durchgeführt werden, kann es zu Schwierigkeiten kommen. Diese Schwierigkeiten können dadurch überwunden werden, dass man die einzelnen Schritte noch einmal gemeinsam durchgeht. Will ein Problemgeber beispielsweise seinen Interaktionspartner ändern und nicht seine Emotionen, wird er sich auf das

Verändern der Emotion schlechter einlassen. Hier sollten die Zielklärung und die Abwägung (s. Schritt 2 und 3) nachgeholt werden.

(b) Menschen unterscheiden sich darin, wie stark sie ihre Emotionen körperlich wahrnehmen und wie stark ihre Emotionen auf ihre Körperprozesse einwirken. Entsprechend kann die Kopplung von körperlicher Veränderung und der Regulation von Emotionen bei einigen weniger stark ausgeprägt sein. Diese Teilnehmer sollten trotzdem ermutigt werden, im Alltag mit dieser Stellschraube zu experimentieren und auch auf kleinste Veränderungen zu achten.

(3) Wer es nicht gewohnt ist, auf seine Körperspannung, Körperhaltung und seine Bewegungen im Zusammenhang mit seinen Emotionen zu achten, der wird die Stellschraube Körper im Alltag nicht oder selten anwenden (trotz bester Vorsätze). Damit die Anwendung in emotional schwierigen Situationen gelingen kann, wird das Emotionstagebuch als Vehikel für den Transfer in den Alltag genutzt: Die Teilnehmer sind weiterhin eingeladen, in ihrem Alltag das Emotionstagebuch zu führen und täglich eine stressvolle oder emotional schwierige Situationen zu notieren (s. Begleitheft, S. 22).

In diesem Modul wird das Emotionstagebuch auf fünf Spalten erweitert (s. Folie 7.18; s. Tab. 11.3). In der Spalte Situation wird die Ausgangssituation eingetragen. Für die Anwendung im Alltag (Aufgabe der Woche) sollen sich ihre ursprüngliche Körperhaltung (Spalte: alte Körperhaltung) und die damit einhergehende Emotion bewusst machen (Spalte: alte Emotion). Dann sollen sie überlegen, welche Emotion(en) sie stattdessen gerne hätten (Spalte: neue Emotion) und welche Körperhaltung, Körperspannung oder Bewegung das Regulationsziel begünstigt (Spalte: neue Körperhaltung).

Tabelle 11.3 Emotionstagebuch der Einheit 7

Situation	alte Körperhaltung	alte Emotion	neue Körperhaltung	neue Emotion
Ärger durch Ansprüche der Ehefrau	▶ Kiefer und Brust angespannt ▶ aufspringen	Wut	▶ Kiefer lockern ▶ auf leichte Anspannung achten ▶ Sitzen blieben	30 % Ärger, 70 % Gelassenheit

Ist es ihnen unter Echtzeitbedingungen gelungen (eventuell auch im Nachgang), malen sie sich einen Smiley an die entsprechende Stelle, um eigene Erfolge zu verstärken.

Das Besprechen des Transfers leitet zu den Aufgaben der Woche über, da das regelmäßige Führen des Emotionstagebuchs eine der Aufgaben ist, die zwischen den Einheiten im Alltag erledig werden sollen.

11.4 Aufgaben der Woche: Emotionstagebuch und Stellschraube Körper im Alltag

Die Teilnehmer bekommen folgende Aufgaben der Woche (Folie 7.19):

(1) Achtsamkeits- und Entspannungsübung. Die Teilnehmer üben regelmäßig mit der stark verkürzten Version der Achtsamkeits- und Entspannungsübung weiter, in der ohne Anspannung direkt die Entspannung trainiert wird. Das ist allerdings nur möglich, wenn die vorherigen Achtsamkeits- und Entspannungsübungen kontinuierlich durchgeführt worden sind. Diese Version dauert etwa neun Minuten und ist als Audiodatei auf der Transfer-App abrufbar (s. Abschn. 4.6). Falls noch genügend Zeit übrig ist, kann die Achtsamkeits- und Entspannungsübung vor dem Abschlussblitzlicht noch einmal gemeinsam durchgeführt werden. Der Text der stark verkürzten Achtsamkeits- und Entspannungsübung findet sich in Abschnitt 11.6.

(2) Belastungsanker oder Anker für hilfreiche Emotionen. Die Teilnehmer suchen sich aus, welchen der beiden Anker sie abrufen möchten. Nach Möglichkeit sollte das mehrmals täglich geschehen. Sie können die Anker abwechselnd abrufen oder sich auf einen konzentrieren.

(3) Umsetzung des Resilienzprojektes. Die Teilnehmer werden an weitere Schritte ihres Resilienzprojektes erinnert.

(4) Automatisieren selbstwertdienlicher Gedanken. Die Teilnehmer rufen sich weiterhin selbstwertdienliche Gedanken ab, wenn sie auf einen Klebepunkt stoßen. Sie können auch neue Klebepunkte verteilen.

(5) Führen des Emotionstagebuchs. Die Teilnehmer bearbeiten möglichst täglich eine emotional schwierige Situation mit dem Emotionstagebuch. Dieses Mal liegt der Fokus darauf, die Stellschraube Körper im Alltag anzuwenden (s. o.).

Inwieweit Maßnahmen zur Transferplanung noch notwendig sind, sollte von der Gruppe abhängig gemacht werden. Eigentlich sollte an dieser Stelle des Trainings das Erledigen der Aufgaben zwischen den Einheiten routiniert genug sein, um auf eine detaillierte Transferplanung zu verzichten. Wenn das der Fall ist, kann die Zeit sinnvoller genutzt werden (z. B. für eine gemeinsame Achtsamkeits- und Entspannungsübung). Falls die Gruppe bei der Transferplanung noch Unterstützung benötigt, sollte die Zeit unbedingt dafür verwendet werden.

11.5 Abschlussblitzlicht

Der Fokus des Abschlussblitzlichtes liegt neben der üblichen Kurzreflexion der Teilnehmer darauf, den Einsatz der Stellschraube Körper in der nachfolgenden Woche zu antizipieren. Um das im Vorfeld zu strukturieren, kann jeder Teilnehmer seinen Beitrag mit dem Satzanfang beginnen »Wenn ich an die nächsten Tage denke, werde ich (Situation beschreiben, in der die Stellschraube Körper angewendet wird)…«. Dann kann jeder noch einen Gedanken zur heutigen Einheit formulieren, wenn er es möchte.

11.6 Achtsamkeit und Entspannung für das dritte Modul (stark verkürzte Version)

Im dritten Modul wird eine stark verkürzte Version der Achtsamkeits- und Entspannungsübung trainiert, in der die Muskeln gar nicht mehr angespannt werden. Stattdessen wird direkt die Entspannung induziert. Den Text für diese Übung *Achtsamkeit und Entspannung – Modul 3* finden Sie im Onlinebereich.

12 Stellschraube Gedanken (Einheit 8)

12.1 Zeitlicher Ablauf von Einheit 8

Phase	Zeit	Thema	Ziele
Einstieg	15'	Begrüßung und Trainingserfahrung reflektieren	▶ Selbstwirksamkeit stärken ▶ Trainingserfahrung austauschen ▶ würdigen, dass man »am Ball geblieben« ist
	5'	Hinführung: Stellschraube Gedanken kennenlernen	▶ spürbar erfahren, dass durch Veränderung von Kognitionen Emotionen beeinflusst werden können
Hauptteil	15'	Stellschraube Gedanken auf eigene Situationen anwenden	▶ erproben, welche Gedanken oder Vorstellungen einen Einfluss auf eigene emotional schwierige Situationen haben ▶ erproben neuer Gedankenmuster
	35'	Arbeit mit dem Werte- und Entwicklungsquadrat	▶ Werte- und Entwicklungsquadrat kennenlernen ▶ Werte- und Entwicklungsquadrat auf eigene emotional schwierige Situation anwenden ▶ neue und hilfreiche Gedankenmuster erarbeiten
	10'	Reflexion: Gelingensmodelle und Schwierigkeiten vorstellen	▶ Förderung von emotionaler Selbstwirksamkeit ▶ mögliche Nachkorrekturen
Abschluss	10'	Transfer planen	▶ konkrete Vorsätze bilden ▶ Hindernisse antizipieren und Überwindungsstrategien entwickeln
	5'	Wie gehe ich nach Hause?	▶ Mini-Reflexion der achten Einheit

12.2 Einstieg: Würdigen der Aufgaben und Besprechen von Schwierigkeiten

Das Verändern von Gedanken, Interpretationen und Bewertungen ist für die Stress- und Emotionsregulation von zentraler Bedeutung. Deswegen wird nach der üblichen Reflexion der Trainingserfahrungen (s. Abschn. 12.2.1) die Stellschraube Gedanken bereits in der Einstiegsphase hergeleitet (s. Abschn. 12.2.2). Tabelle 12.1 gibt einen Überblick über die Ziele und Inhalte der Einstiegsphase.

Tabelle 12.1 Überblick über die Einstiegsphase (Dauer: etwa 20 Minuten)

Thema	Ziel	Inhalt	Organisation
12.2.1 Begrüßung und Trainingserfahrung reflektieren	Selbstwirksamkeit stärken:	kurze Einstiegsrunde zu den Fragen: ▶ Wie ist es Ihnen mit der Übung (Hausaufgabe) ergangen?	Blitzlichtrunde
	▶ verstärken, was gut war	▶ Was ist Ihnen gut gelungen (Bemühungen)? ▶ Wie hat sich bei Ihnen die Wirkung gezeigt?	
	▶ Schwierigkeiten überwinden	▶ ggf.: Welche Schwierigkeiten gab es? ▶ Wie lassen sie sich überwinden?	
12.2.2 Die Grundidee der Stellschraube Gedanken	▶ Hintergrundwissen über die Auswirkungen von kognitiven Prozessen auf Emotions- und Stresserleben kennenlernen	▶ Rückgriff auf das Stressmodell ▶ die Rolle von Erinnerungen, Gedanken, Interpretationen, Bewertungen und Vorstellungen erläutern ▶ die Rolle von Bewältigungsressourcen	interaktiver Kurzvortrag
	▶ spürbar erfahren, dass durch Veränderung von Kognitionen Emotionen beeinflusst werden können	▶ aktuelle Stimmung einschätzen ▶ anwenden der Kopfstand-Technik auf die aktuelle Situation: Veränderung der Stimmung durch Veränderung aktueller Kognitionen	

12.2.1 Trainingserfahrungen reflektieren

Bei der Reflexion der Trainingserfahrungen werden Erfolge und Bemühungen weiterhin verstärkt und ein konstruktiver Umgang mit Schwierigkeiten gefunden. Deswegen werden im Folgenden mögliche Schwierigkeiten mit den einzelnen Aufgaben beschrieben.

(1) Achtsamkeits- und Entspannungsübung. Die Teilnehmer sollten regelmäßig mit der stark verkürzten Version der Achtsamkeits- und Entspannungsübung trainieren, in der ohne Anspannung direkt die Entspannung trainiert wird.

Grundsätzlich sollten die Teilnehmer mit dieser Übung so vertraut sein, dass keine größeren Schwierigkeiten zu erwarten sind. Einigen fällt es jedoch schwer, ohne vorherige Anspannung direkt in die Entspannung zu gehen. Das kann erstens daran liegen, dass sie die vorangegangenen Entspannungssequenzen nicht gut genug geübt haben. Wenn das der Fall ist, sollte das Training mit der Entspannungssequenz aus Modul 2 wiederholt und intensiviert werden.

Eine zweite Ursache könnte sein, dass sich die Teilnehmer an das vorherige Anspannen gewöhnt haben, und dass es ihnen nun schwer fällt, sich umzugewöhnen. In diesem Fall sollten die Teilnehmer eine weitere Woche – wenn möglich intensiver – mit der sehr stark verkürzten Version trainieren.

(2) Belastungsanker oder Anker für hilfreiche Emotionen. Die Teilnehmer sollten sich aussuchen, welchen der beiden Anker sie abrufen und trainieren möchten. Nach Möglichkeit sollte das mehrmals täglich geschehen. Sie können die Anker abwechselnd abrufen oder sich auf einen konzentrieren. Mögliche Schwierigkeiten, die hier auftreten können, wurden an früheren Stellen bereits besprochen (s. Abschn. 8.2.1 und Abschn. 10.2.1).

(3) Umsetzung des Resilienzprojektes. Mögliche Schwierigkeiten, die hier auftreten können, wurden in Abschnitt 10.2.1 bereits besprochen.

(4) Automatisieren selbstwertdienlicher Gedanken. Die Teilnehmer sollten weiterhin selbstwertdienliche Gedanken abrufen, wenn sie auf einen Klebepunkt stoßen. In Abschnitt 11.2.1 wurden bereits mögliche Schwierigkeiten besprochen, die hier auftreten können.

(5) Führen des Emotionstagebuchs. Die Teilnehmer sollten möglichst täglich eine emotional schwierige Situation mit dem Emotionstagebuch bearbeiten. Der Fokus lag darauf, die Stellschraube Körper im Alltag anzuwenden.

Neben den bereits besprochenen Schwierigkeiten, die mit der Bearbeitung des Emotionstagebuchs einhergehen können (s. Abschn. 9.2.1), treten manchmal Probleme mit der Stellschraube an sich oder Probleme mit deren Anwendung im Alltag auf.

Probleme mit der Stellschraube Körper zeigen sich daran, dass Teilnehmer ihre Körperspannung und -haltung zwar verändern, jedoch keine Befindlichkeitsänderung wahrnehmen. Menschen sprechen unterschiedlich gut auf die Stellschraube Körper an. Häufig können diejenigen, die Probleme mit dieser Stellschraube haben, die Stellschraube Gedanken mit mehr Gewinn nutzen. Manche brauchen auch eine individuell passende Kombination aller drei Stellschrauben. Die Teilnehmer, die mit der Stellschraube Körper Schwierigkeiten hatten, können am Ende der Einheit prüfen, ob sie mehr von der Stellschraube Gedanken oder einer Kombination beider Stellschrauben profitieren.

Eine alternative Erklärung für die Schwierigkeiten kann auch darin bestehen, dass sie keine wirksame körperliche Gegenregulation gefunden haben. Ein exemplarisches Ausprobieren und Verändern in der Einstiegsrunde kann in diesem Fall hilfreich sein.

Teilnehmer, die Schwierigkeiten mit dem Transfer haben, d.h. damit, die Stellschraube tatsächlich im Alltag anzuwenden, berichten häufig davon, einfach nicht an die Stellschraube gedacht zu haben. Eine vergleichsweise einfache Lösung dieses Problems besteht darin, schwierige Situationen zu antizipieren und das Anwenden der Stellschraube zu planen.

12.2.2 Die Grundidee der Stellschraube Gedanken

Die Stellschraube Gedanken basiert auf Erkenntnissen, dass Stress und Emotionen durch die gedankliche Interpretation und Bewertung von äußeren oder inneren Ereignissen (Stressoren) ausgelöst werden. Zudem rufen Emotionen Erinnerungen wach, die in einem ähnlichen emotionalen Zustand erlebt wurden. Diese können die aktuelle Emotion stabilisieren. Wer sich z. B. an ärgerliche Situationen erinnert, während er Ärger empfindet, stabilisiert in der Regel dadurch seinen Ärger. Es werden jedoch nicht nur die äußeren oder inneren Ereignisse bewertet, sondern auch die eigenen Möglichkeiten, diese zu bewältigen (s. Abschn. 1.3).

Durch die Veränderung dieser gedanklichen Prozesse können auch Stress und Emotionen verändert werden. Das wird bei der Vorstellung am Stress-Modell verdeutlicht (s. Folie 8.4). Im Sinne einer didaktischen Reduzierung werden bei der Regulation die Interpretationen und Bewertungen des auslösenden Reizes (primary appraisal) und die Einschätzung der eigenen Möglichkeiten und Ressourcen (secondary appraisal) nicht differenziert. Der Trainer sollte diese Differenzierung jedoch im Hinterkopf behalten.

Zur Regulation von Stress und Emotionen wird die Kopfstand-Technik und die Arbeit mit dem Werte- und Entwicklungsquadrat genutzt. Damit die Teilnehmer einen ersten spürbaren Eindruck von der Wirkung der Stellschraube Gedanken bekommen, machen sie zunächst ein kleines Experiment mit der Kopfstand-Technik (s. Folie 8.5 und 8.6).

Vorschlag für die Vermittlung der Grundidee der Stellschraube Gedanken

Folie 8.4

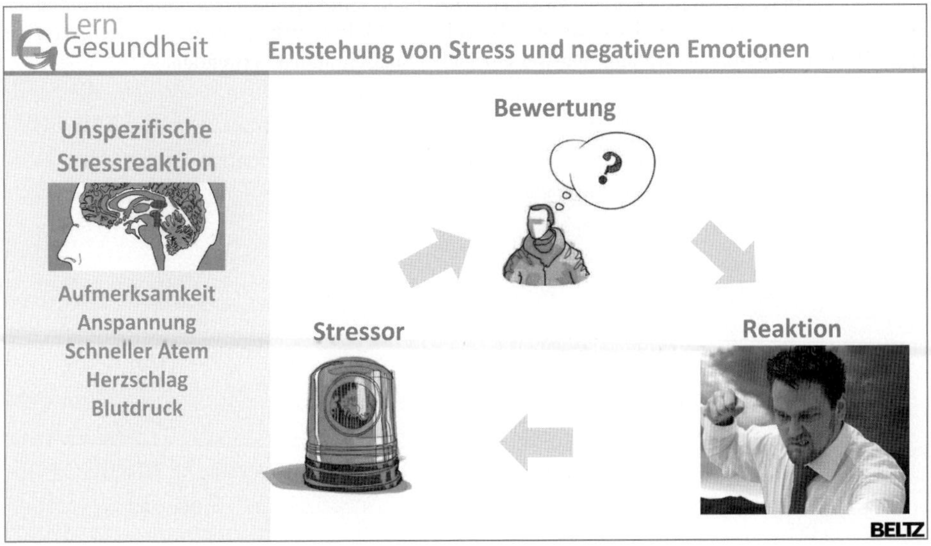

Das Modell kennen Sie ja inzwischen in- und auswendig. Wir haben gesagt, dass der Stressor in den meisten Fällen erst über die Bewertung zu einer Stressreaktion bzw. einer Emotion führt: Also erst die Art und Weise, wie Sie über die Situation denken – aber auch über Ihre eigenen Möglichkeiten, mit der Situation umzugehen – führt zu Stress oder zu bestimmten Emotionen. Und das schauen wir uns jetzt einmal genauer an, denn daraus können Sie Möglichkeiten ableiten, wie Sie Stresserleben und Emotionen beeinflussen können.

Folie 8.5

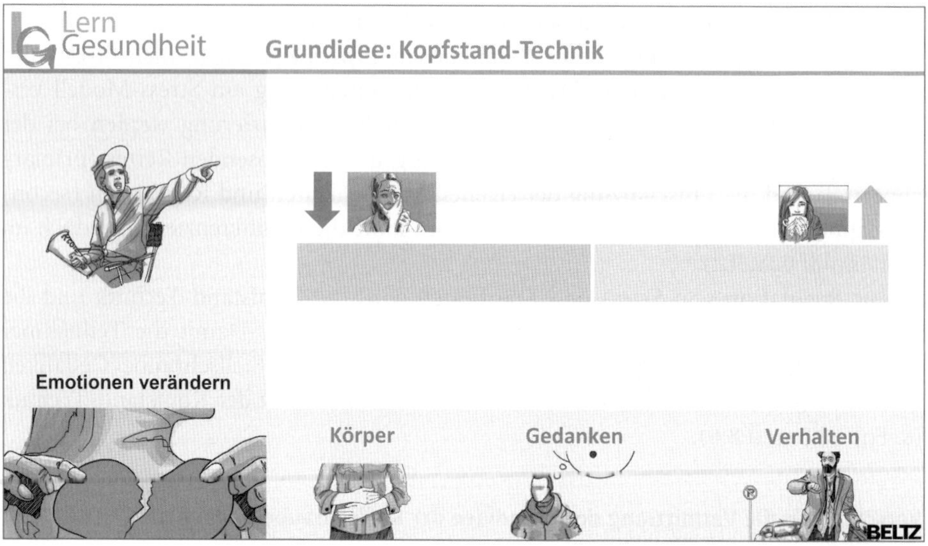

Sie haben ja bereits beim letzten Mal die Kopfstand-Technik kennengelernt – und wie wir eben gehört haben, bei der Stellschraube Körper verwendet. *[Dieser Satz kann ggf. modifiziert und dem Stand der Hausaufgabenbearbeitung angepasst werden.]* Beim letzten Mal ist auch schon angeklungen, dass wir die Kopfstand-Technik als Herangehensweise bei allen Stellschrauben verwenden.

Folie 8.6

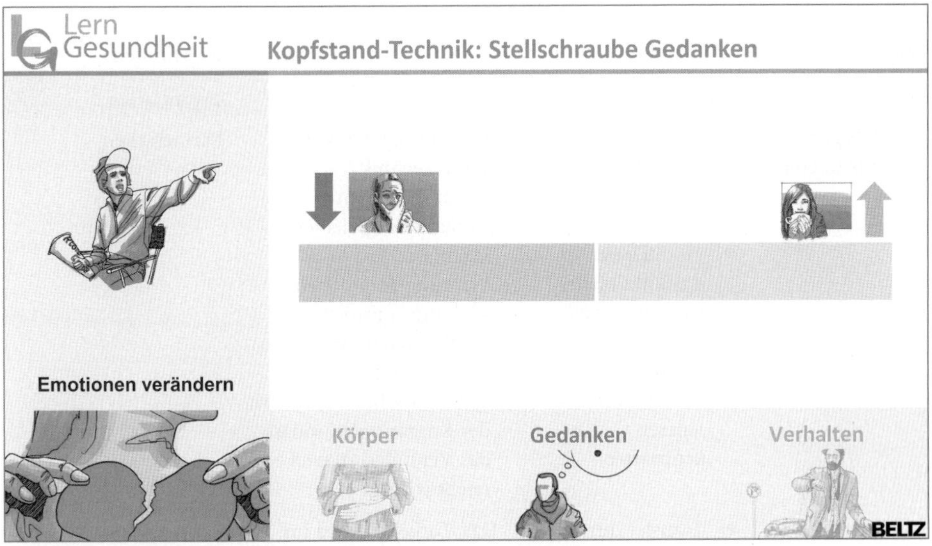

Lassen Sie uns deswegen auch gleich damit beginnen, sie auf die Stellschraube Gedanken zu übertragen. Starten wir zunächst mit einer kleinen Trockenübung, deren Prinzip Sie auch schon kennen: Schätzen Sie jetzt einmal auf einer Skala von 1 bis 10 ein, wie Ihre Stimmung gerade ist. 1 bedeutet sehr schlecht, 10 sehr gut. Überlegen Sie, was Sie sich sagen müssten, oder was Sie denken oder sich vorstellen müssten, damit Ihre aktuelle Stimmung sich um einen Punkt verschlechtert. *[Kurze Pause]* Ok, und jetzt überlegen Sie einmal, mit welchen Gedanken oder Vorstellungen Sie Ihre Stimmung um einen Punkt verbessern könnten. *[Kurze Pause]* Wie war's für Sie?

12.3 Anwendung der Stellschraube auf emotional schwierige Situationen

Um Stresserleben und Emotionen durch das Verändern von gedanklichen Prozessen zu regulieren, wird – vergleichbar zur Stellschraube Körper – im ersten Schritt eine emotional schwierige Situation gesucht und im zweiten Schritt das Veränderungsziel festgelegt. Im dritten Schritt werden die möglichen Wirkungen und Nebenwirkungen gegeneinander abgewogen. Im vierten Schritt werden die gedanklichen Prozesse, die zu der Emotion führten, herausgearbeitet, sodass diese im fünften Schritt mit Hilfe der Kopfstand-Technik verändert werden können. Diese Schritte werden ausführlich in Abschnitt 12.3.1 dargestellt. Ein weiteres Werkzeug zum Verändern von Bewertungen ist das Werte- und Entwicklungsquadrat, das auf Nikolai Hartmann (1926) zurückgeht und durch Friedemann Schulz von Thun (2010) für die Kommunikationspsychologie adaptiert wurde. Es eignet sich in besonderer Weise dafür, nicht nur die eigenen Emotionen, sondern auch die in Interaktionen auftretenden Gefühle zu regulieren. Deswegen wird dieses Instrument im Abschnitt 12.3.2 vorgestellt und auf emotional schwierige Interaktionssituationen angewendet. Schließlich wird das Anwenden der Stellschraube Gedanken mit dem Blick auf die tägliche Anwendung reflektiert (s. Abschn. 12.3.3). Tabelle 12.2 gibt einen Überblick über die Ziele und Inhalte des Hauptteils dieser Einheit.

Tabelle 12.2 Überblick über den Hauptteil der achten Einheit (Dauer: etwa 60 Minuten)

Thema	Ziele	Inhalt	Organisation
12.3.1 Kopfstand-Technik nutzen	▶ identifizieren dysfunktionaler Gedankenmuster ▶ modifizieren dysfunktionaler Gedankenmuster ▶ erproben der neuen, funktionaleren Gedankenmuster	▶ Anwendung der Kopfstand-Technik: (a) Situation finden (b) Veränderungsziel festlegen (c) Wirkungen und Nebenwirkungen prüfen (d) identifizieren dysfunktionaler Kognitionen (e) systematisches Verändern der Kognitionen, sodass das Veränderungsziel erreicht wird	Partnerarbeit
	▶ Transfer durch Reflexion vorbereiten ▶ emotionale Selbstwirksamkeit stärken	▶ Das Vorgehen wird im Partnergespräch reflektiert.	Partnergespräch
		▶ Reflexion über die Übung	Gruppengespräch
12.3.2 Arbeit mit dem Werte- und Entwicklungsquadrat	▶ Werte- und Entwicklungsquadrat kennenlernen	▶ vorstellen des Werte- und Entwicklungsquadrates ▶ die Arbeit mit dem Werte- und Entwicklungsquadrat an einem Beispiel aus der Gruppe demonstrieren	Partnerarbeit
	▶ Werte- und Entwicklungsquadrat auf eigene emotional schwierige Situation anwenden	▶ In Partnerarbeit ▶ a) findet jeder eine Situation, in der er seine Emotionen regulieren möchte, ▶ b) und wendet das Werte- und Entwicklungsquadrat an. ▶ c) Das Vorgehen wird im Partnergespräch reflektiert.	
	▶ neue und hilfreiche Gedankenmuster erarbeiten	▶ Rückbezug des erarbeiteten Werte- und Entwicklungsquadrates auf die ursprüngliche Situation ▶ Transferplanung für zukünftige emotional-schwierige Situationen	

Tabelle 12.2 (Fortsetzung)

Thema	Ziele	Inhalt	Organisation
12.3.3 Reflexion: Gelingensmodelle und Schwierigkeiten vorstellen	▶ Förderung von emotionaler Selbstwirksamkeit	▶ Vorstellung der Werte- und Entwicklungsquadrate	Gruppengespräch
	▶ mögliche Nachkorrekturen	▶ Nachfragen, Anmerkungen etc.	

12.3.1 Die Kopfstand-Technik nutzen

Da die Kopfstand-Technik bereits bekannt ist, kann sie in dieser Einheit ohne lange Erklärungen genutzt werden. Die Schritte bei der Anwendung der Kopfstand-Technik sind in dieser Einheit die gleichen wie in der letzten Einheit. Zur Illustration wird das gleiche Beispiel wie in der vorherigen Einheit verwendet. Da die Schritte 1 bis 3 sowie Schritt 6 und 7 identisch sind, werden sie an dieser Stelle nicht noch einmal beschrieben. Es werden also nur Schritt 4 und 5 erläutert, da diese vom Vorgehen in der letzten Einheit abweichen. Auch in dieser Einheit wird von Problemgeber und Coach gesprochen.

Beispiel

(Ausgangslage, vgl. Abschn. 11.3.1)
Der Problemgeber berichtet, dass er gestern im Streit mit seiner Frau laut geworden ist und Dinge gesagt hat, die ihm im Nachhinein leidtun. Als er sich abends gemütlich hinsetzen wollte, hatte seine Frau ihn bedrängt, einige handwerkliche Dinge am Haus endlich einmal in Angriff zu nehmen. Sie hatte ihn dabei sehr unter Druck gesetzt. Daraufhin ist er ärgerlich und laut geworden und hat letztlich das Haus im Streit verlassen. Er würde nun gerne an seinem Ärger arbeiten.

Überblick über die Schritte (genaue Beschreibung im Abschnitt 11.3.1)
Schritt 1: Situation auswählen
Schritt 2: Veränderungsziel festlegen
Schritt 3: Wirkungen und Nebenwirkungen prüfen
Schritt 4: Identifizieren der dysfunktionalen Gedanken
Schritt 5: Stellschraube Gedanken bedienen
Schritt 6: Reflexion
Schritt 7: Rollenwechsel

Die Abfolge der Schritte (s. Folie 8.8) findet sich im Begleitheft auf Seite 24. An dieser Stelle sollte auch darauf hingewiesen werden, dass Impulse zum Verändern von

Gedanken, Interpretationen und Bewertungen (s. Folie 8.7) auf Seite 25 und 26 im Begleitheft zu finden sind. Je nach Gruppe können alle Schritte auf einmal in Partnerarbeit durchgeführt werden, oder der Trainer leitet sie Schritt für Schritt an.

Schritt 4: Identifizieren der dysfunktionalen Gedanken
Um die dysfunktionalen Gedanken zu identifizieren, die zur Entstehung und Aufrechterhaltung der problematischen Emotion beigetragen haben, bekommen die Teilnehmer folgende Instruktion:

Beispiel

Der Problemgeber sucht einen Stellvertreter für sich selbst, der in eben dieser emotional schwierigen Situation so agiert und vor allem so fühlt, dass ein Außenstehender den Unterschied zwischen dem echten Problemgeber und dem Stellvertreter nicht bemerkt. Dieser Stellvertreter soll der Coach sein. Äußerlich kann er durch neuste Technik für einen begrenzten Zeitraum so verändert werden, dass er wie der Problemgeber aussieht. Nur das Erleben und Verhalten muss er sich wie ein Schauspieler erarbeiten:

Instruktion für den Coach: »Erfragen Sie als Coach, was der Problemgeber über die Situation denkt, wie er sie interpretiert und bewertet und welche Erinnerungen ihm in den Sinn kommen, damit die problematische Emotion entsteht.«

Instruktion für den Problemgeber: »Kooperieren Sie mit dem Coach. Je besser dieser versteht, wie Sie sich die Emotion ›machen‹ – also was Sie sich sagen, was Sie über die Situation denken, welche Erinnerungen Ihnen in den Sinn kommen und wie Sie die Situation interpretieren und bewerten – desto besser kann er Sie vertreten. Besonders hilfreich ist es, wenn Sie alles ein klein wenig übertreiben, sodass die Gedanken, Interpretationen und Bewertungen zu einer noch stärkeren Emotion führen, als Sie diese erlebt haben.«

Diese Übung wird in der Regel durch ihren spielerischen Charakter gut angenommen. Den Teilnehmern fällt es so leichter, sich die häufig unbewussten gedanklichen Prozesse bewusst machen. Durch die leichte Übertreibung – im Sinne der Kopfstand-Technik – wird der bewusste Zugang zu den gedanklichen Prozessen unterstützt.

Beispiel

Der Problemgeber gibt dem Coach folgende Regieanweisung:

»Wenn meine Frau dich auffordert, am Haus die unerledigten Dinge endlich zu tun, mach dir als allererstes klar, dass du heute schon sehr viel getan hast und wie undankbar es ist, jetzt noch etwas von dir zu verlangen. Vor allem, weil du es echt verdient hast, jetzt Feierabend zu haben.

Dann schau dir ihre Mundwinkel genau an und sage dir, dass sie in letzter Zeit nur noch an dir herumnörgelt. Vielleicht erinnerst du dich daran, dass sie seit einiger Zeit nur noch das Schlechte an dir sieht und gar nicht bereit ist, das, was du alles tust, zu würdigen.

Und wenn du dir dann noch sagst, dass sie von dir denkt, dass du gar nichts tust und faul bist, dann bist du in der richtigen Stimmung, um aufzuspringen und laut zu werden.«

Schritt 5: Stellschraube Gedanken bedienen

In diesem Schritt geht es darum, die Emotion gezielt durch das Verändern von Gedanken, Interpretationen und / oder Bewertungen zu regulieren. Es können auch Erinnerungen oder innere Bilder eine wichtige Rolle spielen. Problemgeber und Coach entwickeln auf Grundlage der Regieanweisung (s. Schritt 4) funktionalere Interpretationen, Bewertungen, Vorstellungen und / oder Erinnerungen. Dazu können die Anregungen aus dem Begleitheft (S. 25 f.) genutzt werden. Die vorgeschlagenen Fragen (z. B. »Ist das wirklich immer so?«) können vom Coach gezielt gestellt werden, um bestimmte Kognitionen zu verändern oder zu relativieren. Wird eine passende Interpretation, Bewertung oder Vorstellung gefunden, wird diese gedanklich erprobt und ggf. noch weiter modifiziert.

Bevor die Teilnehmer diesen Schritt in Partnerarbeit durchführen, sollte der Trainer ihn einmal exemplarisch vormachen. Dazu sollte ein Teilnehmer freiwillig eine emotional schwierige Situation schildern. Der Trainer nutzt nach Möglichkeiten die Impulse aus dem Begleitheft (s. 25 f.; s. Folie 8.7) und kommentiert, wenn er diese variiert.

Beispiel

Coach: Nehmen wir uns einmal den Gedanken »Meine Frau nörgelt in letzter Zeit nur noch an mir herum.« vor. Ok?
Problemgeber: Ok.
Coach: Ist das wirklich immer so? Oder gibt es vielleicht auch Ausnahmen? *(Nach Ausnahmen fragen)*
Problemgeber: (denkt kurz nach) … Ja, es gibt schon Ausnahmen. Eigentlich nörgelt sie immer dann herum, wenn sie etwas will, was ich nicht mache.
Coach: Es geht also um konkrete Dinge. Sind das bestimmte Dinge oder ist es egal, um welche Dinge es sich handelt? *(Konkretisieren)*
Problemgeber: Nein, vor allem geht es um Arbeiten am Haus, die lasse ich aber auch lange schleifen. Ich habe dazu keine Lust.
Coach: Weiß deine Frau, dass du die nicht gerne machst? *(Perspektivwechsel)*
Problemgeber: Ich denke schon. Sie merkt ja, dass ich dann immer echt sauer werde.
Coach: Habt ihr schon darüber gesprochen?
Problemgeber: Nur im Streit.

Coach: Ok. Wir haben ja mit dem Gedanken »Meine Frau nörgelt in letzter Zeit nur noch an mir herum.« gestartet. Hast du eine Idee, wie du diesen Gedanken so verändern kannst, dass du gelassener wirst, aber immer noch genügend Ärger spürst, um dich abzugrenzen?
Problemgeber: Hmm... Ich könnte mir sagen: »Mein Frau erwartet, dass es eine Selbstverständlichkeit ist, dass ich Dinge am Haus erledige. Ich muss ihr klar machen, dass ich das nicht immer machen will und schon gar nicht, wenn ich gerade Feierabend habe.« Oder noch besser: Ich sage mir, dass wir gemeinsam ein Problem haben, das wir gemeinsam lösen müssen.
Coach: Du willst mit ihr also eine grundsätzliche Diskussion über eure Aufgabenverteilung führen?
Problemgeber: Ja, so kann man das sagen.
Coach: Ok, dann versetz dich gedanklich noch einmal in die Situation und stelle dir einmal vor, wie es ist, wenn du dir den Satz »Wir haben gemeinsam ein Problem, das wir gemeinsam lösen müssen.« innerlich sagst.
Problemgeber: (nach dem gedanklichen Durchspielen) Das ist schon besser. Ich kann ruhig bleiben, und spüre aber noch eine Anspannung. Die brauche ich aber auch, damit ich mich in dem Punkt abgrenzen kann.

12.3.2 Arbeit mit dem Werte- und Entwicklungsquadrat

Das Werte- und Entwicklungsquadrat geht auf Nikolai Hartmann (1926) zurück und wurde von Schulz von Thun (2010) zur Kommunikationsklärung eingesetzt. Dieses Instrument eignet sich besonders gut zur Um- und Neubewertung von emotional schwierigen Ereignissen in der Interaktion, aber auch im Umgang mit sich selbst. Das Werte- und Entwicklungsquadrat leitet aus Neubewertungen mögliche Entwicklungsziele für einen selbst oder für die Beziehung ab und richtet somit den Blick auf konstruktive Aspekte der schwierigen Situation. Aus diesem Grund wird die Arbeit mit dem Werte- und Entwicklungsquadrat im Training vermittelt.

Die Vermittlung des Werte- und Entwicklungsquadrates erfolgt in drei Schritten:

(1) Zunächst wird dieses Instrument vorgestellt und auf konstruierte Beispiele angewendet.
(2) Das Werte- und Entwicklungsquadrat wird auf konkrete Beispiele der Teilnehmer angewendet. Zuerst erarbeitet der Trainer eine Anwendung gemeinsam mit einem (freiwilligen) Teilnehmer. Danach erarbeiten die Teilnehmer in Partnerarbeit emotional schwierige Situationen.
(3) Abschließend wird die gemeinsame Arbeit reflektiert und der Transfer vorbereitet.

(1) Grundlagen und Vorstellung des Werte- und Entwicklungsquadrats

Das Werte- und Entwicklungsquadrat eignet sich in besonderer Weise als Hilfsmittel zur Neubewertung emotional schwieriger Interaktionen oder für eine funktionalere Bewertung der eigenen Person oder des eigenen Handelns.

Personen bewerten sich oder andere in der Regel am Maßstab eigener Gütekriterien. Diese Bewertungen können jedoch einseitig ausfallen oder einem Schwarz-Weiß-Denken verfallen sein. Dann können sie zu hoher emotionaler Betroffenheit führen, die sich dysfunktional auf die Interaktion bzw. die Selbstbewertung auswirken kann. Wer beispielsweise Hilfsbereitschaft als hohen Wert ansieht, ohne diesen gleichzeitig durch Selbstfürsorge zu ergänzen, der kann schnell Gefahr laufen, mit sich und / oder mit anderen nicht angemessen umzugehen. Das kann z. B. dadurch geschehen, dass diese Person es immer allen recht machen will, ohne auf die eigenen Grenzen zu achten. Schafft sie das einmal nicht, können aversive Emotionen (z. B. Scham) sich selbst gegenüber entstehen. Interagiert diese Person mit Menschen, die sehr gut für sich sorgen, gleichzeitig aber wenig die Bedürfnisse anderer berücksichtigen, können starke (mitunter irrationale) aversive Emotionen gegenüber dem Interaktionspartner empfunden werden.

Einseitige Werthaltungen (wie Hilfsbereitschaft ohne Selbstfürsorge) sind häufig auf biographische Einschärfungen oder Mangelerfahrungen zurückzuführen, die am Entstehen dysfunktionaler kognitiver Schemata beteiligt sind (Zarbock, 2014). Einseitige Hilfsbereitschaft könnte beispielsweise dadurch entstanden sein, dass man als Kind erlebt hat, nur dann liebenswert gewesen zu sein, wenn man für andere da war. Hat man sich um sich selbst gekümmert, wurde man möglicherweise durch zentrale Bezugspersonen als rücksichtslos abgewertet. Jedes Mal, wenn heute jemand gegen diesen im Kindesalter gelernten Verhaltenskodex verstößt, wird diese Person entsprechend bewertet. Hinzu kommt vielfach das Gefühl der Ungerechtigkeit: »Andere nehmen sich das heraus, was ich mir selbst verbiete!«

Mit Hilfe des Werte- und Entwicklungsquadrates können erstens einseitige Bewertungen oder ein Schwarz-Weiß-Denken differenziert und relativiert werden. Es kann beispielsweise erarbeitet werden, dass Selbstfürsorge und Rücksichtslosigkeit nicht das Gleiche sind. Zweitens können eigene Entwicklungsziele oder Entwicklungsziele für die Interaktion abgeleitet werden. Das Formulieren der Entwicklungsziele ist eine weitere Form kognitiver Umbewertung.

Wer bislang an der Rücksichtlosigkeit anderer verzweifelt ist, wenn der eigene einseitige Wert der Hilfsbereitschaft verletzt wurde, kann sich nun das Entwicklungsziel setzen, mit sich selbst fürsorglicher umzugehen. Durch das Setzen dieses Entwicklungsziels ist die Person möglicherweise in der Lage, das Gefühl der Ungerechtigkeit (z. B. »Andere nehmen sich heraus, was ich mir verbiete.«) zu reduzieren. Aus der kognitiven Bewertung: »Es ist unmöglich, dass ein Mensch so rücksichtslos sein kann!« könnte die neue Bewertung werden: »Es ist nicht schön, so rücksichtslos zu sein wie Herr Müller – aber anstatt dass ich mich darüber aufrege, soll es mich lieber daran erinnern, dass ich mir bald auch mal wieder eine Pausen gönnen sollte.«

Die praktische Arbeit mit dem Wertequadrat erfolgt in vier Schritten, die nachfolgend beschrieben und mit Beispielen illustriert sind. Um den Teilnehmern das Werte- und Entwicklungsquadrat zu vermitteln, sollte zunächst ein Wertepaar gewählt werden, das bei den meisten keine persönliche Betroffenheit auslöst. Wir schlagen dafür *Sparsamkeit vs. Großzügigkeit* vor (s. u.). Im Anschluss daran kann dann ein Beispiel erarbeitet werden, dass typischerweise emotional näher an den Teilnehmern dran ist. Hier schlagen wir dann das oben bereits genutzte Wertepaar *Rücksicht vs. eigene Interessen vertreten* vor (s. u.), das hier auch weiterhin als Beispiel gewählt wird.

Schritt 1: Unwert und Wert identifizieren. Die Arbeit mit dem Werte- und Entwicklungsquadrat beginnt bereits mit der Identifizierung der Eigenschaft, die emotionale Betroffenheit auslöst (hier: Unwert 1), und der dazugehörigen komplementären Eigenschaft, die als erstrebenswert angesehen wird (hier: Wert 1).

Beispiel

Frau Meier ärgert sich über ihre Nachbarin, weil diese immer nur auf ihren eigenen Vorteil bedacht ist und keinen Blick für andere hat. Sie ermittelt das Unwert-Wert-Paar *Egoismus vs. Rücksicht* (s. Abb. 12.1; s. Folie 8.9 bzw. 8.13).

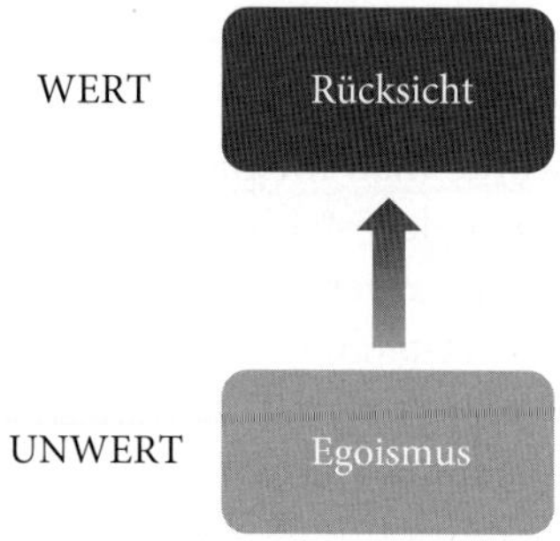

Abbildung 12.1 Unwert und Wert identifizieren

Schritt 2: Den Wert übertreiben. Ausgehend von diesem Unwert-Wert-Paar wird zunächst die Übertreibung von Wert 1 gesucht. Dahinter steht die Annahme, dass sich durch Übertreibung jeder Wert in einen Unwert verwandeln lässt.

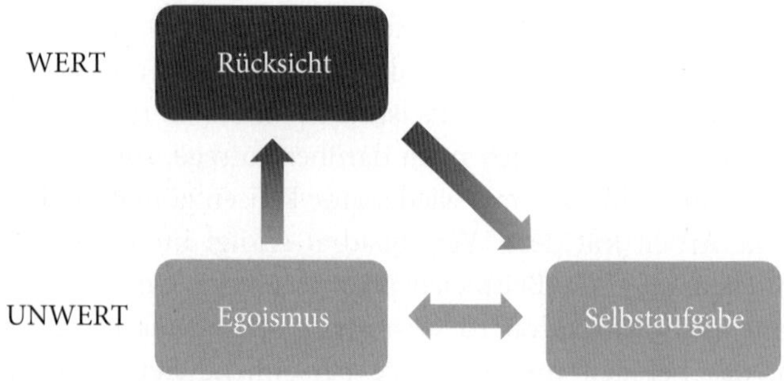

Abbildung 12.2 Den Wert übertreiben

Beispiel

Frau Meier erkennt, dass die Übertreibung des Wertes *Rücksicht* zur *Selbstaufgabe* führen kann. Auf diese Weise wird Unwert 2 ermittelt (s. Abb. 12.2).

Schritt 3: Den guten Gegenwert finden. Im dritten Schritt geht es darum, das gute Gegenteil des Unwertes 2 zu finden, den Wert 2. Dieser ist zugleich auch der gute Kern in Unwert 1 und die gute Ergänzung von Wert 1. Übertreibt man Wert 2 also, wandelt sich dieser zum Unwert 1.

Beispiel

Frau Meier erkennt, dass es erstrebenswert sein kann, für die eigenen Interessen einzustehen: diese zu benennen und begründet zu vertreten (siehe Abb. 12.3). In der Übertreibung würde aus dem Wert *eigene Interessen vertreten* der Unwert *Egoismus* werden.

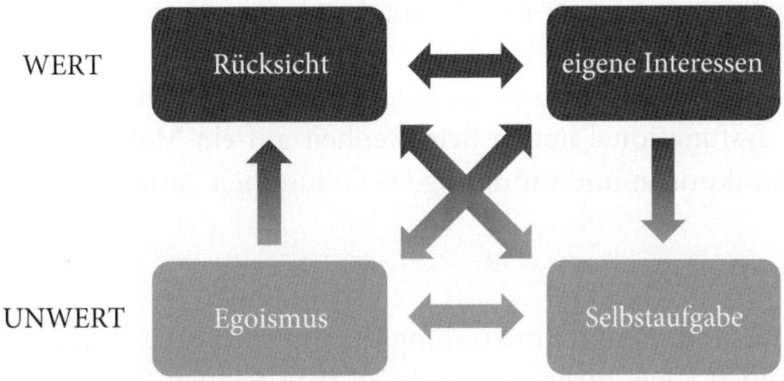

Abbildung 12.3 Den guten Gegenwert finden

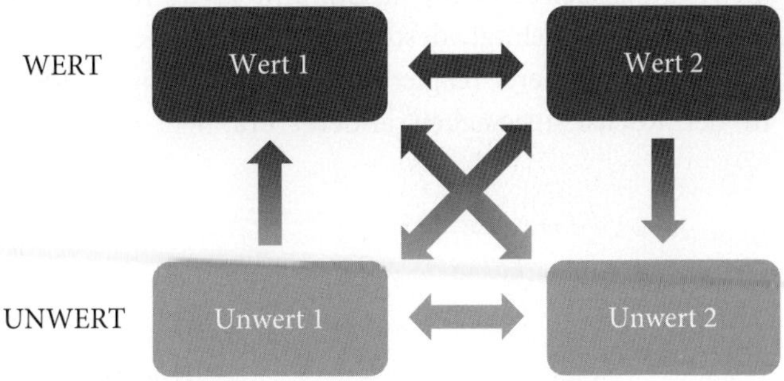

Abbildung 12.4 Werte- und Entwicklungsquadrat

Schritt 4: Inter- und intrapersonelle Regulation. Im vierten Schritt wird der gefundene Gegenwert (Wert 2) für die kognitive Neubewertung der Situation bzw. der Interaktion genutzt. Es wird eine Rückkopplung zur Ausgangssituation hergestellt – aber ggf. auch zur persönlichen Lerngeschichte.

Beispiel

Würde Frau Meier befragt, was sie häufiger praktiziert – Rücksicht nehmen oder ihre eigenen Interessen vertreten – kommt sie zu der Erkenntnis, dass sie eher selten ihre eigenen Interessen vertritt. Sie ist mit der Einstellung aufgewachsen und so erzogen worden, dass sie stets rücksichtsvoll sein sollte. Es war in ihrer Familie nicht gern gesehen, wenn sie sich für ihre eigenen Interessen stark machte. Sie musste die Lernerfahrung machen, dass sie nur liebenswert war, wenn sie Rücksicht genommen hat, nicht aber, wenn sie eigene Interessen hatte und diese ggf. auch gegen den Willen ihrer Eltern vertrat. Ein solches Verhalten wurde immer als egoistisch bezeichnet.

In diesem Schritt geht es darum, wie die Erkenntnisse, die durch die vorangegangen Schritte gewonnen wurden, zur Regulation der eigenen Betroffenheit genutzt werden können. Dazu sei zunächst deutlich herausgestellt, dass es nicht darum geht, tatsächliches Fehlverhalten anderer schönzureden. Es geht ausschließlich darum, den eigenen Anteil an der dysfunktional hohen Betroffenheit auf ein Maß zu regulieren, das für zukünftige Interaktionen und für die eigene Gesundheit zuträglich ist.

Beispiel

Der Nutzen des Werte- und Entwicklungsquadrats für Frau Meier ist die Erkenntnis, dass es noch lange nicht egoistisch ist, ihre eigenen Interessen zu vertreten (*Relativieren von Absolutheitsansprüchen*). Zwischen Schwarz (Unwert 1) und Weiß (Wert 1), sollen Grautöne (Wert 2) entdeckt werden. Frau Meier könnte daraus das Entwicklungsziel ableiten, in Zukunft mehr ihre eigenen Werte zu vertreten. Je besser ihr das gelingt, desto weniger stark betroffen würde sie auf rücksichtsloses Verhalten anderer reagieren. Sie könnte möglicherweise sogar den guten Kern in der Rücksichtslosigkeit anderer erahnen: das Vertreten eigener Interessen.

Vorschlag für die Vermittlung des Werte- und Entwicklungsquadrates

Folien 8.9–8.12

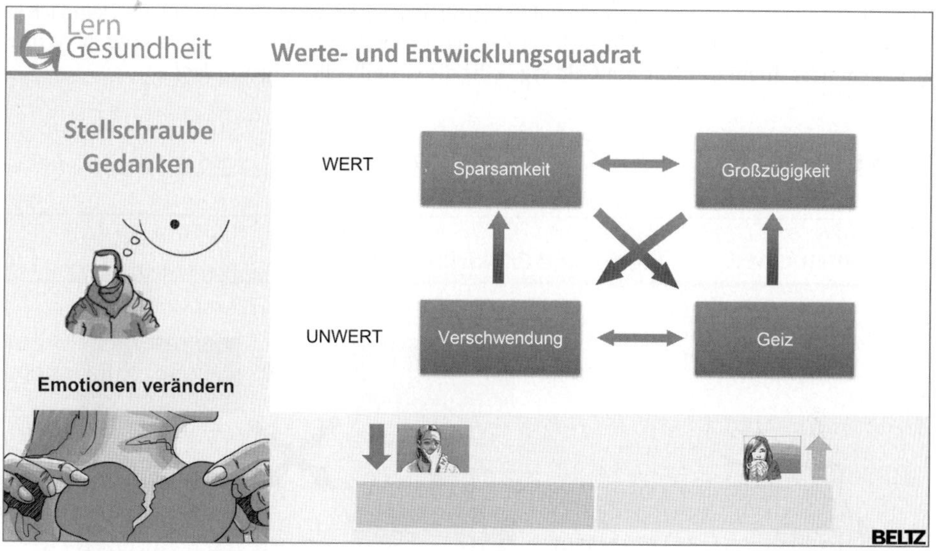

(Abgebildet ist Folie 8.12. Die Folien 8.9 bis 8.11 finden Sie im Foliensatz 8 im Onlinebereich.)

Folie 8.9: Stressauslösende Gedanken – oder solche, die negative Emotionen heraufbeschwören – sind vielfach auch an persönliche Werte und Überzeugungen geknüpft. In diesem Schritt lernen Sie das Werte- und Entwicklungsquadrat kennen, das auf Hartmann zurückgeht und meistens mit dem Kommunikationspsychologen Schulz von Thun in Verbindung gebracht wird. Mit dem Werte- und Entwicklungsquadrat können Sie wertbezogene Gedankenmuster sinnvoll ergänzen und so negative Emotionen oder Stress beeinflussen. Schauen wir uns das einfach einmal an:

Stellen Sie sich einen Moment lang vor, ein zentraler Wert von mir wäre Sparsamkeit. Und jedes Mal, wenn jemand Geld ausgibt – z. B. weil er in den Urlaub fährt – fällt mir sofort Verschwendung als Unwert ein: Statt das teure Hotel zu buchen, hätte er auch auf einen Campingplatz gehen können! Ich kann mich also so richtig darüber empören und ärgern, dass jemand so viel Geld ausgibt. Wenn Sie mich jetzt beraten, dann könnten Sie mir sagen: »Man kann jeden Wert übertreiben, auch jeden noch so guten Wert, sogar so einen schönen Wert wie Sparsamkeit.« Was also passiert, wenn ich Sparsamkeit übertreibe – wohin komme ich dann?

[Tr. zeigt auf die Stelle, an der später Geiz steht. Tn. sagen Geiz.]

Folie 8.10: Genau, das habe ich hier auch. Und wohin müsste ich mich entwickeln, wenn ich nicht geizig sein wollte? Was also ist das gute Gegenteil von Geiz?

[Tr. zeigt auf die Stelle, an der später Großzügigkeit steht. Tn. sagen Großzügigkeit, Freigiebigkeit oder Genussfreude.]

Folie 8.11: Genau, Großzügigkeit oder Genussfreude. Ich habe hier mal Großzügigkeit reingeschrieben. Sparsamkeit ist gut – aber nur, wenn ich auch großzügig oder genussfreudig sein kann. Sie sehen, dass die beiden Werte oben sich gegenseitig gut ergänzen. Und anstatt mich aufzuregen, wenn einer Geld ausgibt, könnte ich mir vornehmen, mit mir und anderen etwas großzügiger umzugehen. Das wäre dann ein Entwicklungsziel für mich. Und darüber kann ich dann meine Emotionen regulieren. Aber natürlich lässt sich auch Großzügigkeit übertreiben …

Folie 8.12: Und dann sind wir selbstverständlich bei der Verschwendung. Wenn ich mit dem Werte- und Entwicklungsquadrat arbeite, könnte ich dann hier unten *[Tr. zeigt auf das Feld für hilfreiche Gedanken.]* so etwas eintragen wie: Ich mache mir klar, dass ich Großzügigkeit mit mir und anderen trainieren will. Das heißt dann aber nicht, dass ich Verschwendung gutheißen muss – sie muss mich halt nur nicht mehr automatisch emotional so betroffen machen. Wenn es notwendig ist, kann ich ja trotzdem einem Freund – vielleicht auch der Partnerin oder dem Partner – ein paar kritische Worte zu seinem oder ihrem Umgang mit Geld sagen. Ist die Grundlogik klargeworden?

Folien 8.13–8.16

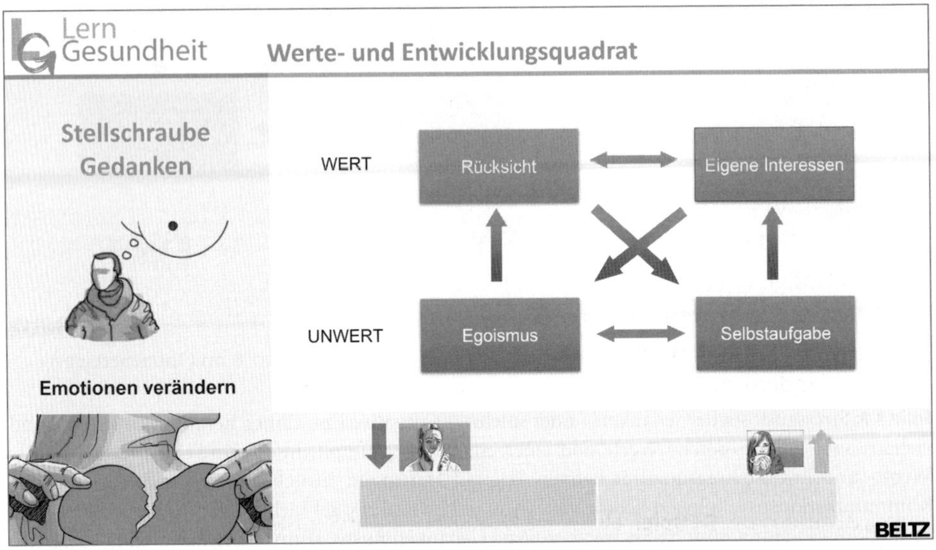

(Abgebildet ist Folie 8.16. Die Folien 8.13 bis 8.15 finden Sie im Foliensatz 8 im Onlinebereich.)

Folie 8.13: Dann schauen wir uns gemeinsam noch ein Beispiel an – und danach geht es dann um Ihre Situationen und um Ihre Werte. Möglicherweise ärgern Sie sich über den Egoismus von einem Ihrer Mitmenschen – und das ganz besonders, weil Sie selbst immer rücksichtsvoll sind. Nun wissen Sie ja, dass man jeden Wert – auch jeden noch so guten Wert – und sogar so einen schönen Wert wie Rücksicht übertreiben kann. Wohin kommen Sie, wenn Sie Rücksicht übertreiben?

[Tn. sagen Selbstaufgabe (o. Ä.).]

Folie 8.14: Sehen Sie, ich habe hier auch Selbstaufgabe stehen. Wenn Sie sich nun nicht komplett selbst aufgeben möchten, wohin kommen Sie dann? Oder anders gefragt: Was ist das gute Gegenteil von Selbstaufgabe?

[Tn. sagen, dass man für seine eigenen Interessen einsteht (o. Ä.).]

Folie 8.15: So ist es. Und beides ist wichtig: Die anderen und sich selbst im Blick behalten. Vielfach ist es so, dass man sich häufig und/oder stark über den Egoismus anderer ärgert, weil man selbst Rücksichtnahme mit der Muttermilch aufgesogen hat. Einem fällt es deswegen möglicherweise etwas schwerer, für sich selbst einzutreten als für andere da zu sein. Und wenn dann jemand egoistisch handelt, macht er einem etwas vor, was man sich selbst verbietet – und früher verboten bekommen hat. Man könnte also für sich das Entwicklungsziel fassen, ein bisschen mehr die eigenen Interessen zu vertreten und damit ein bisschen mehr Nein zu anderen und mehr Ja zu sich selbst zu sagen.

Folie 8.16: Es geht natürlich nicht darum, dass Sie ab jetzt egoistisch werden – aber darüber brauchen Sie sich in aller Regel auch keine Sorgen zu machen, wenn Sie so gelagert sind, wie ich es im Beispiel beschrieben habe. Dann haben Sie nämlich eine ganz natürliche Egoismusbremse eingebaut: Es gibt noch etwas anderes zwischen Weiß (also Rücksicht) und Schwarz (also Egoismus). Es geht vielmehr darum, Graubereiche auszuloten. Dieser Graubereich ist hier, die eigenen Interessen zu vertreten. Und es ist gut, wenn man sich klar macht, dass das etwas ganz anderes ist als egoistisch zu sein, solange man auch die anderen im Blick behält. Sie wissen ja, dass Medizin häufig eine Frage der Dosierung ist.

Wenn Sie hier *[Tr. zeigt auf das Feld für hilfreiche Gedanken.]* Ihr Entwicklungsziel formulieren und es sich in entsprechenden Situationen klar machen, dann muss Sie der Egoismus anderer nicht so unendlich aufregen: Denn dann tut der andere nicht mehr etwas, was Sie sich selbst verbieten. Vielleicht verstehen Sie auch, dass Ihr Interaktionspartner, der so egoistisch ist, einfach Angst hat, zu kurz zu kommen. Auch das Verständnis kann helfen, dass Sie erstens Ihre eigenen Emotionen regulieren, und dass zweitens mittel- bis langfristig eine Beziehung dadurch gewinnen kann. Wichtig hierbei ist aber, dass es Ihr Ziel ist, sich weniger aufzuregen. Wenn Sie sich über den Egoismus Ihres Gegenübers aufregen wollen, dann brauchen Sie natürlich nichts zu regulieren.

(2) Anwendung des Werte- und Entwicklungsquadrates

Nachdem die Teilnehmer das Werte- und Entwicklungsquadrat verstanden haben, kann mit diesem gearbeitet werden. Zuerst wird das Anwenden an einem Beispiel demonstriert, das von einem Teilnehmer kommt. Dieser berichtet von einer emotional schwierigen Interaktion, in der er sein eigenes Erleben – und nicht den Interaktionspartner – ändern möchte. Ziel dieses Zwischenschritts ist es zu zeigen, wie aus einer geschilderten Situation das Werte- und Entwicklungsquadrat abgeleitet wird. Im Anschluss daran erarbeiten die Teilnehmer in Partnerarbeit jeweils ein Werte- und Entwicklungsquadrat für ihre eigenen schwierigen Interaktionen.

Demonstration am Beispiel eines Teilnehmers. Hierbei sollte wie folgt vorgegangen werden:

(a) Hat der Teilnehmer seine Situation bzw. Interaktion geschildert, wird zunächst das Veränderungsziel geprüft. Eine Weiterarbeit ist nur möglich, wenn der Teilnehmer sein eigenes Erleben verändern möchte.

(b) Wie auch bei der Stellschraube Körper oder der Kopfstand-Technik der Stellschraube Gedanken sollten mögliche Wirkungen und Nebenwirkungen antizipiert und ggf. das Veränderungsziel angepasst werden.

(c) Danach werden der verletzte Wert (Wert 1) und der vorliegende Unwert (Unwert 1) identifiziert (s. o.).

(d) Davon ausgehend wird das Werte- und Entwicklungsquadrat wie oben dargestellt entwickelt. Wichtig ist es, dass der freiwillige Teilnehmer aktiv in die Entwicklung des Quadrates eingebunden ist und dass er selbst die mentalen Suchprozesse durchläuft. Der Trainer sollte stets abwägen, wie sehr er die Gruppe mit einbindet: Einerseits ist das Mitdenken der anderen Teilnehmer wünschenswert, weil sie dadurch schon einmal erste praktische Erfahrungen sammeln. Andererseits passiert es nicht selten, dass Teilnehmer eine ähnliche Situation kennen. Das birgt die Gefahr, dass sie den Suchprozess des freiwilligen Teilnehmers beeinflussen, weil sie ganz ähnliche

Interaktionen anders bewerten. Es hat sich als günstig gezeigt, wenn der Trainer die Teilnehmer bittet, mitdenkende Zuschauer zu sein, die bei Bedarf befragt werden können.

(e) Steht das Werte- und Entwicklungsquadrat, erfolgt die Rückbindung an die problematische Interaktion: Es sollte also herausgearbeitet werden, wie diese Erkenntnisse für die Regulation der aversiven Emotion genutzt wird. Es gibt grundsätzlich drei Möglichkeiten:

- **Verständnis.** Durch das Erschließen des guten Gegenwertes (Wert 2) kann (zumindest in Teilen) Verständnis für den Interaktionspartner entwickelt werden. Falls die Art der Beziehung es zulässt (z. B. Eltern-Kind-Beziehung), kann aus diesem Verständnis ein Entwicklungsziel für den Interaktionspartner formuliert werden (siehe Beispiel Lehrer-Schüler-Beziehung).

Beispiel

Viele Lehrer, die an diesem Training teilnehmen, ärgern sich über *respektlose* Schüler und wünschen sich *Respekt* (Wert 1). Die Arbeit mit dem Werte- und Entwicklungsquadrat ergibt in der Regel, dass die Übertreibung von Respekt *Unterwürfigkeit* (Unwert 2) ist. Das gute Gegenteil von Unterwürfigkeit ist *Selbstbewusstsein* (Wert 2), das in seiner Übertreibung zur *Respektlosigkeit* (Unwert 1) führen kann.

Bei der Rückkopplung dieser Erkenntnisse berichten viele Lehrer, dass die respektlosen Schüler nicht diejenigen sind, die ihr Selbstbewusstsein »mit der Muttermilch aufgesogen haben«. Eher sind es Schüler, die um Selbstbewusstsein ringen oder um Anerkennung in der Gruppe. In ihrem Bestreben, Selbstbewusstsein aufzubauen, »schießen sie über das Ziel hinaus« und verhalten sich deswegen respektlos.

Die Erkenntnis führt bei vielen Lehrern dazu, dass sie auf der einen Seite zwar keine Regelverstöße (Respektlosigkeiten) dulden, dass sie aber auf der anderen Seite Verständnis für die Person des betreffenden Schülers entwickeln. Im Rahmen ihres pädagogischen Auftrags formulieren sie für diese Schüler das Entwicklungsziel, deren Selbstbewusstsein zu fördern. Das führt bei den Lehrern zu einer Neubewertung, die mit weniger Ärger, Frust und Hilflosigkeit dem Schüler gegenüber einhergeht. Mit etwas Glück kann das Fördern des Selbstbewusstseins auch dazu führen, dass der Schüler mittelfristig bereit ist, respektvoller zu agieren.

- **Eigenes Entwicklungsziel.** Das eigene Wertespektrum kann erweitert werden und durch festgelegte persönliche Entwicklungsziele zu »persönlichem Wachstum« führen, indem dysfunktionale Schemata modifiziert werden (z. B. »In Zukunft werte ich mich nicht mehr ab, wenn ich bedürftig bin, sondern praktiziere Selbstfürsorge. Dann bin ich auch nicht mehr darauf angewiesen, dass andere so sehr auf mich Rücksicht nehmen – wenngleich es schön wäre!«).

- **Nachjustieren.** Manchmal trifft das erarbeitete Werte- und Entwicklungsquadrat noch nicht den Kern. Das kann man häufig daran feststellen, dass der Wert 2 als nicht hilfreich empfunden wird. Dann sollte nach weiteren verletzten Werten (Unwert 1) bzw. erstrebenswerten Werten (Wert 1) gesucht werden (zurück zu (c)). Erfahrungsgemäß kann es hilfreich sein, die Perspektive zu wechseln, sodass andere Wertepaare in den Fokus rücken.

Beispiel

Eine Teilnehmerin ärgert sich über die *schulische Faulheit* (Unwert 1) ihres vierzehnjährigen Sohnes. Ihr hilft der gute Gegenwert von *Fleiß* (Wert 1), nämlich *Muße* (Wert 2) nicht weiter. Sie möchte, dass ihr Sohn arbeitet und deswegen drängt sie ihn regelmäßig kräftezehrend aber erfolglos.

Durch die Frage, warum es ihr so wichtig ist, wird klar, dass sie sich für ihren Sohn *verantwortlich* (Wert 1) fühlt. Würde sie sich nicht dahinterklemmen, wäre sie als Mutter *verantwortungslos* (Unwert 1). Die Bearbeitung des Werte- und Entwicklungsquadrates um den Wert *Verantwortung* (Wert 1) bringt ihr die Erkenntnis, dass erstens die Übertreibung von Verantwortung eine Form des »*Gluckens*«, der »*Übermutter*« oder schlicht der *Kontrolle* (Unwert 2) ist. Ihr Entwicklungsziel, dass sie letztlich findet, ist *Verantwortung abzugeben* und ihren Sohn Stück für Stück *ins Erwachsenenleben loszulassen* (Wert 2). Dazu gehört dann auch die Einsicht, dass er möglicherweise selbst die Erfahrung des Scheiterns machen muss (z. B. wenn er die Klasse wiederholt).

Anwenden des Werte- und Entwicklungsquadrates in der Partnerarbeit. Die Schritte bei der Demonstration (s. o.) und in der Partnerarbeit sind identisch. Auch hier bezeichnen wir die Partner wieder als Problemgeber und als Coach. Damit die Partnerarbeit gelingt, sollte der Trainer darauf hinweisen, dass der Coach zwar empathisch sein soll, dass er aber trotzdem genau nachfragt und nicht dem Irrtum unterliegt, dass er sich schon alles denken kann, nur weil er eine ähnliche Situation kennt.

Zusätzlich sollten die Teilnehmer darauf hingewiesen werden, dass manchmal ein einzelnes Wertequadrat nicht ausreicht. Konnte in der Demonstration eine Nachjustierung nicht gezeigt werden, ist es notwendig, den Teilnehmern ein kurzes Beispiel zu geben, damit sie den Sinn und den Weg des Nachjustierens nachvollziehen können.

Während der Partnerarbeit unterstützt der Trainer die Arbeit in den einzelnen Tandems. Da alle erst noch Erfahrung und Sicherheit in der Arbeit mit dem Werte- und Entwicklungsquadrat bekommen müssen, sind unterschiedlichste anschauliche Beispiele sehr hilfreich. Der Trainer kann also verschiedene Teilnehmer schon während der Partnerarbeit (beim Unterstützen) fragen, ob sie ihr Werte- und Entwicklungsquadrat und ggf. auch die Probleme, die sie damit hatten, im Plenum für alle vorstellen und mit allen besprechen mögen.

(3) Reflexion und Vorbereitung des Transfers
Ist die Partnerarbeit beendet, werden die Ergebnisse noch einmal kurz reflektiert. Dazu sollten in gewohnter Manier zunächst hilfreiche Erkenntnisse und gelungene Regulationen vorgestellt werden. Danach können Probleme besprochen und nach Möglichkeit gelöst werden. Der Trainer kann an dieser Stelle auch einzelne Teilnehmer, mit denen er es zuvor besprochen hatte, bitten, ihre Fälle vorzustellen. Der Trainer sollte die Teilnehmer durch Visualisieren des jeweiligen Werte- und Entwicklungsquadrates kognitiv entlasten (z. B. am Flipchart).

Die Arbeit mit dem Werte- und Entwicklungsquadrat wird häufig als sehr schwierig empfunden – vor allem, wenn die notwendige Erfahrung fehlt. Um mit dem Werte- und Entwicklungsquadrat vertrauter zu werden und es für emotional schwierige Interaktionen nutzen zu können, muss es regelmäßig geübt werden. Deswegen sollten die Teilnehmer ermutigt werden, in der Zeit bis zur nächsten Einheit mehrere Werte- und Entwicklungsquadrate für schwierige Interaktionen zu erstellen (s. Abschn. 12.4). Das Ergebnis eines Werte- und Entwicklungsquadrates ist eine kognitive Neubewertung, die in der entsprechenden Spalte im Emotionstagebuch eingetragen wird (s. Abschn. 12.3.3).

12.3.3 Reflexion: Gelingensmodelle und Schwierigkeiten vorstellen

In dieser Einheit wurden zur Bearbeitung der Stellschraube Gedanken zwei Wege vorgeschlagen: Die Teilnehmer nutzen die Kopfstand-Technik (s. Abschn. 12.3.1) oder die Arbeit mit dem Werte- und Entwicklungsquadrat (s. Abschn. 12.3.2). Beide Wege zielen auf eine Stress- und Emotionsregulation durch kognitive Neubewertungen. Neben der (Selbst-)Würdigung dessen, was den Teilnehmern in dieser Einheit gelungen ist, besteht der Schwerpunkt dieses Abschnittes darin, beide Methoden so zu integrieren, dass die Teilnehmer damit zwischen den Einheiten selbständig weiterarbeiten können.

Die Integration geschieht über das Emotionstagebuch (Folie 7.18): Wie in den vorangegangenen Einheiten auch werden wieder die fünf Spalten (Situation, alter Gedanke, Emotion, neuer Gedanke und neue Emotion) bearbeitet. In die Spalte *neuer Gedanke* wird entweder das Ergebnis der Kopfstand-Technik oder das des Werte- und Entwicklungsquadrats eingetragen (s. Tab. 12.3; Begleitheft S. 27). Obwohl die Teil-

Tabelle 12.3 Emotionstagebuch der Einheit 8

Situation	alte Gedanken *alte Körperhaltung*	alte Emotion	neue Gedanken *neue Körperhaltung*	neue Emotion
Ärger durch Ansprüche der Ehefrau	Das ist ungerecht. Die nörgelt nur. Die denkt, ich bin faul.	Wut	Wir haben gemeinsam ein Problem, das wir gemeinsam lösen müssen.	30 % Ärger, 70 % Gelassenheit

nehmer bereits einige Erfahrungen mit dem Emotionstagebuch haben, sollte das Vorgehen an dieser Stelle für beide Methoden exemplarisch an Bespielen der Teilnehmer durchgeführt werden. Mögliche Schwierigkeiten sollten besprochen werden. Es hat sich als hilfreich herausgestellt, das Vorgehen visuell zu unterstützen (z. B. am Flipchart).

Damit die Teilnehmer vertrauter mit beiden Methoden werden, sollte an dieser Stelle bereits darauf hingewiesen werden, dass sie beide Methoden zu Hause üben. Optimaler Weise bearbeiten sie in dieser Woche täglich zwei emotional schwierige Situationen: eine mit der Kopfstand-Technik und eine mit dem Werte- und Entwicklungsquadrat.

Weil das viel zusätzliche und kognitiv anstrengende Arbeit ist, benötigen die Teilnehmer eine gute Begründung. Diese besteht im Trainingsaspekt. Es geht in der Übungsphase nicht primär darum, mit den Methoden emotionale Probleme zu bearbeiten, sondern vielmehr um das Erlernen der Werkzeuge. Wenn aktuell nicht ausreichend eigene emotional schwierige Situationen vorhanden sind, können die Teilnehmer auf frühere Situationen zurückgreifen oder die Methoden nutzen, um ihnen nahestehende Personen zu beraten (Prinzip: »Docendo discimus.« = »Durch Lehren lernen wir.«).

Um die Wirksamkeit der einzelnen Stellschrauben optimal zu nutzen, sollten sie idealerweise kombiniert werden. Deswegen wird an dieser Stelle damit begonnen, die Stellschraube Körper mit der Stellschraube Gedanken gemeinsam anzuwenden. Dazu kann exemplarisch einer der bearbeiteten Fälle der Teilnehmer genutzt werden. Der Teilnehmer, der seinen Fall vorstellt, begibt sich gedanklich noch einmal in die Ausgangssituation:

(1) Zunächst überlegt er, welche Körperhaltung er hatte, und wie er sie zielführend ändern kann (s. Abschn. 11.3).
(2) Dann vergegenwärtigt er sich noch einmal die alten und die neuen Gedanken, die in dieser Einheit herausgearbeitet wurden.
(3) Er spielt die Situation (alte Körperhaltung, alte Gedanken) kurz szenisch an, um sie dann im Laufe des Spiels durch das Einnehmen der neuen Körperhaltung und durch das Abrufen der neuen Gedanken zu verändern.
(4) Abschließend wird gemeinsam reflektiert.

Wann immer es möglich ist, üben die Teilnehmer zu Hause beide Stellschrauben zusammen. Auch das wird im Emotionstagebuch (s. Abschn. 12.4) berücksichtigt.

12.4 Aufgaben der Woche: Emotionstagebuch und Stellschraube Gedanken im Alltag

Die Teilnehmer bekommen folgende Aufgaben der Woche (Folie 8.19), von denen das Führen des Emotionstagebuchs unbedingte Priorität haben sollte:

(1) Achtsamkeits- und Entspannungsübung. Die Teilnehmer üben weiterhin regelmäßig mit der stark verkürzten Version der Achtsamkeits- und Entspannungsübung weiter, in der ohne Anspannung direkt die Entspannung trainiert wird.
(2) Belastungsanker oder Anker für hilfreiche Emotionen. Die Teilnehmer suchen sich auch in dieser Woche aus, welchen der beiden Anker sie abrufen möchten. Nach Möglichkeit sollte das mehrmals täglich geschehen. Sie können die Anker abwechselnd abrufen oder sich auf einen konzentrieren.
(3) Umsetzung des Resilienzprojektes. Die Teilnehmer werden an weitere Schritte ihres Resilienzprojektes erinnert.
(4) Automatisieren selbstwertdienlicher Gedanken. Die Teilnehmer rufen weiterhin selbstwertdienliche Gedanken ab, wenn sie auf einen Klebepunkt stoßen. Sie können auch neue Klebepunkte verteilen.
(5) Führen des Emotionstagebuchs. Die Teilnehmer bearbeiten möglichst täglich zwei emotional schwierige Situationen mit dem Emotionstagebuch: eine mit der Kopfstand-Technik und eine mit dem Werte- und Entwicklungsquadrat.

12.5 Abschlussblitzlicht

Nach einer allgemeinen Einschätzung und Würdigung ihrer Leistungen sind die Teilnehmer eingeladen zu überlegen, was sie tun können, damit ihnen erstens die Kombination der Strategien und Stellschrauben gut gelingt. Zweitens sollen sie überlegen, wie sie den Transfer der Strategieanwendung in emotional schwierige Situation sicherstellen können.

13 Stellschraube Verhalten (Einheit 9)

13.1 Zeitlicher Ablauf von Einheit 9

Phase	Zeit	Thema	Ziele
Einstieg	15'	Begrüßung und Trainingserfahrung reflektieren	▶ Selbstwirksamkeit stärken ▶ Trainingserfahrung austauschen ▶ würdigen, dass man »am Ball geblieben« ist
	5'	Stellschraube Verhalten kennenlernen (Hinführung)	▶ unterschiedliche Verhaltensmöglichkeiten kennenlernen, die Einfluss auf die emotionale Befindlichkeit haben
Hauptteil	15'	Identifizieren und verändern von konkretem stressauslösenden Verhalten	▶ Verhalten identifizieren, das einen Einfluss auf emotional schwierige Situationen hat ▶ entgegengesetzte Verhaltensweisen zur Emotionsregulation erproben
	35'	Innere Antreiber: Verhaltensbeobachtungen und -experimente im Alltag	▶ wissen, dass individuelle Lernerfahrungen zu ganz spezifischen Reaktionsmustern führen ▶ individuell unterschiedliche Stressverstärker kennenlernen ▶ Methode der Konfrontation mit Reaktionsverhinderung kennenlernen ▶ Verhaltensexperimente für den Alltag planen
	10'	Integration der drei Stellschrauben	▶ individuell passende Kombinationen erproben
Abschluss	10'	Transferplanung für die Zeit nach dem Training	▶ konkrete Vorsätze für die Weiterarbeit nach dem Training bilden ▶ Hindernisse antizipieren und Überwindungsstrategien entwickeln
	5'	Abschlussblitzlicht	▶ Mini-Reflexion der neunten Einheit und des gesamten Trainings

13.2 Einstieg: Würdigen der Aufgaben und Besprechen von Schwierigkeiten

In dieser Einheit wird im Kern an der Stellschraube Verhalten gearbeitet. Die Grundidee dieser Stellschraube wird bereits in der Einführung hergeleitet (s. Abschn. 13.2.2). Da in dieser Einheit auch eine systematische Kombination der drei Stellschrauben vorgesehen ist (s. Abschn. 13.3.3), sollen in der einleitenden Trainingsreflexion vor allem die Erfahrungen mit den Stellschrauben Körper (s. Kap. 11) und Gedanken (s. Kap. 12) fokussiert werden (s. 13.2.1). Tabelle 13.1 gibt einen Überblick über die Ziele und Inhalte der Einstiegsphase.

Tabelle 13.1 Überblick über die Einstiegsphase (Dauer: etwa 20 Minuten)

Thema	Ziel	Inhalt	Organisation
13.2.1 Begrüßung und Trainingserfahrung reflektieren	Selbstwirksamkeit stärken:	kurze Einstiegsrunde zu den Fragen: ▶ Wie ist es Ihnen mit der Übung (Hausaufgabe) ergangen?	Blitzlichtrunde
	▶ verstärken, was gut war	▶ Was ist Ihnen gut gelungen (Bemühungen)? ▶ Wie hat sich bei Ihnen die Wirkung gezeigt?	
	▶ Schwierigkeiten überwinden	▶ ggf.: Welche Schwierigkeiten gab es? ▶ Wie lassen sie sich überwinden?	
13.2.2 Stellschraube Verhalten kennenlernen	▶ Hintergrundwissen über die Auswirkungen von Verhalten auf Emotions- und Stresserleben kennenlernen	▶ Rückgriff auf das Stressmodell ▶ die Rolle von Verhalten erläutern	interaktiver Kurzvortrag
	▶ unterschiedliche Verhaltensmöglichkeiten kennenlernen, die Einfluss auf die emotionale Befindlichkeit haben	▶ Verhalten finden, das die aktuelle Stimmung positiv wie negativ beeinflussen kann	

13.2.1 Trainingserfahrungen reflektieren

Bei der Reflexion der Trainingserfahrungen werden Erfolge und Bemühungen nach wie vor verstärkt. Anders als in den vorherigen Einheiten werden an dieser Stelle aber nur die Schwierigkeiten mit den Stellschrauben Körper und Gedanken fokussiert bzw. Probleme, die beim Nutzen des Emotionstagebuchs entstehen, weil am Ende dieser Einheit die drei Stellschrauben integriert und kombiniert werden. Diese Fokussierung sollte für die Teilnehmer transparent gemacht werden.

(1) Schwierigkeiten mit der Stellschraube Körper. Schwierigkeiten mit der Stellschraube Körper wurden bereits in der vorherigen Einheit besprochen (s. Abschn. 12.2.1). In dieser Einheit sollte der Trainer klären, ob und wie die Überwindung der Schwierigkeiten funktioniert hat.

(2) Schwierigkeiten mit der Stellschraube Gedanken (Kopfstand-Technik). Einige Schwierigkeiten, die typischerweise bei der Arbeit mit dieser Stellschraube entstehen, können als Motivationsproblem bezeichnet werden (das gilt in gleichem Maße auch für die Arbeit mit dem Werte- und Entwicklungsquadrat): Emotionen legen uns bestimmte Interpretations- und Bewertungsmuster nahe, die sich für uns sehr real anfühlen. Wer sich beispielsweise ärgert, interpretiert und bewertet die Ereignisse im Lichte des Ärgers. Daraus kann die Schwierigkeit entstehen, dass Teilnehmer fest davon überzeugt sind, dass sich die Situation oder der Interaktionspartner ändern muss, ihre Emotion aber berechtigt ist. Dieser Schwierigkeit sollte in zwei Schritten begegnet werden: Erstens kann man prüfen, ob die Emotion (in diesem Ausmaß) berechtigt ist, oder ob es noch andere mögliche Sichtweisen gibt, die ebenfalls plausibel sind. Das kann durch einen Perspektivwechsel geschehen (z. B. »Sie kennen sicherlich eine Person, die häufiger als Sie gelassen/zuversichtlich/... reagiert. Was würde sich diese Person in Ihrer Situation sagen? Wie würde sie die Situation interpretieren und bewerten?«). Zweitens kann man prüfen, ob die Emotion funktional ist. Auch berechtigte Emotionen können dysfunktional sein. Ich kann mich beispielsweise berechtigt über Schlampigkeiten von einem Kollegen ärgern. Dieser hat aber ein dickes Fell und hat sich in den letzten Jahren nicht geändert. Daran wird auch Ärger nichts ändern.

Ist die Emotion berechtigt und funktional, sollte sie ausgehalten und genutzt werden. Hier ist ein Herabregulieren möglicherweise nicht indiziert. Ist sie aber entweder nicht berechtigt oder nicht funktional (oder beides), sollte sie reguliert werden. Dies setzt jedoch die Einsicht voraus, dass Regulationsbedarf besteht. Dieser muss manchmal mit Teilnehmern erst erarbeitet und so das Motivationsproblem überwunden werden.

Eine weitere Schwierigkeit mit der Kopfstand-Technik kann dadurch entstehen, dass Teilnehmer die kognitiven Prozesse nicht (hinreichend) identifizieren können, die zur emotionalen Reaktion führen. Diese Schwierigkeit ist in der vorangegangenen Einheit bei der Bearbeitung dieser Stellschraube möglicherweise gar nicht aufgefallen (s. Abschn. 12.3.3), weil das Identifizieren der kognitiven Prozesse in der Regel im Gespräch leichter gelingt als alleine. Erst zu Hause beim Bearbeiten des Emotionstagebuchs tritt diese Schwierigkeit bei einigen auf. Hier liegt die Lösung bereits im Problem: Die Teilnehmer können sich zur Bearbeitung des Emotionstagebuchs verabreden (z. B. zum Telefonieren).

Einige Teilnehmer berichten, dass sie durch das Verändern von kognitiven Prozessen keine spürbaren emotionalen Veränderungen bemerken. Es sollte zuerst überprüft werden, ob der Fehler in der Anwendung der Stellschraube Gedanken liegt. Ist das nicht der Fall, sollte den Teilnehmern empfohlen werden, mit allen Stellschrauben und den möglichen Kombinationen so zu experimentieren, bis es für sie passend ist.

Viele Teilnehmer berichten bei der Reflexion der Trainingserfahrung, dass sie die Anwendung der Stellschraube Gedanken als sehr anstrengend erlebt haben. Das ist nachvollziehbar, denn die geforderten kognitiven Prozesse und das Umlernen beanspruchen deutlich mehr mentale Kapazitäten als z. B. Entspannung oder die Ankerübungen. Deshalb sollte die erlebte Anstrengung durch den Trainer validiert und gewürdigt werden. Gleichzeitig sollten die langfristigen Ziele ins Bewusstsein der Teilnehmer geholt werden (z. B. »Wissen Sie noch, warum Sie sich vorgenommen haben, mit dieser Stellschraube zu arbeiten?«). Zudem können erste Erfolge auf dem Weg zum Ziel als Verhaltensverstärker erfragt werden (z. B. »Haben Sie schon erste Erfolge beobachten können, die Sie näher an dieses Ziel bringen?« Falls ja: »Wenn Sie die anstrengende Arbeit mit der Stellschraube Gedanken gerade abgeschlossen haben, können Sie sich damit belohnen, dass Sie sich diese Erfolge vor Augen führen und mit diesen Erfolgen Ihr Bemühen verstärken.«).

(3) Schwierigkeiten mit der Stellschraube Gedanken (Werte- und Entwicklungsquadrat). Schwierigkeiten, die speziell bei der Arbeit mit dem Werte- und Entwicklungsquadrat auftauchen, betreffen meistens dessen Konstruktion oder das Ableiten von neuen, hilfreichen Gedanken.

Ein typischer Fehler bei der Konstruktion ist es, dass der gefundene »gute Gegenwert« (Wert 2) ein Synonym und nicht das Gegenteil des ersten Wertes ist. Je stärker und je einseitiger eine Person mit dem Wert 1 identifiziert ist, desto größer ist die Wahrscheinlichkeit für diesen Fehler. Eine recht einfache Möglichkeit, diesen Fehler zu bemerken, besteht darin, die Ähnlichkeit zwischen Wert 1 und Wert 2 zu prüfen.

Auch wenn Teilnehmer erkennen, dass sie diesen Fehler bei der Konstruktion gemacht haben, fällt es vielen schwer, den guten Gegenwert zu finden. Hier können Freunde, Bekannte und Verwandte zum Mitdenken eingeladen werden. Grundsätzlich gilt: Je stärker sich der Mitdenker in Bezug auf diesen Wert vom Teilnehmer unterscheidet, desto größer ist die Wahrscheinlichkeit, dass er eine hilfreiche Idee hat. Im Umkehrschluss bedeutet das: Ein Mitdenker, der ebenfalls hoch mit dem entsprechenden Wert identifiziert ist, ist in der Regel dafür kein guter Rat- und Ideengeber, weil er die gleichen »blinden Flecken« hat.

Das Rückkoppeln des Werte- und Entwicklungsquadrates an die emotional schwierige Situation und das Ableiten hilfreicher Gedanken ist ein kreativer Prozess, der umso leichter wird, je mehr Erfahrung man hat. Eine Orientierung können die drei im Abschnitt 12.3.3 vorgestellten Möglichkeiten geben. Bei auftretenden Schwierigkeiten sollten die Teilnehmer erstens gedanklich experimentieren, bis sie passende Lösungen finden. Zweitens sollten sie auch hierfür Mitdenker einladen: Im Dialog lassen sich auch emotional schwierige Prozesse leichter reflektieren.

13.2.2 Die Grundidee der Stellschraube Verhalten

Emotionen und Stresserleben beeinflussen das Verhalten von Personen: Wenn ich gestresst bin, laufe ich vielleicht im Raum auf und ab; wenn ich mich ärgere, gebe ich gereizte Antworten, und wenn ich vor etwas Angst habe, versuche ich, die Angst auslösende Situation zu vermeiden. Das Verhältnis von Emotionen und Verhalten ist allerdings bidirektional: Das Verhalten hat auch eine Wirkung auf das emotionale Erleben und das Empfinden von Stress: Wenn ich nervös im Raum hin- und herlaufe, steigere ich meinen Stress.

Diese Erkenntnis steht im Zentrum der Hinführung zur Stellschraube Verhalten. Das grundlegende Prinzip der bidirektionalen Wirkung ist den Teilnehmern bereits durch die anderen beiden Stellschrauben bekannt und benötigt deswegen wenig Erläuterung. Die Stellschraube Verhalten sollte im Stressmodell als Stressreaktion kategorisiert werden (s. Folie 9.4). Hierbei ist es für das Verständnis wichtig, die Stress- bzw. Emotionsreaktion weiter zu differenzieren: Bislang wurden hier körperliche Prozesse wie Anspannung (s. Stellschraube Körper) betrachtet. In dieser Einheit wird die Stress- und Emotionsreaktion um den Aspekt der Handlungstendenzen bzw. Handlungsimpulse ergänzt. Handlungstendenzen sind evolutionär »vorprogrammierte« Handlungsimpulse, die durch aktuelle Emotionen aktiviert werden (s. Abschn. 1.6): Ärger legt Angriff nahe; Angst legt Flucht, Vermeidung oder Erstarren nahe; Trauer schlägt Rückzug vor und so weiter. Zusätzlich gibt es auch sehr individuelle Handlungsimpulse, die durch eine emotional schwierige Situation ausgelöst werden. Diese können bereits mehr oder weniger funktionale Bewältigungsversuche sein: Es gibt beispielsweise Studierende, die bis zur letzten Minute vor der Prüfung noch versuchen (krampfhaft) zu lernen (und sich so stärker als nötig unter Druck setzen), während andere es über lange Zeit vermeiden, überhaupt an den Lernstoff zu denken (und damit gute Lernzeit verschenken).

Die Teilnehmer kennen in der Regel solche Impulse. Diese können abgefragt werden, um direkt an den Erfahrungen der Teilnehmer anzuknüpfen (s. Folie 9.5). Weil die Kopfstand-Technik bereits bekannt ist, muss diese nicht weiter erläutert werden. Die Teilnehmer können also direkt, nachdem sie ihre Erfahrungen geschildert haben, gebeten werden, sich vorzustellen, das Verhalten zu intensivieren oder sich entgegengesetzt zu verhalten. Dabei sollen sie jeweils einschätzen, wie sich ihre Emotionen bzw. ihr Stresserleben verändert. Es kann hilfreich sein, wenn der Trainer zunächst ein eigenes Beispiel vorstellt.

Beispiel

»Manchmal glaube ich, wenn ich Trainings gebe und die Teilnehmer arbeiten, dass die Zeit nicht ausreicht. Dann werde ich ungeduldig und möchte die Teilnehmer am liebsten sofort unterbrechen und weitermachen. Wenn ich das nicht tue, steigt meine innere Spannung. Und wenn ich dann noch hin und her gehe – wie ein Tiger in seinem Käfig – und ständig auf die Uhr sehe, dann werde ich noch unruhiger. In den meisten Fällen hilft es mir, wenn ich mich dazu zwinge, mich hinzusetzen und aus dem Fenster zu sehen.«

13.3 Anwenden der Stellschraube Verhalten

Das Anwenden der Stellschraube Verhalten besteht darin, sich entgegengesetzt zu den Handlungsimpulsen zu verhalten und dadurch das Emotions- und Stresserleben zu beeinflussen (s. o.). In diesem Abschnitt wird das an konkreten Fällen aus dem Alltag der Teilnehmer geübt (s. Abschn. 13.3.1). Da in dieser Einheit die Integration der Stellschrauben systematisch geübt werden soll, werden in Abschnitt 13.3.2 kognitive Stressverstärker identifiziert, die sowohl Interpretationen und Bewertungen (Stellschraube Gedanken) als auch Handlungsimpulse (Stellschraube Verhalten) nahelegen. Sind die Stressverstärker identifiziert, können deren kognitive Einschärfungen hinterfragt und relativiert werden. Das bildet dann den kognitiven Rahmen für Verhaltens-

Tabelle 13.2 Überblick über den Hauptteil der neunten Einheit (Dauer: etwa 60 Minuten)

Thema	Ziele	Inhalt	Organisation
13.3.1 Identifizieren und verändern von konkretem stressauslösenden Verhalten	▶ identifizieren dysfunktionaler Verhaltensweisen ▶ modifizieren dysfunktionaler Verhaltensweisen ▶ erproben der neuen funktionaleren Verhaltensweisen	▶ Anwendung der Kopfstand-Technik: (a) Situation finden (b) Veränderungsziel festlegen (c) Wirkungen und Nebenwirkungen prüfen (d) identifizieren dysfunktionaler Kognitionen (e) systematisches Verändern der Verhaltensweisen, sodass Veränderungsziel erreicht wird	Partnerarbeit
	▶ Transfer durch Reflexion vorbereiten ▶ emotionale Selbstwirksamkeit stärken	▶ Das Vorgehen wird im Partnergespräch reflektiert.	Partnergespräch
		▶ Reflexion über die Übung	Gruppengespräch
13.3.2 Innere Antreiber: Verhaltensbeobachtungen und -experimente im Alltag	▶ innere Antreiber (Stressverstärker) kennenlernen	▶ vorstellen der inneren Antreiber (Stressverstärker) und ihrer Wirkweise	Kurzvortrag
	▶ identifizieren eigener innerer Antreiber (Stressverstärker)	▶ In Partnerarbeit (a) identifiziert jeder seine eigenen Stressverstärker (b) und würdigt diese.	Partnerarbeit
	▶ eigene innere Antreiber relativieren	▶ kognitive Distanzierung von den eigenen inneren Antreibern	

Tabelle 13.2 (Fortsetzung)

Thema	Ziele	Inhalt	Organisation
	▶ Konfrontation mit Reaktionsverhinderung	▶ Verhaltensexperimente im Alltag planen	
	▶ Transfer durch Reflexion vorbereiten	▶ Reflexion über die Übung	Gruppengespräch
13.3.3 Integration der drei Stellschrauben	▶ systematisches Anwenden der drei Stellschrauben	▶ Situationen wählen ▶ Veränderungsziel festlegen ▶ Arbeit mit dem Emotionstagebuch	Partnerarbeit
	▶ mögliche Nachkorrekturen	▶ Nachfragen, Anmerkungen etc.	Gruppengespräch

experimente, in denen Teilnehmer planen, wie sie sich gezielt und nebenwirkungsbewusst entgegengesetzt verhalten. In Abschnitt 13.3.3 werden an konkreten Beispielen alle drei Stellschrauben integriert. Tabelle 13.2 gibt einen Überblick über die Ziele und Inhalte des Hauptteils dieser Einheit.

13.3.1 Identifizieren und verändern von konkretem stressauslösenden Verhalten

Beim Anwenden dieser Stellschraube wird die gleiche Schrittabfolge verwendet wie für die anderen beiden Stellschrauben beschrieben (s. u.).

Überblick über die Schritte (genaue Beschreibung im Abschnitt 11.3.1)
Schritt 1: Situation auswählen
Schritt 2: Veränderungsziel festlegen
Schritt 3: Wirkungen und Nebenwirkungen prüfen
Schritt 4: Identifizieren emotionsverstärkender Verhaltensweisen
Schritt 5: Stellschraube Verhalten bedienen
Schritt 6: Reflexion
Schritt 7: Rollenwechsel

Es ändern sich auch hier nur die Schritte 4 und 5. Deswegen werden nur diese Schritte ausführlich besprochen und an dem bereits bekannten Beispiel illustriert.

Beispiel

(Ausgangslage, vgl. Abschn. 11.3.1)
Der Problemgeber berichtet, dass er gestern im Streit mit seiner Frau laut geworden ist und Dinge gesagt hat, die ihm im Nachhinein leidtun. Als er sich abends gemütlich hinsetzen wollte, hatte seine Frau ihn bedrängt, einige handwerkliche Dinge am Haus endlich einmal in Angriff zu nehmen. Sie hatte ihn dabei sehr unter Druck gesetzt. Daraufhin ist er ärgerlich und laut geworden und hat letztlich das Haus im Streit verlassen. Er würde gerne an seinem Ärger arbeiten.

Schritt 4: Identifizieren emotionsverstärkender Verhaltensweisen

Bei der Bearbeitung dieser Stellschraube geht es um Handlungen. Es bietet sich also an, handelnd statt rein kognitiv vorzugehen. Analog zur Identifizierung emotionsverstärkender Körperreaktionen (s. Abschn. 11.3.1, Schritt 4) werden die emotionsverstärkende Verhaltensweisen in diesem Schritt durch das szenische Darstellen der Situation identifiziert. Der Unterschied zu Körperreaktionen (z. B. Bewegungen) kann fließend sein, wobei der Fokus hier stärker auf dem Handlungsimpuls bzw. der Handlungstendenz liegt, die von der Emotion nahegelegt wird.

Die Teilnehmer bekommen die Instruktion, dass der Problemgeber nach Möglichkeit sein emotionsverstärkendes Verhalten bewusst ein wenig intensiviert.

Beispiel

Der Problemgeber spielt eine Szene, in der er als Reaktion auf das Drängen seiner Frau die Kiefer zusammenbeißt und die Brustmuskeln anspannt. Relativ schnell springt er erregt von seinem Stuhl auf (Stellschraube Körper).

Der Handlungsimpuls, der im Spiel herausgearbeitet wird, besteht in dem Wunsch und Versuch des Problemgebers, sich zu rechtfertigen und zu verteidigen (Stellschraube Verhalten). In der aufgeheizten Diskussion hat er jedoch den Eindruck, dass seine Frau einfach darüber hinweg gehen würde (Stellschraube Gedanken). Das steigert seinen Ärger.

Schritt 5: Stellschraube Verhalten bedienen

Nachdem das emotionsverstärkende Verhalten identifiziert wurde, kann es verändert werden. Analog zur Stellschraube Körper überlegen Problemgeber und Coach zunächst gemeinsam, wie der Problemgeber in der emotional schwierigen Situation entgegengesetzt handeln könnte. Sind stimmige Verhaltensweisen gefunden, werden diese szenisch erprobt und angepasst, bis sich die Emotion oder das Stresserleben des Problemgebers verändert.

Beispiel

Aus dem Impuls des Problemgebers, sich zu rechtfertigen und zu verteidigen, entwickeln Coach und Problemgeber gemeinsam die Strategie, zunächst einmal zu hören, was seine Frau sagt, nachzufragen und ihre Position zu verstehen. Das unterstützt der Problemgeber in der Situation dadurch, dass er seiner Frau direkt sagt, was bei ihm los ist und was er vorhat: »Hör mal, ich könnte gerade aufspringen und schreien – aber das bringt dir nichts und mir nichts. Deswegen möchte ich dir erst einmal zuhören und dich verstehen. Ich werde also nicht gleich sagen ›Mache ich!‹ und auch nicht ›Mache ich nicht!‹, sondern dir nur zuhören und vielleicht nachfragen.«

13.3.2 Innere Stressverstärker: Verhaltensbeobachtungen und -experimente im Alltag

Die Arbeit mit den inneren Stressverstärkern basiert auf der Annahme, dass es kognitive Glaubenssätze, Überzeugungen, Motivations- und Bewertungsbereitschaften gibt, die hier zu inneren Antreibern bzw. Stressverstärkern (stressverstärkenden Einstellungen) zusammengefasst werden. Obwohl diese Stressverstärker keine wissenschaftlich fundierten Konstrukte im eigentlichen Sinne sind, hat sich die praktische Arbeit mit ihnen bewährt. In verschiedenen Ansätzen, Trainings oder Programmen wird auf die hier verwendeten Stressverstärker oder ähnliche Formen zurückgegriffen. Beispiele dafür sind die Stressverstärker im Training *Gelassen und Sicher im Stress* (Kaluza, 2010), die Stressbeschleuniger im Programm *AGiL* (Hillert et al., 2016) oder die Antreiber in der *Transaktionsanalyse* (McClure & Goulding, 2005).

Übersicht über die Stressverstärker

(1) Sei (immer) perfekt! (s. Folie 9.9)
(2) Sei (immer) stark! (s. Folie 9.10)
(3) Beeil dich (immer)! (s. Folie 9.11)
(4) Mache es stets allen recht! (s. Folie 9.12)
(5) Streng dich (immer) an! (s. Folie 9.13)

Wir haben uns wegen der hohen Bildhaftigkeit und hohen Praktikabilität entschieden das Bild von inneren Stressverstärkern auch im Training *Stark im Stress* zu nutzen. Der Gedanke, der den Teilnehmern dadurch vermittelt werden soll, ist folgender: Innere kognitive Einschärfungen sind eine Art von Verhaltensge- und Verboten, die Personen in der Regel früh in ihrer Sozialisation verinnerlicht haben. Vor diesem Hintergrund interpretieren und bewerten sie ihre eigenen Bedürfnisse, Wünsche, Ziele und auch ihr Verhalten bzw. richten dieses an den erworbenen Verhaltensge- und Verboten aus. Sie interpretieren und bewerten ebenfalls die Wünsche, Bedürfnisse, Ziele und Handlungen ihrer Mitmenschen nach diesen Maßstäben.

Beispiel

Hat eine Person das innere Gebot, es stets allen recht machen zu müssen, wird sie ihre eigenen konkurrierenden Bedürfnisse als Egoismus abtun und sich stets anderen gegenüber hilfreich verhalten. Jemanden abzuweisen oder eine Bitte abzulehnen, versucht diese Person zu vermeiden. Muss sie es doch tun, macht sich in der Regel Unbehagen breit: Die Person hat ein schlechtes Gewissen.

Mitmenschen, die ihre eigenen Bedürfnisse stärker berücksichtigen, lösen bei dieser Person häufig aversive Emotionen aus. Sie ärgert sich über den Egoismus ihrer Mitmenschen.

Die kognitive Komponente ist vergleichbar mit den Interpretationen und Bewertungen, wie sie in der Einheit 8 (s. Abschn. 12.3.2) erarbeitet wurden. Da diese Interpretations- und Bewertungsmuster jedoch auch verhaltenswirksam sind, wird in dieser Einheit auf eine kognitive und verhaltensmäßige Bearbeitung abgezielt. Zuerst wird durch kognitive Um- und Neubewertungen ein Rahmen für verhaltensmäßige Veränderungen geschaffen (Stellschraube Gedanken). Innerhalb des neuen Interpretations- und Bewertungsrahmens planen die Teilnehmer Verhaltensexperimente für ihren Alltag, indem sie bewusst gegen die inneren Verhaltensge- und Verbote handeln.

Anders als im vorangegangenen Abschnitt bewirkt allerdings ein Handeln, das den Stressverstärkern entgegengesetzt ist, nicht, dass positive Emotionen auftreten. Im Gegenteil, es ist mit ziemlicher Sicherheit das Auftreten aversiver Emotionen zu erwarten. Warum genau das intendiert ist, soll im Folgenden dargelegt werden:

Handelt eine Person im Sinne eines Stressverstärkers, entstehen keine oder sogar angenehme Emotionen. Erst wenn gegen diesen Stressverstärker verstoßen wird, entstehen aversive Emotionen, die häufig mit irrationalen aversiven Erwartungen einhergehen: Es wird gegen verinnerlichte Maßstäbe verstoßen. Biographisch war das mit Bestrafung (im lerntheoretischen Sinn) verbunden. Deswegen meidet die Person ein solches Verhalten, wenn es ihr möglich ist. Durch dieses Abwenden aversiver Emotionen stabilisiert die Person den Einfluss des Stressverstärkers. Der hier beschriebene Effekt entspricht der negativen Verstärkung. Obwohl dieses Vermeidungsverhalten kurzfristig einen positiven Effekt hat (das Abwenden aversiver Emotionen), besteht die Gefahr, dass die Vermeidung mittel- bis langfristig mehr negative als positive Auswirkungen für die Person hat: Sie wird zur Quelle von dysfunktionalen Emotionen und Stress (und schränkt den Handlungsspielraum mitunter stark ein), da Stressverstärker in der Regel übergeneralisierte Ansprüche repräsentieren, deren Erfüllung erstens Stress auslösen kann. Außerdem können überhöhte Ansprüche meistens nicht erfüllt werden und lösen bei Nicht-Erfüllung Stress und aversive Emotionen aus. Der hier beschriebene Wirkmechanismus ähnelt dem einer Phobie.

Exkurs

Phobie und Angststörung

Der Wirkmechanismus einer Phobie lässt sich (etwas vereinfacht) sehr gut beschreiben: Als Reaktion auf bestimmtes Verhalten oder bestimmte Stimuli (z. B. große Plätze betreten) wird ein Anstieg aversiver Emotionen (insbesondere Angst) befürchtet. In der Regel reicht schon der Gedanke an diese Stimuli oder dieses Verhalten für einen Angstanstieg aus. Deswegen wird Vermeidungsverhalten (z. B. große Plätze meiden) etabliert.

Allerdings weicht der erwartete Verlauf der aversiven Emotion bzw. der Angst vom tatsächlichen Verlauf ab: Die Person erwartet, dass die aversive Emotion bzw. Angst immer weiter ansteigt und nicht wieder sinkt. In Wirklichkeit würde die Angst jedoch irgendwann einen Höhepunkt erreichen, der in der Regel deutlich unter dem erwarteten Höhepunkt liegt. Danach würde sie wieder sinken, bis sie ein normales Niveau erreicht hat.

Durch das Vermeidungsverhalten reduziert sich die Angst jedoch bereits mit der Vermeidung. Das wird von der Person als erleichternd erlebt und verstärkt somit erstens das Vermeidungsverhalten und intensiviert zweitens die irrationale Erwartung, was den Anstieg der Angst betrifft. Lerntheoretisch spricht man von negativer Verstärkung. Phobien sind verhaltenstherapeutisch gut behandelbar: Nachdem einige Rahmenparameter abgeklärt sind, setzen sich phobische Patienten bewusst dem Angstauslöser aus (Konfrontation). Sie vermeiden die ursprüngliche Reaktion: nämlich die Vermeidung. So machen sie die Erfahrung, dass sie erstens die Angst aushalten können und dass zweitens nichts Schlimmes passiert. Das ermöglicht ein relativ schnelles Umlernen, sodass diese Person sich bald ohne Angst den Auslösern aussetzen kann (für Details s. Michael & Ehlers, 2009).

Da die Wirkmechanismen der inneren Stressverstärker und phobischer Störungen auf den gleichen Prinzipien beruhen, kann auch zu deren Überwindung die Grundlogik aus der Verhaltenstherapie adaptiert werden: Konfrontation mit angstbesetzen Handlungen bzw. Verstoß gegen die Stressverstärker bei gleichzeitiger Reaktionsverhinderung. Um das zu erreichen, werden im Training folgende Schritte durchgeführt:

(1) Kennenlernen der inneren Stressverstärker (inkl. positiver wie negativer Aspekte)
(2) Identifizieren eigener innerer Stressverstärker (inkl. kritischer Würdigung)
(3) Aufbau von Änderungsmotivation
(4) Relativieren kognitiver Einschärfungen (Stellschraube Gedanken)
(5) Nebenwirkungsbewusst Konfrontation im Alltag planen (Stellschraube Verhalten)

Schritt 1: Kennenlernen der inneren Stressverstärker

Die Teilnehmer bekommen in einem Kurzvortrag die fünf Stressverstärker (s. o.) vorgestellt. Diese Vorstellung sollte erstens die Stressverstärker so bildhaft und lebensnah illustrieren, dass es den Teilnehmern leicht fällt, bereits beim Zuhören eigene Antreiber zu identifizieren (»Das kommt mir irgendwie bekannt vor!«).

Zweitens sollte klargestellt werden, dass hinter den Stressverstärkern grundsätzlich Werte stehen, die positiv sind. Diese gilt es zu würdigen. Beispielsweise kann der Stressverstärker *Sei (immer) perfekt!* in bestimmten Situationen nicht nur eine Berechtigung haben, sondern dringend erforderlich sein (z. B. bei einer Herzoperation).

Drittens muss der problematische Effekt der Übergeneralisierung verdeutlicht werden. Dabei sollte der Trainer jedoch darauf achten, dass er dies eher humorvoll (und nicht stigmatisierend) darstellt, sodass es den Teilnehmern gelingt, anzunehmen, dass sie unter der Übergeneralisierung einzelner Stressverstärker leiden.

Die Vorstellung der Stressverstärker wird mit einem Experiment eingeleitet, das darauf abzielt, den Teilnehmern zu illustrieren, dass Menschen uneindeutige oder mehrdeutige Wahrnehmungen anhand bekannter Schemata strukturieren. Es wird zuerst ein uneindeutiges Bild gezeigt, das die meisten Teilnehmer nicht auf Anhieb erkennen (Folie 9.6). Damit alle Teilnehmer die Chance haben, den Bildinhalt zu erraten, werden die Teilnehmer gebeten, die Antwort nicht zu verraten. Danach klärt der Trainer auf und fragt, wer das Bild richtig erkannt hat. Als Hilfestellung kann er Folie 9.7 zeigen, auf der alle das Bild erkennen. Dann bittet er die Teilnehmer, die Augen kurz zu schließen und wieder zu öffnen. In der Zwischenzeit geht er weiter auf Folie 9.8, die wieder das uneindeutige Bild zeigt. Auf die Frage hin, wer das Bild jetzt erkennt, melden sich in der Regel alle. Das mehrdeutige Bild wird jetzt auf Anhieb erkannt.

Im Anschluss wird das Experiment ausgewertet: Die meisten Situationen, die wir erleben, sind mehrdeutig. Um sie zu strukturieren und ihnen Bedeutung zu verleihen, haben wir schon sehr früh bestimmte Schemata erlernt, die uns Orientierung und Verhaltenssicherheit geben. Einige dieser Schemata sind die Stressverstärker (s. Folien 9.9 bis 9.13).

Vorschlag für die Vorstellung der inneren Stressverstärker

Folie 9.6

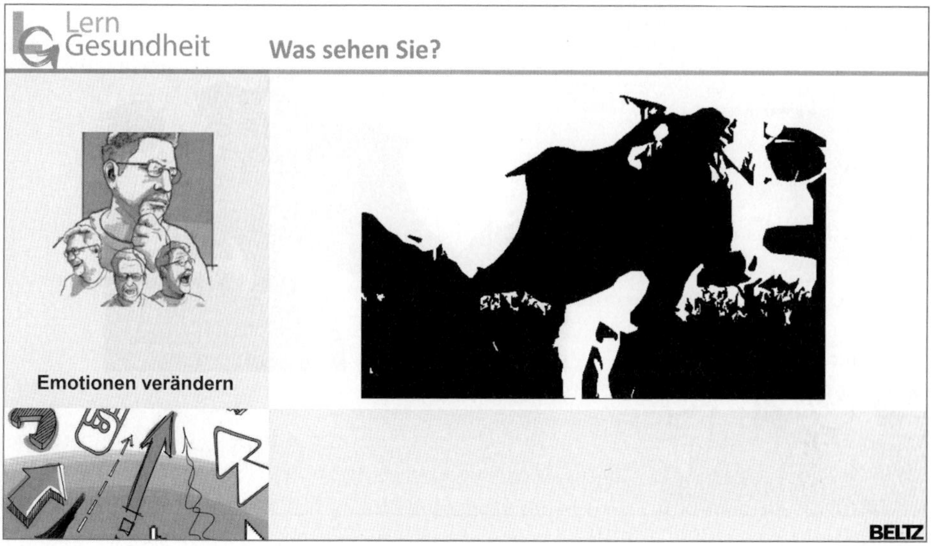

Ok, kommen wir zu etwas anderem: Starten wir nun mit einem kleinen Quiz. Was ist das? – Bitte nicht laut vorsagen!

Wer von Ihnen hat eine Kuh erkannt? *[Kurz warten.]* Ok, bei allen, die es nicht erkannt haben, lege ich jetzt eine Gedächtnisspur.

Folie 9.7

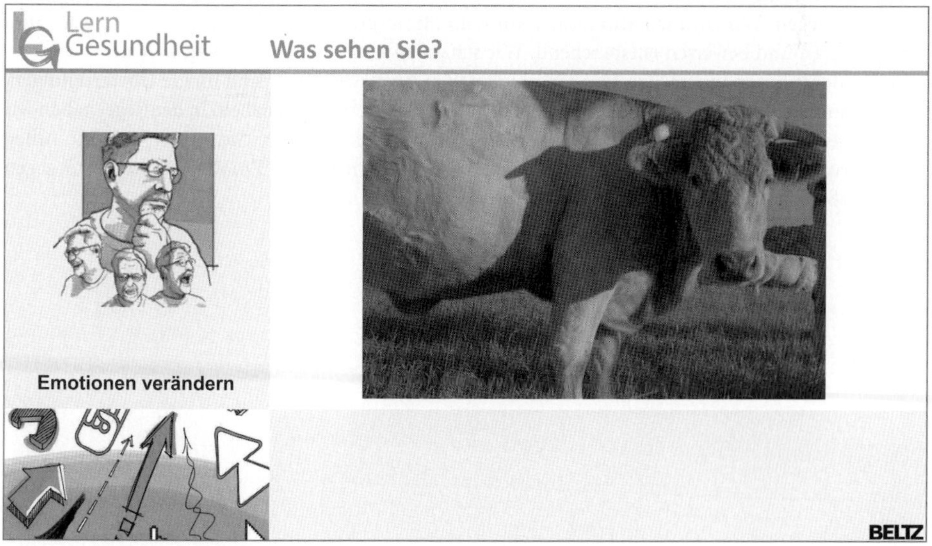

Schauen Sie einmal, erkennen Sie jetzt die Kuh? Ok, dann schließen Sie jetzt einmal die Augen.

Folie 9.8

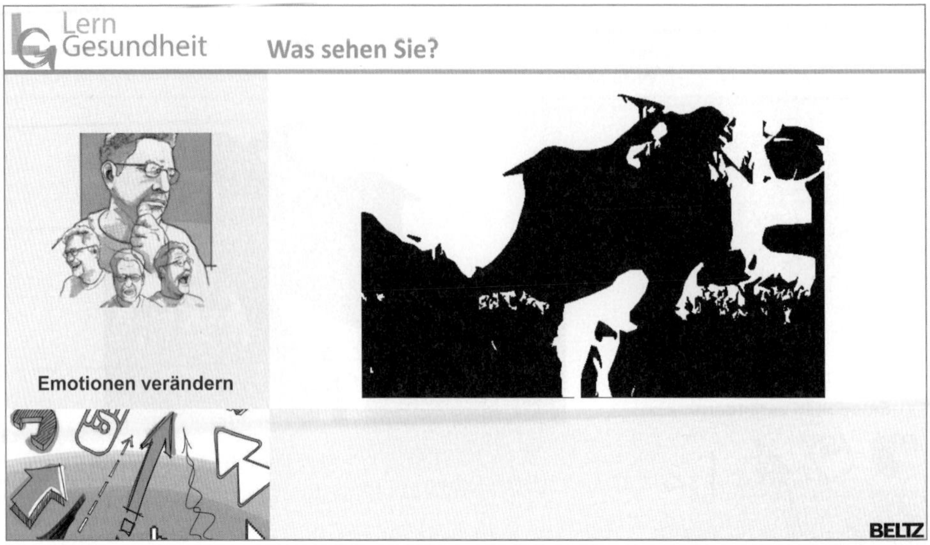

Jetzt können Sie die Augen wieder öffnen. Wer von Ihnen sieht jetzt immer noch eine Kuh?

Warum haben wir das gemacht? Ganz einfach: Unsere Wahrnehmung basiert viel stärker auf unserem Gedächtnis, als wir glauben. Vielfach sind die reinen Informationen, die unser Gehirn bekommt, vieldeutig wie in dem Beispiel gerade eben. Wenn allerdings erst eine Gedächtnisspur angelegt ist, erkennen wir das Bild immer wieder. So ist das auch mit Situationen, mit sozialen Reizen, im Grunde mit allem.

Wenn wir z. B. einmal gelernt haben, dass bestimmte Reize zu einer Bedrohung gehören, nehmen wir die Bedrohung sehr schnell wahr – auch wenn unserem Gehirn nur wenige objektive Informationen vorliegen. Wir nehmen also immer vor dem Hintergrund unserer Lerngeschichte wahr und interpretieren und bewerten entsprechend. Wir schauen uns das mal ganz alltagsnah an.

Ich möchte Ihnen innere Stressverstärker vorstellen. Stressverstärker sind innere Überzeugungen, Glaubensmuster und Werte, die wir im Laufe unseres Lebens erworben haben. In der Regel haben wir diese Überzeugungen schon sehr früh in unserer Kindheit gelernt. Sie geben uns im Alltag Orientierung, sie motivieren uns – und führen zu Stress und negativen Emotionen, wenn wir gegen sie verstoßen. Starten wir mit dem ersten.

Folie 9.9

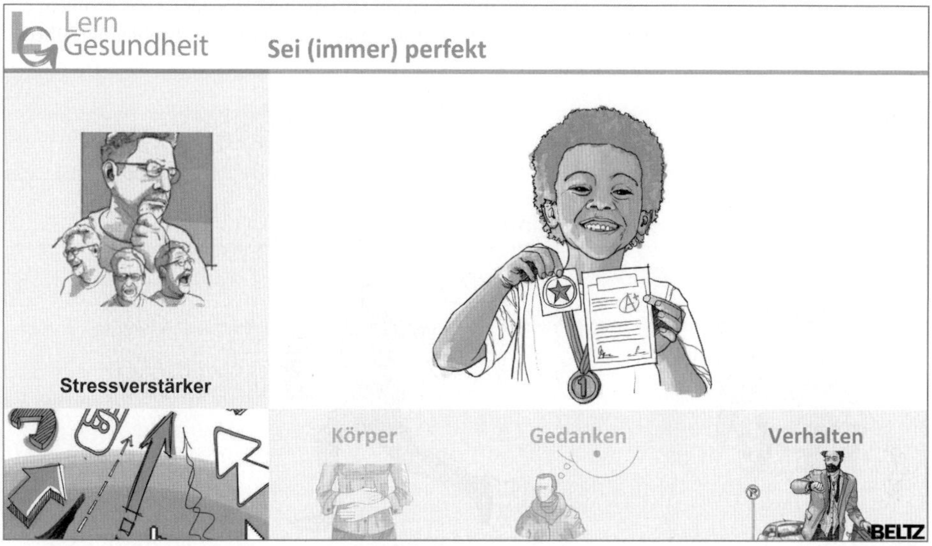

»Sei immer perfekt.« Sie sehen schon, dass dieser Stressverstärker nicht per se schlecht ist. Sie können sich sicherlich Situationen vorstellen, in denen es hilfreich ist, einigermaßen perfekt zu handeln. Zum Beispiel von einem Chirurgen bei einer Operation wünschen wir es uns sehr – besonders wenn diese Operation uns selbst betrifft. Das Problem besteht vor allem in der Übergeneralisierung, dem »Immer«. Vielleicht kennen Sie ja diesen Stressverstärker von sich – immer perfekt sein zu müssen.

Folie 9.10

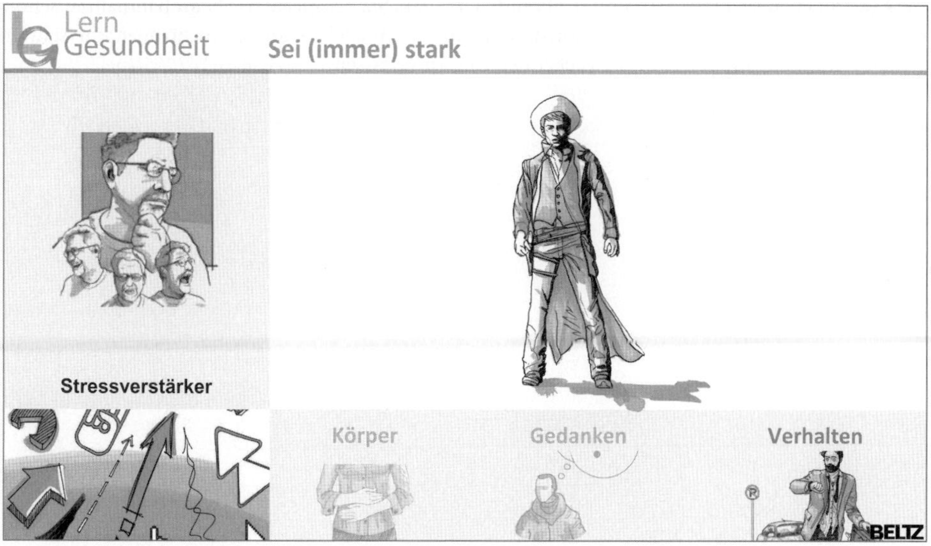

Machen wir gleich weiter: »Sei immer stark.« Sie sehen wieder – auch der ist nicht per se schlecht. So ein Cowboy zu sein, ist auch mal ganz attraktiv – der einsame Wolf, der alles alleine schafft und keine Schwäche kennt. Aber mal im Ernst: Stark sein hilft in vielen Situationen. Wieder ist das Problem das »Immer«. Das geht halt nicht immer. Oder es kann einsam machen oder gar zu Problemen führen.

Folie 9.11

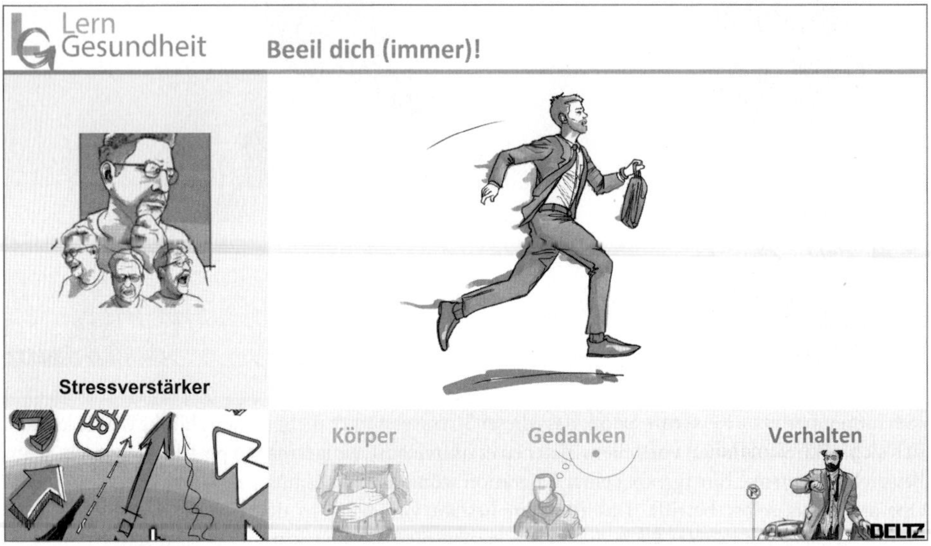

»Beeil dich immer.« Wieder das Gleiche. Hin und wieder kann Beeilung nicht schaden – man schafft mehr, kommt pünktlich, erreicht noch den Zug ... Aber Sie ahnen sicher, dass auch dieser Stressverstärker der Einstieg ins Hamsterrad sein kann. Wie merken Sie, dass dieser Stressverstärker stark bei Ihnen ausgeprägt ist? Ein Indiz könnte sein, dass Sie beispielsweise beim Bahnfahren schon deutlich vor dem Halt, an dem Sie aussteigen müssen, aufstehen und es nicht oder nur schwer ertragen könnten, auf den letzten Drücker den Zug zu verlassen.

Folie 9.12

»Mache es immer allen recht.« Sie sehen, hier gibt es gleich zwei Generalisierungen: immer und allen. Es gelegentlich jemandem recht zu machen, kann ja sozial ganz verträglich sein – aber die meisten, die diesen Stressverstärker sehr ausgeprägt haben, rechnen sich selbst gar nicht in das »Alle« mit ein. Sie merken, dass Sie diesen Stressverstärker ausgeprägt haben, wenn Sie sich extrem unwohl dabei fühlen, gegen die Erwartungen von jemandem zu verstoßen.

Folie 9.13

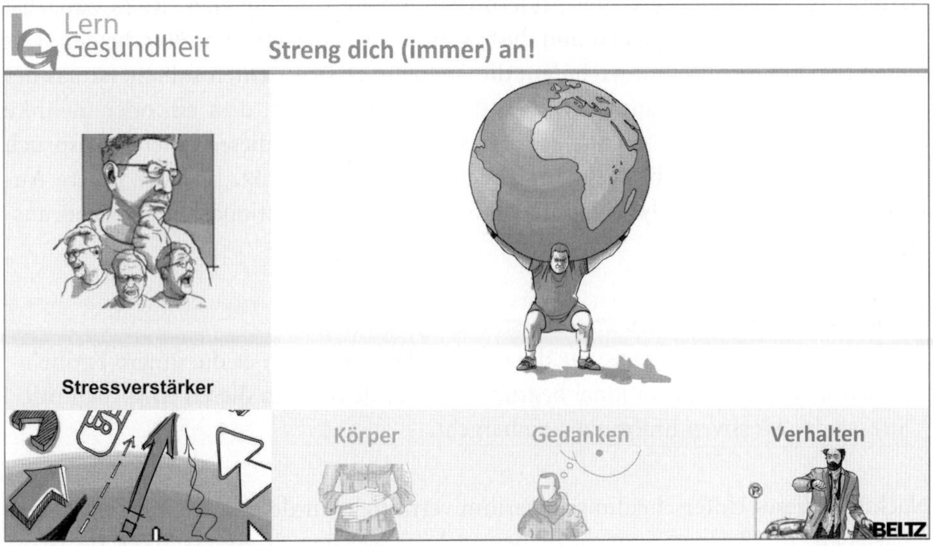

Letzter Stressverstärker: »Streng dich immer an.« Dahinter mag die Überzeugung stehen, dass man – wenn die Arbeit auch noch Spaß macht – kein Geld verdienen dürfte, sondern eigentlich noch Vergnügungssteuer zahlen müsste. Aber auch hier: Sich anzustrengen ist häufig gar nicht ganz schlecht: Man erreicht mehr – nur die Übergeneralisierung ist wieder problematisch. Wenn Sie merken, dass Sie das Gefühl haben, Sie müssten mehr tun, damit Sie Ihr Geld wert sind, dann spricht das dafür, dass dieser Stressverstärker bei Ihnen deutlicher ausgeprägt ist.

Schritt 2: Identifizieren eigener innerer Stressverstärker

In der Regel setzt bei den Teilnehmern bereits beim Vorstellen der Stressverstärker ein innerer Suchprozess ein. Dabei erkennen sie Anspruchshaltungen an sich und an andere wieder, die durch die Stressverstärker repräsentiert werden.

Das Ziel dieses Schrittes ist es, dass die Teilnehmer in Partnerarbeit eigene Stressverstärker identifizieren und diese kritisch würdigen. Das Identifizieren geschieht durch die Beantwortung der Frage: »Was kenne ich von mir?«.

Die kritische Würdigung zielt darauf ab, dass die Teilnehmer sowohl die hilfreichen Aspekte der eigenen Stressverstärker (z. B. Sei immer perfekt. = Die Person erledigt ihre Aufgaben stets sehr gut.) als auch die problematischen (z. B. Sei immer perfekt. = Die Person verzettelt sich in Details und verliert das Wesentliche aus dem Blick.) betrachten. Die Instruktion lautet: »Ihre Stressverstärker sind Ihnen sicher häufig nützlich und leisten Ihnen gute Dienste. Sie können aber auch zu Problemen führen oder Sie behindern. Erzählen Sie Ihrer Nachbarin oder Ihrem Nachbarn bitte beides – Hilfreiches wie Problematisches!«

Folie 9.14 und die Seite 30 im Begleitheft geben einen Überblick über alle Stressverstärker. So werden die Teilnehmer kognitiv entlastet.

Schritt 3: Änderungsmotivation aufbauen

Hinter den Stressverstärkern stehen Werte und Tugenden, die im Allgemeinen als erstrebenswert gelten. Um eine Änderungsmotivation aufzubauen, ist es zunächst wichtig, zwischen funktionalen und dysfunktionalen Aspekten zu unterscheiden. Das Unterscheidungskriterium, nach dem die Teilnehmer sich richten sollten, ist das des eigenen Handlungsspielraumes. Stellen die Teilnehmer fest, dass ein oder mehrere Stressverstärker sie antreiben und es ihnen schwerfällt, gegen diesen inneren Anspruch zu verstoßen, dann ist ihr Handlungsspielraum eingeschränkt, und der innere Anspruch ist in der Lage, dysfunktionalen Stress und dysfunktionale Emotionen auszulösen.

> **Daumenregel: Wann ist ein Stressverstärker dysfunktional?**
> Ein Stressverstärker ist meistens dann dysfunktional, wenn er die innere Freiheit einschränkt und wenn rational begründetes Handeln gegen diesen Anspruch mit Stress oder aversiven Emotionen einhergeht.

Nachdem dieses Unterscheidungskriterium vermittelt wurde, werden die Teilnehmer eingeladen, im Partnergespräch zu besprechen, welchen Stressverstärker sie selbst abschwächen wollen und warum. Die Teilnehmer sollen so ein Problembewusstsein aufbauen.

Obwohl Schritt 2 und 3 hier separat dargestellt wurden, bietet es sich in der Praxis an, diese beiden Schritte zusammen durchzuführen.

Schritt 4: Kognitive Einschärfungen relativieren

Problematisch werden Stressverstärker dann, wenn sie unsere innere Freiheit einschränken und wenn ein ihnen entgegengesetztes Handeln trotz guter Begründung aversive Emotionen auslöst (s. o.). Im nächsten Schritt (Schritt 5) planen die Teilnehmer ein Training unter Alltagsbedingungen, in dem sie den Einfluss ihrer inneren Stressverstärker reduzieren. Dieses Training ist an der verhaltenstherapeutischen Intervention zur Überwindung von Phobien *Konfrontation mit Reaktionsverhinderung* (s. o.) orientiert. Allerdings wirken die Stressverstärker nicht nur auf der Verhaltensebene (z. B. »Vermeide es, eigene Bedürfnisse zu formulieren!«), sondern auch auf der kognitiven Ebene (z. B. »Man darf seine eigenen Bedürfnisse nicht vor die Bedürfnisse anderer stellen!«). Deswegen ist eine Veränderung der entsprechenden Kognitionen (Stellschraube Gedanken) eine wichtige Voraussetzungen, bevor das Training auf der Verhaltensebene (Stellschraube Verhalten) durchgeführt werden kann.

Um die kognitiven Einschärfungen zu relativieren, wählen die Teilnehmer eine Situation oder Interaktion aus, in der ihr Stressverstärker zu problematischem Verhalten oder problematischen Emotionen geführt hat. Dabei ist es wichtig sicherzustellen, dass der vom Stressverstärker suggerierte Anspruch »objektiv« unbegründet oder überzogen ist.

Beispiel

Herr Schulz, ein Lehrer, der in der Pause zwischen zwei Schulen pendeln muss, berichtet, dass die Zeit für den Weg sehr knapp bemessen ist. Er schafft es nur pünktlich in den nachfolgenden Unterricht zu kommen, wenn nichts dazwischen kommt. Manchmal ist aber der Verkehr so dicht, dass er es nicht mehr schafft, pünktlich zur Stunde da zu sein. Dann wird schon während der Autofahrt sein Puls schneller, und er beginnt zu schwitzen. Er hat dann ein kaum zu ertragendes schlechtes Gewissen und ist so gehetzt, dass er manchmal Material für seinen Unterricht im Auto vergisst. Meistens hat es auch negative Auswirkungen auf die Unterrichtsqualität, wenn Herr Schulz sich so gehetzt fühlt.

In der Partnerarbeit hat Herr Schulz herausgearbeitet, dass sein Beeil-Dich-Immer-Stressverstärker zu den physiologischen Reaktionen (Puls und Schwitzen), zu den aversiven emotionalen Zuständen und zu dem Gehetztsein maßgeblich beiträgt.

Es ist ihm klar, dass der Beeil-Dich-Immer-Stressverstärker in solchen Situationen »objektiv« eher dysfunktional als hilfreich ist.

Obwohl vielen Teilnehmern klar ist, dass der Anspruch objektiv unbegründet ist, halten sie diesen Anspruch trotzdem aufrecht. In diesem Schritt soll durch Hinterfragen der generalisierte Anspruch des Stressverstärkers für die problematische Situation oder Interaktion relativiert werden (Stellschraube Gedanken). Das geschieht in Partnerarbeit.

Beispiel

Problemgeber (Herr Schulz): Ich weiß natürlich, dass ich nicht pünktlich kommen konnte. Aber trotzdem ist es mir extrem unangenehm.
Coach: Warum?
Problemgeber: Weil man eben nicht zu spät kommt. Das gehört sich nicht!
Coach: Wer sagt das?
Problemgeber: Ich habe das in meiner Erziehung so gelernt. Ich erwarte ja auch, dass meine Schüler pünktlich sind.
Coach: Das verstehe ich. Wie würdest du denn reagieren, wenn deine Schüler häufig aus dem Sportunterricht zu spät kommen, weil dein Kollege überzieht?
Problemgeber: Das würde mich ärgern.
Coach: Würdest du die Schüler dafür verantwortlich machen?
Problemgeber: Natürlich nicht, die können ja nichts dafür. Ich würde mit dem Kollegen mal ein ernstes Wort reden.
Coach: Ok. Aber warum machst du dich dann für etwas verantwortlich, wofür du nichts kannst?.
Problemgeber: Hmm … Irgendwie stimmt das …

Erfahrungsgemäß fällt eine solche Erörterung den Teilnehmern leichter, wenn sie ein anschauliches Beispiel dafür haben. Aus diesem Grund sollte der Trainer einen solchen Dialog mit einem Freiwilligen demonstrieren. Als Hilfestellung können die Impulse aus dem Begleitheft (S. 25f.) genutzt werden.

Schritt 5: Nebenwirkungsbewusst Konfrontation im Alltag planen (Verhaltensexperiment)

In diesem Schritt planen die Teilnehmer in Partnerarbeit eine Konfrontation im Alltag, ein Verhaltensexperiment. Bevor die Partnerarbeit jedoch beginnt, stellt der Trainer die Grundlogik der Intervention vor. Wichtig dabei ist es, dass die Teilnehmer verstehen, dass die Konfrontation zwar entgegengesetztes Verhalten ist, dass sie jedoch zunächst zu mehr Stress bzw. mehr aversiven Emotionen führen wird. Es hat sich bewährt, die Logik zunächst an der verhaltenstherapeutischen Intervention zur Überwindung von Phobien zu illustrieren (s. o.; s. Folie 9.15 bis 9.18).

Haben die Teilnehmer die Logik verstanden, wird die Partnerarbeit zum Planen des Alltagsexperiments erläutert (s. Folie 9.19):

Die Teilnehmer wählen (unter Berücksichtigung potentieller Nebenwirkungen) Situationen aus, in denen sie bewusst gegen einen ihrer problematischen Stressverstärker handeln werden, um dessen Einfluss abzuschwächen. Dazu sollte erstens sichergestellt werden, dass der Teilnehmer weder sich selbst noch anderen Schaden oder Leid zufügt. Zweitens sollten die Teilnehmer dysfunktionale Kognitionen relativiert haben (s. Schritt 4) und diese bei der Konfrontation im Alltag abrufen können (ggf. können entlastende Sätze auf einem Zettel notiert und mitgeführt werden).

Wenn eine Situation bzw. eine Situationsklasse identifiziert ist, planen die Teilnehmer möglichst konkret ihr Verhalten. Hilfreich ist es, wenn dieses Verhalten in einer kleinen Szene eingeübt wird.

Beispiel

Herr Schulz nimmt sich vor, zukünftig gelassen und in Ruhe die erste Schule zu verlassen und zügig, aber nicht gehetzt zu seinem Auto zu gehen. Er plant, wenn er das nächste Mal verkehrsbedingt zu spät in der zweiten Schule ankommt, bewusst etwas langsamer seine Sachen aus dem Auto zu nehmen und im moderaten Tempo zur Klasse zu gehen. Objektiv wird das seine Verspätung um etwa eine halbe Minute vergrößern. Bereits die Vorstellung löst bei ihm starkes Unbehagen aus. Für Herrn Schulz fühlt es sich an, als würde er trödeln und mindestens zusätzlich eine Viertelstunde später kommen. Innerlich hört er den Satz: »Das geht gar nicht! Das ist grob fahrlässig!« Er nimmt sich vor, sich selbst damit zu beruhigen, dass es nur etwa eine halbe Minute länger dauert, und dass die grobe Fahrlässigkeit nicht bei ihm, sondern in der Organisation des Stundenplans liegt.

Aber er nimmt sich zusätzlich vor, jedes Mal, wenn er beginnt, sich innerlich zu hetzen, bewusster und achtsamer zu gehen. Auch das Unbehagen, das dabei ausgelöst werden wird, will er achtsam wahrnehmen.

Ein weiteres Beispiel

Der Kollege von Herrn Müller, Herr Klein, bittet ihn regelmäßig in den Pausen um einen Gefallen. So kann Herr Müller sich in der Pause kaum erholen. Bislang hat sein Stressverstärker *Mache es allen recht!* dazu beigetragen, dass er jedes Mal der Bitte nachgekommen ist. Nun überlegt er, wie er Herrn Klein klar machen kann, dass er sich in der Pause erholen möchte. Er möchte dabei weder zu schroff noch zu entschuldigend zu klingen.

In der Partnerarbeit entwickelt er den Satz: »Ich unterstütze Sie immer gerne, Herr Klein – aber jetzt gerade mache ich eine Pause und möchte mich erholen. Vielleicht fragen Sie einmal jemanden anderen oder kommen später noch einmal wieder.«

Im szenischen Spiel zeigte sich, dass Herr Müller anfangs die Tendenz hatte, sich lange zu rechtfertigen. Nach mehrmaligem Durchspielen gelang es ihm, Herrn Klein den Satz überzeugend zu vermitteln.

Da die Verhaltensexperimente mit einer großen Wahrscheinlichkeit zu aversiven Emotionen führen werden, ist die Gefahr recht groß, dass diese Konfrontationen vermieden werden. Häufig vergessen die Teilnehmer es einfach oder entscheiden sich in der Situation um (z. B. »Heute hat's einfach nicht gepasst!«). Deswegen endet die Partnerarbeit damit, dass die konkreten Rahmenbedingungen festgelegt werden, soweit dies möglich ist. Dabei sollte auf jeden Fall geklärt werden, *wann* das Verhaltensexperiment durchgeführt wird. Danach werden die Rollen getauscht: Der Problemgeber wird zum Coach und der Coach zum Problemgeber.

Ablauf der Partnerarbeit im Überblick

(1) Situation identifizieren
(2) auf potentielle Nebenwirkungen überprüfen
(3) gedankliche Entschärfung der Einschärfungen prüfen (Rückgriff auf Schritt 4)
(4) Situation schildern und neues Verhalten planen (ggf. szenisch umsetzen)
(5) Alltagsexperiment konkretisieren: Wann, wo, mit wem? (ggf. Hilfestellungen verabreden)
(6) Rollenwechsel

Die Ergebnisse der jeweiligen Schritte des Verhaltensexperimentes können im Begleitheft auf Seite 31 notiert werden.

Vorschlag für die Erklärung des Verhaltensexperiments (Logik und Ablauf)

Folie 9.14

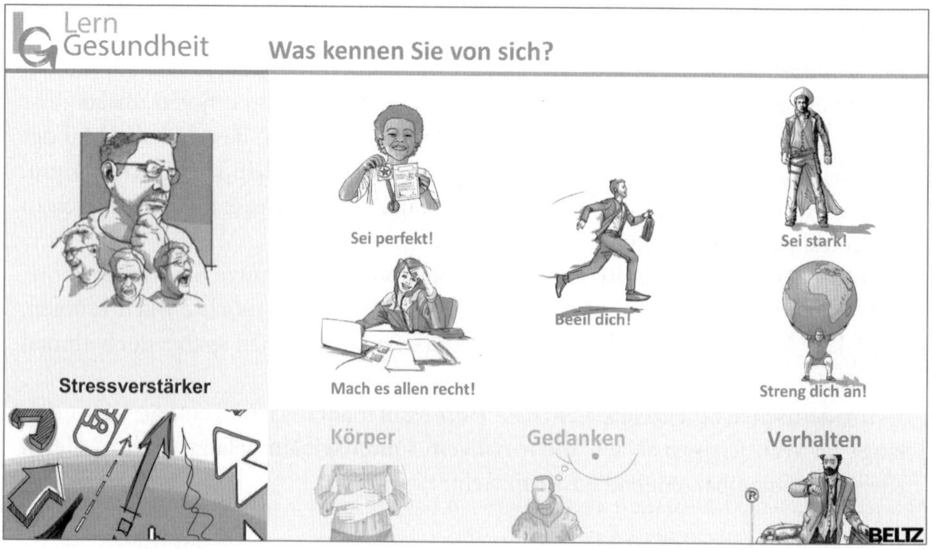

Nun haben Sie herausgefunden, welches Ihre Stressverstärker sind und in welchen Situationen diese problematisch sein können. Sie haben sogar erarbeitet, warum es gut sein kann, in bestimmten Situationen nicht dem Rat der Stressverstärker zu folgen. Ich bin mir aber sicher, dass viele von Ihnen trotz besseren Wissens im Alltag wieder ihren Stressverstärkern folgen werden. Wie Sie das verhindern können, das schauen wir uns jetzt einmal gemeinsam an.

Folien 9.15–9.17

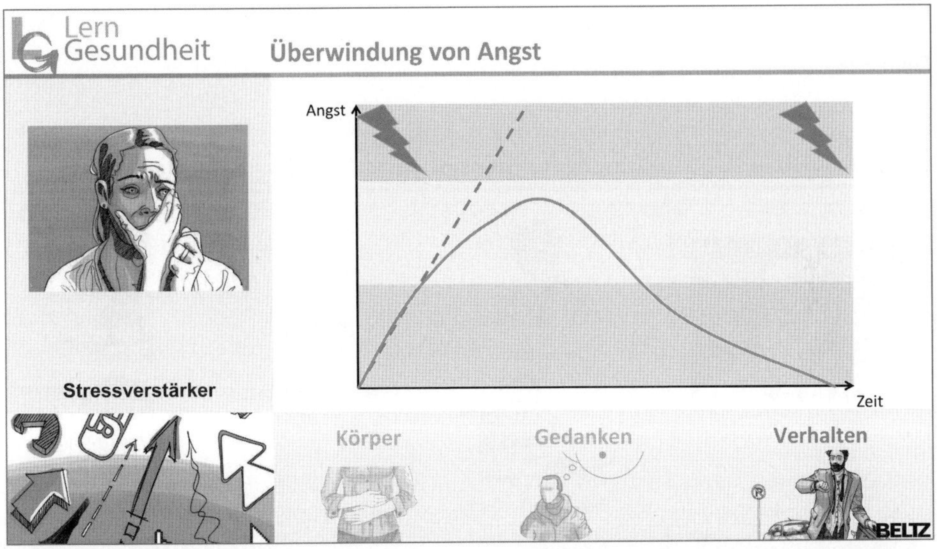

(Abgebildet ist Folie 9.17. Die Folien 9.15 und 9.16 finden Sie im Foliensatz 9 im Onlinebereich.)

Folie 9.15: Dazu müssen Sie sich klar machen, dass die Stressverstärker mit Mini-Angststörungen vergleichbar sind – aber eben nicht im klinischen Sinne pathologisch. Schauen wir uns einmal die Logik einer solchen Angststörung an: Stellen Sie sich vor, ich hätte Angst vor engen, geschlossenen Räumen. Das nennen wir Klaustrophobie. Jedes Mal, wenn ich in die Verlegenheit komme, einen Fahrstuhl benutzen zu sollen, kriege ich kalte Finger, ich schwitze, mein Herzschlag wird schneller und meine innere Anspannung steigt. Das fühlt sich extrem unangenehm an.
Folie 9.16: Nun erwarte ich, dass meine Angst beim Betreten des Fahrstuhls ins Unermessliche steigt. Bis hier *[Tr. zeigt gelben Bereich.]* wäre es schon echt unangenehm, aber eben noch aushaltbar. Ab hier *[Tr. zeigt in den roten Bereich.]* wird's unaushaltbar. Da glaube ich, einen Herzinfarkt zu bekommen oder wahnsinnig zu werden. Das ist meine Erwartung. *[Tr. zeigt die orange Linie.]* Deswegen lasse ich das Fahrstuhlfahren auch sein. Das nennen wir Vermeidungsverhalten. Haben Sie eine Idee, was mit meinem Puls, meinem Blutdruck und meiner Anspannung passiert, wenn ich mich entscheide, nicht den Fahrstuhl zu nehmen? (…) Genau, das alles sinkt und ich bin erleichtert. Das fühlt sich gut an. Wir sprechen hier von einer negativen Verstärkung. Die Erleichterung sorgt dafür, dass ich erstens mein Vermeidungsverhalten häufiger zeige – das war ja gut – und sie verfestigt meine Angst bzw. die Erwartung der Angst. Dadurch erhält sich eine solche Angststörung selbst aufrecht.

Zum Glück ist eine solche Angststörung aber ziemlich gut und ziemlich schnell behandelbar. Die Methode ist bestechend einfach und wir können im Umgang mit den Stressverstärkern von der Idee profitieren. Deswegen möchte ich Ihnen jetzt kurz vorstellen, was ein Verhaltenstherapeut mit mir machen würde: Nachdem medizinisch abgeklärt ist, dass ich so schnell keinen Herzinfarkt bekommen werde, bereitet mich der Therapeut darauf vor, dass ich in einen Fahrstuhl steigen muss, um die Störung zu überwinden. Mir wird alleine bei dem Gedanken ganz anders. Aber ich halte es aus. Dann steigen wir tatsächlich in einen Fahrstuhl und schließen die Türen.

Folie 9.17: Und jetzt passiert etwas ganz Verrücktes: Meine Angst steigt und wird auch extrem unangenehm. *[Tr. zeigt auf das Maximum der Kurve.]* Aber ich kann sie aushalten, ohne wahnsinnig zu werden oder einen Herzinfarkt zu bekommen. Und dann geht die Angst langsam wieder runter – obwohl ich noch im Fahrstuhl bin und die Türen geschlossen sind. Und jetzt kann mein Hirn umlernen und die Angst überwinden. Nach wenigen solcher Erfahrungen kann ich wieder ganz normal Fahrstuhl fahren.

Folie 9.18

Und jetzt zurück zu Ihren Stressverstärkern, von denen wir ja gesagt hatten, dass sie im Prinzip Mini-Angststörungen sind. Sie haben vielleicht gelernt, es allen recht zu machen. Solange Sie das können, ist alles fein. Jetzt kommt aber auf einmal eine Situation, in der es für Sie besser wäre, einmal nein zu sagen. Sofort macht sich ein Unbehagen breit und am Ende sagen sie doch ja. Das Unbehagen ist dann verschwunden. Das erhöht – im Sinne einer negativen Verstärkung – die Wahrscheinlichkeit, beim nächsten Mal wieder genauso zu handeln. Erkennen Sie die Ähnlichkeit zur Angststörung? Es hilft auch bei diesen Mini-Angststörungen, bewusst entgegengesetzt zu handeln. Das wird für Sie zuerst unbehaglich, aber wenn Sie es einige Male gemacht haben, gewöhnen Sie sich daran. Damit erobern Sie sich ein Stück Freiheit zurück: Sie sind wieder am Steuer und nicht Ihre automatischen Emotionen. Ihr Hirn kann umlernen.

Folie 9.19

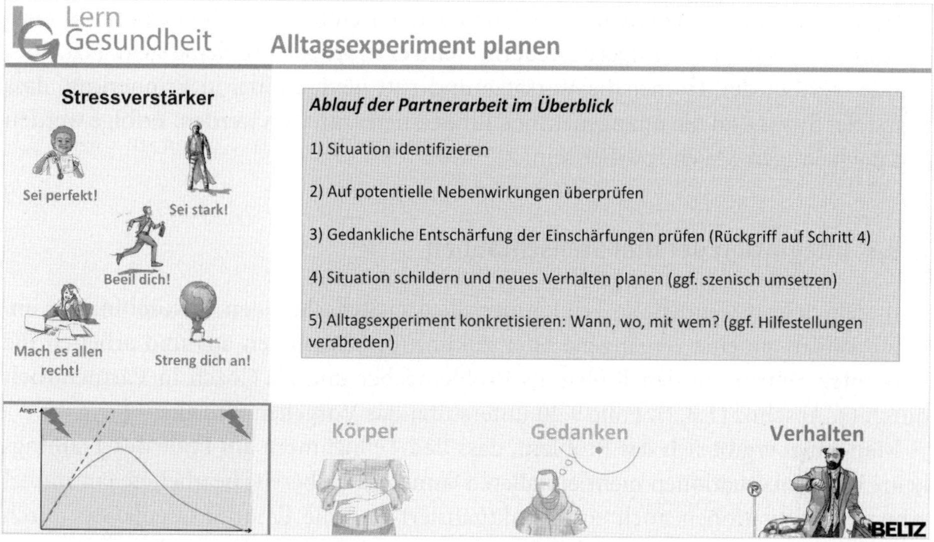

Dazu planen Sie gleich in Partnerarbeit als Problemgeber und als Coach ein Experiment, das Sie im Alltag durchführen werden: Sie haben sich eben schon einmal einen Ihrer Stressverstärker vorgenommen und diesen gedanklich entkräftet. Jetzt wählen Sie eine Situation aus, die Sie mit einiger Sicherheit erleben werden, und in der üblicherweise eben dieser Stressverstärker das Ruder übernimmt – und das, obwohl anderes Verhalten hilfreicher wäre. Ein Beispiel: Sie sind schon an Ihrer Belastungsgrenze, und dann bittet ein Kollege Sie noch um einen Gefallen. Sie sagen dann regelmäßig ja.

Wenn Sie so eine Situation gefunden haben, prüfen Sie gemeinsam mit Ihrem Partner, also Ihrem Coach, ob es schädliche Nebenwirkungen gibt, wenn Sie einmal nein sagen. Wenn Ihr Chef Sie fragt und Ihre langersehnte Beförderung davon abhängt, ergibt es vielleicht Sinn, eine andere Situation für das Experiment auszuwählen. Oder auch, wenn ein lieber Freund in diesem Fall wirklich dringend Ihre Hilfe braucht. Gibt es aber keine »objektiven« Nebenwirkungen, die dagegen sprechen, wählen Sie die Situation aus.

Prüfen Sie dann noch einmal die Entschärfungen Ihrer stressverstärkenden Einstellungen, die Sie vorhin erarbeitet haben. Sie müssen von der Richtigkeit überzeugt sein. Als Coach achten Sie ein bisschen mit darauf, dass der Problemgeber nicht in die typischen Fallen des Stressverstärkers tappt. Ok?

Als nächstes überlegen Sie, wie Sie anders handeln könnten – und zwar entgegengesetzt zu Ihrem Stressverstärker. Planen Sie Ihr Verhalten so konkret wie möglich. Spielen Sie es ruhig einmal szenisch. Auch wenn Sie das Spielen albern finden, es ist meistens doch sehr hilfreich.

Zum Schluss legen Sie – so gut es Ihnen möglich ist – fest, wann, wo und mit wem Sie dieses Verhaltensexperiment durchführen werden. Je konkreter, desto höher ist die Wahrscheinlichkeit, dass Sie es im Alltag auch tatsächlich umsetzen. Vielleicht brauchen Sie ja auch in der Situation, davor oder danach Hilfe oder Unterstützung. Auch das können Sie planen.

Danach tauschen Sie die Rollen. Sie haben jeder etwa fünf Minuten Zeit. Das reicht erfahrungsgemäß. Ich gebe nach fünf Minuten ein Zeichen zum Wechsel. Wenn Sie eine Minute mehr brauchen, nehmen Sie sich die einfach und wechseln in Ihrem Tempo. Mein Zeichen ist nur eine ungefähre Orientierung. Gibt es noch Fragen? Ok, Sie finden dieses Verhaltensexperiment auf Seite 31 in Ihrem Begleitheft.

Schritt 5 endet damit, dass alle Teilnehmer in Kurzform (nicht länger als zwei bis drei Sätze) ihr Vorhaben vor der ganzen Gruppe darstellen. Das dient erstens der Stärkung des Vorsatzes, und zweitens hat der Trainer noch einmal die Möglichkeit, Nebenwirkungen zu prüfen oder nachzusteuern, wenn er mögliche Probleme sieht. Nach der Runde würdigt der Trainer die Vorsätze und ruft noch einmal in Erinnerung, dass zuerst der Stress und die unangenehmen Emotionen ansteigen werden. Erfolge werden erst nach einigen Malen spürbar sein.

13.3.3 Integration der drei Stellschrauben

In diesem Schritt wenden die Teilnehmer alle drei Stellschrauben in Kombination an. Dazu wählen sie eine vergangene oder zukünftige Situationen aus und arbeiten die bekannten Schritte in den Rollen als Problemgeber und als Coach in Partnerarbeit durch (s. Abschn. 11.3.2). Folie 9.20 unterstützt das Vorgehen visuell.

Manchmal ergibt sich das Problem, dass den Teilnehmern am Ende des Trainings keine Problemsituationen mehr einfallen. Dann können bereits bearbeitete emotional schwierige Situationen noch einmal aktualisiert und die Emotionsregulation durch weitere Stellschrauben angereichert werden. Das Ziel dieser Übung ist es, dass die Teilnehmer das Kombinieren und Integrieren der drei Stellschrauben einmal praktisch erproben, und dass sie so ein Gefühl für die Wirkung von Kombinationen bekommen.

Falls das Arbeiten an den Stressverstärkern mehr Zeit in Anspruch nimmt als geplant, kann dieser Abschnitt zur Integration aller drei Stellschrauben entfallen.

13.4 Transferplanung für die Zeit nach dem Training

Im Training waren die Teilnehmer eingeladen, ganz verschiedene Übungen und Ansätze zu erproben, und wenn möglich, individuell anzupassen und in ihrem Alltag zu trainieren. Erfahrungsgemäß profitieren nicht alle von allem gleich. Deswegen sind die Teilnehmer in diesem Schritt eingeladen, sich erstens noch einmal vor Augen zu führen, was sie alles gemacht haben. Zweitens sollen sie das für sie Erreichte mit ihrer Trainingsmotivation und ihren Trainingszielen abgleichen. Der Trainer unterstützt beides, indem er den roten Faden des Trainings rückblickend noch einmal aufzeigt. Sinnvoll ist es an dieser Stelle, auf Besonderheiten einzugehen, die die Gruppe gemeinsam erlebt hat. Folie 9.21 visualisiert die einzelnen Abschnitte des Trainings.

Der langfristige Trainingserfolg bzw. die Stabilisierung der erzielten Effekte hängt u. a. davon ab, ob die Teilnehmer Gelerntes in ihrem Alltag weiterhin umsetzen. Dafür ist es notwendig, dass Inhalte, erzielte Verhaltensänderungen und Übungen nicht in Vergessenheit geraten. Auch die Motivation, diese im Alltag umzusetzen, muss dafür aufrechterhalten werden. Im Folgenden werden zwei Möglichkeiten vorgestellt, dies niederschwellig zu erreichen.

Für beide Möglichkeiten werden die Teilnehmer zunächst eingeladen, sich eine oder zwei »Übungen« aus dem Training auszuwählen, die sie über das Training hinaus für eine längere Zeit durchführen wollen. Unter »Übungen« werden hier nicht nur Übungen im klassischen Sinne verstanden (z. B. die abendliche Entspannungsübung), sondern auch Verhaltensweisen, die sich die Teilnehmer im Laufe des Trainings erarbeitet haben (z. B. häufiger kleine und effektive Regenerationsphasen im Alltag durchzuführen).

Möglichkeit 1

Zur Sicherung der Nachhaltigkeit sollten die Teilnehmer individuelle Follow-up-Termine festlegen, an denen sie selbst noch einmal überprüfen, ob sie noch das trainieren, was sie trainieren wollen, und ob es für sie noch gewinnbringend ist. Als besonders hilfreich hat es sich erwiesen, wenn die Teilnehmer sich untereinander verabreden, Kontakt halten und zu einem verabredeten Zeitpunkt diese Reflexion gemeinsam durchführen. Hier bieten sich Trainingstandems an.

Möglichkeit 2

Die Teilnehmer schreiben sich selbst eine Postkarte. Diese schickt der Trainer nach einem Monat per Post an die Teilnehmer. Inhalt der Postkarte ist ein Wunsch, den die Teilnehmer trainingsbezogen an sich selbst richten. In mehreren Studien – v. a. im Bereich von Online-Trainings – konnte gezeigt werden, dass Postkarten die Wahrscheinlichkeit erhöhen, Trainingsinhalte umzusetzen (z. B. Clarke et al., 2005).

Die Teilnehmer bekommen folgende Instruktion: »Ich habe Ihnen hier einige Postkarten ausgelegt. Wählen Sie bitte eine Postkarte aus, die Sie anspricht. Diese Postkarte werde ich Ihnen in etwa einem Monat zuschicken und Ihnen damit dieses Training wieder in Erinnerung rufen. Sie haben sich eben bereits überlegt, was Sie aus diesem Training gerne in Ihren Alltag mitnehmen möchten. Das schreiben Sie jetzt als guten Wunsch an sich selbst auf diese Postkarte. Schreiben Sie es so, dass es Sie in etwa einem Monat noch motiviert, weiter am Ball zu bleiben.«

13.5 Abschluss

Bevor das abschließende Blitzlicht zur Reflexion des Trainings beginnt, werden die Teilnehmer noch einmal an das Verhaltensexperiment (s. Abschn. 13.3.3) erinnert.

In der abschließenden Reflexion werden die Teilnehmer gebeten

(1) zurückzublicken, mit welcher Motivation und welchen Zielen sie das Training begonnen haben,
(2) zu reflektieren, was sie für sich gelernt, erkannt und verändert haben,
(3) vorauszublicken, wie sich das Gelernte, Erkannte und Veränderte weiterhin auf ihr Leben und ihren Alltag auswirken wird.

Die Teilnehmer werden eingeladen, diese drei Aspekte jeweils mit möglichst einem oder zwei Sätzen darzustellen. Überzieht ein Teilnehmer diesen Rahmen deutlich, sollte der Trainer behutsam intervenieren. Dabei ist es gut, wenn für alle klar ist, dass der Trainer diese Funktion wahrnimmt. Das kann die Teilnehmer entlasten und möglichen Missverständnissen (z. B. »Der Trainer interessiert sich nicht für mich.«) vorbeugen.

III Qualitätssicherung

14 Wirksamkeit des Trainings

Die Ansätze und Übungen, die im Training eingesetzt werden, sind alle evidenzbasiert. Das gilt übrigens auch für die Arbeit mit den Stressverstärkern (s. Abschn. 13.3.2). Zwar haben die Stressverstärker selbst nur heuristischen Wert, die Arbeit mit ihnen beruht jedoch auf gesicherten und theoriegestützten Erkenntnissen. In der Regel wurden der theoretische Hintergrund und die Wirkweise einzelner Übungen entweder in Kapitel 4 oder im Manual besprochen.

Drei Studien, um die Wirksamkeit zu untersuchen. Obwohl alle im Training eingesetzten Verfahren evidenzbasiert sind, bleibt die Frage, ob das Training selbst wirksam ist. Die Wirksamkeit dieses Trainings sollte sich daran zeigen, dass der wahrgenommene Stress und depressive Stimmungen von Teilnehmern nach dem Training niedriger sind als vorher. Um das zu testen, haben wir drei Studien durchgeführt: Die erste Studie wurde an einer Stichprobe von Beschäftigten in Pflegeberufen, die zweite Studie an einer Gruppe Berufstätiger verschiedenster Berufe und die dritte Studie an einer Gruppe Studierender einer Fernuniversität durchgeführt.

In allen drei Studien bekamen die Teilnehmer eine onlinebasierte Kurzversion (Dauer: drei Wochen) des Trainings. Sie arbeiteten pro Woche video- und audiogestützt eines der drei Module an einer interaktiven Internetplattform durch. Der Trainingstransfer in den Alltag wurde durch zwei SMS pro Tag unterstützt. Die SMS entsprachen einer Auswahl der Impulse der App (s. Abschn. 4.6)

14.1 Methode zur Feststellung der Wirksamkeit

In allen Studien wurde die Veränderung von Stresswahrnehmung und Depressivität der Teilnehmer gegen eine Wartekontrollgruppe getestet. Die Studienteilnehmer wurden durch ein Zufallsverfahren entweder auf eine Interventionsgruppe oder eine Wartekontrollgruppe gelost. Die Interventionsgruppe erhielt sofort einen Zugang zum Internettraining, die Wartekontrollgruppe erst nach elf Wochen.

Stresswahrnehmung und Depressivität aller Studienteilnehmer wurden dreimal erhoben:

(1) Direkt nach der Anmeldung zur Studie bekamen die Teilnehmer einen Link zu einem Onlinefragebogen. Erst nach der Beantwortung der Fragen wurden sie der Interventions- oder der Wartekontrollgruppe zugelost.

(2) Drei Wochen nach der ersten Erhebung bekam jeder Teilnehmer, unabhängig davon, in welcher Gruppe er war, eine zweite Befragung. Zu diesem Zeitpunkt sollten die Teilnehmer der Interventionsgruppe das Training beendet haben.

(3) Elf Wochen nach der ersten Befragung wurde jeder Teilnehmer ein drittes Mal befragt. Für die Teilnehmer aus der Interventionsgruppe war das acht Wochen

nach Trainingsende, für die Teilnehmer der Wartekontrollgruppe unmittelbar vor Trainingsbeginn. Mit dem Abschluss dieser Befragung bekamen die Teilnehmer der Wartekontrollgruppe einen Zugang zum Training.

14.2 Ergebnisse der drei Studien

14.2.1 Stark im Stress im Pflegeberuf

In der Wirksamkeitsstudie, in der das Training an 71 Pflegekräften evaluiert wurde, zeigte sich ein signifikanter ($p < 0{,}01$) Rückgang depressiver Symptome der Interventionsgruppe im Vergleich zu einer Wartekontrollgruppe. Ungewöhnlich in dieser Studie war, dass die Teilnehmer der Interventionsgruppe mit deutlich höheren depressiven Symptomen gestartet sind. Abbildung 14.1 zeigt den Verlauf der depressiven Symptome. Vergleichbar ist der signifikante ($p < 0{,}01$) Rückgang des wahrgenommenen Stresses (s. Abb. 14.2). Der Rückgang der depressiven Symptome ($d = 0{,}69$)und des wahrgenommenen Stresses ($d = 0{,}79$) kann als mittel bis stark eingestuft werden.

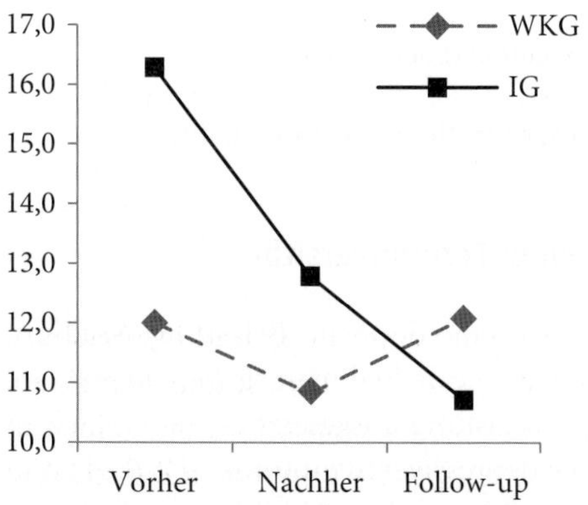

Abbildung 14.1 Verlauf der depressiven Symptome in der Interventions- (IG) und der Wartekontrollgruppe (WKG)

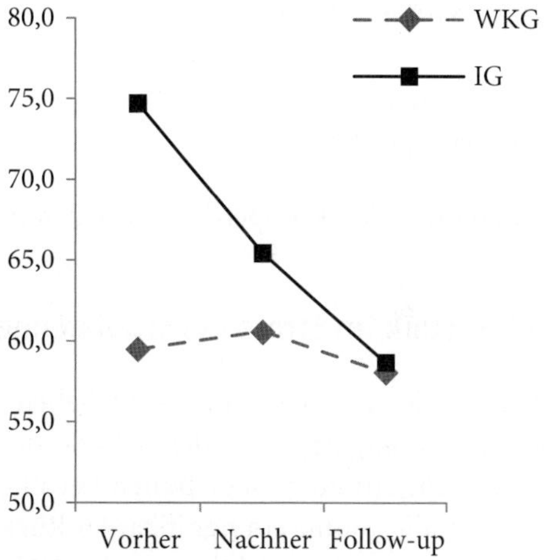

Abbildung 14.2 Verlauf des wahrgenommenen Stresses in der Interventions- (IG) und der Wartekontrollgruppe (WKG)

Weitere Analysen haben gezeigt, dass die Fähigkeiten, aversive Emotionen zu akzeptieren und zu tolerieren (Resilienz), sowie die Bereitschaft, sich mit emotional unangenehmen Situationen zu konfrontieren, signifikant gestiegen sind. Allerdings fand sich in dieser Studie kein signifikanter Anstieg der wahrgenommenen Fähigkeit, Emotionen regulieren zu können.

14.2.2 Stark im Stress bei Berufstätigen

Auch in einer Stichprobe von 143 Berufstätigen zeigte sich gegenüber einer Wartekontrollgruppe ein signifikanter ($p < 0{,}01$) Rückgang depressiver Symptome, den man als stark bezeichnen kann ($d = 0{,}88$). Es fand sich ebenfalls ein mittel- bis starker Rückgang des wahrgenommenen Stresses ($d = 0{,}73$), der signifikant wurde ($p < 0{,}001$). Abbildungen 14.3 und 14.4 zeigen die zentralen Ergebnisse dieser Studie.

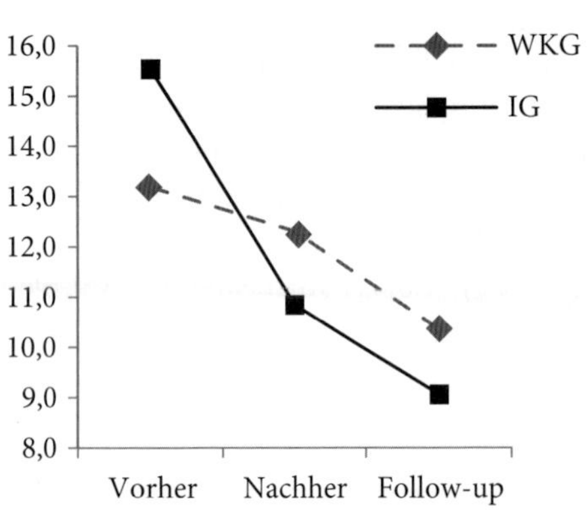

Abbildung 14.3 Verlauf der depressiven Symptome in der Interventions- (IG) und der Wartekontrollgruppe (WKG)

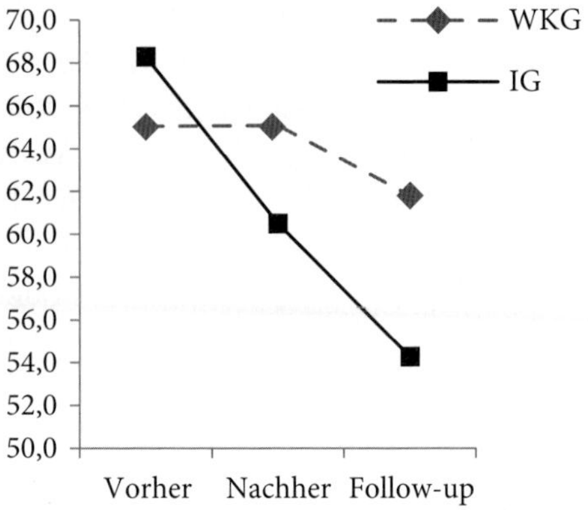

Abbildung 14.4 Verlauf des wahrgenommenen Stresses in der Interventions- (IG) und der Wartekontrollgruppe (WKG)

Die emotionalen Kompetenzen wurden in dieser Studie nicht untersucht.

14.2.3 Stark im Stress bei Studierenden einer Fernuniversität

Studierende einer Fernuniversität haben vielfach eine doppelte Belastung: Studium und Berufstätigkeit. Von den 298 Studierenden, die teilnahmen, gaben 81,9 % an, neben dem Studium einer hohen beruflichen Belastung ausgesetzt zu sein. Auch in dieser Studie konnte ein signifikanter Rückgang depressiver Symptome ($d = 0{,}61$) und des wahrgenommenen Stresses ($d = 0{,}45$) gefunden werden. Abbildungen 14.5 und 14.6 zeigen die zentralen Ergebnisse dieser Studie.

Es zeigte sich zusätzlich eine hoch signifikante Zunahme der subjektiv eingeschätzten Fähigkeit, Emotionen regulieren zu können ($p < 0{,}001$), und eine signifikante Zunahme der Fähigkeit, aversive Emotionen tolerieren zu können (Resilienz) ($p < 0{,}01$). Die Fähigkeit, aversive Emotionen zu akzeptieren, stieg nur marginal signifikant an ($p < 0{,}07$). Kein Anstieg konnte bei der Bereitschaft, aversive Emotionen auszuhalten, beobachtet werden.

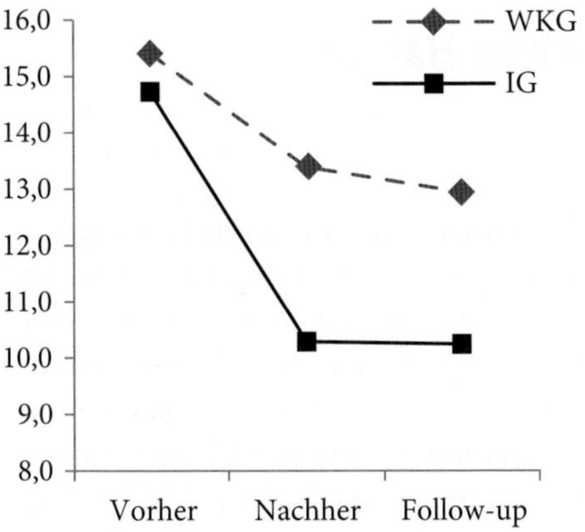

Abbildung 14.5 Verlauf der depressiven Symptome in der Interventions- (IG) und der Wartekontrollgruppe (WKG)

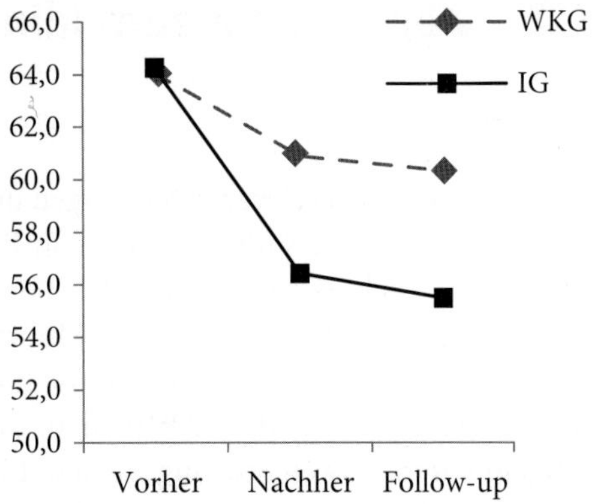

Abbildung 14.6 Verlauf des wahrgenommenen Stresses in der Interventions- (IG) und der Wartekontrollgruppe (WKG)

14.3 Bewertung der Ergebnisse

Insgesamt deuten die Ergebnisse darauf hin, dass das Training *Stark im Stress* in der dreiwöchigen Online-Version wirksam depressive Symptome und wahrgenommenen Stress reduziert.

Nicht ganz so eindeutig fielen die Ergebnisse für die Steigerung der einzelnen emotionalen Kompetenzen aus. Jedoch zeigte sich in den beiden Studien, in denen diese erfasst wurden, ein Anstieg der emotionalen Kompetenzen. Allerdings ist hier weitere Forschung notwendig, vor allem mit Blick auf mögliche Wirkmechanismen.

Bislang wurde das neunwöchige Training, so wie es in diesem Manual vorliegt, noch nicht systematisch untersucht. Die berichteten Ergebnisse machen jedoch Mut: Erstens deuten metaanalytische Befunde darauf hin, dass face-to-face-Trainings deutlich wirksamer sind als unbegleitete onlinebasierte Trainings. Zweitens ist es wahrscheinlich, dass ein längeres und damit ausführlicheres Training sich ebenfalls positiv auf die Wirksamkeit niederschlägt.

Allerdings bleiben das solange nur Annahmen, bis sie von Ergebnissen systematischer und hochwertiger Studien unterstützt bzw. widerlegt werden können. Doch auch die unsystematischen Berichte von zufriedenen Teilnehmern geben Anlass zur Hoffnung.

15 Abgrenzung zum klinischen Handeln

Stress kann klinisch relevante Störungen des Verhaltens und Erlebens mitauslösen, sie aufrechterhalten, die Vulnerabilität von Personen für diese Störungen erhöhen, und Stress kann auch Folge von psychischen Störungen sein. Ähnliches gilt für langanhaltende aversive Emotionen. Das führt dazu, dass es unter den Teilnehmern des Trainings zum einen Personen gibt, die hoch gefährdet sind, eine psychische Störung zu entwickeln, zum anderen Personen, die bereits unter einer psychischen Störung (z. B. einer depressiven Störung) leiden. Einige von ihnen versprechen sich durch das Training Hilfe bzw. Linderung.

Obwohl im Training Übungen und Strategien vermittelt werden, die prinzipiell auch in der Therapie z. B. von Depression oder Angststörungen eingesetzt werden, ersetzt das Training keine Psychotherapie. Wer hoch gefährdet ist oder bereits unter einer Störung des Erlebens oder Verhaltens leidet, braucht psychotherapeutische Hilfe. Das Training *Stark im Stress* kann nach sorgfältiger Klärung eine sinnvolle flankierende Maßnahme sein. Nach entsprechender Abwägung, die beispielsweise den Schweregrad der Störung berücksichtigt, kann das Training auch hilfreich bei der Überbrückung von längeren Wartezeiten vor einer Psychotherapie sein. Eine solche Überbrückung sollte aber unbedingt durch Supervision abgesichert werden. Es sind zudem Studien geplant, in denen das Training als begleitende Maßnahme im stationären Setting untersucht wird.

Damit ein professioneller Umgang im Training mit möglichen psychischen Störungen gelingen kann, werden im Folgenden zwei Störungskategorien vorgestellt, die typischerweise in Trainings zur Stress- und Emotionsregulation zu finden sind. Hinter der »Diagnose« Burnout stehen häufig Angststörungen oder depressive Episoden. In diesem Abschnitt wird neben zentralen diagnostischen Merkmalen jeweils ein möglicher Umgang mit diesen Störungen im Rahmen des Trainings vorgeschlagen.

15.1 Depression

15.1.1 Wie kann eine Depression erkannt werden?

Eine Depression kann viele Gesichter haben. Eine leichte Depression wird (nach der ICD-10; Dilling et al., 2005) diagnostiziert, wenn zwei der drei Hauptsymptome (s. u.) und zwei Zusatzsymptome (s. u.) länger als zwei Wochen bestehen. Eine mittelschwere Depression wird bei zwei Haupt- und drei bis vier Zusatzsymptomen diagnostiziert. Für die Diagnose einer schweren Depression müssen drei Hauptsymptome und fünf oder mehr Zusatzsymptome vorliegen. Die Symptome müssen jeweils länger als zwei Wochen vorliegen. Eine alternative Erklärung (z. B. Verlust eines lieben Menschen) sollte ausgeschlossen werden.

Hauptsymptome einer Depression (nach ICD-10)

(1) niedergedrückte, depressive Stimmung oder Gefühl von Leere
(2) Interessenverlust oder Freudlosigkeit; geht häufig mit einem Verlust der Fähigkeit, sich zu freuen oder zu trauern, einher
(3) Antriebsmangel oder erhöhte Ermüdbarkeit

Zusatzsymptome

(1) verminderte Konzentration und Aufmerksamkeit
(2) vermindertes Selbstwertgefühl
(3) Schuldgefühle / Gefühle von Minderwertigkeit
(4) negative Zukunftsgedanken / Sorgenneigung mit Blick auf die Zukunft
(5) Suizidgedanken und -handlungen
(6) Schlafstörungen
(7) verminderter Appetit
(8) Gewichtsab- oder -zunahme
(9) Verlust oder Minderung des sexuellen Interesses (Libidoverlust)

15.1.2 Umgang mit depressiven Teilnehmern

Diagnosen zu stellen, ist die Aufgabe von Psychotherapeuten bzw. Ärzten und nicht von Trainern eines Stress-Trainings. Manchmal fallen allerdings Teilnehmer dadurch auf, dass sie von zwei Leitsymptomen berichten bzw. diese zeigen. In diesem Fall sollte der Trainer den Teilnehmer ansprechen. Er sollte *auf keinen Fall* eine Diagnose stellen, denn das darf und kann er nicht. Zudem kann es zu erheblichen Beeinträchtigungen des Teilnehmers führen, wenn dieser vom Trainer erfährt: »Sie haben eine Depression!«

Ein deutlich besserer Weg ist es, den Teilnehmer alleine (!) anzusprechen und dessen Belastung, die der Trainer mitbekommt, zu spiegeln (z. B. »Ich habe das Gefühl, Sie sind gerade außerordentlich belastet.«). Dann kann der Trainer erfragen, ob bereits psychotherapeutische Hilfe in Anspruch genommen wird – und ggf. vorschlagen, Hilfe zu suchen (z. B. »Haben Sie zur Bewältigung dieser Belastungen eigentlich noch Hilfen über dieses Training hinaus?« Ggf.: »Für viele, die solche Belastungen wie Sie erleben, kann es hilfreich sein, mit einem Arzt oder einem Psychotherapeuten zu schauen, ob Handlungsbedarf besteht. Können Sie sich das vorstellen?«). Dafür empfiehlt es sich, Telefonnummern psychosozialer Beratungsstellen bereit zu halten. Grundsätzlich liegt die Entscheidung, sich Hilfe zu suchen, bei jedem Menschen allein. Das sollte der Trainer unbedingt akzeptieren, egal wie offensichtlich der Hilfebedarf auch scheinen mag.

Gibt der Teilnehmer jedoch an, dass er sich quasi-psychotherapeutische Hilfe vom Training *Stark im Stress* erhofft, sollte geklärt werden, dass das Training möglicherweise nicht die optimale Maßnahme für den Teilnehmer ist und dass durch das

Training die vom Teilnehmer erwünschten Effekte möglicherweise nicht erreicht werden. Das sollte im Verlauf des Trainings mit dem Teilnehmer immerfort reflektiert und geprüft werden.

15.2 Angst

Angststörungen sind vielfältig und umfassen nach dem DSM-V phobische Störungen (soziale und spezifische), Panikstörungen (mit und ohne Agoraphobie), die Generalisierte Angststörung, Zwangsstörungen und Posttraumatische Belastungsstörungen (Butcher et al, 2009). Im Folgenden werden spezifische Phobien, Panikstörungen und die Generalisierte Angststörung jeweils kurz skizziert. Das geschieht mit dem Ziel, dass Trainer erste schnelle Informationen zu den entsprechenden Störungen bekommen. Allerdings gilt auch für Angststörungen: Es geht nicht darum, dass Trainer eine Diagnose erstellen sollten.

15.2.1 Wie kann man Angststörungen erkennen?

Phobien

Phobien sind Angststörungen, bei denen Personen Furcht vor sehr spezifischen Auslösern haben wie Spinnen, Schlangen, Hunden, engen, geschlossenen Raumen etc. Die Person reagiert mit anhaltender und ausgeprägter Angst, die unbegründet ist. Dies führt zu Vermeidungsverhalten, das die Person stark einschränkt und/oder erheb liches Leid verursacht. Dieser Zustand muss für die Diagnose einer Phobie mindestens sechs Monate anhalten.

Panikstörung

Personen mit Panikstörung erleben das Auftreten von Panikattacken (s. Kasten *Panikattacke*), die für sie vollkommen unerwartet kommen. Für die Diagnose einer Panikstörung müssen sich Personen mindestens einen Monat lang ständig davor sorgen, dass eine Panikattacke wiederkehrt. Viele Panikpatienten fürchten sich davor, einen Herzinfarkt zu bekommen, weil eine Panikattacke viele somatische Symptome hat. Deswegen muss, um die Diagnose einer Panikstörung zu stellen, geklärt sein, dass die Panikattacken nicht durch physiologische (z. B. Drogen) oder medizinische (z. B. Herzkrankheiten) Ursachen ausgelöst werden. Außerdem sollten Panikattacken auch nicht besser durch andere psychische Störungen erklärt werden können (z. B. durch eine spezifische Phobie).

Panikattacke

Eine Panikattacke ist eine Phase intensiver Furcht, die abrupt auftritt und innerhalb weniger Minuten ihren Höhepunkt hat. Die Symptome einer Panikattacke variieren von Person zu Person. Typisch sind folgende Symptome (nach ICD-10):

- Herzklopfen oder Herzrasen
- Brustschmerzen
- Erstickungsgefühl
- Schwindel
- Entfremdungsgefühle (Depersonalisation oder Derealisation)
- Furcht, zu sterben
- Furcht vor Kontrollverlust
- Angst, wahnsinnig zu werden
- weitere vegetative Symptome wie Schwitzen, Zittern oder Beben, Übelkeit oder Magen-Darmbeschwerden, Taubheit oder Kribbelgefühl (Parästhesien)

Generalisierte Angststörung

Angst ist eine adaptive Emotion, wenn sie uns auf Gefahren vorbereitet. Personen mit einer Generalisierten Angststörung fallen im Alltag (und auch im Training) vor allem durch recht konstante Sorgen, die in die Zukunft gerichtet sind, ängstliche Erwartungen und chronische Anspannungen auf. Zudem berichten sie von einem eher unspezifischen Unwohlsein. Sie scheinen stets negative Ereignisse zu erwarten und können ihre Sorgen nicht kontrollieren.

Generalisierte Angststörung

Das Hauptsymptom der Generalisierten Angststörung ist eine generalisierte und anhaltende Angst, die aber nicht auf bestimmte Situationen beschränkt ist (frei flottierende Angst) und an den meisten Tagen mindestens über mehrere Wochen, meistens über Monate, auftritt. Die Symptome einer Panikattacke variieren von Person zu Person.

Hauptsymptome (nach ICD-10)

(1) Befürchtungen (Sorge über zukünftiges Unglück, Nervosität, Konzentrationsschwierigkeiten)
(2) motorische Spannung (körperliche Unruhe, Spannungskopfschmerz, Zittern, Unfähigkeit, sich zu entspannen)
(3) vegetative Übererregbarkeit (Benommenheit, Schwitzen, Tachykardie oder Tachypnoe, Oberbauchbeschwerden, Schwindelgefühle, Mundtrockenheit, etc.

15.2.2 Umgang mit Teilnehmern, die möglicherweise eine Angststörung haben

Teilnehmer mit Angststörungen haben in der Regel einen großen Leidensdruck. Die Emotion Angst ist der Stressreaktion und dem Stresserleben ziemlich nahe, sodass es zunächst plausibel erscheint, wenn diese Personen sich von einem Training zur Stressbewältigung Linderung und Symptomverbesserung erhoffen. Aber auch hier gilt – wie schon für den Umgang mit depressiven Teilnehmern: Das Training kann und soll keine Psychotherapie ersetzen. Trainer, sofern sie keine ausgebildeten Psychotherapeuten oder Ärzte sind, dürfen auch weder Diagnosen stellen noch dürfen sie eine Störung behandeln.

Anders als bei der Depression kann es aber bei einer Panikstörung unter bestimmten Umständen Sinn ergeben, einem Teilnehmer gegenüber seinen Verdacht offen zu kommunizieren: Viele Personen mit Panikstörungen deuten ihre Symptome (z. B. Schwitzen, Herzklopfen etc.) rein somatisch und haben große Angst vor einem Herzinfarkt oder davor, an den Folgen einer unentdeckten Krankheit zu sterben, deren Symptome sie ja zu spüren glauben (Fehlinterpretation ihrer Panikattacken). Die meisten dieser Personen haben somatische Erkrankungen bereits durch den Hausarzt und verschiedene Fachärzte abklären lassen. In der Regel haben die Ärzte nichts gefunden, die Symptome erleben die Personen aber weiterhin. Das kann Angst machen und zusätzlich die Sorge, verrückt zu sein.

Berichten Teilnehmer von solchen leidvollen Umständen, kann es hilfreich sein, den Hinweis zu geben, dass eine Angst- oder Panikstörung vorliegen könnte. Mit diesem Hinweis kann erstens das Leid reduziert werden und zweitens kann ein Psychotherapeut oder ein Arzt die richtige Diagnose stellen und die entsprechende Intervention hat dann gute Chancen auf Erfolg.

16 Begleitende Evaluation

Der Wert der Evaluation ist häufig für den Trainer und Praktiker nicht sofort offensichtlich, wird die Evaluation doch eher mit wissenschaftlichem Vorgehen in Verbindung gebracht. Für ein Training wie dieses erfüllt die Evaluation verschiedene Aufgaben. Diese machen auch unterschiedliches Herangehen notwendig:

(1) Einzelne Teilnehmer können während des Trainings beurteilen, ob die jeweiligen Maßnahmen sie ihren Zielen näher bringen.

(2) Der Trainer kann (ggf. gemeinsam mit der Gruppe) während des Trainings kontinuierlich bewerten, ob der Gruppenprozess (z. B. Vertrauen und Kooperation), die Motivation und das Anspruchsniveau inhaltlich wie methodisch noch passen, oder ob auf bestimmten Dimensionen Veränderungen notwendig sind.

(3) Am Ende des Trainings können die Teilnehmer jeweils überprüfen, was sie im Training für sich erreicht haben. Damit würdigen sie ihre Leistungen und ihren Fortschritt und unterstützen den Aufbau von Selbstwirksamkeit. Zudem können sie reflektieren, welche Ziele möglicherweise nicht erreicht wurden, sodass sie in der Lage sind, bewusst entsprechende Maßnahmen zu suchen.

(4) Der Trainer kann am Ende des Trainings überprüfen, ob das Training, so wie er es durchgeführt hat, in der Lage war, die Veränderungen zu bewirken, die intendiert waren. Damit kann er sich selbst (und ggf. seinen Teilnehmern) Rechenschaft über sein Wirken geben und mögliche Korrekturen für zukünftige Trainings vornehmen.

Während die ersten beiden Punkte dem Prozessmonitoring (s. Abschn. 16.2) zugeordnet werden können, stellen Punkte drei und vier Möglichkeiten dar, abzuschätzen, ob ein Training wirksam war (s. Abschn. 16.3). Diese Evaluation darf nicht mit einer wissenschaftlichen Evaluation der Effektivität eines Trainings verwechselt werden. Einer solchen sind im Rahmen einzelner Trainings Grenzen der Machbarkeit gesetzt sind.

Um die Wirkung eines Trainings besser abschätzen zu können, bietet es sich an, bereits vor Trainingsbeginn eine Art Eingangsdiagnostik durchzuführen (s. Abschn. 16.1). Die hier erhobenen Werte können den Teilnehmern zudem Hinweise auf mögliche Entwicklungsziele geben.

16.1 Möglichkeiten für eine Eingangsdiagnostik

In diesem Abschnitt werden mögliche Verfahren vorgeschlagen, aus denen erstens individuelle Trainingsziele abgeleitet und die zweitens als Indikator für die Wirksamkeit des Trainings (s. Abschn. 16.3) genutzt werden können. Es empfiehlt sich, dass die Teilnehmer die Fragebögen bereits vor Beginn des Trainings ausfüllen und optimaler Weise auch schon vorher mit dem Trainer besprechen.

16.1.1 Wahrgenommener Stress

Da das Training eine Stressprävention ist, ist die Reduzierung des wahrgenommenen Stresses ein zentrales Erfolgskriterium. Nach Levenstein (1993) lässt sich wahrgenommener Stress durch vier Dimensionen beschreiben: Sorgen, Anspannung, Freude und Anforderungen, wobei das Ausmaß, in dem Freude erlebt wird, ein invertierter Wert für wahrgenommenen Stress ist. Personen unterscheiden sich in den vier Dimensionen, sodass eine Messung des wahrgenommenen Stresses für Teilnehmer Impulse für die Entwicklung der Trainingsziele bieten kann. In Tabelle 16.1 wird eine Kurzversion des Fragebogens zur Erfassung von wahrgenommenen Stress vorgeschlagen, die an den *Perceived Stress Questionnaire* von Levenstein (1993; deutsche Version Fliege et al., 2005) angelehnt ist.

Tabelle 16.1 Fragebogen zum wahrgenommenen Stress (in Anlehnung an Fliege et al., 2005)

		fast nie	manchmal	häufig	meistens
1	Ich fühle mich in letzter Zeit ausgeruht.	☐ (4)	☐ (3)	☐ (2)	☐ (1)
2	Ich fürchte, dass ich meine Ziele nicht erreichen kann.	☐ (1)	☐ (2)	☐ (3)	☐ (4)
3	Ich fühle mich in letzter Zeit frustriert.	☐ (1)	☐ (2)	☐ (3)	☐ (4)
4	Ich habe das Gefühl, in letzter Zeit Dinge zu tun, die ich wirklich mag.	☐ (1)	☐ (2)	☐ (3)	☐ (4)
5	Ich habe in letzter Zeit zu viel zu tun.	☐ (1)	☐ (2)	☐ (3)	☐ (4)
6	Ich fühle mich in letzter Zeit ruhig.	☐ (4)	☐ (3)	☐ (2)	☐ (1)
7	Ich habe in letzter Zeit das Gefühl, dass zu viele Forderungen an mich gestellt werden.	☐ (1)	☐ (2)	☐ (3)	☐ (4)
8	Ich bin in letzter Zeit voller Energie.	☐ (1)	☐ (2)	☐ (3)	☐ (4)
9	Ich fühle mich in letzter Zeit angespannt.	☐ (1)	☐ (2)	☐ (3)	☐ (4)
10	Ich fühle mich in letzter Zeit gehetzt.	☐ (1)	☐ (2)	☐ (3)	☐ (4)
11	Ich habe in letzter Zeit Spaß.	☐ (1)	☐ (2)	☐ (3)	☐ (4)
12	Meine Probleme scheinen sich in letzter Zeit aufzutürmen.	☐ (1)	☐ (2)	☐ (3)	☐ (4)

Tabelle 16.1 (Fortsetzung)

		fast nie	manchmal	häufig	meistens
13	Ich bin in letzter Zeit leichten Herzens.	□ (1)	□ (2)	□ (3)	□ (4)
14	Ich fühle mich in letzter Zeit sicher und geschützt.	□ (1)	□ (2)	□ (3)	□ (4)
15	Ich fühle mich in letzter Zeit unter Termindruck.	□ (1)	□ (2)	□ (3)	□ (4)
16	Ich habe in letzter Zeit Angst vor der Zukunft.	□ (1)	□ (2)	□ (3)	□ (4)
17	Ich habe in letzter Zeit genug Zeit für mich.	□ (4)	□ (3)	□ (2)	□ (1)
18	Ich habe in letzter Zeit viele Sorgen.	□ (1)	□ (2)	□ (3)	□ (4)
19	Ich habe in letzter Zeit Probleme, mich zu entspannen.	□ (1)	□ (2)	□ (3)	□ (4)
20	Ich fühle mich in letzter Zeit mental erschöpft.	□ (1)	□ (2)	□ (3)	□ (4)

Auswertung des Fragebogens zum wahrgenommenen Stress

Um die Subskala *Sorgen* zu berechnen, werden folgende Items zusammengezählt und das Ergebnis durch fünf geteilt.
Items: 2, 3, 12, 16, 18

Um die Subskala *Anspannung* zu berechnen, werden folgende Items zusammengezählt und das Ergebnis durch fünf geteilt.
Items: 1, 6, 9, 19, 20

Um die Subskala *Freude* zu berechnen, werden folgende Items zusammengezählt und das Ergebnis durch fünf geteilt.
Items: 4, 8, 11, 13, 14

Um die Subskala *Anforderungen* zu berechnen, werden folgende Items zusammengezählt und das Ergebnis durch fünf geteilt.
Items: 5, 7, 10, 15, 17

16.1.2 Emotionale Kompetenzen

Das Training *Stark im Stress* zielt auch darauf ab, die emotionalen Kompetenzen zu stärken. Deswegen ist es sinnvoll, diese vor Beginn des Trainings zu erfassen. Daraus können Teilnehmer erstens Trainingsziele ableiten (z. B. »Ich möchte meine Fähigkeiten, Emotionen wahrzunehmen und sie zu tolerieren, verbessern.«). Zweitens kann durch einen Vorher-Nachher-Vergleich der Zuwachs der emotionalen Kompetenzen eingeschätzt werden.

Emotionale Kompetenzen lassen sich in neun Teilkompetenzen unterteilen (s. Abschn. 1.6), die mit dem *Fragebogen zur Selbsteinschätzung emotionaler Kompetenzen (SEK-27)* von Berking und Znoj (2008) erfasst werden können.

Subskalen des Fragebogens zur Selbsteinschätzung emotionaler Kompetenzen (SEK-27) von Berking und Znoj (2008)

(1) achtsame Wahrnehmung der eigenen Emotionen
(2) wahrnehmen emotionsbedingter Körperempfindungen
(3) Fähigkeit, Emotionen zu erkennen und zu benennen
(4) Fähigkeit, Emotionen zu verstehen
(5) Fähigkeit, aversive Emotionen zu akzeptieren
(6) Fähigkeit, aversive Emotionen zu tolerieren
(7) Selbstunterstützung in emotional schwierigen Situationen
(8) Bereitschaft, sich mit Auslösern aversiver Emotionen zu konfrontieren
(9) Fähigkeit, aversive Emotionen zu modifizieren

Der Fragenbogen ist im Internet frei zugänglich: https://www.zpid.de/pub/tests/PT_9005957_SEK-27_Fragebogen.pdf. Ebenso ist seine Auswertung frei verfügbar: https://www.zpid.de/pub/tests/PT_9005957_SEK-27_Auswertungshinweise.pdf.

16.2 Prozessmonitoring

Unter Prozessmonitoring wird eine Form der begleitenden Evaluation verstanden, die vor allem dazu dient, mögliche Fehlentwicklungen frühzeitig zu erkennen und ihnen entgegenzuwirken. In der Regel werden Informationen über den Prozessverlauf eines solchen Trainings eher informell denn standardisiert erhoben. Allerdings ist es für bestimmte Dimensionen auch denkbar, dies mit standardisierten Instrumenten zu tun, wenn der Nutzen den Aufwand rechtfertigt.

In diesem Abschnitt werden die Dimensionen vorgestellt, die für den Prozessverlauf wichtig sind. Viele dieser Dimensionen kann man z. B. in der jeweils abschließenden Blitzlichtrunde gezielt als Reflexionsfragen stellen, um sich so ein Bild zu machen. Allerdings sollte man bei diesem Vorgehen im Blick behalten, dass sich erstens das Antwortverhalten der Teilnehmer gegenseitig beeinflusst. Zweitens können Antworten durch die Tendenz zur sozialen Erwünschtheit stärker verzerrt werden, als das bei einer anonymen Befragung mit standardisiertem Inventar der Fall wäre. Drittens kann ein unstandardisiertes Vorgehen, wie es hier vorgeschlagen wird, zu Ungenauigkeiten im Antwortwortverhalten führen. Trotzdem hat die Erfahrung gezeigt, dass das hier vorgeschlagene Vorgehen für den Zweck, der verfolgt wird, häufig ausreicht. Treten in einer Dimension ernsthaftere Probleme auf, die sich negativ auf den Prozess auswirken, sollten methodisch fundierte Verfahren zur Anwendung kommen.

16.2.1 Kooperation und Vertrauen in der Gruppe (Sozialklima)

Kooperation und Vertrauen in der Gruppe sind eine wichtige Voraussetzung dafür, dass die Teilnehmer sich einbringen und an ihren eigenen Themen arbeiten. Störungen des Sozial- bzw. Gruppenklimas können dazu führen, dass Teilnehmer sich zurückziehen, und dass eher oberflächlich gearbeitet wird. Rückzug oder oberflächliches Arbeiten könnten also auch Indikatoren für eine Störung im Gruppenklima sein. Manchmal treten Störung des Gruppenklimas verdeckt auf. In der Trainerrolle macht sich das meistens dadurch bemerkbar, dass die Arbeit mit der Gruppe irgendwie zäh wirkt.

Etwas systematischer lässt sich das Gruppenklima durch Beobachtungen der Interaktionen zwischen den Teilnehmern erfassen. Außenseiter, wenig Kommunikation in Pausen oder Cliquenbildung können für Probleme sprechen. Bestehen Probleme auf der Gruppenebene, sollte der Trainer abwägen, ob er sie anspricht oder über sie hinweggeht. Ein Ansprechen kann die Probleme auflösen. Allerdings kann es auch viel Zeit in Anspruch nehmen und es kann auch zu einer Verschlimmerung der Situation führen.

16.2.2 Interaktionen zwischen Trainer und Teilnehmern

Interaktionen zwischen Trainer und Teilnehmern gehören im weiteren Sinne natürlich auch zum Gruppenklima. Da der Trainer jedoch eine exponierte Position innerhalb der Gruppe innehat, wird dieser Aspekt hier noch einmal genau betrachtet.

Ist diese Interaktion gestört, kann das erhebliche Auswirkungen auf den gesamten Prozess haben. Das kann verschiedene Ursachen haben:

Erstens können die subjektiven Theorien oder Überzeugungen der Teilnehmer (oder einzelner Teilnehmer) nicht mit den im Training vermittelten Inhalten übereinstimmen. Der Trainer sollte sich deswegen stets fragen, ob er die Teilnehmer inhaltlich noch erreicht. Ganz konkret ist die Gefahr im Training immer dann gegeben, wenn Wertesysteme kollidieren können (z. B. wenn es um Selbstwertschätzung geht; s. Abschn. 10.3). Merkt der Trainer, dass er die Teilnehmer »nicht mehr im Boot« hat, lohnt es sich fast immer, in den Austausch darüber zu gehen. Zudem sollte er sich selbst fragen, ob er Inhalte eventuell zu missionarisch vertritt.

Zweitens können Teilnehmer Befürchtungen haben, der Trainer dringe durch seine Fragen oder durch die Übungen in ihre Privatsphäre ein. Hier hilft es in der Regel, die Teilnehmer direkt darauf anzusprechen, wenn der Verdacht besteht. Dann können Grenzen geklärt werden, innerhalb derer Teilnehmer und Trainer sich sicher bewegen und interagieren können.

Drittens kann es sein, dass Teilnehmer sich vom Trainer zu wenig gesehen oder übergangen fühlen. Häufig ist hier bereits schon das Bemerken dieses »Missstandes« durch den Trainer hilfreich.

16.2.3 Abstraktionsniveau

Es sollte regelmäßig überprüft werden, ob das Abstraktionsniveau für die Teilnehmer angemessen ist, damit das Verständnis der Inhalte gegeben und die Aufmerksamkeit möglichst hoch ist. Dieses Überprüfen ist in der Regel durch einfaches Nachfragen und durch Rückmeldungen der Teilnehmer (z. B. im Blitzlicht) zu realisieren.

16.2.4 Aktivierungsniveau

Das kognitive Aktivierungsniveau ist ein wichtiger Prädiktor für die Verarbeitungstiefe von Inhalten. Je aktivierter und emotional beteiligter die Teilnehmer sind (anstatt in einer Konsumhaltung zu sein), desto größer die Wahrscheinlichkeit, dass kognitive Schemata modifiziert werden können. Deswegen sollte stets überprüft werden, ob die die Teilnehmer aktiviert und emotional beteiligt sind.

16.2.5 Übungen zwischen den Sitzungen

Ein weiterer wichtiger Prädiktor für den Erfolg des Trainings ist, ob und mit welchem Erfolg die Teilnehmer regelmäßig ihre Aufgaben der Woche erledigen. Treten hier Probleme auf, sollte die Motivation der Teilnehmer, die Menge und der Schwierigkeitsgrad der Hausaufgaben geprüft werden. Weiterhin kann das HAPA-Modell Impulse für Kurskorrekturen bereitstellen (s. Abschn. 3.1).

16.2.6 Veränderungen

Zusätzlich können die Veränderungen von Zielmaßen überprüft werden. Während die vorherigen Dimensionen unstrukturiert erfasst werden können, bietet sich hier ein strukturiertes und standardisiertes Vorgehen an. Allerdings sollte wiederum das Verhältnis von Aufwand und Nutzen berücksichtigt werden.

Der Verlauf des wahrgenommenen Stresses kann z. B. über das Ausfüllen des Fragebogens (s. Abschn. 16.1.1) jeweils nach der Einheit dokumentiert und in einer Graphik visualisiert werden. Gleiches gilt für die Erfassung der Entwicklung emotionaler Kompetenzen.

Die Stimmung kann mit Hilfe der deutschen Version des *PANAS* (*Positive-Negative-Affect-Schedule*; dt. Version: Krohne et al., 1996) gemessen und aufgezeichnet werden. In dieser Version bewerten Teilnehmer auf einer Skala von 1 bis 5, wie häufig sie in der letzten Woche folgende Zustände erlebt haben: aktiv, bekümmert, interessiert, freudig erregt, verärgert, stark, schuldig, erschrocken, feindselig, angeregt, stolz, gereizt, begeistert, beschämt, wach, nervös, entschlossen, aufmerksam, durcheinander, ängstlich.

Tabelle 16.2. Positive-Negative-Affect-Schedule (*PANAS;* Krohne et al., 1996)

Zustand	kaum oder gar nicht	ein bisschen	einigermaßen	erheblich	äußerst
aktiv	□ (1)	□ (2)	□ (3)	□ (4)	□ (5)
bekümmert	□ (1)	□ (2)	□ (3)	□ (4)	□ (5)
interessiert	□ (1)	□ (2)	□ (3)	□ (4)	□ (5)

Diese 20 Adjektive beschreiben zehn positive und zehn negative Zustände. Zur Auswertung werden jeweils die Punktwerte der positiven und negativen Adjektive addiert, sodass am Ende zwei Werte herauskommen: ein Wert für positive Gestimmtheit und einer für negative Gestimmtheit. Dieser kann auch über die neun Wochen hinweg in eine Graphik übertragen werden, sodass in der Regel ein Zuwachs der positiven Gestimmtheit und eine Abnahme aversiver Gestimmtheit zu beobachten ist (s. Abb. 16.1).

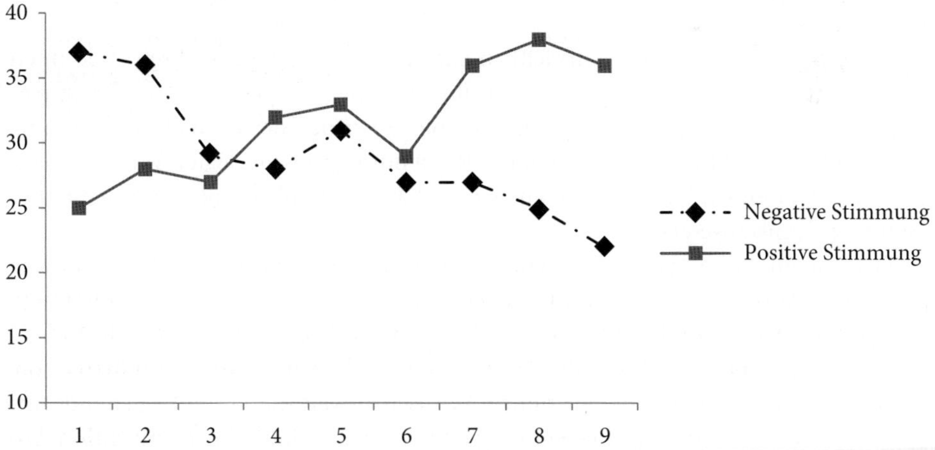

Abbildung 16.1 Visualisierung der Werte positiver und negativer Gestimmtheit über die neun Wochen für einen Teilnehmer

Mit Hilfe von onlinebasierten Befragungen (z. B. https://www.soscisurvey.de/) können auch Gruppenwerte relativ einfach ermittelt werden. Der mittlere Verlauf der Gruppenwerte kann in den Einheiten jeweils visualisiert und ggf. thematisiert werden.

16.3 Möglichkeiten und Grenzen zur Feststellung der Trainingswirksamkeit

Die Frage, ob das Training wirksam war, lässt sich auf individueller Ebene und für die gesamte Gruppe klären. Sie lässt sich zudem auf recht unterschiedlichen Qualitätsniveaus beantworten.

Typischerweise werden solche Kurse dadurch evaluiert, dass die Teilnehmer rückblickend ihren Lernzuwachs und den Nutzen für ihren Alltag einschätzen. Eine häufig gestellte Frage ist: »Schätzen Sie ein, wie sehr Sie Ihr Ziel (z. B. weniger Stress erleben) durch dieses Training erreicht haben?« Das Antwortformat ist in der Regel eine vier- oder fünfstufige Likert-Skala (von »gar nicht« bis »total«). Diese Evaluation besticht zwar durch ihre einfache und schnelle Handhabbarkeit, doch lassen solche Evaluationen nur sehr bedingt Rückschlüsse auf die tatsächliche Wirksamkeit des Trainings zu.

Etwas mehr Arbeit macht es, die Eingangswerte (z. B. wahrgenommener Stress) der Teilnehmer mit den Werten nach dem Training zu vergleichen. Allerdings bietet ein solches Vorgehen deutlich bessere Hinweise darauf, ob und wie wirksam das Training war. Um zu testen, ob die gefundenen Veränderungen stabil sind, sollten die Teilnehmer einige Zeit nach dem Training (etwa sechs bis acht Wochen später) noch einmal befragt werden.

Um festzustellen, ob sich die Eingangs- und Ausgangswerte tatsächlich unterscheiden, müssten nicht nur Mittelwerte verglichen werden, sondern es müsste über statistische Verfahren (z. B. t-Tests) geprüft werden, ob der Unterschied signifikant ist. Allerdings sind für die Anwendung solcher Verfahren die Stichprobengrößen einzelner Trainingsgruppen zu klein. Hier sind der Ermittlung der Wirksamkeit praktische Grenzen gesetzt.

Um die gefundenen Effekte ursächlich auf das Training zurückführen zu können, braucht man eine Kontrollgruppe. Die Teilnehmer müssen per Zufall der Trainings- oder der Kontrollgruppe zugelost werden. Solche Formen der Evaluation (randomisiert-kontrollierte Studien) werden in der Regel nur in großangelegten Wirksamkeitsstudien angewendet. Einzelnen Trainern sind hier mit Blick auf die Machbarkeit deutliche Grenzen gesetzt.

Zusammenfassend lässt sich sagen, dass der augenscheinliche Vergleich der Eingangs- und Ausgangswerte im Stresserleben (und ggf. noch ein 8-Wochen-Follow-up) für ein Stresstraining schon ein hoher Anspruch ist. Aber in der Regel lohnt dieser Anspruch, weil die Teilnehmer ihre Entwicklung nicht nur »irgendwie fühlen«, sondern sich tatsächlich visualisieren können. Wünschenswert wären eine begleitende und eine Ergebnisevaluation für jedes Training im Bereich der Gesundheitsprävention. Das würde bei Trainingsanbietern den Gedanken der Nachhaltigkeit stärken und bei Teilnehmern die Selbstwirksamkeit aber auch die Handlungs-Ergebnis-Erwartung fördern.

Anhang

Literatur

Baldwin, T. T. & Ford, J. K. (1988). Transfer of training: A review and directions for future research. Personnel Psychology, 41(1), 63–105.

Beck, A. T. (1979). Cognitive therapy and the emotional disorders. New York: Penguin.

Beck, A. T. (2004). Kognitive Therapie der Depression. Weinheim: Beltz.

Berking, M. (2015). Training emotionaler Kompetenzen (3. Aufl.). Heidelberg: Springer.

Berking, M. & von Känel, M. (2007). Achtsamkeitstraining als psychotherapeutische Interventionsmethode. Psychotherapie Psychosomatik Medizinische Psychologie, 57(3/4), 170–177.

Berking, M. & Znoj, H. (2008). Entwicklung und Validierung eines Fragebogens zur standardisierten Selbsteinschätzung emotionaler Kompetenzen (SEK-27). Zeitschrift für Psychiatrie, Psychologie und Psychotherapie, 56(2), 141–153.

Berking, M., Wupperman, P., Reichardt, A., Pejic, T., Dippel, A. & Znoj, H. (2008). Emotion-regulation skills as a treatment target in psychotherapy. Behaviour Research and Therapy, 46(11), 1230–1237.

Buck, R. (1980). Nonverbal behavior and the theory of emotion: the facial feedback hypothesis. Journal of Personality and Social Psychology, 38(5), 811–824.

Bohus, M. & Wolf-Arehult, M. (2013). Interaktives Skillstraining für Borderline-Patienten. Stuttgart: Schattauer.

Borgert, S. (2013). Resilienz im Projektmanagement. Bitte anschnallen, Turbulenzen! Erfolgskonzepte adaptiver Projekte. Heidelberg: Springer.

Butcher, J. N., Mineka, S. & Hooley, J. M. (2009). Klinische Psychologie (13. Aufl.). Hallbergmoos: Pearson.

Broyler, C. R., Thorndike, E. L. & Woodyard, E. (1927). A second study of mental discipline in high school studies. Journal of Educational Psychology, 18(6), 377–404.

Carlson, C. R. & Hoyle, R. H. (1993). Efficacy of abbreviated progressive muscle relaxation training: a quantitative review of behavioral medicine research. Journal of Consulting and Clinical Psychology, 61(6), 1059–1067.

Chen, E. & Miller, G. E. (2012). »Shift-and-Persist« Strategies Why Low Socioeconomic Status Isn't Always Bad for Health. Perspectives on Psychological Science, 7(2), 135–158.

Conrad, A. & Roth, W. T. (2007). Muscle relaxation therapy for anxiety disorders: it works but how?. Journal of Anxiety Disorders, 21(3), 243–264.

Cuddy, A. J., Wilmuth, C. A., Yap, A. J. & Carney, D. R. (2015). Preparatory power posing affects nonverbal presence and job interview performance. Journal of Applied Psychology, 100(4), 1286–1295.

D'Zurilla, T. J. & Nezu, A. M. (2010). Problem–solving therapy. In K. S. Dobson (Ed.) Handbook of cognitive–behavioral therapies, (Vol. 3, pp. 197–225). New York: Guilford.

D'Zurilla, T. J. & Goldfried, M. R. (1971). Problem solving and behavior modification. Journal of Abnormal Psychology, 78(1), 107–126.

de Jong–Meyer, R. (2009). Kognitive Verfahren nach Beck und Ellis. In S. Schneider, S. & J. Margraf (Hrsg.), Lehrbuch der Verhaltenstherapie (S. 611–627). Heidelberg: Springer.

DeSteno, D., Gross, J. J. & Kubzansky, L. (2013). Affective science and health: The importance of emotion and emotion regulation. Health Psychology, 32(5), 474–486.

Deci, E. L. & Ryan, R. M. (2008): Self-Determination Theory: A Macrotheory of Human Motivation, Development, and Health. Canadian Psychology, 49, 182–185.

Deci, E. L. & Ryan, R. M. (2010). Self-Determination. Hoboken, NJ: Wiley.

Demerouti, E., Bakker, A. B., Geurts, S. A. & Taris, T. W. (2009). Daily recovery from work-related effort during non-work time. Current Perspectives on Job-Stress Recovery: Research in Occupational Stress and Well Being, 7, 85–123.

Dilling, H., Mombour, W. & Schmidt, M. H. (2005). Internationale Klassifikation psychischer Störungen: ICD-10 Kapitel V (F) Klinisch-diagnostische Leitlinien. Bern: Huber.

Dolbier, C. L. & Rush, T. E. (2012). Efficacy of abbreviated progressive muscle relaxation in a high-stress college sample. International Journal of Stress Management, 19(1), 48–68.

Eckert, M., Tarnowski, T. & Sieland, B. (i.V.). Efficacy of a three-week online-based stress intervention. A randomized-controlled trail.

Eckert, M., Ebert, D.D., Lehr, D., Sieland, B. & Berking, M. (under rev.). Overcome Procrastination: Enhancing Emotion Regulation Skills Reduce Procrastination.

Eckert, M., Ebert, D.D., Lehr, D., Sieland, B. & Berking, M. (under rev.). Does SMS-Support Make a Difference? Efficacy of a two-week Online-Training to Overcome Procrastination (ON.TOP). A Randomized Controlled Trail.

Eckert, M., Ebert, D. D., Lehr, D., Sieland, B., Jazaieri, H. & Berking, M. (2015). Teachers' Emotion Regulation Skills Facilitate Implementation of Health-related Intentions. American journal of health behavior, 39(6), 874–881.

Ellis, A. (1973). Humanistic psychotherapy: The rational-emotive approach. New York: Three Rivers.

Erdmann, G. & Janke, W. (2008). Stressverarbeitungsfragebogen: SVF; Stress, Stressverarbeitung und ihre Erfassung durch ein mehrdimensionales Testsystem. Göttingen: Hogrefe.

Festinger, L., Irle, M. & Montmann, V. (1978). Theorie der kognitiven Dissonanz. Bern: Huber.

Fliege, H., Rose, M., Arck, P., Walter, O. B., Kocalevent, R. D., Weber, C. & Klapp, B. F. (2005). The Perceived Stress Questionnaire (PSQ) reconsidered: validation and reference values from different clinical and healthy adult samples. Psychosomatic Medicine, 67(1), 78–88.

Folkman, S. & Lazarus, R. S. (1990). Coping and emotion. Psychological and biological approaches to emotion, 313–332.

Folkman, S., Lazarus, R. S., Dunkel-Schetter, C., DeLongis, A. & Gruen, R. J. (1986). Dynamics of a stressful encounter: cognitive appraisal, coping, and encounter outcomes. Journal of Personality and Social Psychology, 50(5), 992–1003.

Glasenapp, J. (2013). Emotionen als Ressourcen: Manual für Psychotherapie, Coaching und Beratung. Mit Online-Materialien. Weinheim: Beltz.

Gollwitzer, P. M. (1999). Implementation intentions: strong effects of simple plans. American Psychologist, 54(7), 493–503.

Grawe, K., Donati, R., Bernauer, F. & Donati, R. (1994). Psychotherapie im Wandel: von der Konfession zur Profession. Göttingen: Hogrefe.

Greenberg, L. S. (2002). Emotion-focused therapy: Coaching clients to work through their feelings. Washington, DC: American Psychological Association.

Greiner, A., Langer, S. & Schütz, A. (2012). Stressbewältigungstraining für Erwachsene mit ADHS. Heidelberg: Springer.

Gross, J. J. (1998). Antecedent-and response-focused emotion regulation: divergent consequences for experience, expression, and physiology. Journal of Personality and Social Psychology, 74(1), 224–237.

Gross, J. J. (1999). Emotion regulation: Past, present, future. Cognition & Emotion, 13(5), 551–573.

Hartmann, N. (1926). Ethik. Berlin/Leipzig: de Gruyter.

Hautzinger, M. (2013). Kognitive Verhaltenstherapie bei Depressionen. Weinheim: Belz.

Heide, F. J. & Borkovec, T. D. (1983). Relaxation-induced anxiety: Paradoxical anxiety enhancement due to relaxation training. Journal of Consulting and Clinical Psychology, 51(2), 171–182.

Hillert, A., Lüdtke, K., Sosnowsky-Waschek, N., Ueing, S., Bracht, M., Koch, S. & Lehr, D. (2016). Lehrergesundheit: AGIL-das Präventionsprogramm für Arbeit und Gesundheit im Lehrerberuf. Stuttgart: Schattauer.

Hobfoll, S. E. (1988). The ecology of stress. Washington, DC: Hemisphere.

Hobfoll, S. E. (1989). Conservation of resources: A new attempt at conceptualizing stress. American psychologist, 44(3), 513–524.

Hofmann, S. G., Sawyer, A. T., Witt, A. A. & Oh, D. (2010). The effect of mindfulness-based therapy on anxiety and depression: A meta-analytic review. Journal of consulting and clinical psychology, 78(2), 169–183.

Hölzel, B. K., Lazar, S. W., Gard, T., Schuman-Olivier, Z., Vago, D. R. & Ott, U. (2011). How does mindfulness meditation work? Proposing mechanisms of action from a conceptual and neural perspective. Perspectives on psychological science, 6(6), 537–559.

Hurrelmann, K., Klotz, T. & Haisch, J. (2004). Prävention und Gesundheitsförderung. Bern: Verlag Hans Huber.

Jacobson, E. (1990). Entspannung als Therapie. Progressive Relaxation in Theorie und Praxis. München: Pfeiffer.

Kaluza, G. (2011). Stressbewältigung: Trainingsmanual zur psychologischen Gesundheitsförderung. Berlin / Heidelberg: Springer.

Keller, A., Litzelman, K., Wisk, L. E., Maddox, T., Cheng, E. R., Creswell, P. D. & Witt, W. P. (2012). Does the perception that stress affects health matter? The association with health and mortality. Health Psychology, 31(5), 677–684.

Kienle, R., Knoll, N. & Renneberg, B. (2006). Soziale Ressourcen und Gesundheit: soziale Unterstützung und dyadisches Bewältigen. In B. Renneberg & P. Hammelstein (Hrsg.), Gesundheitspsychologie (S. 107–122). Heidelberg: Springer.

Krohne, H. W., Egloff, B., Kohlmann, C. W. & Tausch, A. (1996). Untersuchungen mit einer deutschen Version der »Positive and Negative Affect Schedule« (PANAS). Diagnostica, 42, 139–156.

Kuhl, J. (1992). A theory of self-regulation: Action versus state orientation, self-discrimination, and some applications. Applied Psychology, 41(2), 97–129.

Kuhl, J. (2001). Motivation und Persönlichkeit: Interaktionen psychischer Systeme. Göttingen: Hogrefe.

Lammers, C. H. (2007). Emotionsbezogene Psychotherapie: Grundlagen, Strategien und Techniken. Stuttgart: Schattauer.

Lazar, S. W., Kerr, C. E., Wasserman, R. H., Gray, J. R., Greve, D. N., Treadway, M. T. & Rauch, S. L. (2005). Meditation experience is associated with increased cortical thickness. Neuroreport, 16(17), 1893.

Lazarus, R. S. (1991). Cognition and motivation in emotion. American Psychologist, 46(4), 352–367.

Lehr, D., Hillert, A. & Keller, S. (2008). What can balance the effort? Associations between effort-reward imbalance, overcommitment, and affective disorders in German teachers. International Journal of Occupational and Environmental Health, 15(4), 374–384.

Lehr, D., Schmitz, E. & Hillert, A. (2008). Bewältigungsmuster und psychische Gesundheit. Eine clusteranalytische Untersuchung zu Bewältigungsmustern im Lehrerberuf. Zeitschrift für Arbeits- und Organisationspsychologie, 52, 3–16.

Lehr, D., Eckert, M., Baum, K., Thiart, H., Heber, E., Berking, M., Sieland, B. & Ebert, D. D. (2014). Online-Trainings zur Stressbewältigung – eine neue Chance zur Gesundheitsförderung um Lehrerberuf?. Lehrerbildung auf dem Prüfstand, 7 (2), 190–212.

Levenstein, S., Prantera, C., Varvo, V., Scribano, M. L., Berto, E., Luzi, C. & Andreoli, A. (1993). Development of the Perceived Stress Questionnaire: a new tool for psychosomatic research. Journal of Psychosomatic Research, 37(1), 19–32.

Linehan, M. M. (1993). Cognitive-behavioral treatment of borderline personality disorder. New York: Guilford.

Linehan, M. M. (1996). Dialektisch-Behaviorale Therapie der Borderline-Persönlichkeitsstörung. München: CIP-Medien.

Linville, P. W. (1985). Self-complexity and affective extremity: Don't put all of your eggs in one cognitive basket. Social cognition, 3(1), 94–120.

Linville, P. W. (1987). Self-complexity as a cognitive buffer against stress–related illness and depression. Journal of Personality and Social Psychology, 52(4), 663–676.

McCallie, M. S., Blum, C. M. & Hood, C. J. (2006). Progressive muscle relaxation. Journal of Human Behavior in the Social Environment, 13(3), 51–66.

McClure, M. & Goulding, R. (2005). Neuentscheidung. Ein Modell der Psychotherapie. Stuttgart: Klett-Cotta.

McEwen, B. S. (2007). Physiology and neurobiology of stress and adaptation: central role of the brain. Physiological Reviews, 87(3), 873–904.

Meichenbaum, D. (1985). Stress inoculation training. Ibbenbüren: Pergamon.

Michael, T. & Ehlers, A. (2009). Lernpsychologische Grundlagen der Kognitiven Verhaltenstherapie. In J. Margraf & S. Schneider (Hrsg.), Lehrbuch der Verhaltenstherapie (S. 101–113). Heidelberg: Springer.

Nater, M. U., Fischer, S. & Ehlert, U (2011). Stress as a pathophysiological factor in functional somatic syndromes. Current Psychiatry Reviews, 7(2), 152–169.

Neiss, R. (1988). Reconceptualizing arousal: psychobiological states in motor performance. Psychological Bulletin, 103(3), 345–366.

Oettingen, G. (2012). Future thought and behaviour change. European Review of Social Psychology, 23(1), 1–63.

Oettingen, G. (2014). Rethinking Positive Thinking: Inside the New Science of Motivation. New York: Penguin.

Oettingen, G., Pak, H. J. & Schnetter, K. (2001). Self-regulation of goal-setting: Turning free fantasies about the future into binding goals. Journal of Personality and Social Psychology, 80(5), 736–753.

Owens, S. G., Bowman, C. G. & Dill, C. A. (2008). Overcoming Procrastination: The Effect of Implementation Intentions. Journal of Applied Social Psychology, 38(2), 366–384.

Peter, B. (2015) Hypnose und die Konstruktion von Wirklichkeit. In D. Revenstorf & B. Peter (Hrsg.), Hypnose in Psychotherapie, Psychosomatik und Medizin (S. 37–45). Heidelberg: Springer.

Pines, A. M., Aronson, E. & Kafry, D. (1981). Burn out: From tedium to personal growth. New York: free press.

Poulin, M. J., Brown, S. L., Dillard, A. J. & Smith, D. M. (2013). Giving to others and the association between stress and mortality. American Journal of Public Health, 103(9), 1649–1655.

Premack, D. (1962). Reversibility of the reinforcement relation. Science, 136(3512), 255–257.

Reddemann, L. (2015). Imagination als heilsame Kraft. Zur Behandlung von Traumafolgen mit ressourcenorientierten Verfahren. Stuttgart: Klett-Cotta.

Rensing, L., Koch, M., Rippe, B. & Rippe, V. (2005). Mensch im Stress. Psyche, Körper, Moleküle. Heidelberg: Springer Spektrum.

Ryan, R. M., LaGuardia, J. G. & Rawsthorne, L. J. (2005). Self-complexity and the authenticity of self-aspects: Effects on well being and resilience to stressful events. North American Journal of Psychology, 7(3), 431–448.

Scherer, K. R. (1997). Emotion. In W. Stroebe, M. Hewstone & G. M. Stephenson (Hrsg), Sozialpsychologie (S. 293–330). Heidelberg: Springer.

Schulz von Thun, F. (2010). Miteinander reden, Band 2: Stile, Werte und Persönlichkeitsentwicklung. Hamburg: Rowohlt.

Schwarzer, R. (2008). Modeling health behavior change: How to predict and modify the adoption and maintenance of health behaviors. Applied Psychology, 57(1), 1–29.

Sedlmeier, P., Eberth, J., Schwarz, M., Zimmermann, D., Haarig, F., Jaeger, S. & Kunze, S. (2012). The psychological effects of meditation: A meta-analysis. Psychological Bulletin, 138(6), 1139–1171.

Shapiro, S. L., Carlson, L. E., Astin, J. A. & Freedman, B. (2006). Mechanisms of mindfulness. Journal of Clinical Psychology, 62(3), 373–386.

Siegrist, J. (2006). Work, health and welfare: new challenges. International Journal of Social Welfare, 15(1), 5–12.

Smith, J. C., Amutio, A., Anderson, J. P. & Aria, L. A. (1996). Relaxation: Mapping an uncharted world. Biofeedback and Self-Regulation, 21(1), 63–90.

Smith, L. W., Patterson, T. L. & Grant, I. (1990). Avoidant coping predicts psychological disturbance in the elderly. The Journal of Nervous and Mental Disease, 178(8), 525–530.

Soler, J., Pascual, J. C., Tiana, T., Cebrià, A., Barrachina, J., Campins, M. J. & Pérez, V.

(2009). Dialectical behaviour therapy skills training compared to standard group therapy in borderline personality disorder: a 3-month randomised controlled clinical trial. Behaviour Research and Therapy, 47(5), 353–358.

Stavemann, H. H. (2002). Sokratische Gesprächsführung in Therapie und Beratung. Weinheim: Beltz.

Steel, P. & König, C. J. (2006). Integrating theories of motivation. Academy of Management Review, 31(4), 889–913.

Streblow, L. (2007). Bezugsrahmen und Selbstkonzeptgenese. Münster: Waxmann, Münster

Sulz, S. & Sulz, J. (2005). Emotionen. Gefühle erkennen, verstehen und handhaben. München: CIP-Medien.

Terry, D. J. & Hynes, G. J. (1998). Adjustment to a low-control situation: Reexamining the role of coping responses. Journal of Personality and Social Psychology, 74(4), 1078–1092.

Ursin, H. & Eriksen, H. R. (2004). The cognitive activation theory of stress. Psychoneuroendocrinology, 29(5), 567–592.

Van Praag, H., Shubert, T., Zhao, C. & Gage, F. H. (2005). Exercise enhances learning and hippocampal neurogenesis in aged mice. The Journal of Neuroscience, 25(38), 8680–8685.

De Vibe, M., Bjørndal, A., Tipton, E., Hammerstrøm, K. T. & Kowalski, K. (2012). Mindfulness based stress reduction (MBSR) for improving health, quality of life, and social functioning in adults. Campbell Systematic Reviews, 8(3), 3–127.

von Seckendorff, R., Rudat, M., Zimmermann-Viehoff, F., Deter, H. C. & Weber, C. S. (2009). Auswirkungen eines 6-wöchigen Entspannungstrainings mit Progressiver Muskelrelaxation auf psychologische Stressparameter bei gesunden Probanden. Psychotherapie, Psychosomatik, Medizinische Psychologie, 59(02), A018.

Weber, H. (2003). Breaking the rules: Personal and social responses to coping norm-violations. Anxiety, Stress, and Coping, 16(2), 133–153.

Wilken, B. (1998). Methoden der kognitiven Umstrukturierung. Stuttgart, Berlin, Köln: Kohlhammer.

Yzerbyt, V., Dumont, M., Wigboldus, D. & Gordijn, E. (2003). I feel for us: The impact of categorization and identification on emotions and action tendencies. British Journal of Social Psychology, 42(4), 533–549.

Zarbock, G. (2014). Einladung zur Schematherapie. Grundlagen, Konzepte, Anwendung. Weinheim: Beltz.

Zaudig, M., Trautmann-Sponsel, R. D. & Pielsticker, A. (2008). Entspannungsverfahren. In H. J. Möller, G. Laux & H.-P. Kapfhammer (Hrsg.), Psychiatrie und Psychotherapie (S. 777–813). Heidelberg: Springer.

Zenner, C., Herrnleben-Kurz, S. & Walach, H. (2014). Mindfulness–based interventions in schools – a systematic review and meta-analysis. Frontiers in Psychology, 5, 603–623.

Hinweise zu den Online-Materialien

Sie können alle im Buch erwähnten Arbeitsmaterialien über unsere Internetseite (http://www.beltz.de) herunterladen. Sie kommen zu den Materialien, indem Sie auf die Seite des Titels gehen, den Link zu den Materialien anklicken und dann folgendes Passwort eingeben: **a6dQxPuX** (Groß- und Kleinschreibung beachten). Dann können Sie die gewünschten Arbeitsmaterialien öffnen und ggf. die pdf-Dateien über die Druckfunktion des Browsers ausdrucken. Wenn Sie die Seite schließen, kommen Sie zurück zur Inhaltsübersicht. Da die Online-Materialien nur so lange zur Verfügung stehen, wie das Buch lieferbar ist, empfehlen wir Ihnen, sich die gesamten Materialien herunterzuladen.

Die Online-Materialien enthalten u. a.:

- die Foliensätze zu den einzelnen Einheiten
- das Begleitheft zum Training *Stark im Stress* mit allen Arbeitsblättern
- die Audiodateien für die Übungen *Achtsamkeit und Entspannung Modul 1–3*
- die Texte für die Achtsamkeits- und Entspannungsübungen zum Vorlesen

Sachwortverzeichnis